近代中外文化交流史

王介南／著

山西出版集团
书海出版社

图书在版编目（CIP）数据

近代中外文化交流史 / 王介南著. —太原：书海出版社，2009.1

ISBN 978-7-80550-821-4

Ⅰ.近... Ⅱ.王... Ⅲ.中外关系 — 文化交流 — 文化史—近代 Ⅳ.K250.3

中国版本图书馆 CIP 数据核字（2008）第 177081 号

近代中外文化交流史

著　者：	王介南
选题策划：	孔庆萍
责任编辑：	孔庆萍
装帧设计：	赵　源
出 版 者：	山西出版集团·书海出版社
地　　址：	太原市建设南路 21 号
邮　　编：	030012
发行营销：	0351-4922220　4955996　4956039
	0351-4922127（传真）　4956038（邮购）
E-mail：	sxskcb@163.com　发行部
	sxskcb@126.com　总编室
网　　址：	www.sxskcb.com
经 销 者：	山西出版集团·书海出版社
承 印 者：	山西出版集团·山西新华印业有限公司
开　　本：	787mm × 1092mm　1/16
印　　张：	31.25
字　　数：	450 千字
印　　数：	1-3 000 册
版　　次：	2009 年 1 月第 1 版
印　　次：	2009 年 1 月第 1 次印刷
书　　号：	ISBN 978-7-80550-821-4
定　　价：	58.00 元

如有印装质量问题请与本社联系调换

近代启蒙思想家徐继畬(1795-1873)

英籍传教士李提摩太夫妇

江西南昌府外国传教士的住所

晚清山东某地方官员与外国传教士的合影

福州一传教士创立的一个两百天制的学校

外国教会在太原设立的女子学校的学生

1904 年外国传教士在甘肃平凉创办的中西学堂

金陵机器制造局（1865年）

海外游历使傅云龙（1840~1901）

近代中国著名思想家、翻译家严复

严复《天演论》手稿

京师同文馆旧址

近代中国著名科学家徐寿、李善兰、华蘅芳在上海江南制造局审译处合影

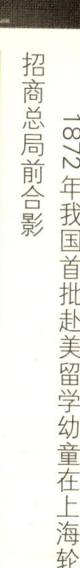

1872年我国首批赴美留学幼童在上海轮船招商总局前合影

1910年清华学校第二届留美学生合影。立者第四排右四为赵元任，第三排左一为胡适

身着中山装的中华民国临时大总统孙中山（1866-1925）

1919年寰球中国学生会送别留法学生

近代中国最早的飞行家和飞机设计师冯如（1883-1912，前坐者）与他制作的飞机

清代晚期，封建统治者实行闭关锁国政策，阻碍了中国的进步和中外交流。鸦片战争以来，一代又一代先进的中国人，为了振兴中华，努力向西方国家学习先进的科学思想和文明成果，并同中国实际相结合，推动了中国社会的变革和发展。

——江泽民：《增进相互了解，加强友好合作》（1997年11月1日），《江泽民文选》（第二卷），人民出版社，2006年版，第60页

目录

导论 —————————————————————— 001
 一、中外文化交流是近代中国文化重新发展的必由之路 --001
 二、近代中外文化交流的本质、主旋律、主力、基本格
   局和基本走向 ———————————————— 005
 三、近代中外文化交流史在中外文化交流史上的地位 --- 013
 四、近代中外文化交流史的启示———————————— 014

第一章　鸦片战争的失败及西方文明的展示 ——————— 001
 一、鸦片战争的失败给国人带来的震撼————————001
 二、澳门的西方文明展示 ——————————————004
 三、香港的西方文明展示——————————————010
 四、租界的西方文明展示——————————————014

第二章　"师夷长技以制夷"口号的提出 ————————— 021
 一、"开眼看世界"新思想风潮的产生————————021
 二、林则徐——"开眼看世界"的第一人 —————— 024
 三、魏源——"师夷长技以制夷"主张的首创者———— 027
 四、近代启蒙思想家徐继畲及其《瀛寰志略》———— 032

第三章　西方传教士来华输入西方文化 ——————————041
 一、传播基督教文化和科技文化————————————042

二、创办教会学校——————————————051
三、输入西医文化——————————————057
四、开拓近代报刊业—————————————065
五、向域外传播中国文化———————————069

第四章 太平天国与中外文化交流——————074
一、拜上帝教是中西文化畸形结合的产物—————074
二、《资政新篇》是向西方寻找真理的产物————078
三、太平天国对中外文化交流的推动———————081

第五章 对外文化交流态势的调适——————085
一、设立总理各国事务衙门——————————085
二、派遣中国驻外使节————————————089
三、国际法的吸纳——————————————092
四、游历使的出洋考察————————————094

第六章 吸纳西方器物文化的洋务运动————101
一、洋务运动的时代背景———————————101
二、近代军事工业的创办———————————104
三、围绕军事企业而兴办民用企业————————114
四、启用洋人赫德引进近代海关制度———————122
五、近代海军的筹建和洋务运动的破产——————130

第七章 维新变法：政治制度层面吸纳西方文化的尝试———138
一、维新变法思想的发生与发展—————————138
二、维新派译传西方进化论学说—————————141
三、维新运动的理论宣传与近代社团的勃兴————146
四、"百日维新"与维新变法运动的失败—————150

第八章 传播新思想——翻译出版西方著作热潮的兴起———156
一、外国语文学校的创办———————————157

二、外语课在各类学校的开设——————————————164
　　三、翻译出版机构的创立————————————————167
　　四、翻译出版的西书及其影响——————————————177

第九章　晚清四次留学潮——————————————181
　　一、百名幼童留美——————————————————181
　　二、海军生首次留欧——————————————————186
　　三、19世纪末20世纪初的留日潮————————————189
　　四、庚款留美潮————————————————————193

第十章　孙中山与中外文化交流————————————199
　　一、孙中山向西方寻找真理和三民主义的形成————————200
　　二、孙中山借鉴西方代议民主共和制————————————207
　　三、孙中山学说在东南亚的传播和影响———————————213

第十一章　民国四次留学潮——————————————220
　　一、留法勤工俭学潮——————————————————220
　　二、留苏潮——————————————————————224
　　三、二三十年代的留学欧美潮——————————————227
　　四、40年代的欧美留学潮————————————————230

第十二章　近代中外教育交流—————————————234
　　一、教会学校向教会大学的升级与发展———————————235
　　二、清末仿日新式教育制度的确立————————————242
　　三、日本对中国教育的影响———————————————245
　　四、仿美新学制"壬戌学制"的制定————————————250

第十三章　近代西方科学技术的引进——————————255
　　一、军事工业技术的引进————————————————256
　　二、交通技术的引进——————————————————261
　　三、农业技术的引进——————————————————275

四、棉纺织技术的引进----------------------------------280

第十四章　近代西方科学文化的传入与中国近代学科的建立----------------------------------284
　　一、天文学----------------------------------284
　　二、数学----------------------------------289
　　三、物理----------------------------------293
　　四、化学----------------------------------297

第十五章　中外文化交融下的中国文学艺术----------------302
　　一、五四新文学与外国文学----------------------303
　　二、新音乐舞蹈----------------------------------321
　　三、话剧----------------------------------333
　　四、电影----------------------------------343

第十六章　马克思主义在中国的传播及其中国化----------353
　　一、马克思主义在中国的早期传播----------------353
　　二、马克思主义哲学的传播及其中国化------------357

第十七章　科研体系的探索和国家科研体制的初步确立----366
　　一、民国初年的"科学救国"思潮和"科学共同体"
　　　　观念的形成----------------------------------366
　　二、中国科学社——科研体系的探索----------------368
　　三、国立中央研究院——国家科研体制的初步确立----375
　　四、地方研究院的兴起及其他科研机构的创办--------381

第十八章　西洋发明的传入及其影响------------------385
　　一、洋纱、洋布、洋袜、洋装----------------------386
　　二、洋火、洋油、洋灯、电灯、电厂----------------388
　　三、洋灰、洋楼----------------------------------390
　　四、电报、电话----------------------------------393

五、无线电广播--------------------------------394

第十九章　风俗变迁------------------------------397
　　一、服饰--------------------------------------397
　　二、饮食--------------------------------------400
　　三、住房--------------------------------------401
　　四、行旅--------------------------------------403
　　五、婚俗--------------------------------------405

第二十章　华侨与中外文化交流--------------------410
　　一、华工下南洋及对双边文化交流的贡献----------411
　　二、各国唐人街与中外文化交流------------------426

第二十一章　中国文化精华的外传及其影响-----------431
　　一、《孙子兵法》-------------------------------431
　　二、《三国演义》-------------------------------437
　　三、《红楼梦》---------------------------------443
　　四、儒学--------------------------------------449

主要参考书目------------------------------------462
后记---470

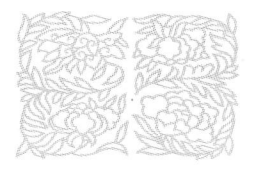

导论

一、中外文化交流是近代中国
文化重新发展的必由之路

一部人类的历史，证明了一个事实：文化交流促进了人类文化发展，推动了人类社会前进。文化是没有国界的，是人类创造的共同财富。文化的交流存在着"势差"现象。一般来说，高度发展的文化必然流向低度发展的文化，其势如水之就下，沛然莫之能御。

勤劳勇敢的中华民族创造了光辉灿烂的中国传统文化。中国传统文化长期走在世界文明的前列。汉唐以来，中国传统文化通过文化交流对周边亚洲国家（如朝鲜、日本、越南）乃至相距遥远的欧洲国家产生过巨大影响，推动了亚洲邻国和欧洲国家的文化发展。然而，随着近代的来临，中国文化的自我生长和发展变得越来越困难。这一方面是由于中国封建主义文化经过长期和高度的发展，最终形成一种僵死而衰朽的机制，从内部严重窒息着文化发展的生机。换句话说，在农业文明基础上建立起来的中国传统文化，由于自身达到的成熟程度，由于社会生产力发展的迟缓，业已成为牢牢束缚人们头脑的保守力量。它自然包含不少合理的有价值的因素，但就总体来说，已不能同新时代的需要相适应了。另一方面，近代欧美资本主义文化经过发端于14世纪、展开于18~19世纪如日中天的发展后，随着欧美资本主义对世界市场的开拓,以强劲的势头对中国文化进行冲击。中西文化的接触虽古已有之,但由接触呈冲突却是1840年鸦片战争以后的情形。近代中国遂成为中西文化冲突的战场。中西文化相比较,显然西方资本主义文化先进,中国封建文化落后,且落后了一个时代。

颟顸的明清统治者自恃"天朝物产丰富,无所不有",不承认已然改变的世界时局,采取不开明的闭关自守对外政策,以为只要人为地使中国文化与外界隔绝,就能保存封建文化,可以苟延其封建统治,可以延续落后于时代的中国封建文化。对于这种状况,邓小平曾一针见血地指出:"恐怕明朝明成祖时候,郑和下西洋还算是开放的。明成祖死后,明朝逐渐衰落。以后清朝康乾时代,不能说是开放。如果从明朝中叶算起,到鸦片战争,有三百多年的闭关自守,如果从康熙算起,也有近二百年。长期闭关自守,把中国搞得贫穷落后,愚昧无知。"[1]明清统治者推行的闭关自守政策,中断了中国社会发展的趋向型变化,代之以循环型的变化,使中国社会向近代转型的渐变发生断裂,与世界发展趋势相背离,南辕北辙,以致中国在封建旧轨道上缓缓慢行,与发展迅速的西方国家的差距越拉越大,实际上中华民族变法图强步入近代的战略机遇在此时即已丧失,中国在席卷世界的近代化浪潮中被抛在了后面。到鸦片战争前,清朝统治几近200年,中西强弱态势发生了根本逆转。当时的西方社会至少经历了250年渐进以至巨变。而中国长期闭关自守,昔日的辉煌不再,反而种下了落后的祸根。历史证明,明清两朝奉行的闭关自守对外政策是彻底的失误,它延缓了中国社会发展的进程,导致中国综合国力落后于西方,中国文化落后于西方文化。

落后就要挨打。1840年发生的鸦片战争,因综合国力悬殊,结果必然是中国失败。于是,中国被迫向"中古"告别,蹒跚地走向近代。

那时,中国面临的世界是:"资产阶级,由于一切生产工具的迅速改进,由于交通的极其便利,把一切民族甚至最野蛮的民族都卷到文明中来了。它的商品的低廉价格,是它用来摧毁一切

---

[1]《邓小平文选》(第三卷),人民出版社,1993年版,第90页。

万里长城、征服野蛮人最顽强的仇外心理的重炮。它迫使一切民族——如果它们不想灭亡的话——采用资产阶级的生产方式;它迫使它们在自己那里推行所谓文明制度,即变成资产者。一句话,它按照自己的面貌为自己创造出一个世界。"[1]世界的大势,为"不想灭亡"的中国人,规定了学习西方、走资本主义道路的方向。

面对"数千年来未有之变局",面对打上门来的资本主义文化的冲击,中国原有那一套政治、经济、社会、伦理等等"传统制度",在西洋"现代制度"的挑战下,都无法原封不动地延续下去了。"中西文化一经接触,我们那经历两千年无劲敌的'汉族中心主义'就被摧枯拉朽了。因此1842年以后的中国近代史,便是一部'汉族中心主义'向'欧洲中心主义'的不断让位史——也就是由传统中国的社会模式,向现代欧洲的社会模式让位的'转型史'。"[2]换言之,中国人已不能靠祖宗成法去抵抗外国侵略,保持独立自主了。

中国面临着由传统的农业文明向现代的工业文明转型的时代课题。

在这种历史条件下,中国人要救亡图存,除了去向西方资本主义国家学习外,实在没有其他路可走。"要救国,只有维新,要维新,只有学外国。"[3]走出中世纪泥沼的中国,只有承认自己的综合国力落后于别人,中国科学技术落后于西方,从而向一切先进的西方国家学习,早日踏上近代化现代化的道路,才是唯一的救国救民之道。

近代中外文化交流的主题是现代化。1840年,"开眼看世界"的第一人林则徐就提出了他的海防思想:以师夷"长技"为方针,积极筹办外海战船。在行动上,他敢于购买西船,勇于仿造西船。他的海防思想和实际行动,导致以仿造西船热潮为特点的海防运动在中国的兴起。可以说,林则徐是中国近代倡建海军的第一人。他所倡导的海防运动,究其实质,乃是一场早期的现代化运动。他成为中国发生于19世纪40年代初早期现代化运动的真正启动者。

[1] 马克思和恩格斯:《共产党宣言》,《马克思恩格斯选集》(第一卷),人民出版社,1972年版,第255页。

[2] 唐德刚:《晚清七十年》,岳麓书社,1999年版,第47页。

[3] 毛泽东:《论人民民主专政》,《毛泽东选集》(合订一卷本),人民出版社,1964年版,第1359页。

"开眼看世界"的清朝高级官员徐继畬（1795—1873）1844年与美国传教士雅裨理（David Abeel，1804—1846）在福建厦门的历史性对话就已经揭示出：当中国领导者开始从西方得到灵感的"现代化"进程时，文化交流则是主要源泉。[1] 从这个视角来审视，中外文化交流是近代中国实现现代化、中华民族实现复兴的必由之路，是近代中国文化重新发展的必由之路。

中国人民探求并走上这条道路，并不是一帆风顺的，经历了异常的艰难和困苦。这是因为，中国的现代化属于后发、外生类型，现代生产力要素和现代化的文化要素，都得从外部移植、引进。它属于一种所谓"传导型"的制度变迁和赶超式的经济发展模式。而后发、外生和传导，意味着必须向先进的域外文化学习、借鉴，并同其进行交流。

再者，鸦片战争后，中国被迫卷入世界资本主义体系，被迫汇入波澜壮阔的现代化大潮之中。晚清国门的打开，意味着近代中国开始了走向世界的艰难历程。

走向世界，也就是与世界同步，与世界其他民族相处。与其他民族相处，在文化方面就必然会产生交流。100多年来（1840—1949），中国由传统的农业文明向现代的工业文明转型过程所必须完成的社会重建和文化重建任务，历史地落到有强烈爱国心的知识分子身上。中华民族一代代优秀知识分子怀着对西方文化的羡慕、渴求及尽力吸纳的复杂心理，向西方国家学习，摸索救国救民的真理，为实现民族的独立和文化的复兴，进行了长期不屈不挠、可歌可泣的英勇斗争，才使近代中国出现了蔚为壮观的中外文化交流、碰撞、融合的新形势，它构成了中国近代史的基本框架和主要内容。

文化交流是有规律的。由于"文化势差"的存在，先进的文化总是向后进的文化输流，后进的文化总是向先进的文化习仿；由于"虚实平衡"法则的制约，文化总是从充实的地方流向空虚的地方；由于"互通有无"法则的存在，一方文化总是向另一方文化吸纳自己所不曾有的东西。文化交流的冲突和对抗是相对的，不是绝对的，在一定条件下可以转化为兼容与互补。任何民

---

[1] 任复兴主编：《徐继畬与东西方文化交流》，中国社会科学出版社，1993年版，第28页。

族、任何国家在接受其他民族或外国文化的时候，莫不从本民族和本国的实际情况与需要出发，在吸收消化外来文化的同时加以改造发挥，只是有程度大小之不同和自觉不自觉之分而已。输出文化到异国，应当看做是先进国家的责任，而不可看作恩赐；接受异国文化，应当看做是一项权利，而不应讳为缺点。文化交流是人类的需要，是促进交流双方或多方文化发展的重要动力，是解放生产力的有力手段，是推动社会前进的重要条件。

德国大思想家莱布尼茨（1646—1716）曾经把文化交流称之为"交易光明"。光明不比财富，它越分越多，越分越大，愈传播，光亮愈强。异质文化之间的交流、碰撞、融合后所激发出来的历史进步作用是任何人都无法阻止的。近代中外文化交流、碰撞、融合后所激发出来的历史进步作用，明显地推动了中国文化的发展。诚如有的学者所云："降及近代，西学东渐，中华学术周遭冲击，文化基脉遇空前挑战。然于险象环生之际，又一批中华学子，本其良知、素养，关注文化、世运，而攘臂前行，以其生命践信。正所谓'铁肩担道义，妙手著文章'，康有为、章太炎、严复、梁启超、王国维、胡适、鲁迅、黄侃、陈寅恪、钱穆、冯友兰……他们振民族之睿智，汲异域之精华，在文、史、哲领域筚路蓝缕，于会通和合中广立范式，重开新风而成绩斐然。第三个诸子百家时代遂傲然世出！"[1]

近代百年中外文化交流史表明，异质文化碰撞交融所激发出来的历史进步作用是任何人都无法阻止的；吸收和融合外来文化，为近代中国传统文化的发展注入了新的活力。一言以蔽之，中外文化交流是近代中国文化重新发展的必由之路。

二、近代中外文化交流的本质、主旋律、主力、基本格局和基本走向

惨痛的近代史（1840—1949）结束，迄今已有半个多世纪。今天，我们已有足够的度量来回顾和审视这一历史阶段的中外文

---

[1] 钱宏：《重写近代诸子春秋》，载董士伟：《康有为评传》，百花洲文艺出版社，1994年版，第6页。

化交流。

19世纪40年代的中国，尚处于与西方世界接触交流的始端。由于历史的缘故，这种交流是以一种被动的形式拉开它的序幕的。

鸦片战争后，随着西方文化的逐步输入，中西两种文化的冲突就按照历史的和逻辑的必然，由片面到全面地展开了：一是传统的农业手工业与近代科学技术的冲突；二是封建君主专制与近代君主立宪政体和民主政体的冲突；三是纲常名教与自由、平等、博爱的冲突。冲突的性质是封建文化与资本主义文化的冲突，是落后的农业文明与先进的工业文明的冲突，也是蒙昧、专制与科学、民主的冲突。这种文化冲突，有时以非常激烈的形式表现出来。造成这种冲突的原因是复杂的。主要原因有：第一，鸦片战争以后的数十年间，西方列强对中国进行了野蛮的武装侵略，大肆掠夺中国财富，压迫、剥削、杀害中国人民，激起了中国人对西方侵略势力和外来事物的仇恨。而西方文化正是与西方列强的鸦片、炮舰等一起涌入中国的，其中的某些方面又是用来作为侵略的组成部分，因而饱受西方列强欺凌的中国人在谴责外来侵略的同时，也排拒西方文化。第二，冲突的双方是不同时代、不同性质的文化——近代先进的资本主义文化和落后的封建主义文化。两种文化属于两种范式，各有其独特的价值系统，且有新与旧的本质区别，在价值标准、思维方式、行为方式、生活习俗乃至心理感情等方面都存在着巨大的差异。长期生活在封闭的社会环境中，并深受封建伦理纲常熏陶的中国人，对西方文化是难以接受的。中国传统文化与西方文化发生矛盾和冲突，是很自然的事。第三，近代输入中国的西方文化并不都是精华，而是鱼龙混杂，夹杂着大量腐朽性的糟粕。诸如弱肉强食的侵略理论、白种人至上的种族论、欧洲中心论，以及西方腐朽没落的生活方式等。这些糟粕的传入，遭到中国人的抵拒是理所当然的事。

近代中西文化的冲突，从本质上讲，是时代性的文化冲突，即不同时代的文化——中世纪的中国传统文化与西方近代文化——之间的冲突。这种时代性的文化冲突导致两种文化的整合、交融，使渊源不同、性质不同、目标取向不同的异质西方文化为适应中国社会的需要相互融合，而形成一种全新的文化体系。换言之，在中西文化的冲突中，强势的西方文化始终居于主导的地位，而弱势的中国文化则处于迫不得已的被动地位，最终出现中国文化渐次地被西化，达到两者融合的结局。就近代中外文化交流的总体而言，弱势的中国文化是处于被动的受强势的西方文化的冲击、影响的地位，但相对来说，并非一直处于被动地位。鸦片战争失败后的20年中，经"开眼看世界"、主张向西方寻找真理的林则徐、魏源、徐继畲等仁人志士的呐喊和宣传，经洪秀全、洪仁玕等先进人物学习西方的尝试和实践，中国人被动地吸纳一些西方文化，逐步了解外部世界的历史和现状后，则一改被动接纳的态度，转为主动吸纳西方文化，迈出积极融入世界的步伐。如果说洋务运动是主动吸纳西方文化的开始，那么，到1901年清政府实行"新政"、中国社会出现"留日潮"的时候，中国则完全采取了主动学习和吸纳西方文化的进取态度。异质文化之间交流、碰撞、融合所产生的历史进步作用是任何人都无法阻挡的。两者融合后形成的中国近代新文化，推动了中国政治、经济和文化的发展，也推动了世界文化的发展。因此，可以说中西文化的冲突，是近代中外文化交流的本质所在。

中国走出中世纪走向近代，是外力冲突的结果，这个外力就是西方文化。正因为原动力在外不在内，所以中国文化的近代化就十分被动，属于一种"应付"型模式。文化从冲突到融合是文化交流的普遍规律。中国传统文化在中西文化的剧烈冲突与激烈碰撞中解体与重建，构成了中外文化交流的主旋律。

文化交流尽管是历史发展交响乐中一节欢快的音符，可它的产生经常伴随着刀光剑影、血与火的搏斗、你死我活的残酷战争。通过这种血与火的威力，为文化融合开辟道路。近代中外文化交流也不例外。

近代中外文化交流的主力，是来华的西方传教士、出洋的中国留学生和移民海外的华侨华人。大致以1900年为界，1840年至1900年的60年间，来华的西方传教士承担着中外文化交流的主力角色；1900年至1949年的50年间，出洋中国留学生承担着中外文化交流的主力角色。当然，传教士和留学生两种角色的转换，不会那么绝对，而是必有一个从量变到质变的演变过程。1900年至1919年，便是此消彼长的演变期。

近代西方传教士凭借不平等条约的庇护，一相情愿地涌入中国传播基督教文化。根据《剑桥中国史》的粗略统计，1864年中国有189名传教士，1874年436名，1889年达此数字的3倍。到1905年上升到3445名。1919年，在中国的基督教传教士多达6600多名。在近代来华的众多外国人中，基督教传教士是人数最多、分布最广、在中国活动时间最久的西方人。他们在中国人屡遭列强侵略、蒙受巨大国耻的背景下，来华传播基督教，自然激起中国人的抑制和反对。因为对于近代中国来说，与其说迫切需要基督教，还不如说更需要西方科学文化。这就迫使西方传教士不得不采取适应中国国情的手段，将主要精力转向西方科学文化的传播，以达寓宗教于科学文化、借科学文化来渡宗教的目的。

近代传教士来华绝不是中国人的光荣，但对传教士在中外文化交流中所起的作用，则应该予以客观公正的评价。当时中国近代文化领域尚是一块待垦的处女地。传教士顺应近代中国向西方学习的时代潮流，在这块处女地上显露才华，致力于翻译、教育、西医、新闻、出版等文化事业，做成了令诸方瞩目的成绩。这些成绩对处于封闭状态的中国人来说，无异于呼吸到了一股清新的空气；对近代中国的文化发展来说，犹如注入了一股新的活力。他们一方面在中国传播欧风美雨，一方面向世界译介中国文化，为推动西方东渐和东学西渐，自觉不自觉地充当了近代中外交流的主力。

继而替代来华西方传教士起中外文化交流主力作用的，是中国留学生。

19世纪70年代，中国人民由彷徨到求索，经历了一个十分痛苦、十分曲折也十分复杂的心路历程。"以谁为师"这一时代课题，极其迫切地摆到了中国人民的面前。经过思考，一部分年轻的中国人负笈离乡，走出国门，来到吹沐着欧风美雨的国度，学习外国先进的人文思想和科学技术知识，以探索国家富强之路。

近代中国留学生大致有四代：

第一代，留学时间为1872~1900年。主要包括早期留美幼童和海军留欧生，总数约200余人。这一代留学生归国后，成为近代中国最早一批优秀的铁路、煤矿、电讯、海关、新闻等专业人才，成为中国最早的一批海军将领。

第二代，留学时间为1900~1909年。人数约2万人，其中90%以上留学日本。留学专业以政治、法律和师范教育为主。这代留学生的贡献主要在政治领域，无论是晚清实行的"新政"，还是孙中山的辛亥革命，他们都是其骨干力量。

第三代，留学时间为1909~1927年。这一代留学生可分为前后两批。

前批，是著名的留美留英"庚款生"。在其后整整半个世纪中，他们学成归国后成为中国科技界各个学科的学科带头人。

后批，是留学法国、俄国、日本的留学生。他们留学归国后，为马克思主义在中国的传播和新型政党在中国的建立发挥了重要作用。

第四代，留学时间为1928~1949年。这一时期，中国的留学教育进入较为成熟的阶段。他们学成归国后，60%以上进入国内高等院校或科研机构。

上述四代留学生，基本包含20世纪初的留日热潮、1919年前后的留法热潮、20世纪20年代留苏热潮和40年代的留美热潮中出洋的留学生。

1900年后，一方面由于清政府实行"新政"，学习西方成为中国社会的一种潮流；另一方面由于洋务运动中派遣的留学生陆续学成归国，为了向西方寻找救国救民的真理，归国留学生积极传播西学，逐渐取代传教士成了西学东渐的主体，成了中外文化交流的主力。

移民海外的华侨华人，也是中外文化交流的主力。

近代千百万炎黄子孙移民海外，奋斗的足迹遍及天涯，把中华民族的灿烂文化传播到世界各地，既丰富了侨居国的多元文化，又推动了人类文明的发展；与此同时，他们把接触到的域外文化精华，用各种方法输进祖国，丰富了中华文化，为振兴中华作出了巨大的贡献。海外华侨华人堪称中华民族走向世界的先驱。

许多中国驻外使节也起到了促进中外文化交流的作用。如郭嵩焘、薛福成、黄遵宪、曾纪泽、张德彝、容闳等等。

文化交流从来是一种双向的运动过程，没有也不可能存在单纯的输入或输出。西学东渐、东学西传是近代中外文化交流的基本格局。不过，相对而言，代表近现代资本主义文明的西学较之中学的发展水平为高，因而，近代的中外文化交流，西学东渐始终是主流。

历经110年的近代中外文化交流史（1840—1949），大致可分为两个时期：晚清时期和民国时期。

晚清的中外文化交流史，大致可分为两个阶段：1840～1894年（第一次鸦片战争到中日甲午战争）为第一阶段；1895～1911年（中日甲午战争到辛亥革命）为第二阶段。

第一阶段传入的西方文化，除宗教文化外，主要是自然科学，如数学、天文学、物理学、化学、动植物学、地质学、地理学、西医学等基础学科。社会科学在这一时期的引进是附带的、零星的。因此，自然科学的大量引进，是这一时期文化交流的特征。之所以出现这样的特征，主要是由当时的中国人对西方文化的认识决定的。当时中国人认为向西方学习，主要是学习西方的"技艺"。

甲午战争中清政府的惨败，特别是北洋海军的全军覆灭，是号称"自强"的洋务运动彻底失败的标志。洋务运动的失败，使中国人对西方文化的认识发生了变化，认为西方文化之强不只强在"技艺"，更强在学术；此时的学术与文化的存在成为决定民族兴衰的重要因素。因为对中国而言，"国有学，则虽亡而复兴；国无学，则一亡而永亡"。

第二阶段传入的西方文化,除自然科学外,社会科学日益增多起来。这一阶段传入的社会科学,以政治和法学类为主,包括哲学、历史、文学、经济、社会学等学科。

进入民国时期,阻碍西方文化深入传播的壁垒被一个个扫除,使得西方文化如潮水般涌入中国,特别是自五四新文化时期开始,几乎所有的西学门类,如政治、经济、军事、法律、哲学、宗教、心理学、地理学、史学、文学、考古学、美学、语言、文字、艺术、科技、医学、教育,以及各种各样的思潮、学说、观念都先后传入中国。尤其是外国文学,据不完全统计,仅1918年至1923年的5年间,先后有30多个国家的170多位作家的文学作品被译介到中国,其中以俄国作家的作品最多,其次为法国、德国、英国、印度和日本的作家作品。大量西方文艺作品的翻译出版,不仅给闭塞的中国文坛吹进了新鲜的现代气息,推动了新文学运动的向前发展,而且有利于人们的思想解放,对中国社会产生了相当积极的影响。这一时期,马克思列宁主义和苏俄无产阶级文化成了西学东渐的重要组成部分。

近代中国文化初步完成了从传统文化到现代科学文化的过渡,而这一过渡主要是在民国时期完成的。这一时期,中西文化进行了大冲突、大斗争、大交汇后,西方文化在量的方面得到进一步广泛的传播,在质的方面比晚清提高不少,从而给中国文化注入许多新内容,使中国文化获得较快的发展。诚如毛泽东所说,在民国时代,无论是自然科学还是"在社会科学领域和文学艺术领域中,不论在哲学方面,在经济学方面,在政治学方面,在军事学方面,在历史学方面,在文学方面,在艺术方面(又不论是戏剧,是电影,是音乐,是雕塑,是绘画),都有了极大的发展","其声势之浩大,威力之猛烈,简直是所向无敌的"。[1]可以说,民国文化实际就是中西文化大融合的产物。

近代110年的中外文化交流,经历了器物层面、制度层面、精神层面三个文化层面的文化嬗变。

鸦片战争后,面对帝国主义列强的"坚船利炮",引起"道"、"器"、"体"、"用"之争,形成了"中体西用"的折中

---

[1] 毛泽东:《新民主主义论》,《毛泽东选集》(合订一卷本),人民出版社,1964年版,第658页。

思想，从器物层面上学习西方，目标是"师夷长技以制夷"，其具体实施则是自1860年至1895年为期35年的洋务运动。在维护封建社会体制的目标下，中国传统文化开始吸纳西方近代的器物文化。这是文化表层——器物层面的文化嬗变。1895年甲午战争失败后，文化论争转到制度层面。中国的思想先行者已经认识到应当用"变法"，乃至"革命"的手段来改变国家体制与社会制度。这是文化中层——制度层面的文化嬗变，其结果导致1898年戊戌变法与1911年的辛亥革命。辛亥革命后，自1915年开始在思想文化领域展开了一场有关中西文化的论争，实际上也是中国何去何从的论争，从而引起对中华传统文化的全面反省。这场史称"新文化运动"的论争标志着近代中外文化交流已经步入内层文化的嬗变阶段，即精神层面的中西文化冲突和文化融合的阶段。精神层面是文化的灵魂，一种文化区别于其他文化，关键在于精神层面的特征。从这场没有结论的"新文化运动"的论争开始，这种精神层面的文化导向之争不但延续到1949年，也一直延续到今天。

  近代中国文化转型过程中经历的上述三个文化层面上的渐次嬗变并非截然分开、互不相干，而是相互影响、交错进行的。这一文化嬗变的进程，从表象上看，是中国传统文化的步步后撤：承认中国的器物不如西方，承认中国的制度不如西方，最后承认中国的思想不如西方。但是，这仅仅是一种表象，正是这种对中国传统文化的反省，使"中国中心论"的传统观念彻底破灭，思想禁区渐次开放，在近代西方文化的冲击下，中国传统文化的嬗变从外而内，层层递进，终于实现了从传统文化向近代文化的转型，重构了中国文化。这种文化重构实际上是一种文化再生，"凤凰涅槃"式的文化再生。它的再生过程，显示了它的坚韧性、包容性、吸纳性、自省能力、应变能力与自我更新能力。再生的近代新文化是一种以爱国、革命、革新、开放为特征的文化。尽管带有半殖民地半封建社会特有的弱点，但它作为新的文化形态和新的精神力量与救亡图存相联系，给中国近代社会以新的导向，注入新的活力，并由浅入深，由小到大，逐渐成为近代中国文化的主流；同时又通过中华民族的一批杰出人物，对中国近代历史变革与革命运动起着先导作用和指导作用。

三、近代中外文化交流史在中外文化交流史上的地位

历时 1 万年的中外文化交流史，若截止于 1949 年，大致可分为以下几个时期：一、肇始期（远古至战国），二、发展期（秦汉至南北朝），三、高峰期（隋唐），四、繁荣期（宋元），五、调适与会通期（明清），六、复兴期（民国）。[1] 近代中外文化交流史，时跨晚清和民国两个时段，属于整个中外文化交流史的调适会通期和复兴期。具体来说，从鸦片战争开始到辛亥革命，是中西文化的冲突、调和期；从五四运动到 20 世纪 30 年代前叶，是中西文化互相批判的时期；从抗日战争爆发前夕到中华人民共和国成立前夕，是中西文化的融合期。

其实，19 世纪 70 年代后，向西方学习，在近代中国逐渐成为一种强劲的时代潮流，推动着先进的中国人在探索中前进。这种潮流由初期试探性的、全盘西化式的学习，逐渐发展到选择性的、批判性的学习。通过向西方学习，经过中西文化的冲突与融合，中国文化完成了自己的时代嬗变，形成了以民主、科学为核心的，同政治、救亡图存密切结合的，以爱国、革命、革新、开放为特征的近代文化。中国人对西方文化的称谓，始由近代初期的"夷学"，发展到 19 世纪 60 年代具有中性词义的"西学"，及至 19 世纪末和 20 世纪初用带有明显褒扬意思的"新学"来概称西方文化，反映出人们对外来文化由排拒到接受和认同的认识过程，以及相应心理上的变化。这是一个无奈的、痛苦的过程，也是一个必然的、新生的过程。

逝去的近代百年是中国向西方学习的百年，也是中国在不断失落中不断重新寻回新的自我的百年。有鉴于此，可以认为，中国近代是中外文化交流的又一个高潮期。

---

[1] 王介南：《中外文化交流史》，书海出版社，2004 年版，第 17 页。

近代中国文化发展的趋势可简单概括为打开大门与走向世界。打开大门，是在保持自己民族优良传统的同时，吸取世界上其他民族创造的优秀文明成果；走向世界，是带着自己民族的优秀传统，融入世界文明的主流之中。直到今天，打开大门与走向世界仍是中国人尚未完成的历史任务。

我们欢迎伴随着经济全球化而来的、更加广泛和深刻的文化交流。无论是引进世界文明的优秀成果，还是走向世界，都应是我们自主的意识和行为。中华民族必能抓住这个历史机遇，实现伟大的复兴。

四、近代中外文化交流史的启示

历史是一面镜子。当一个前行者转身往里瞧时，他看见的是自己未来要走的路。

纵观近代110年中外文化交流史，可以得到如下几点启示：

（一）中国近代历史的大动脉是资本主义。资本主义制度比封建制度高出一个历史阶段。中国要摆脱半殖民地半封建统治秩序，必须民族独立，发展资本主义。然而由于帝国主义和封建主义相互勾结，形成了社会前进的强大阻力，近代中国试图走资本主义道路来挽救民族危亡、富国强兵的努力没有取得成功，中国资本主义经济文化没有得到充分发展。这就为后来的文化建设留下了两个隐患：一是对中国传统文化批判得很不彻底，或曰没有做"取其精华，去其糟粕"的认真清理，致使传统文化中的惰性和糟粕长期潜藏在社会中，并不时地迸发出来，危害极大；二是对先进的西方文化学习不够，致使西方文化的精华长期被拒之门外，损失巨大。

（二）近代的中外文化交流总是与三大矛盾纠缠在一起的。这三大矛盾，一是殖民主义侵略与中国人民反侵略的矛盾；二是具有世界性的现代工业文明与传统区域性的古典农业文明的矛盾；三是西方基督教文化传统与中国儒家文化传统的矛盾。由于在近代中外文化交流所引起的冲突中往往三种矛盾交织,从而使问题变得非常复杂。在这种复杂的情况下,盲目排外和唯洋是崇是中外文化交流中的两大掣肘。要解决这两大掣肘,唯一的办法是进一步发展正常的中外文化交流。

(三)近代中外文化交流的主题是"现代化"。近代中国的现代化进程,靠内外两组因素的交互作用。在文化交流中,外来先进文化影响本土文化,这是外来因素在起作用;本土文化对外来文化迎和拒,则是内部因素在起作用。一个国家如果把自己封闭起来,就会丧失吸收外来的现代化因素的动力,就会脱离世界发展的大潮,就会因停滞而落后。但一个国家的开放完全受外来因素支配,就会丧失自己独立选择的能力,它的发展也只能是依附性的发展,达不到预期的效果。因此,如何消除崇洋和排外的心理,建立正常的中外文化交流心态,是目前加强中外文化交流中一个很重要的问题。

(四)近代中国与欧美资本主义国家在文化领域内交往的历史表明:几千年的古老中华传统文化抵挡不了年轻的西方文化的冲击,打了大败仗,发生了大崩溃。但是,基督教"十字军"对中国的征服也失败了。输入西方文化以使中国全盘西化,或通过培养"西化"领袖来得心应手地控制中国发展的企图,仍然失败了。这个重要的历史经验不论是中国的还是西方的文化学研究者,都应该进一步去探索。

(五)20世纪世界文化的突出特征是东西方文化对话和交流的空前进步。文化的交流传播,并没有单一式的指向。正是在对文化的流传、解读,甚至误传、误读的基础上,才实现了文化的融合,才使得文化多棱镜折射出多彩的光芒。

(六)近代中外文化交流中,中国的传统文化并不只是被动地抵制或反抗西方文化的扩张,它本身具有很大的能动性和很强的生命力,同时也处在变化之中,并在旧传统中长出新传统。在这交流过程中,西方也吸收了东方的文化。五四时期,中国人在拼命批判自己的传统文化,而西方人如罗素(Bertrant Russell,1872—1970)却在讲这个文化的优点。这一奇特现象在今天仍然存在。亚洲"四小龙"的发展证明，在新的历史背景和条件下，中国的传统文化并不完全是有碍现代化的因素。东亚文明在吸收西方文明之后，自我创新，有希望形成东西方结合的东亚发展新模式。

（七）我们应充分重视文化发展的人文意义。过去，我们常将文化等同于意识形态，将文化看成纯粹是政治和经济的反映，是政治斗争和经济斗争的工具，忽视了文化自身的意义。事实上人类发展的每一进程，从来就不仅仅包含着吃、穿、住、行条件的改善，而且包含着人的知、情、意品位的不断提升，人对真、善、美新境界的不断追求，人的科学、道德、艺术修养的不断进步等人所特有的可贵的文化追求。文化在很多时候会被用作进行政治斗争、经济斗争的工具，但是，历史的发展趋势将会使人越来越自觉地重视提高自己的文明程度，越来越将文化看成人的全面的自由发展所要达到的一个具有其独立价值的目标。

（八）中国文化史上的每次放光，都是受了外来的刺激。中国文化不仅是中国的，而且是世界的。中国文化愈是能够吸收世界文化的精华，就愈能放出夺目的光辉。中国文化也只有打破封闭状态，走向世界，才能推动世界各国更多地了解中国，从中国文化中吸取更多的养料，在中外文化互相交流、互相促进中推动整个世界文化的发展。

（九）每个国家、每个民族都有自己的历史文化传统，都有自己的长处和优势，应该相互尊重，相互学习，取长补短，共同进步。今天，世界各民族、各文化的接触交流已达到空前频繁的程度。世界文化的发展趋势是文化在多样化的各种文化系统的个性高扬中互相交流，互相借鉴，互相吸收，互相融合，使世界文化既丰富多彩，又打破封围，互相沟通，互相了解，共同创造出新时代的世界文化。

（十）中华文明是在与世界各国文明的交流中日益发展和完善的。发扬历史上中外文化交流的成功经验，借鉴外来优秀的文化成果，创新中国传统文化，用以建设有中国特色的社会主义新文化，是时代的需要，是形势的需要。要借鉴外来优秀的文化成果,"拿来"加速中国的现代化,提升我国的综合国力,首要前提就是要不断排除中国文化本位主义对中外文化交流的干扰。因为历史的经验和教训告诉我们:什么时候对外开放,虚心学习、吸取域外文化中一切好的东西,国家就会出现大好局面;什么时候文化本位主义膨胀,排斥一切外来文明,国家就会急剧衰败。

(十一)19世纪是中华民族饱受屈辱的世纪,20世纪是中华民族站起来的世纪,21世纪是中华民族走向复兴的世纪。在中华民族复兴的伟大目标尚未达到之时,中国人民必须继续发掘自己已有的精神资源,更新自己既成的价值系统,以适应21世纪新的时代要求。只有这样,中国人民才能期望在未来世界文化的创造过程中作出自己独特的贡献。诚如1921年曾来中国讲学的英国著名哲学家罗素所言:"中国切不可盲目采用欧洲文化,时移世易,但将中国旧文明之不适于今日者,略加改易可已。欧洲人皆言中国如无孔教,中国道德必破产,此语余极赞同。中国最切要者不在西方文化之吸收,反在东方旧有文明之复兴。中国学术远在二千年前已灿然大备,若加以整理使之复兴,则影响世界,极为伟大,对于世界,必有特别贡献,最后中国或将为世界文化之中心。"[1] 又诚如1988年1月在法国巴黎发表的《全世界诺贝尔奖金获得者会议宣言》所说:"如果人类要在21世纪生存下去,必须回顾2540年,去吸收孔子的智慧。"[2]

(十二)文化是综合国力的重要标志。进入21世纪后,文化在国际综合国力竞争中的地位和作用日益突出。在这样的形势下,我们应抓好"走出去"重大工程、项目的实施,充分利用国际国内两个市场、两种资源,主动参与国际合作和竞争,加强对外文化交流,扩大对外文化贸易,拓展文化发展空间,初步改变我国文化产品贸易逆差较大的被动局面,形成以民族文化为主体、吸收外来有益文化、推动中华文化走向世界的文化开放格局。

(十三)我们应重视历史的学习和思考,培养历史的眼光和历史的思维。历史是一个民族的记忆。不重视历史,也就等于一个民族失去了记忆,而失去记忆的民族是没有前途的。如果一个

[1] 高尚榘、赵强:《中外名人学者赞孔子》,陕西人民教育出版社,1993年版,第154~155页。

[2] 高尚榘、赵强:《中外名人学者赞孔子》,陕西人民教育出版社,1993年版,第166页。

民族忘记了历史，就不可能深刻地了解现在和正确地走向未来。历史不是过去了就算了，历史会对今天和明天产生影响。如果不了解中国的历史，特别是中国的近代史，就不可能科学地认识中国社会发展的客观规律和人类社会发展的客观规律。如果不能记住历史，不幸的历史就会重演。

（十四）我们这些炎黄子孙对生我养我的祖国母亲，总是怀有无限的敬爱之情。我们正是怀着对祖国母亲的深切的敬爱之情，了解她，研究她；在了解她、研究她的过程中，强化着我们对现在和未来的关切和信念。今天，我们站在新的历史高度，以重新崛起、振兴中华的决心，把近代祖国传统文化的嬗变放到世界文明的大背景中来考察，我们一定会更加准确地区分出精华和糟粕，在看来杂乱无章的历史表象中，寻找出规律性的东西，为我们今天的文化创新服务，为我们走向世界、走向未来服务。

第 一 章
鸦片战争的失败及西方文明的展示

1840年鸦片战争的失败，是近代中国挨的第一鞭子。中国近代史便以这第一鞭子拉开序幕。从此，中国被迫卷入世界资本主义文明潮流。

近代中外文化交流的起步，始自欧美列强在其侵占和租用中国领土上的文明展示。欧美列强在上述中国领土上，实行近代西方式的管理和统治，将异质的先进西方文明展示给中国人民，以吸引中国人学习西方文明。

一、鸦片战争的失败给国人带来的震撼

1840年，英国殖民主义依仗坚船利炮发动的中英第一次鸦片战争，是西方"文明国家"以极其不文明的手段进行的野蛮侵略战争。它用武力打开了长期实行闭关锁国政策的清朝的大门，迫使清政府同其签订了中国历史上第一个丧权辱国的不平等条约——《中英南京条约》。第一次鸦片战争以中国的惨败而告终。

第一次鸦片战争使中国人切身地感到域外世界的存在——在7万里之外竟然存在一个能打败数千年文明古国的蕞尔小夷，这本身就令中国人震撼了。

《中英南京条约》基本满足了英国侵略者的大多数要求。中国割让香港，赔款2100万银元，开放广州、厦门、福州、宁波、

1842年8月29日清政府被迫同英国签订《南京条约》

上海等5个大陆口岸供英国人贸易和居住。同时英国还获得了关税协定权、领事裁判权、划设租界权、最惠国待遇等权益。接着，美、法两国也趁火打劫，强迫清政府同他们分别签订《中美望厦条约》、《中法黄埔条约》，攫取了除割地赔款之外的英国所获得的一切特权。鸦片战争失败后西方列强强迫中国订立的一批不平等条约，使中国的领土主权遭到严重破坏，丧失了一个主权国家所应有的独立自主的地位，从而使中国社会性质发生了根本变化，开始从封建社会一步步走向半殖民地半封建社会的深渊。中国社会从此开始进入一个动荡不安、瞬息万变的时代。

鸦片战争失败后中国社会出现的"数千年来未有之变局"[1]，对国人心灵的震撼是空前的。李鸿章用"创巨痛深"四个字来表达中国人心中的苦楚。连清两江总督刘坤一也说："此次创巨痛深，实与亡国无异。"在此之前，国人"唯我独尊"、"天朝上国"的观念可谓根深蒂固，在这种心态下俯视、了解西方，更谈不上学习、借鉴。然而，鸦片战争的惨败、城下求和的耻辱以及由此带来的巨变，是自从盘古开天辟地以来从没有过的巨变。这种巨变致使中国所面临的，差不多全是中国传统文化中所没有的东西，不但军舰大炮没有，连随着军舰大炮带来的新思想新观念也从来没有。中国固有的生活方式和固有的意识形态，开始受到强有力的西方生活方式和西方意识形态的无情冲击。中西文化一经接触，"汉族中心主义"就被摧枯拉朽了，就要向"欧洲中心主义"不断让位了。传统中国的社会模式就要向欧洲的社会模式

[1] 李鸿章语，全句为："阳托和好之名，阴怀吞噬之计，诸国构煽，数为数千年来未有之变局。"见《筹划海防折》(1874年)。

让位转型了。试看这些巨变：

战前，中国在政治上是一个独立的国家；战后，由于外国资本主义势力的入侵，中国领土和主权的完整遭到破坏，丧失了作为独立国家的完整领土和主权，成为一个半独立的即半殖民地国家。

战前，中国在经济上是一个自给自足的封建国家；战后，由于外国商品的涌入，中国的封建自然经济日趋解体。这就给中国资本主义的产生和发展造成了某些客观的条件和可能。"中国自从发生了资本主义经济以来，中国社会就逐渐改变了性质，它不是完全的封建社会了，变成了半封建社会，虽然封建经济还是占优势。"[1] 然而，帝国主义侵入中国的目的，绝不是把封建的中国变为资本主义的中国，而是要变中国为它们的半殖民地和殖民地。

战前，中国社会只有两个基本的对抗性阶级，即地主阶级和农民阶级；战后，由于外国资本主义在中国开办企业以及中国资本主义经济的产生和发展，中国社会开始出现无产阶级和资产阶级两个新的阶级。中国无产阶级深受帝国主义、资产阶级和封建势力的三重压迫。中国的资产阶级则分为带买办性的大资产阶级和民族资产阶级。原有的封建地主阶级不仅继续以封建制度剥削和压迫农民，而且与外国帝国主义紧密勾结，成为帝国主义统治中国的社会基础。

战前，中国社会的主要矛盾是农民阶级和地主阶级的矛盾；战后，不仅原有的封建势力与人民大众的矛盾依旧存在，而且增加了帝国主义和中华民族的矛盾。帝国主义和中华民族的矛盾，是各种矛盾中的主要矛盾。

战前，在中西关系方面，中国不肯给外国平等待遇；战后，外国列强不肯给中国平等待遇。

鸦片战争以后，帝国主义势力与中国封建势力狼狈为奸，把日益严重的民族压迫和阶级压迫加在中国人民的身上，使中国在半殖民地半封建的苦难深渊中愈陷愈深。从民族和国家的命运来说，这是一个痛苦和沉沦的过程。

---

[1] 毛泽东：《新民主主义论》，《毛泽东选集》（合订一卷本），人民出版社，1964年版，第656页。

中国近代史以灾难性的鸦片战争拉开序幕,"清王朝的声威一遇到不列颠的枪炮就扫地以尽,天朝帝国万世长存的迷信受到了致命的打击,野蛮的、闭关自守的、与文明世界隔绝的状态被打破了"[1];"与外界完全隔绝曾是保存旧中国的首要条件,而当这种隔绝状态在英国的努力之下被暴力所打破的时候,接踵而来的必然是解体的过程,正如小心保存在密闭棺木里的木乃伊一接触新鲜空气便必然要解体一样。"[2] 从此,封建主义的中国被迫卷入世界资本主义文明潮流。

鸦片战争的失败,是近代中国挨的第一鞭子。挨了第一鞭的中国人面临着已无法掌控自己生存因而非变不可的局面。

广大人民,尤其是他们中间比较进步和觉醒的知识分子,不仅从面临着的局势,也从书本上接触和吸收到新的知识,提出变革的要求。一般的人民,主要是广大农民则由于其本身生存所面临的威胁,步上了官逼民反的道路;全国各地武装起义的主要力量,就是他们,他们用实际行动来要求变革。

清王朝的统治阶层,包括昏聩的顽固派和多少清醒的开明派,即使不想变,形势也逼得他们不能不变。为了要继续维持和巩固他们的统治,就必须设法找到能适应新形势的办法来。

变,非变无以应付变局。到19世纪后半叶,在中国的土地上,变已成了全国上下一致的要求,尽管他们各自的目的不同,要求不一样;对变的理解和方法,也不尽相同。但不变是不行的,这一点却是大家的共识。此时,摆在中华民族面前的历史主题已是:古老的中国如何摆脱落后挨打的局面,如何增强国力来争取民族独立和实现面向世界的现代化。

二、澳门的西方文明展示

近代中外文化交流的起步,始自欧美列强在其侵占和租用的中国领土上的西方文明展示。近代欧美列强侵占和租用的中国领土,主要有澳门、香港和诸多中国城市中的租界。它们在上述中

---

[1] 马克思:《中国革命和欧洲革命》,《马克思恩格斯选集》(第二卷),第2页。

[2] 马克思:《中国革命和欧洲革命》,《马克思恩格斯选集》(第二卷),第3页。

国领土上，实行近代西方式的管理和统治，将异质的先进西方文明展示给中国人，以吸引中国人学习西方。

澳门，历史上是广东珠江口的一个小渔村，属香山县，故又称香山澳。16世纪初，葡萄牙商船东来，最早在澳门妈阁庙附近停泊。葡萄牙商人登岸后询问当地中国居民此为何地，居民答曰"妈阁"（Macau，闽语"娘妈"读音），故葡萄牙商人即以"Macau"称呼澳门。

1553年（明嘉靖三十二年），葡萄牙商人通过向明朝海道副使汪柏行贿，托言遇到大风浪，打湿了货物，请求在澳门晾晒。其阴谋得逞后，1557年（明嘉靖三十六年），葡萄牙人侵占澳门后，澳门便成为中西文化接触的重要地点。1562年（明嘉靖四十一年）后，澳门成为葡萄牙人在华唯一的居留地。他们在澳门修建房屋，扩展居地，建造炮台，并设官自治。

明代末年，葡萄牙人视澳门如海外殖民地，极力要求自治。在万历年间（1573—1619），葡萄牙人已在澳门擅自设立行政会议。1580年（明万历八年），葡萄牙、西班牙合并管理以后，澳门行政会议便仿照国内各城市的自治制度，在澳门组建元老院，作为处理政事的最高权力机关。当时的明朝政府对澳门事务虽不过分干涉，但葡萄牙人始终未获完全的自治权。从1557年（明嘉靖三十六年）起，他们每年须向中国明朝政府交纳一定银两的地租，以换取在澳门的居住资格。

澳门自古以来就是中国的领土。澳门问题是由外国列强的入侵和中国封建王朝的腐败无能造成的。

鸦片战争前300年间，澳门一直是中国领土上唯一没有对外关闭且允许外国侨民定居的特殊地方。所以，它不但成为鸦片战争前中国闭关政策下西方文化的最初入口，也是鸦片战争后中国被迫开放情况下西方文化的展示地。

澳门展示的西方文明，首先是西方宗教。葡萄牙是个信奉耶稣天主教的国家，葡萄牙人管治的澳门是在华天主教的策源地，也是天主教在远东的跳板。1556年，耶稣会传教士公泽勒（Gregorio Gonzalez）被派到澳门，开始建立天主教在中国的第一个立足点。1568年，耶稣会传教士卡纳罗（Melchior Carneiro）到澳门，设主教署。天主教通过澳门，又传至越南、柬埔寨。而日本的天主教，也以澳门作为它的教务基地。1575年，澳门教区作为东亚第一个主教区正式成立，管辖中国、日本、朝鲜及东南亚中南半岛各分区的传教事务。因此，澳门成了整个远东天主教的中心、教士的集散地。明代西方天主教经澳门传入中国，可视为基督教第三次传入中国（通常称唐代景教传入中国为第一次，元代也里可温教传入中国为第二次）之始。

西洋绘画和音乐是通过宗教建筑和宗教仪式传入中国的。至19世纪，澳门已建有多座教堂。教堂内通常挂有耶稣的"诞生图"、"被难图"和"飞天图"等西洋绘画。教堂里一年四季各种宗教节日此起彼伏，热闹非凡。每逢礼拜日，教堂内便传出管风琴的鸣奏、唱诗班的歌声、教徒的祈祷声。西洋绘画和西洋音乐由此传入澳门。

近代西洋建筑传入中国，是从澳门开始的。葡萄牙的民居建筑有方、圆、三角、六角、八角等多种形式，大多是三层建筑，具有南欧风格。耶稣会士在澳门建筑的圣保禄教堂、圣母望德教堂、圣老楞佐教堂等十大教堂，开了西方建筑文化传入中国之先河。大三巴牌坊是澳门的标志性建筑之一。牌坊其实是昔日天主之母教堂的前壁。该教堂建于17世纪，由一名意大利籍的耶稣会神父设计，由日本工匠精雕细琢而成。它融合了欧洲文艺复兴时期的建筑风格和东方建筑特色，中西合璧，庄严雄伟。可惜该教堂在1835年发生火灾后，只剩下由16根石柱并列的前壁，人称"大三巴牌坊"。牌坊高达27米，宽23.5米，屹立在绵长庄严的石阶上，巍峨壮丽，气宇非凡。

澳门西洋建筑后来传入内地，广东、北京等地多有仿造，其中尤以圆明园中的长春园最为典型。长春园是由意大利耶稣会士郎世宁设计、法国人巴德尼等协助建成，因此，具有意大利建筑和法国建筑浑然弥合之美。

葡萄牙人入居澳门后，为了保卫他们的生命财产，在澳门建筑炮台，带进了洋枪（长枪、手枪、自来火枪）、洋炮（佛朗

大三巴牌坊——澳门的象征性建筑

机)。西洋枪炮的展示,加快了西洋枪炮在中国的推广使用。

除兵器之外,葡萄牙人带进澳门的西方器物还有天文仪器、钟表、光学仪器等。这些西洋奇器,令当时的中国人赞叹不已。

葡萄牙人行西历,无中国的所谓"节令"。西历后来逐渐被中国人接受。葡萄牙人重女轻男,家政皆由女子操之。恋爱男女自由,婚配不避同姓。结婚时,一般着西装和婚纱,到教堂行礼,接受神父的新婚祝福。这种西式婚礼后来也逐渐被中国人接受。

近代西医传入中国以澳门第一任主教卡纳罗1569年在澳门开办一家医院——圣加礼医院为开端。换言之,澳门在很长一段时间里,一直充当着西医东传的基地和通道。西医学科中,最早传入中国的是解剖学。1820年,英国东印度公司医生温斯敦(T.Livingstone)和马礼逊(Robert Morrison)在澳门开设一家西医医院,向中国人行医。1827年,英国东印度公司医生郭雷枢(Thomas R.Colledge)在澳门开设一家眼科医院。1828年,他又开设一家"养病院",可容纳住院治疗者40人。5年间,入院接受治疗者达4000人。西医由于有快速治病救人的特点,所以受到中下层民众的欢迎。西人在澳门开设的西医医院,使中国人认识了西方医学,并受其惠。

种牛痘先是经澳门葡萄牙医生戈梅斯(Domingos Jost Gomes)和澳门地方长官阿利加(Migudl Arriga)的介绍,于1805~1806年,有600多名中外居民在澳门接种。随后,由在广州行医的英国医官皮尔逊(Alex Ander Person)引入广东,开中国种牛痘之先声。

1839年11月1日,美国耶鲁大学1932年毕业生、美国公理会教士塞缪尔·布朗(Samuel Robbins Brown)偕夫人从美国到澳门,开办名为"马礼逊学堂"的中国第一所洋学堂。该学堂的课程,除汉语外,还有英语、算术、代数、几何、生理学、化学、

澳督府最富南欧建筑风格

地理、历史、音乐等课程。这些课程在当时的中国学校中都不开设。所以，它培养出来的学生远比中国学校培养出来的学生知识面广阔。比如，1840年就读于该校的黄宽后来成为近代中国第一任西医医生，1841年就读于该校的容闳后来成为近代中国出洋留学的第一个留学生。

1847年，外国传教士在澳门创办寄宿学堂。

洋学堂在西学传播中的作用是显而易见的。这些洋学堂与中国学校最大的区别是，学生不读孔孟经书，而学习圣经和西方的科技文化。

鸦片战争前后，我国的报刊大多由外国人创办。1822年，葡萄牙人在澳门创办的《蜜蜂华报》（葡萄牙文报），是中国境内创办的第一份外文报纸。接着，1828年创办《依泾杂说》（中文），1834年创办《澳门钞报》（葡萄牙文），1836年创办《帝国澳门人》（葡萄牙文），1839年又有由广州迁办于澳门的《中国丛报》（又译《澳门月报》）等。近代早期在澳门出现的外国人办的报纸，是当时中国人接触、了解西方资本主义文化的一条途径。

鸦片战争前后，不少中国人为了解"夷情"，往往赴澳门考察观光。如1839年来广东禁烟的林则徐，1847年来广东的著名思想家魏源，1849年任广东主考的翰林院编修何绍基，1852年去九龙赴任的大鹏协副将张玉堂等，都在澳门留有足迹，撰有辞章，从而为他们自己以及内地的人们提供了一些考察西方文明的生动材料。尤其是钦差大臣林则徐，在领导禁烟斗争和处理对外事务中，深感朝廷及沿海文武官员"不谙夷情"，这种状况与复杂多变的禁烟斗争形势不相称。于是，他以卓越的远见，将澳门作为了解西方的窗口，一方面派情报人员到澳门侦探"一切洋务夷情"，另一方面派人收集、翻译得自澳门的报纸，编成《澳门月报》（共分五辑：《论中国》、《论茶叶》、《论禁烟》、《论各国夷情》和《海用兵》）。赴澳情报人员反馈的夷人信息和《澳门月报》为林则徐领导禁烟和抗英斗争制定正确方略，提供了重要依据。

1839年法国人路易·达盖尔发明摄影术。5年后，摄影术由外国人传入中国。在中国拍摄的第一批照片，是法国海关官员于勒·埃及尔于1844年在澳门拍摄的。

19世纪80年代，澳门出现中国第一个收费厕所。城市建立公厕，并派人收钱管理，显然是一种文明进步。

19世纪末期，中国妇女还处在封建伦理的禁锢之中，而澳门西洋人1888年在《点石斋画报》上刊发图文并茂的征婚广告，它堪称中国近代第一则征婚广告。这则征婚广告，无疑向中国读者展示了澳门西洋人的生活方式、价值观念和道德标准，为中国读者开阔眼界提供了新奇的信息。

19世纪末20世纪初，中国资产阶级改良派及革命派先后均以澳门为活动基地，创办《知新报》（1897年创办，1901年1月出版最后一期），宣传维新变法思想和革命主张。康有为、梁启超、孙中山、朱执信等著名人物均与澳门有着十分密切的关系。

三、香港的西方文明展示

1842年中国被迫割让香港予英国，英国随即宣布香港为免税自由港。

1843年4月5日，英国宣布香港为英国的殖民地，香港政府也同时成立。璞鼎查（Henrg Pottinger）任首任香港总督。

英国对香港实行西方殖民管理，颁布英国维多利亚女王的《英王制诰》（即《香港宪章》），设立警察局、行政局、立法局，兴建马路，修筑码头，开设医院、学校、教堂，创办报刊、编印图书，改善卫生和居住环境，使这个原本只有几千人的荒凉渔村在短短的20年里发展成为拥有10多万人的初具规模的海港。至19世纪六、七十年代，香港迅速崛起，成为与内地迥然不同的新兴近代西化城市。

英人洛维特（Richard M.A.Lovett）在其《伦敦布道会史（1795—1895）》中，曾指出香港具有如下的特殊性："香港具有作为英国殖民地的优势,居民可以感受到浓厚的欧化气氛。在这样的环境下,中国人的生活比其他地方更为自由,由于受欧洲人的影响,他们的思想也更为开放。加上在英国的统治下,生命与职业的安全得到保障……然而,香港布道会存在的重大意义,并不局限于其活动的区域,或对活动对象人数的多寡。香港恐怕是西洋社会在东方最重要的中心地。"[1]

1862年初,受清政府通缉的江苏吴县人、近代著名启蒙思想家王韬(1828—1897)从长江口逃亡到香港避难时,面对香港的变化发出惊叹:"香港蕞尔一岛耳,固中国海滨之弃地也。丛莽恶石,盗所薮,兽所窟,和议既成,乃割英界,始辟草莱,招徕民庶,数年间遂成市落。设置官吏,百事共举,彬彬然称治焉。遭值中国多故,避居者视为世外桃源。商出其市,贾安其境,财力之盛,几甲粤东。呜呼,地之盛衰何常,在人为之耳。故观其地之兴,即知其政治之善。"[2]

反观清政府统治下的中国内地,仍然是那么落后和积弱不振。如果说鸦片战争的教训仍不足以惊醒国人的话,那么,香港西方文明的展示,便使他们在国土沦丧的耻辱中,进一步认清了清政府的腐败无能,也看到了西方国家富强的活生生的事实,感受到中国和西方的差距,从而在自满自大的迷茫中惊醒,在痛苦屈辱中寻找振兴中华的出路。

开埠后的香港,很快成为英美传教士来华的集散地。一批先后活跃在南洋的西方传教士,马上把他们的工作重点转移到香港。伦敦会原来在马六甲的英华书院、设在澳门的马礼逊学堂迁移至此。传教士来港后又迅速开办宏艺书塾、浸信会学校、圣保罗书院等多所教会学校。多种传教团体相继成立,多座教堂相继建立,多家印刷所相继开工。香港成为近代西方文化的最早传入地。

香港因为商业的发展和西人的提倡,成为中国近代报刊的发源地。英人在占领香港不久的1841年5月1日,即在香港创办了英文报刊《香港公报》(Hong Kong Gazette)。1842年,英文报刊《中国之友》(The Friend of China)在香港创刊。1845年2月,一名英商创办《中国邮报》(China Mail)。1853年开始有中文报

---

[1] 转引自[新加坡]卓南生:《中国近代报业发展史(1815—1874)》,中国社会科学出版社,2002年版,第68页。

[2] 王韬:《送政务司丹拿返国序》,转引自刘圣宜:《近代广州社会与文化》,广东高等教育出版社,2004年版,第109~110页。

香港的女王学院

刊出现。是年8月,马礼逊教育会(The Morrison Education Society)创办中文报刊《遐迩贯珍》,主编是英国传教士麦都思(W.H.Medhurst)。《遐迩贯珍》为以后的中文报刊所仿效,对中国报刊的定型有不小的贡献。外国传教士所创办的近代外文、中文报刊,形成一种势力展示,在政治、教育、科学、外交、商业、宗教等方面,对中国文化施予影响。[1]

香港是国人探视西方文明的窗口。不同历史阶段的近代著名人物,都从香港获得启示和灵感。

1853年太平天国起义不久,为逃避清廷迫害来到香港的洪仁玕在香港接受了基督教洗礼,成为基督教徒。他从1854年至1858年的4年中,与英国著名传教士理雅各(James Legge)共事3年,与湛约翰(John.Chalmers)共事约1年。他在香港的洋人馆内教书,学天文、地理、历数、医道,"尽皆通晓"。经在香港4年的工作学习和耳濡目染,他得出结论:英国堪称最强之邦,"由法善也";美国乃礼仪富足之国,其选举和公议的民主制度"亦是善法",从而奠定了他效法英美进行改革的思想基础。

[1] 戈公振:《中国报学史》,中国新闻出版社,1985年版,第89~92页。

1859年春，他离开香港到太平天国首都天京，向天王洪秀全进呈他的建国方略《资政新篇》。在《资政新篇》中，他将自己在香港向外国传教士学到的知识，加以消化，形成"以风风之"、"以法法之"、"以刑刑之"三大改革建议。三大改革建议中，每一条都注入了学西方尤其是学英国的内容，供洪秀全裁定。从整体来看，《资政新篇》是近代中国第一个明确提出全面学习西方，改革中国政治、经济、文化的治国方案，是鸦片战争后20年间中国人向西方学习的最丰硕的收获。

英国管治下的香港所展示的西方资本主义文明，是启迪康有为产生"仿洋变法"思想的主要原因之一。1879年，康有为第一次到香港时，看到英国人把香港治理得井井有条，十分惊讶。他明确表达自己的感受："览西人宫室之瑰丽，道路之整洁，巡捕之严密，始知西人治国有法度，不得以古旧之夷狄视之。"[1]他在香港偶遇同乡陈焕鸣，在他家看到了丰富的外国书藏书，对他有所启发。他在香港购买了一些世界地图和西书译本带回家中。香港之行，使他大开眼界。从此以后，他摒弃夷夏大防的陈腐观念，益发留心收集有关西方的书籍，随之见闻增多，逐渐形成了维新变法思想。

孙中山革命思想的萌发，也与香港有密切关系。1923年2月20日上午，孙中山应香港大学学生会的邀请，回母校作公开演讲时说："很多人问我的革命和现代化思想是从哪里来的。答案是，从这个地方，这个香港殖民地。"接着，他提供了很有趣的细节。他说他30多年前来香港读书，闲时总爱在街道上散步，见一切是那么井井有条，一切是那么和平宁静，大家各适其式而没有任何纷扰骚乱。一旦放假回香山老家，马上就换了一个天地，一切都是那么杂乱无章，鸡犬不宁。他把香港和香山做比较，两地才相隔80多公里，何以竟有天渊之别？经过分析，他认为关键在于两地政府的管理方法不同。所以他下定决心，要改变中国政府。[2] 孙中山先生说："我因此于大学毕业之后，即决计抛弃其医人生涯，而从事于医国事业，由此可知我之革命思想，完全得之香港也。"[3]

[1] 康有为：《康南海自编年谱》，载《戊戌变法资料丛刊》(4)，第115页。

[2] 转引自刘圣宜：《近代广州社会与文化》，广东高等教育出版社，2004年版，第115～116页。

[3] 陈锡祺：《孙中山与辛亥革命论集》，中山大学出版社，1984年版，第65～66页。

近代香港的崛起对广州产生了多重影响。在某种意义上说，广州逐渐沦为香港的"华界"与"内港"，而香港变成广州的"租界"与"外港"。如果说香港是近代华南产品的"外贸部"，那么广州就起着这些出口产品"采购收集"的作用和进口产品的"分配传播"作用。香港与广州相距140多公里，水陆交通都十分便利。加上香港居民绝大部分为原籍广东的移民，这些因素造成两地人民在血缘关系、风土民情、语言文化等方面相当接近，极易沟通。因此，当一些近代资本主义新事物、新观念传入香港后，很快便能被广州人感知到。经过香港的"一传"、广州的"二传"，形成一条西方文化传入中国内地的重要通道。从这个意义上来说，香港成了广州人和内地人认知和了解西方的"窗口"与"模特儿"。

四、租界的西方文明展示

租界作为半殖民地的特殊产物，在近代中国曾获得了充分的发展，几乎遍及各主要通商口岸，并对中国的经济、政治、文化和社会的发展产生了十分重要和错综复杂的影响。它既是帝国主义侵略中国的桥头堡，同时又是近代西方文明的扩散基地。

鸦片战争之后，1842年签订的《中英南京条约》规定，英国人可以携带家眷在沿海的广州、福州、厦门、宁波、上海等五处港口居住，允许英国商人在这五处港口自由贸易，这就是后来所称的"五口通商"。第二年又签订了《中英虎门条约》，规定英国人可以在通商的五口租地建房。另外还规定英国取得两项特权，一项是领事裁判权——英国人在通商的五口犯罪由英方处理，不受中国法律管制；另一项是片面最惠国待遇，规定别国在中国取得的特权英国可以共享。在以后的若干岁月中，这一条款被列强各国相互援用，使某一国获得的利益为签订条约的其他各国所共享。西方列强因此组成一个利害相关的侵华同盟。在《中英南京条约》和《中英虎门条约》签订的过程中，清政府虽然被迫允许外国商人在通商的五口居留贸易，却希望实行华洋分居，将外国人的活动限制在通商口岸的特定区域。当时英国人认为有一个外国人集中居留的地区比分散居住更加有利，因此并不反对清政府的要求。但是，后来事态的发展却不是当初订约双方所能预料的，清政府从闭关锁国的观念出发，尽可能限定外国人的活动范围，要求外国人只能在通商口岸的特定区域居留，其结果适得其反，反而促成了通商口岸外国租界的形成，最终造成了清政府无权过问的"国中之国"。

1843年至1902年的60年间，英、法、美、德、俄、日、比、意、奥等9国先后在上海、厦门、广州、天津、镇江、汉口、九江、苏州、杭州、重庆等10个通商口岸开辟了25个专管租界。其中英国有7个，日本有5个，法国有4个，美国、德国、俄国各有2个，比利时、意大利、奥匈帝国各有1个。按城市来说，天津有9个，汉口有5个，上海有3个，广州有2个，厦门、镇江、九江、苏州、杭州、重庆各有1个。此外，中国与日本、英国、美国、德国、法国、西班牙、丹麦、荷兰及瑞典、挪威等10国还共同开辟了厦门鼓浪屿公共地界。在这10国中，西班牙、丹麦、荷兰、瑞典、挪威等5国在中国并无专管租界，但因为它们参与厦门鼓浪屿公开地界的开辟，因而也可列为在中国开辟租界的国家。9个在中国辟有专管租界的国家连同5个参与开辟公共租界的国家，在近代中国开辟租界的东西方国家共达14国之多。由于上海的英、美租界不久并为公共租界，天津的美租界后来也并入英租界，在20世纪初外国租界的全盛期中，中国土地上共有22个专管租界，上海、鼓浪屿2个公共租界。[1]

租界，是近代帝国主义侵略中国的产物，是近代帝国主义侵犯中国主权、强占中国领土、奴役中国人民的铁证。其实，世界各国均没有所谓租界之物，租界独独产生于近代中国这个特定的"落后挨打"的半殖民地半封建社会的历史条件之下。从字面上理解，所谓租界，是中国政府租赁给外国侨民居住、贸易和管理的地区。然而，这些地区并不是中国自愿租出的，而是帝国主义国家用坚船利炮打败清朝之后，在中国"落后挨打"的无奈情况

[1] 费成康：《中国租界史》，上海社会科学院出版社，1991年版，第53~54页。

下，它们以通商贸易为名，用欺诈的办法，在中国通商口岸强行划定的特殊区域。帝国主义取得这些区域的租赁权后，又置中国的主权于不顾，在那里"实行了完全独立于中国的行政系统和法律制度以外的另外一套统治制度，即帝国主义的殖民地制度"。[1] 但是，事情还有它的另一面。19世纪以来，西方工业革命已经完成，在科技、经济、文化等等方面，西方国家已经遥遥领先于中国。因而，西方列强在中国租界所实行的管理和统治，已属于先进的近代西方文明，它远远比清朝的封建管理与统治先进和文明。若以中西文化交流的视角来审视，可视租界为西方文明向古老中国展示的一个文化窗口。

在近代众多的租界中，上海租界是开辟最早、面积最大、殖民地色彩最浓、影响最大的一个租界。

1843年11月8日，英国驻上海首任领事乔治·巴富尔（George Balfour）与上海道台宫慕久正式会谈，双方确定：11月17日上海开埠。随后，巴富尔觅地建立了英国驻沪领事馆。经过将近两年的反复交涉，上海道台同意在外滩一带划出一块土地——黄浦江西岸北至李家场（今北京东路）、南至洋泾浜（今延安东路）的地段为英人居留地。英人择地的出发点是有利于海上入侵，随时可以用武力保障英国商品输入上海，并保护英国侨民的安全。上海道台的出发点是不让外国人进入上海县城，希望华洋分居，以免产生争端，所以同意英国人这一选择。于是，上海的英人居留地，即后来的英租界，也即今天上海最繁华的外滩地区就这样定位了。1844年至1845年，英国领事制定了一系列有关上海英人居留地租地办法的法规，陆续交上海道台宫慕久公布，这便是后来称为1845年的《上海土地章程》。《上海土地章程》实际上拟定了一个朦胧的近代上海城市建设规程，使上海英人居留地从一开始就按照西方近代城市的模式建设。从这个意义来说，《上海土地章程》可以说是上海城市近代化的起点。与帝国主义列强侵略中国的主观动机相反，正是租界的产生与发展在客观上促成了中国近代城市的形成。

《上海土地章程》有关市政建设的若干规定开创了中国近代

---

[1] 毛泽东：《中国革命和中国共产党》注释[21]，《毛泽东选集》（四卷合订本），人民出版社，1964年版，第617页。

城市建设的先河。首先,《上海土地章程》规定了一个基本的城市道路系统。它以沿黄浦江的沿浦大道为基准,六条道路与沿浦大道垂直向西,两条道路与沿浦大道南北向平行,构成棋盘格式的道路系统。几年以后,上海英人居留地的面貌发生了巨大变化,道路由泥土路、石板路改建为碎砖碎石垫底、细沙压平的新式马路,道路之下建有下水道,道路两旁辟有人行道,并且种植了行道树——已是一派近代城市景象。

随着租界道路的建设,各类西方建筑也被移植到上海。主要建筑类型是西式商店、银行、教堂、外国人自住的独立式住宅,以及联排式住宅石库门里弄民居。

19世纪60年代,上海英国租界出现煤气灯。1864年3月,上海第一家煤气公司"大英自来火房"开张。1865年12月18日,上海南京路正式点亮第一盏煤气灯。以后,租界其他地方陆续使用煤气灯。煤气灯较之以前的豆油灯、菜油灯、火油灯,不但光亮,而且方便。其优越性自不待言。华界居民先是诧异、不解,然后便是理解、仿效。1882年7月19日,上海公共租界几处热闹的地方电灯开始放光。1884年,上海公共租界安装电力路灯的马路已扩展到外滩、南京路、百老汇路、广东路、汉口路、九江路、宁波路、北京路等。

饮水方面,1872年,上海英美租界建成第一座小型水厂,时称"沙漏水行"。1880年,英商上海自来水有限公司成立,设在杨树浦。第二年,英美租界普遍用上洁净的自来水。

有线电报、电话也很早就在上海租界使用。1870年6月,上海英美租界工部局在汉口路经二摆渡至虹口一线架设电报线,供三处巡捕房传递信息。这是上海市内电报之始。1871年6月,上海至伦敦的海底电缆正式接通。8月,丹麦大北电报公司又把从海参崴经长崎到上海的沪崎水线接至上海。至此,上海北可经日本与俄罗斯通电报,南可经香港与欧美通电报。上海与世界各地的电信联络从此开始。

19世纪70年代,电话机是作为一种游戏器具出现于上海滩的。1881年,丹麦大北电报公司在上海租界安置电杆,再与法租界公董局订约,在两租界内装设电话机25部。

1882年2月,丹麦大北电报公司在外滩创设第一家电话局,同时在局内安装公用电话机。这是租界内也是全国第一家公用电话。1898年,当时几家电话公司竞争,结果华洋德律风公司承办了租界内的电话。1900年,华洋德律风公司售与美商国际电报电话公司,改组为美商上海电话公司,直至1949年上海解放,才被接管。

租界内西方物质文明的展示,除道路、建筑、电灯、电话、自来水、教会学校、近代报刊、近代出版社等等以外,还有各种洋货,如洋布、洋装、洋袜、洋车、洋灰、洋油、洋皂、洋房等。这些西方物质文明,比中国封建物质文明明显具有优越性。

制度文明方面,上海自1845年英租界辟设,便有了近代城市管理制度,诸如政治制度、市政制度、道路修筑、消防设置、治安管理等。政治制度是制度文明的重要方面。尽管租界的政权机构并不完整,和欧美国家政体有很大不同,但是,上海、汉口、九江、重庆等地租界基本实行立法、行政、司法三权分立制,对选举、罢免、监督等等方面都有明确规定,且切实地执行。这对中国传统的"家长制"、"一言堂"无疑具有冲击作用。此外,这里流行的国际公认的通商、证券债务、承包、抵押、拍卖、投资的惯例和原则也使中国人大开眼界。

租界西人的生活方式、生活习惯,亦对中国社会产生广泛影响。比如一天被分为24个钟点,按一定钟点上班、下班的作息制度。租界实行以7天为一星期的七曜记日法。租界西人在星期日停止工作,去教堂作祈祷,或休息、娱乐。中国人本无此习惯,因此颇为好奇。由于通商口岸许多活动是中西合作、共同进行的,因此,星期日休息制度首先影响到那些与西人、西事有关的华人,以及与洋人做生意的华人。洋人休息、娱乐,相关的华人也只有休息、娱乐。以后,随着西方人在华势力的逐步扩大和中外交流的日渐频繁,"礼拜制"开始进入中国人的生活。至迟在19世纪70年代,"礼拜制"已为中国人所接受。19世纪80年代以后,上海的中国政府开始推行"礼拜制"。戊戌维新以后,

1902年清政府颁布的《钦定中等学堂章程》和《钦定高等学堂章程》，首次由政府出面，规定全国中等、高等学堂一律实行"礼拜制"。最晚从1906年起，清廷中央各部相继实行这一制度。到清末最后几年，"礼拜制"已成为中国都市生活的一种新的时间概念。

工作之余，文化娱乐是租界外国人的主要休闲方式，如举办舞会，听音乐会，参加业余歌咏、体育活动，观看戏剧、电影等。随着时间的推移，中国市民渐渐接受外国侨民的休闲方式，也去跳舞、唱歌、看戏、看电影、听音乐会、参加朋友聚会等等。

中国市民在接受租界外国侨民带来的西方生活方式影响的同时，还把西方的某些观念一起吸纳。例如对妇女的尊重。中国妇女社会地位低下，无独立人格。而租界外国侨民对妇女人格的尊重，让市民大开眼界。由最初的诧异，到逐渐变为习以为常。上海之所以能最早在全国迈出改革摧残妇女陋习（束胸、缠足、蓄发）的步伐，与租界外国侨民展示的西方价值观念不无关系。

近代上海文化氛围的最大特色是受到包括租界在内的西方文化的浸染。近代上海有着中国最先进的学校、医院、报刊、出版社等，盛行文化教育、自由争辩的风气，兼收并蓄各种政治、学术思想。上海的中国文化中心功能的形成，不仅使它成为文化人士的汇聚之地，成为近代中国电影、话剧、海派京剧、越剧、近代留学运动、英语世界语教育、鸳鸯蝴蝶派小说、左翼文化的发祥地，而且也是各地青年实现理想抱负的乐土。无数不满于内地封建统治、仰慕文明自由的有为青年接踵奔向上海。康有为、梁启超等改良思想家，孙中山、黄兴等资产阶级革命家，陈独秀、毛泽东等共产党创始人，几乎所有近代伟人均受到上海文化的熏陶。而各地精英人士的补充，使上海市民的文化水准远高于内地，并较早形成了知识分子阶层。

租界是帝国主义侵华的前沿阵地，但同时又是展示西方近代文明的窗口。西方人将欧美的物质文明、市政管理、议会制度、生活方式、伦理道德、价值观念、审美情趣都带到这里，使租界变成中国东方世界中的一块西方文化之地。租界从1854年开始，实行华洋杂居。在租界与华界之间，虽有界线，但没有不可逾越的藩篱，人员能够自由活动。这样，租界所展示的西方文明，通过租界与华界的巨大反差，极大地刺激着中国人，引起中国人的追求和模仿，从而推动着中国人学习西方的步伐。

第 二 章
"师夷长技以制夷"口号的提出

鸦片战争的失败给中国知识界以前所未有的强烈震撼。历史的巨大变局和急转直下的形势，致使思想界笼罩着一种悲愤激昂的气氛。在这样的气氛下，少数知识分子"天朝上国"的迷梦开始消散，希望了解和学习外国的要求，初步提了出来。他们震惊于伴随战争失败接踵而来的一系列"可骇可耻之事"，不能不思索这样一个问题：为什么这个久以天朝自负的老大封建帝国，竟然被来自海天万里之外、素来陌生的英国殖民者所战胜，原因在哪里？他们依据《孙子兵法》"知彼知己，百战不殆"的思想，很自然地把不了解敌情，视为此次战败的原因。正是在这种思想情绪的支配下，一部分主张反抗外国侵略、挽救民族危亡的知识分子开始把目光投向"夷情"，开始睁开眼睛看世界。

一、"开眼看世界"新思想风潮的产生

"开眼看世界"新思想风潮的产生，有其深刻的社会历史根源、阶级根源和认识论根源。

清朝闭关锁国的政策与域外殖民主义威胁的矛盾是"开眼看世界"新风潮产生的社会历史根源。

清政府执行闭关锁国政策，是有深刻的历史原因的。一方面，它是落后的封建自然经济的产物。封建统治者在简单再生产

的磨盘上周而复始地转圈，在自给自足的帝国内昏睡，既不了解世界大势，也不依赖外国商品的进口，明明已被强力边缘化而孤立无援，还竭力以天朝尽善尽美的幻想来欺骗自己。另一方面，闭关锁国政策又是清朝统治集团民族狭隘性的表现。它企图通过海禁、闭关，将国人与外界完全隔绝，以防他们内外联结，形成反清力量。这种闭关锁国的冥顽政策，使中华民族长期孤立于世界潮流之外，严重地阻碍了中外经济、文化、科技的正当往来与交流，遮蔽了中国人民的眼界，使中国和世界先进国家的差距越拉越大。这是造成中国近300年来经济文化落后的重要原因之一。

再看鸦片战争的双方：中方闭关锁国，对外部世界一无所知，英方则侵略成性，早已摸透中国底细。这种状况，给英方的殖民侵略带来了很大便利，却给中方造成意想不到的困难和危害。这充分反映了殖民主义威胁与闭关锁国政策的格格不入。

奉命赴广东禁烟抗英的林则徐，深知为了有效地保卫祖国，反抗侵略，就必须了解自己的对手。他把目光转向海外，注意搜集英商的动态情报，招罗一批有才干的人和留心海防事务的人才，商议洋事，侦探夷情，查防汉奸。又指示通事、买办、引水等与外国人直接往来的人员随时报告洋人的动向。他招集通晓英文的翻译人才入幕，组织翻译外国的书报，探求西方知识，并积极引进西方先进的船舰和大炮，加以仿造。林则徐开始摆脱闭关锁国政策所造成的知己而不知彼的被动困难局面，付诸行动，研究夷情，学习西方。于是，"开眼看世界"的新思想风潮也就产生了。

地主阶级经世派是"开眼看世界"新思想风潮产生的阶级根源。

康乾时期，中国的思想文化在封建专制的高压和摧残之下，表现为畸形的发展。知识分子一味地回避现实，埋首于书斋之中，从事音韵、金石、训诂、辨伪、校勘等研究，是为正统的"汉学"，对于急迫而重大的国计民生问题却视而不见。奢谈义理的"宋学"更是如此。于是在嘉道年间的一批年轻学者，忧时势之急迫，感汉学之迂阔、宋学之空疏，大力鼓吹提倡有益于国计民生的经世之学，主张通经致用、济世利民，因而被史学家称为"经世派"。

嘉道年间地主阶级经世派主要有陶澍、林则徐、贺长龄、黄爵滋、龚自珍、魏源等。他们主张抵抗外国侵略，维护国家的主权和独立，抨击投降派宣扬的"外夷"不可制的谬论。面对西方国家的坚船利炮既不虚骄，也不畏惧，主张积极备战，整顿和加强海防，依靠人民群众的巨大力量抗击外国侵略。他们主张开眼看世界，了解学习西方。他们认为鸦片战争失败的首要原因在于清廷对夷情的"闭塞无知"。为寻求"制夷之策"和"富强之道"，他们倡导了解西方，学习西方。魏源指出，"欲制外夷者，必先悉夷情"，"善师夷者，能制四夷"。把了解世界视为抵御西方侵略的首要任务，把学习西方作为富国强兵、抵御外敌的根本之图。他们认为只要虚心学习西方，中国定能重新以富强国家的姿态屹立于世界之林。地主阶级经世派主张学习西方，但不崇洋媚外，更不妄自菲薄。他们把救亡图存与学习西方相结合，这是理性的爱国主义。他们突破了"天朝"闭关锁国的牢笼和根深蒂固的华夷观念的束缚，指出了开眼看世界、学习西方、师夷长技的正确方向。

"欲通时务而不知夷情"的矛盾是"开眼看世界"新思想风潮产生的认识论根源。

清代嘉道年间的地主阶级经世派多为通达古今治乱得失、探究天下民生利弊的时务家。通时务被他们视为经世的前提条件。但在林则徐之前他们的视野主要还局限于国内，对国外情况所知甚少。正因为如此，他们对鸦片的输入、白银外流给当时中国带来的新灾难，对资本主义侵袭所导致的中国封建社会的解体感到不可思议，这反映了他们对国际事务的茫然无知。

历史演进到鸦片战争之后的19世纪中叶，欲通时务而不晓"夷情"，不开眼看域外，必然在认识论上犯认识片面的错误，成不了"识时务者"。

由于上述社会历史根源、阶级根源和认识论根源的存在，导致鸦片战争后"开眼看世界"新思想风潮的产生。换句话说，鸦片战争改变了中华民族的命运,鸦片战争使中国人民走向了学习西方近现代化的艰难道路。

二、林则徐——"开眼看世界"的第一人

林则徐(1785—1850),字元抚,一字少穆,福建侯官(今福州)人,出生于比较贫寒的下层封建知识分子家庭。少年时代接受的是传统的封建教育,但也受到具有革新思想的师友的影响。他沿着科举之路,由秀才、举人而进士,逐步挤进封建统治阶层的行列,从道员、按察使、布政使和监察御史一步步上升到巡抚、总督的高位,成为一个位居一方的封疆大员。他曾与龚自珍、黄爵滋、魏源等人提倡经世之学。他为官清廉正直、办事精明干练。他认为民为邦本,人心的向背关系着朝廷的安危。因而他比较关心民间的疾苦,注意爱惜民力,主张"知民情向背而顺导"。他崇尚历代民族英雄,从民族英雄身上学习和继承忠君爱国的传统和民族气节,并将之发展为反抗外国侵略的爱国思想和行动。在晚清众多官僚中,林

林则徐像

则徐是位鹤立鸡群的佼佼者。

在封建的仕途生涯中，林则徐逐渐显露出精明强干的办事能力和清廉正直的作风，因而得到道光皇帝的重用。1839年3月，林则徐奉命到广州查禁鸦片。他一到广州便积极筹备海防，相信"民心可用"，组织民众武装团体，招募水勇，唤起群众卫国保家的热情，宣布"如英夷兵船一进内河，许以人人持刀痛杀"。3月18日，他通知外国鸦片贩子，限3天内将所有鸦片全部交出，并出具甘结，保证永不挟带鸦片，如有带来，一经查出，货尽官没，人即正法。他表示，"若鸦片一日未绝，本大臣一日不回，誓与此事相始终，断无中止之理"，显示了他禁绝鸦片的坚强决心。

虎门销烟是林则徐书写的中国近代史上中华民族反帝斗争的光辉篇章。1839年6月3日，广州虎门海滩上人山人海。林则徐命令将收缴的鸦片倒入水池，然后抛进生石灰，用铁锄翻搅，霎时间，石灰融化，池水沸腾，浓烟腾天。这就是令国人欢欣，令外国鸦片商沮丧的虎门销烟场面。6月3日至25日，林则徐于虎门海滩将收缴英美烟贩的鸦片两万多箱当众销毁。虎门销烟向全世界表明，中国人民有清除鸦片毒害的坚强决心和反抗外来侵略的英勇气概。

林则徐作为近代的爱国者，他所具有的新的特征，就是敢于打破千百年来封建正统思想建立起来的堡垒，摆脱夷夏大防的束缚，以清醒的态度，面对世界历史发展的大势。在莅临广东之前，他对西方也是有隔膜的，一度以为西方离了中国的茶叶、蚕丝将难以生存。但到广东后，各方面汇集的情况以及与外国人打交道的过程，使他感到传统典籍中对世界的描述及对夷人的观念，与现实大相径庭。在新的形势下照搬古训，不啻盲人骑瞎马，必然碰得头破血流。于是在反侵略的斗争实践中，他不顾夷夏大防的缰羁，一改以"天朝"自居的高傲态度，把目光投向西方列强，承认敌强我弱的现实，虚心向西方列强学习知识，力图改变对西方世界隔绝无知的状态。他到广州后，就派人去澳门了解西方情况，购买英文书报。他组织通晓英语的梁进德、袁道祥、亚孟、林阿适等人入幕，组成中国近代第一个英译汉翻译班子。当时，翻译外文书籍被认为是大逆不道的事，所以购买和翻译外文书报需要很大的勇气。他组织翻译1836年伦敦出版的英人慕瑞著的《世界地理大全》，据此编成中文版《四洲志》，率先向国人介绍世界30多个国家的地理历史。接着又据1836年伦敦出版的英文版《中国人》一书，译辑中文版《华事夷言》，以便国人了解外国对中国事情的看法。又据瑞士人滑廷尔的法律著作，译编成《各国律例》，供国人了解外国法律状况。他还根据澳门新闻稿，译编《澳门月报》，供国人了解被葡萄牙殖民主义者占领下的澳门动态。由于林则徐熟悉了解西方列强的历史和现状，使他制定出来的对敌斗争策略较为切实可行，而且使他在反侵略的实战中加深了对西方列强的认识。"师敌之长技以制敌"就是他坚决抗击英国侵略者而提出来的有极大现实意义的对策。

林则徐所要学习的西方"长技"，并不是单纯指新式武器，而是包括军队训练特别是海军训练在内的。既重视物的因素，又重视人的作用。他认为，以前所说的"不与水战，而专于陆守的战法已不适应新的形势；要战胜外国侵略者，就要按照外国的方法制造我方的坚船利炮，建立和训练一支熟练掌握新式船炮技术、能够在水面上"尾追"敌人的海军。他所总结的"器良、技熟、胆壮、心齐"八字要言，就是他海军建设的蓝图。基于这样的认识，他从美商处购进英制1080吨"甘米力治号"商船，改作兵船，这是开我国购买西方船只之端。1840年1月，他购买西洋炮200门，改进60只运输船为战船，装备虎门要塞。由于他在反侵略斗争中勇于"师敌之长技以制敌"，在广东海面7次击退英国侵略者的武装挑衅，迫使英国的侵略凶焰不能在广东得逞。林则徐所倡导和推动的海防运动，究其实质乃是一场早期近代化运动。他成为中国发生于19世纪40年代初的早期近代化运动的真正启动者。

林则徐禁烟虽然最后没有成功，但值得中国人民纪念和尊敬。他在民族危亡的重要时刻不顾个人的安危和毁誉，挺身而出，坚定地进行禁烟斗争和反侵略斗争，符合人民的愿望，体现了中华民族的浩然正气。他的著名诗句"苟利国家生死以,岂因祸福避趋之",是他爱国主义思想情操的生动写照,称他为民族英雄和伟大的爱国主义者当不为过。

在鸦片战争后中国从中世纪走向近代世界的历程中,林则徐倡导和推动的"开眼看世界"新思想风潮是这个历程中的第一步,具有重大的历史意义。这一新思想风潮,启迪中国人冲破闭关自守、夜郎自大的封建意识的禁锢,抛却"中国中心论"旧观念,树立由西方人地理大发现后形成的近代世界观,起到了思想启蒙的作用。从这一意义来说,林则徐不愧是中国晚清"开眼看世界"的第一人、中国近代向西方学习的首创者和近代中国对外文化交流的先驱者。

三、魏源——"师夷长技以制夷"主张的首创者

魏源是中国近代史上热心研究中国实际问题,且成绩卓著的爱国思想家。鸦片战争后出现的社会大变局激起了他强国御侮的爱国热情。他积极了解西方资本主义国家的历史和现状,提出了许多强国御侮的办法,给国人乃至日本人以深刻的启迪。他与好友林则徐一样,被人们誉为近代中国"开眼看世界"的先驱。

魏源(1794—1857),字默深,湖南邵阳金潭乡人,出生于封建官宦之家。他从小天资聪颖,爱读诗书。1809 年,15 岁中秀才。1819 年,他与龚自珍一起师从常州学派的著名学者刘逢禄学习清代中叶复兴的今文经学。魏、龚两人年龄相仿,志趣相投,友谊甚笃。1820 年春,魏源从邵阳出发,携家眷去江苏父亲任所。自此全家居江苏。1825 年,他受江苏布政使贺长龄之聘,协助编纂《皇朝经世文编》,后加入江苏巡抚陶澍之幕。陶、贺两人均为魏源同乡湖南籍"经世派"官员。魏源襄助他们改革漕运、盐政,取得成功。这是他"经世"的开始。

1826 年,魏源与龚自珍赴京会试。两人试卷议论精辟,才华横溢,被分考官刘逢禄看中,极力向主考推荐,但因他们试卷

所议触及时讳而未被录取。此次会试虽未考中,但他们的名声不胫而走,世称"龚魏"。

落榜后魏源返回江苏,更加潜心于经世之学。1826年,他完成《皇朝经世文编》120卷的编纂,

近代中国著名的启蒙思想家魏源(1794—1857)

并代贺长龄作序。此书辑录自顺治至道光初年的官方簿务档册、官员奏疏、学者论著和书札中足备经济、关乎实用的篇什,分为学术、治体、吏政、户政、兵政、刑政、工政等八大类,下分63个细目,辑入654位作者的2236篇文章。此书编成后,风行海内,对晚清学风的转变影响甚巨。魏源在编纂《皇朝经世文编》的过程中,逐步形成了自己的社会改革思想。

1828年,魏源再次参加会试,又不中。时年36岁的他,以内阁中书舍人候补的身份,广泛阅读各种典籍文献,学术日益精进,为以后编写《圣武记》等书积累了资料。

1830年,魏源与黄爵滋、龚自珍、林则徐等结成宣南诗社。诗社中,黄爵滋发动禁烟运动,龚自珍和魏源发动维新思潮。[1]诗社首领林则徐与魏源交往甚深,也很器重他。

1831年,魏源因父去世,回江苏奔丧,寓居金陵。1835年,他在扬州购置一处园林,命名为"絜园"(现新仓巷37号),辞

[1] 范文澜:《中国近代史》(上),人民出版社,1947年版,第16~17页。

去幕职，举家迁往扬州，想从此过宁静的书斋生活。

1840年鸦片战争爆发，打破了他书斋生活的宁静。是年8月，攻占浙江定海的英军一军官安突德在踏勘浙江沿海地形绘制地图时被俘，魏源应邀至军营审讯安突德。他利用审讯所获口供，又旁采其他资料，写出《英吉利小记》。通过面审英军军官和撰写《英吉利小记》，魏源开始对英国有了初步认识，写下《寰海》组诗，其中有"欲师夷技收夷用，上策唯当选节旄"的诗句，表明他已开始酝酿"师夷制夷"的思想。

1841年正月英军进犯浙江时，林则徐推荐魏源入两江总督裕谦幕府当幕僚。当时裕谦被任命为钦差大臣，专办攻剿英军事宜。2月5日，英军退出定海。2月7日他就随军一同前往定海办理善后事宜。魏源本想以自己的满腹韬略来报效国家，无奈清政府和战不定，而前方兵骄将怯，指挥无方，一片腐败，他只得将一腔热情付之东流，数月后抑郁辞归扬州，埋头著述，开始深刻思考中华民族的前途和命运。8月，遭到投降派打击陷害、革职发配新疆伊犁的好友林则徐路过京口（今镇江），魏源闻讯从扬州赶到京口迎接。两位好友同宿一室，彻夜对榻倾心长谈。在这国家和民族忧患的重要时刻，他们互相鼓励，消解心中的忧思，砥砺爱国的志气。临别前，林则徐把自己在广州组织人员翻译英国人慕瑞著的《世界地理大全》而编成的《四洲志》手稿和其他一些资料郑重地当面交给魏源，委托他在此基础上进一步充实资料，编出一部新书来开启世人思想。魏源接过林则徐递给的一包资料，含泪点头，表示定会珍重好友的重托。两个月后，英军攻陷镇海，钦差大臣裕谦在镇海战场自杀殉国。消息传来，魏源受到极大震撼。

肩负志同道合的好友的嘱托，胸怀忧国忧民的深沉的责任感，从1841年年底起，魏源开始埋首著书。

魏源敏锐地认识到，清政府必须进行改革，否则难以长治久安。他通过研究清朝开国以来的历史，找出盛衰之由，以激励清朝政府有所作为。于是，40多万字的《圣武记》于1842年8月在他笔下写成。同年在扬州刊刻。《圣武记》共14卷，分为两部分。前10卷用记事体将爱新觉罗氏的崛起、统一东北、进攻明朝,再从清军入关到道光年间的对内对外战事,详述其经过。武功是清朝兴起和统治的重要手段,通过它可以了解鸦片战争前的清朝历史。后4卷是魏源自己对有关军事武功问题的论述。魏源希望清廷从本书中得到借鉴,然后修军政,振国威。他在《圣武记·自叙》中写道:"是以后圣师前圣,后王师前王。"联系前述他在《寰海》组诗中的诗句"欲师夷技收夷用",他的"师夷长技以制夷"思想至此已是呼之欲出了。

同年(1842年)底,49岁的魏源又遵照好友林则徐的嘱托,满怀爱国激情,在林则徐译编《四洲志》的基础上,增补其他材料,完成《海国图志》50卷57万字的撰著工作,即在扬州雕版印行。划时代的巨著《海国图志》与其说是魏源个人的著作,毋宁说是林则徐思想和主张的延伸,是他们共同迈出的走向世界的第一步。《海国图志》一时风靡全国,国人争相阅读传诵。此后,魏源又修改数次,1847年增补为60卷,1852年增补为100卷,计88万字,仍在扬州印行。

《海国图志》是近代启蒙思想家魏源(1794—1857)在林则徐辑录的《四洲志》基础上于1843年写成的划时代巨著

《海国图志》内容丰富,大致分为六部分:

一、《筹海》四篇。从议守、议战、议款三个方面,全面总结鸦片战争失败的教训。在"议守"(上)中,首次提出"师夷长技以制夷"的主张,主张向外国学习,用外国先进的科学技术来武装自己,以便抵御外国对中国的侵略。

二、世界地图及各洲各国地图 78 幅。这些地图及其绘制理念表明魏源的地理观念已经突破"中国是天下中心"的陈腐观念，代之以近代意义的世界观念。

三、世界各国的地理位置、历史沿革、政治制度、物产矿藏、宗教信仰、风土人情、中西历法、中西纪年对照通表等，计 72 卷。

四、鸦片战争有关档案材料及林则徐组织译集的外国情报资料。

五、船、炮、枪、水雷等武器构造图、西洋技艺等。

六、《地球天文合论》5 卷，系统介绍地球形状、运行规律、哥白尼太阳中心说、地球经纬论、四季变化规律等近代自然科学知识。

《海国图志》是我国晚清系统介绍世界各国历史、地理和政治状况的一部百科全书，更是一部切合时代所需的图强御侮之书。它在当时的中国和东方国家都称得上是划时代的世界史地巨著、东方了解西方的经典。在《海国图志》中，魏源以过人的胆识、勇气和责任感，在中国近代史上第一次明确提出了"师夷长技以制夷"这一向"西方学习"的著名主张，论证了学习西方科学知识、先进军事技术的必要性。他认为，西方的船炮比中国先进，中国旧式武器如刀、枪、弓箭、土炮显然已不适应时代要求。为巩固国防，他提出了学习西方先进科学技术的具体方法，这就是：设译馆翻译西书；请外国军官教授军舰驾驶、训练士兵、培养工匠学习铸造等；设立船局、制炮工厂，制造军舰、枪炮。除此之外，凡是有利于国计民生的先进技术都可以学习，如千里镜、龙尾车、风锯、火轮船等。总之，要达到"尽得西洋之长技为中国之长技"的目的。魏源"师夷长技以制夷"的主张，既是对闭关自守、妄自尊大且难于更新的封建传统文化的挑战，也是中国文化面对西方文化的挑战"起而应战"的响亮号角。在当时举国皆谈"中华大防"、"华夷之辩"的时候，魏源以其对国家、民族的高度责任感，在林则徐学习西方长技的思想基础上，勇敢地提出了"师夷长技以制夷"——在器物层面即军事技术上师敌之长，补己之短，以"师夷"为手段，以"制夷"为目的正确主张，迈出了向西方学习的第一步，开中国近代中外文化交流及向西方寻求真理的时代新风，体现了一个爱国者的崇高的民族感情。这一主张给予国人以深刻的思想启迪，给中国社会以极大的影响。自此以后，向西方学习、寻求救国救民真理的热潮勃然兴起，一批批先进的中国人把目光投向西方，走上了建设近代民族国家的振兴之路。魏源因此被后人称为"中国近代史上睁眼看世界的又一人"。

"师夷长技以制夷"的呐喊，具有启蒙与救亡的双重文化视角与价值判断，达到了当时所能达到的最高思想水准。"师夷"是手段，"制夷"才是目的。正是"师夷"的主张，把"制夷"的目的推进到一个崭新的思想高度，从而使他们对西方及列强的认识与态度具备了感人的忧患意识与彻底的务实倾向。"师夷长技以制夷"的思想，是中国近代"西学"的发端[1]，也是近代中外文化交流史的发端。江苏扬州絜园，堪称近代中国人向西方寻求真理的口号的"发祥地"。

从中外文化交流的视角来审视，《海国图志》本身不啻是中外文化交流的一个载体和一件实证。魏源所撰的这部书，征引了约20多种西方著作，致使西方著作成了此书的主干和灵魂。再者，《海国图志》60卷本1847年刊印问世4年后，于1851年传入东邻日本，受到日本人民的高度评价，并进而导致日本一度出现"海国图志时代"，对日本的明治维新起到了有口皆碑的推动作用。

四、近代启蒙思想家徐继畬及其《瀛寰志略》

徐继畬（1795—1873），字健男，号松龛，山西五台县东冶镇人，徐向前元帅的族曾祖，出身于诗礼传家的书香门第。他幼承家学，苦心读书，19岁中举，1826年中进士，朝考获第一名，

[1] 张岂之主编：《中国思想史》，西北大学出版社，1989年版，第950页。

钦点为翰林院庶吉士,以后历任翰林院编修、陕西道监察御史、广西浔州知府。1840年鸦片战争爆发时,他正在福建省任沿津绍道道台,管辖闽江上游的山区。因沿海战事吃紧,他奉命兼署汀漳龙道,道衙在厦门对面的漳州。

在中国由闭关自守向被动开放转型的年代,徐继畬被调赴东南沿海这块"得风气之先"的被动开放区域当官任事。1840年以后的几年里,他一直在东南沿海任职。1842年任广东巡按使,1843年任福建布政使,1846年任福建巡抚。历史把他推到中外文化、中西文化冲突交流的风口浪尖,使他亲身领略迎面吹来的欧风美雨,亲身感受时代转型的脉搏跳动。好学善思的徐继畬,痛切地感到,国人对传统典章太盲目自信,对变化了的外部世界太茫然无知,他要冲决旧思想的牢笼,将变化着的精彩世界如实地介绍给国人,以使一贯夜郎自大、闭目塞听的国人猛然醒悟。

鸦片战争以后,徐继畬加紧研究中国以外的外部世界。他在繁忙的政务之余,披阅旧籍、访晤来华外国传教士和西方外交官,搜集西人带来的外国报纸和世界地图,耳闻笔录,展衍成篇,1844年著成《瀛寰考略》。然后又在这一基础上,增删修改,推敲考订,"荟萃采择,得片纸亦存录勿弃,每晤泰西人,辄披册子考证之,于域外诸国地形时势,稍稍得其涯略,乃依图立说,采诸书之可信者,衍之为篇,久之积成卷帙。每得一书,或有新闻,辄窜改增补,稿凡数十易。自癸卯(引注——1843年)至今,五阅寒暑,公事之余,惟以此为消遣,未尝一日辍也"[1]。1848年,终于将《瀛寰志略》刊刻问世。《瀛寰志略》主要参考的资料有三

近代启蒙思想家徐继畬(1795—1873)

[1]《瀛寰志略》自序。

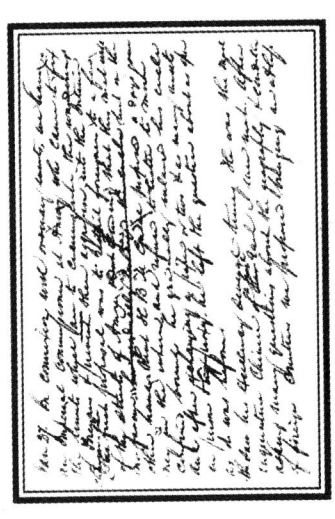 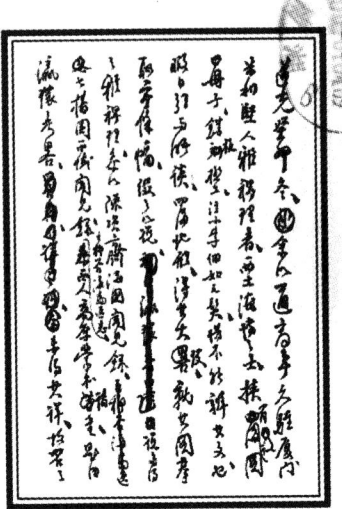 

美国首批来华传教士之一雅裨理（David Abeel）

雅裨理（David Abeel,1804—1846），美国首批来华传教士之一。1844年，他与徐继畲在厦门的历史性对话揭示出：当中国领导者开始从西方得到灵感的"现代化"时，文化交流则是主要源泉。书影为徐、雅二氏对交谈的手记。

类：一是中国文献，诸如历朝正史和有关实地考察之著作，如《海国闻见录》、《天下郡国利病书》等；二是晚明以来西方传教士所写的中文书籍、刊物，包括利玛窦、艾儒略、南怀仁等人的著作，更多的是马礼逊以来传教士的著作；三是直接访问所得的口述资料。他曾说："每晤泰西人，辄披册子考证之。"作为已是从二品的地方高官，在鸦片战争刚过、风气未开的境况下，能不耻下问，实属难能可贵。

徐继畲访问过并与其讨论过世界知识的西方人，主要有美国首批来华传教士之一雅裨理（David Abeel，1804—1846）、英国首任驻福州领事李太郭（G.T.Lay）、继任领事阿礼国（Rutherford Alcock）夫妇。其中对徐影响最大的是雅裨理。

徐继畲与雅裨理首次会晤是在1844年1月。当时负责福建外交事务的布政使徐继畲，到厦门会见英国首任驻厦门领事记里布（H.Gribble），能操闽语的雅裨理作为翻译出席。会见之后，徐向雅提了许多关于世界地理的问题，雅裨理尽力做了回答，并承诺，下次带一本地图册来，依图答问。后来他们践诺会晤问答。1844年2月、5月，徐继畬因公到厦门，又与雅裨理会晤几次。

1844年徐继畬与美国传教士雅裨理在厦门的历史性对话揭示出：当中国领导者开始从西方得到灵感的"现代化"进程时，文化交流则是主要源泉。徐继畬是近代中西文化交流这块处女地的拓荒者之一。[1]

徐继畬与传教医师高民的接触，稍后于雅裨理，也是在1844年。高民1842年在雅裨理寓所开设医馆，1844年1月与另一名传教士医师协邦在厦门合开一所医院。徐继畬在《瀛寰志略》中提到高民，说他很熟悉瑞士的情况。

徐继畬与英国传教士、博物学家李太郭（？—1845）的接触始于1844年7月。1844年，李太郭调任英国驻福州领事。这年7月3日，负责福建外交事务的徐继畬，为李太郭在福州城南安顿了寓所。徐与"中国通"李太郭没有语言障碍，经常交谈。徐从李那里获取了许多关于中东地区的地理、政治情况。

徐继畬与英国外交官阿礼国（1809—1897）有良好的关系。阿礼国1845年3月抵福州后，知徐正在进行撰著工作，阿礼国夫妇给予热情的帮助。阿礼国送给徐一个地球仪，其夫人给徐绘了一张世界地图，在图中将英、法、俄控制的各个国家和地区用不同颜色区别开来。

徐继畬的努力获得了极大的成功。当时他对世界地理的熟悉，对国际知识的了解，不必说一般中国人，就连西方人都感到惊讶。他边录边写，边问边改，1844年便写出《瀛寰志略》的初稿《瀛寰考略》。又经5年修改定稿，1848年《瀛寰志略》终于问世。

《瀛寰志略》凡10卷。卷一，地球、皇清一统舆地全图、亚洲；卷二，南洋各岛、东南洋各岛、大洋海群岛；卷三，五印度、印度以西回部四国、西域各回部；卷四，欧洲、俄罗斯、瑞典、挪威；卷五，奥地利、普鲁士、日耳曼列国、瑞士；卷六，土耳其、希腊、意大利、荷兰、比利时；卷七，佛郎西、西班牙、葡萄牙、英吉利；卷八，非洲各国；卷九，北美各国；卷

---

[1] 任复兴主编：《徐继畬与东西方文化交流》，中国社会科学出版社，1993年版，第499页。

十,南美各国。

与同时代其他有关世界地理的著述（如魏源的《海国图志》）相比，《瀛寰志略》有鲜明的特色。首先，它是学术著作，不是资料汇编。书中所用资料，无论得自书本，还是来自访问，徐氏都经过认真地思考，咀嚼消化，用自己的语言表述出来。其次，叙述全面、系统。全书先图后说，除了地理知识之外，还兼及历史、经济、社会风俗，每篇之后并附按语，叙述作者对人、事、物的感受。第三，重点突出，时代感强。全书近一半篇幅叙述欧美各强国，关注西方民主政治体制，探索西方民主政治体制与国家独立富强之间的联系。第四，文字简洁。全书 14.5 万字，纲目清晰，文笔洗练，字里行间涌动着民族独立

上海书店出版社 2001 年出版的清代徐继畬著《瀛寰志略》书影

意识和国家主权意识，涌动着爱国主义情怀。《瀛寰志略》在世界地理研究和介绍方面的成就，超过了《海国图志》，堪称代表当时中国最高水平的世界地理著作。

上述特色表明作者徐继畬已在历史与现实的结合上突破了以中华为世界中心的华夷观念，实现了由一元世界观到多元世界观的飞跃。他不仅睁眼看世界，而且基本看清了世界的文化大势、经济大势和政治大势。他向国人提供了全球地理的基本图像，提供了观察多维世界的视角，揭示了中国在强国如林的世界政治格局中所面临的严峻形势，提出了高扬爱国主义和近代化主旋律，自强、官商合作、务实外交、走向世界、参考彼得大帝计划、引进域外有用知识、借鉴西方政治体制等符合时代潮流的进步主张。显然，徐继畬的主张超越了魏源学习西方先进技艺、"师夷长技以制夷"的主张，更符合时代要求。因此可以说，徐继畬是近代中国第一个真正摆脱对世界认识的蒙昧状态，并对国人进行民主启蒙教育的人。如果说徐继畬是中国近代启蒙思想家的话，

那么，他的代表作《瀛寰志略》便是中国近代化的启蒙宣言书。

《瀛寰志略》问世以后，在国内外产生了深远影响。

《瀛寰志略》在出版后的半个世纪里，一直是中国人了解世界地理的最受器重的著作，在1852年以前，亦即《瀛寰志略》刚刚行世的两三年内，此书便受到魏源的极大重视。他在将《海国图志》由60卷增补为100卷的过程中，从《瀛寰志略》中辑录了近4万字的资料，凡33处，占《瀛寰志略》全书的1/4。1866年，清政府的总理各国事务衙门特地重印《瀛寰志略》，作为国人了解世界的重要工具书。同年，此书被京师同文馆采用为教科书。19世纪的后50年中，此书一直是国人了解世界的重要读物，甚至成为清末驻外使节人手一册的"出国指南"。1876年，首任出使英国大臣郭嵩焘在使西途中，每到一处，便取出随身携带的《瀛寰志略》与当地情况相对照。1890年出使西方四国（法国、英国、比利时、意大利）的钦差大臣薛福成，视此书为了解世界之津梁，并有志编撰《续瀛寰志略》，后因故未果。力主变法图强的洋务大员曾国藩，多次使用此书。以通晓事务著名的思想家王韬，予此书以很高的评价。维新变法领袖康有为、梁启超都读过此书，且颇受其影响。

《瀛寰志略》出版11年后，便于1859年传入东邻日本。[1] 1861年，日本有此书的刊本，以后又几次翻刻。1861年日本出版的《瀛寰志略》译注本，地球全图系用红、黄、绿三彩印刷，人名、地名均用日文、英文注出，年代亦附注日本年号，其版本和装帧质量，均超过中国版本。它在日本的普及，对日本人了解世界、推行明治维新改革，起了积极的作用。

徐继畬早已认识到，任何企图跨越中西文化之间的鸿沟，向国人阐明西方文明现状和动态的人都是要冒被当作乱臣贼子的风险的。作为深受儒家文化熏陶的孔门弟子，他冒险犯难，冲破思想和文化的重重阻力，系统提出处理中国与新的、兀然出现的世界秩序的关系的务实、可行的观点，应被视为他对祖国命运的深切关注和对传统文化的高度忠诚。然而，可悲的是，徐继畬却因此而付出了沉重的代价，受到守旧派的严酷迫害，成了"东方的

---

[1] 王晓秋：《近代中日启示录》，北京出版社，1987年版，第27页。

伽利略"。

1851年，徐继畬被免去福建巡抚职务，到北京任太仆寺少卿。翌年被削职回乡。这一处分的表面理由是，徐在福建巡抚任内，在一系列对外交往事务的处理上，态度不够"强硬"。实际背景是，1850年，道光皇帝去世，咸丰皇帝继位，清朝中央机构发生重大人事变动，先前支持徐继畬的穆彰阿一派失势，徐连带遭贬。据说，守旧派弹劾徐继畬，还有两件事与《瀛寰志略》有关：其一，《瀛寰志略》卷五，论及"日耳曼列国"后，"按"云日耳曼人聪明阔达，法、英初祖皆日耳曼人，殆西土王气之所钟欤。守旧派截取这段话，故意隐去"西土"二字，变成"殆王气之所钟欤"。二字一去，意思大变，成为大逆不道之论。其二，《瀛寰志略》卷九，称赞华盛顿"起事勇于胜、广，割据雄于曹、刘，既已提三尺剑，开疆万里，乃不僭位号，不传子孙，而创为推举之法，几于天下为公，骎骎乎三代之遗意。其治国崇让善俗，不尚武功，亦迥与诸国异。余尝见其画像，气貌雄毅绝伦。呜呼！可不谓人杰矣哉"。守旧派认为这些话有讥讽中国天朝制度的弦外之音。朝中对此"哄传"一时。徐继畬被撤职一事，当时西方人也认为与《瀛寰志略》有关。英文《中国丛报》评论说，徐氏下台，"也可以理解为他出版的书籍使有偏见的中国人讨厌"。

时隔13年，到1865年，学西方、办洋务已成为不可遏止的时代潮流时，以研究西方而著名且遭贬的徐继畬，才被人们重新记起。他被召回京师，初任总理衙门行走，1866年至1869年任总管京师同文馆事务大臣，即中国第一高等学府首任校长。此时，他已是古稀老人了。

徐继畬由于《瀛寰志略》的出版招致仕途坎坷，却意外地带来了中美文化交流史上的一段佳话。

《瀛寰志略》对美国第一任总统华盛顿（George Washington，1732—1799，1789—1797在任）的誉扬，在华盛顿的家乡，在来华美国人的心中，引起了不小的反响。

1850年，即《瀛寰志略》问世后的第三年，在华的传教士彼得，便觅得一部《瀛寰志略》寄回美国。1853年，在华的美国传教士从《瀛寰志略》中录出两段称颂华盛顿的文字，刻于花岗石碑上，赠送给美国华盛顿纪念馆。这块碑后来被砌在华盛顿纪念塔的第十级内壁。

1867年10月21日，即将离任的美国驻华公使蒲安臣（Anson Burlingame），代表美国政府，将一幅华盛顿画像赠给徐继畬以表达敬意。这幅画像是美国第17任总统约翰逊（Andrew Johnson）特地让国务卿西沃德（W.H.Seward）请画家按照原美国著名画家斯图尔特（Gilbert Stuart）所作华盛顿肖像复制的，原作一直挂在白宫内阁会议室里。赠接仪式在北京举行，相当隆重，中方出席者除徐继畬外，还有总理衙门的其他官员，美方人员除蒲安臣外，还有继任代理驻华公使卫三畏（Samuel Wells Williams）和公使馆其他人员。蒲安臣热情洋溢地对徐继畬说：您了解世界、了解华盛顿的努力，使您付出了沉重的代价，遭贬10多年。当您看到华盛顿温和的面容时，请不要回忆由于您的努力想使人们更多地了解华盛顿和西方各国，而遭到罢黜的14年悲伤岁月，恰恰相反，您应当为出现今天的局面而欢欣鼓舞。蒲安臣还说了许多祝福和安慰徐继畬的话。

徐继畬做了简短而得体的答词。他说，受到贵国赠送的华盛顿画像，深感难副其实。华盛顿在奠定贵国的基础方面，显示出惊人的能力。他已成为全人类的典范和导师。

这一中美文化交流史的盛事，在中文资料中没有见到记载，美国《纽约时报》1865年3月29日第10版刊有报道文章《美国在中国的影响》。文章报道了蒲安臣向徐继畬赠送华盛顿画像一事，并介绍《瀛寰志略》及其给徐继畬带来的坎坷遭遇，盛赞徐继畬是一位伽利略式的勇于探索真理的科学家。美国当代学者德雷克（Fred W. Drake，汉名龙夫威）在1975年出版的学术专著《徐继畬及其瀛寰志略》中，称徐继畬先机敏识，在19世纪40年代就认识到中国处在"古今一大变局"之中；他引进西方新知，积极倡言变革，是中国的马可·波罗、哥伦布、东方的伽利略；《瀛寰志略》是"不同文化的人在中国海疆接触、交流的产物"；徐书提出了以现代化为主旋律的经世主张：自强、官商合作、务实的外交、参考令人羡慕的彼得大帝计划、引进有用知识。徐书除介绍地理学基本知识外，还提供了西方政治体制的实情。徐继畬的破荒之作，深刻地影响着19世纪中国整整一代的思想家，并为19世纪60年代的自强运动奠定了根本的思想基础。德雷克意味深长地指出："当马克思发表了他那震撼全球的宣言的那年，在另一个世界的徐继畬也完成了他的《瀛寰志略》，并异曲同工地指出，英国'其商船四海之中无处不到，大利归于商贾，而工则贫'。"[1]

徐继畬的《瀛寰志略》决不是一本简单的世界地理教科书，而是一种充满维新精神和改革主张的宣言。它深刻影响了曾国藩、康有为、梁启超、严复等中国整整一代改良主义思想家，为19世纪60年代的自强运动和90年代的戊戌变法，奠定了扎实的思想基础。它的成书过程和外传过程表明，它是近代中国早期中外文化交流的产物。由于它使国人对域外的认识上升到一个新高度，因此可以说，它标志着中华民族的新觉醒。徐继畬是近代中国最早跨越中世纪门槛的人，是更富理性、更深沉的爱国者。他为民族的觉醒，为真知的探求，作出了巨大的努力，取得了光辉的成就，也为此付出了沉重的代价。他在宦海中的沉浮，以及其著作在社会上的毁和誉，典型地折射出近代中国在曲折中蹒跚前行的身影。

---

[1] [美]德雷克著、任复兴译：《徐继畬及其瀛寰志略》，文津出版社，1990年版，第110页。

第三章
西方传教士来华输入西方文化

基督教（含天主教、东正教、新教三大派别）与佛教、伊斯兰教并称世界三大宗教。它自唐太宗贞观九年（635年）即传入中国。自古以来曾4次传入中国,3次受挫,只是到了近代——19世纪,英美各国基督教会适应西方列强侵略和扩张的需要,纷纷成立各种基督教差会,作为基督教向海外传播的机构。通过这些差会,西方传教士被派往非洲、亚洲等地国家传播基督教。19世纪成了基督教向外扩张的"伟大世纪"。基督教能够成为一种世界性宗教,在很大程度上得益于其救世的世界主义观念和全球传教的不懈实践。

近代基督教传教运动的勃兴,既根源于其固有的世界主义,又得益于殖民主义。在战舰和大炮的轰鸣声中,近代西方基督教文明向古老的东方文明提出了严峻挑战。这种以武力为后盾的文化帝国主义,同经济帝国主义和政治帝国主义结成三位一体的侵略扩张势力,使基督教成为名副其实的世界宗教,加速了人类各文明形态交流碰撞、融合、同化的痛苦历程。

1807年,伦敦会新教传教士罗伯特·马礼逊（Robert Morrison 1782—1834）被派遣来华,标志着基督教开始第四次传入我国。

1840年鸦片战争之后,大批西方传教士接踵来华。他们伴随着列强的战舰大炮,主要以文化传教和慈善事业的方式,广泛深入到中国的都市和乡村,激发和推动了西学东渐和东学西渐的高潮,并在中国近代化的进程中同时扮演着积极与消极两重性的矛盾角色，自觉和不自觉地充当了近代早期中外文化交流的主力。

一、传播基督教文化和科技文化

鸦片战争之前的四五年间,英美等国基督教新教传教士来华的活动,主要集中在三个方面：一是为西方殖民主义者收集、提供有关中国政治、经济、文化,尤其是军事实力的情报；二是制造西方殖民者武装侵华的舆论,鼓吹用武力打开中国的大门；三是从出版、教育方面入手做好大规模来华传教的准备。

鸦片战争之后,清政府被迫签订一系列不平等条约。许多传教士不仅是侵华战争的直接参与者,而且也是不平等条约的起草者和策划者。他们认为"只有战争才能开放中国给基督",借着殖民主义的武装侵华,将传教活动作为特权引入条约。条约订立后,西方列强派遣来华的传教士人数急剧上升,英、美、德、加（拿大）等国传教士络绎不绝地来到通商口岸,并以条约为护符进入内地传教。传教士们感到："一个崭新的时代现在已经来临。"

外国传教士在不平等条约的庇护下,一相情愿地在中国传播基督教,自然激起中国人民的抵制与反对。不过,事情还有另一面,外国传教士在近代文化交流史上也曾充当过至关重要的角色,他们在中外文化交流的大潮中推波助澜,一手传播欧风美雨,一手译介中国文化,在中外文化冲突与交融中留下了深刻的痕迹。

基督教传教士基本上来自当时资本主义经济文化最为发达的英美两国的青年男女,其中女性构成了传教士的主体。就社会背景而言,美国传教士大部分来自中小城市和农村。英国的新教传教士一般出身于中产阶级,主要来自小农场主和中小商人家庭。上层资产阶级极少加入到传教队伍中来。传教士的家庭都有笃信基督教的传统,他们大都自幼就生活在宗教氛围中,受到宗教的耳濡目染，对基督有深刻的信仰。

传教士最鲜明的群体特征是他们受过比较正规的现代化教育。英国传教士中有不少人读过大学，美国传教士的文化程度相对还要高些。相当多的女传教士在神学院或各种各样的学院中学习过。传教人员的教育程度之所以普遍比较高，是因为在西方国家中，牧师等神职是受人尊敬的职业。这些神职人员是民众在宗教精神生活方面的导师，必须受过与其身份相吻合的教育。在美国，一般必须在大学毕业以后才能继续攻读神学，神学院毕业后才能授予神职。英国对传教士设有考试制度。这种教育背景使他们学习和掌握了最新的科学知识，能够了解世界文化发展的大势，对中国文化也有一定的理解力，具备了在较高层次从事导演文化交流的某些素质和条件。

外国传教士被派到中国来，首要的任务当然是传播基督教。但是，中西国情不同。此时的中国人对基督教知之甚少，不感兴趣。加之近代外国传教士来华传教和中国战败的耻辱联系在一

江西南昌府外国传教士的住所

起，中国人自然对外国传教士态度冷漠之外还有排斥的情绪。这就使外国传教士深感在中国传教的困难。

但是，外国传教士毕竟文化教育水平较高，对出现的新情况新问题的应变能力较强。他们在传教碰壁后，发现中国是个有着悠久历史的文明古国，有重视文化、信奉教育、尊重知识分子的传统。因此，要想传教成功，必须采取适应中国国情的手段，于是他们换穿儒服，头戴方巾，自称道人，用传播科学文化引起中国人的注意，以达到寓宗教于科学文化、借科学文化来度宗教的目的。当时，在亟须近代科学文化的晚清时代，中国的近代文化领域完全是一块尚待开垦的处女地。传教士凭着高雅素质，正好在这块处女地上显露才华，不少传教士献身于翻译、教育、西医、出版等文化事业，成为著名的翻译家、教育家、西医医生、出版家，为中外文化交流事业作出了令人瞩目的成绩。可以说，在迂腐的晚清政府懵懂不察时，历史选择了外国传教士充当了近代中外文化交流的主力。

广东、福建是西方基督教最早进入之地。第一个到广东开教的是美国传教士罗孝全（Issackar Jacox Roberts，1802—1871），他于1840年在香港建立传教据点。1842年，夏克和罗伯兹在香港创立浸礼教传教会，并建筑小礼堂。同年，美国归正教传教士雅裨治、美国圣公会文惠廉夫妇和美国医生甘明到达厦门，一边开诊所，一边布道。1844年，德国传教士郭实腊（Charles Gatzlaff）在香港建立了一个主要由中国人组成的名叫"福汉会"的教会组织。这个教会组织到1849年发展到1800多人，并首先打破清政府限禁，进入通商五口岸以外的内地和乡村传教。

据《中国丛报》1851年的公报，1847年前来华传教的外国传道会有：伦敦传道会（1807年来华）、荷兰传道会（1827年来华）、美部会（1829年来华）、美国浸信会海外传教委员会（1829年来华）、美国圣公会海外传教委员会（1837年来华）、美国圣公会传道会（1837年来华）、美国长老会海外传教委员会（1837年来华）、英国浸信会传道会（1845年来华）、巴色传道会（1846年来华）、礼贤传道会（1846年来华）、美南浸信海外传教委员会（1846年来华）、美国安息日浸信传会、美国卫理工会传道会（1847年来华）等。[1]

1847年，慕维廉（William Muirhead）至上海，译米纳（Milner）的《大英国志》为汉文。同年，英国传教士伟烈亚力（Alexandar Wylie）至上海。他通晓天算，居中国30年，与中国士大夫交流甚广，著述宏富，译有《续译几何原本》（1857年）、《西国天学源流》（1857）、《华英通商世略》（1857）、《重学浅说》（1858）、《代微积拾级》（1859）、《代数学》（1859）、《谈天》（1859）、《汽机发轫》（1871）、《数学启蒙》（1853）、《造表新法》（1857）、《景教纪事》（1857）、《吾主耶稣基督新遗诏书》（1859）等。伟烈亚力既是西方中国数学史领域的开拓者，也是西方近代高等数学在中国的第一个传播者。他"输入西洋科学于中国，贩运中国科学于西洋。功亦不浅"[2]。

1848年，艾纳瑟（Joseph Edkins）抵上海。他著有多本研究中国的书，尤精于中国佛学。

1848年，美国公理会传教士卫三畏（Samuel Wells William）撰著《中国总论》（*The Middle Kingdom*）两巨册，传布中国历史、法律、社会风俗于欧美。

1860年，美国美以美会派传教士林乐知（Young John. Allen）来华传教。他于1875年创月刊《万国公报》，灌输西方思想于中国士大夫。光绪戊戌年（1898年）以前，中国人所知外国事情，均来自此报。1882年，他在上海建中西书院。近代名人毕业于此校者甚多。此校以后改称沪江大学。林乐知还有《中东战纪》等书问世，极力鼓吹中国须变法维新，与戊戌维新党人来往甚密。

1861年，英国圣公会教士傅兰雅（Fryer．John，1839—1928）被遣派来华，先在香港圣保罗书院担任院长。1863年，他接受京师同文馆聘请充任该馆英文教习。1865年，傅兰雅在美国传教士丁韪良取代了他的教习职位后到上海，上海教会组织聘他为英华书院首任院长。1866年他出任英人创办的《上海新报》主笔。1868年，上海江南制造总局附设翻译馆，聘他为

---

[1] 刘圣宜、宋德华：《岭南近代对外文化交流史》，广东人民出版社，1996年版，第137页。

[2] 张星烺：《欧化东渐史》，商务印书馆，2000年版，第36页。

"专办译书之事"。从此，傅兰雅开始了长达28年之久的译书生涯。直至他1896年离华为止。在翻译馆，傅兰雅和中国近代著名科学家徐寿、华蘅芳等合作，先后翻译科技文化的英文原著143种，成为历史上传教士中向中国输入西方科技文化知识最多的一人。1874年，傅兰雅与徐寿等人发起创办我国第一所专门教授自然科学知识的新型学堂——上海格致书院；1876年，傅兰雅"自备资斧"编辑出版我国有史以来最早的一种科技杂志——《格致汇编》期刊。所有这一切，在风气未开、愚昧落后的当时，对于中国的知识界具有一定的启蒙作用，因而赢得了中国人民的普遍称颂。清政府曾于1872年、1899年钦赐他三品顶戴和第一双龙宝星勋章，以示嘉奖。

傅兰雅居华期间还曾担任上海广方言馆（1863年李鸿章奏设，1869年移驻江南制造总局，与翻译馆比邻）教习、益知书会（1877年耶稣教大公会创设，曾出版不少西学启蒙读物）帮办董事，负责"中国教育会"（1890年由"学校教科书委员会"改组而来）的编辑出版工作，并亲自编译刊行数十种关于自然科学知识的论著。1896年，傅兰雅结束36年的在华活动，受聘为美国加利福尼亚大学伯克利分校第一任东方语言文学教授。赴美后，他为江南制造总局翻译科技书籍14种，并捐款助办上海盲童学校，且用盲文授课，此为中国用盲文教授盲童之始。像傅兰雅这样为中国的西学输入作出重大贡献的外国传教士应该名垂史册。

1864年，美国长老会遣牧师狄考文（Calvin W.Mateer）驻山东登州当牧师，创设文会馆，招收中国学生。近时名人吴佩孚即那时文会馆学生之一。文会馆以后并入济南齐鲁大学。狄考文精于算学，编有《笔算数学》、《代数备旨》等书，为19世纪末中国初办学校时各校所采用之算术教科书。

1870年，英国浸礼会传教士李提摩太（Timothy Richard，1845—1919）受遣来华。先至山东青州传教，当时山东风气未开，反对传教。他从自己的传教活动中总结教训，并参照明末利玛窦经验，采取三条基本办法：一、走上层路线，交结官府，争取封建势力的支持,从社会上层人物入手;二、以学术为媒,借西学、西法以增重身价、提高声誉,吸引官僚士大夫的注意;三、顺应中国社会风俗,使传教活动披上中国民族文化形式的外衣。1876年,山东大旱;1877年和1878年,山西连逢大旱。李提摩太抓住机会,一面主办赈济,用募集得来的钱款赈济灾民,一面以慈善家的身份广泛结交各地官绅。1889年,他在太原举办学术演讲社,一月演讲一次,介绍西方文化。1891年,任西方列强在上海的文化出版机关广学会总干事,直到1915年辞职,主持广学会达25年之久,期间撰译出版100多种书,介绍中西文化。他与上海人蔡尔康合译马恳西之《泰西新史揽要》,卖出100万部以上。每当各省科举乡试、士绅群集之时,广学会将自己出版的书籍运至各省推销,"故士绅获得新知识,皆斯会之功也"。义和团运动后,李提摩太请英政府留赔款50万两银于太原府,设立山西大学,教育华人,传布新知识。英政府许之,任命李提摩太全权管理山西大学。10年以后,再交还中国。第一任校长为郭崇礼(Moir Duncan)。历史学家张星烺称誉在中国传教45年的英国传教士李提摩太:"自明末有西洋传道师以来,功业之伟,未有李提摩太者也。"[1]

在一连串不平等条约的保护下,基督教新

[1] 张星烺:《欧化东渐史》,商务印书馆,2000年版,第38页。

华装打扮的英籍传教士李提摩太夫妇

教、天主教和东正教在19世纪后半叶的中国获得较快发展。据统计，1858年基督教新教传教士仅有81人，至1890年发展到1295人；受洗礼的中国基督教信徒由1869年不足6000人，发展到1890年的58 000人；传教的经费仅美国一国的开支，就由1875年的100万美元，增加到1900年的500万美元。[1] 在华传教士中，英国传教士约占3/5，美国传教士约占2/5，代表41个差会。新教各主要宗派相继传入中国，传教区域逐步遍及全国。英国公理宗系统的伦敦布道会传入最早，在巩固和发展了香港、澳门、广州的传教事业后，又在浙江、江苏、福建、湖北、直隶开辟教区，在陕西、湖南、四川建立了传教据点。美国公理会（也称美华会或美部会）在上海、福建、台湾、山西、直隶、山东建立教区或传教点，还深入张家口、内蒙活动。路德宗（信义宗）系统则从港澳扩展至内地，其传教区域分为豫鄂、湘中、湘西、豫东、豫中、粤南、陕西、东北等处，分属美国、德国、丹麦、瑞典、芬兰、挪威等国差会。圣公宗系统把中国传教区分为11个辖境：浙江、福建、港粤、华北、山东、四川、桂湘属于英国圣公会；江苏、鄂湘、皖赣属于美国圣公会；河南属于加拿大圣公会。浸礼宗系统分为英浸礼会、美浸信会（传自美国南浸会）、美浸礼会（传自美国北浸会）、瑞典浸信会等，其传教区域分为华南（广东、广西）、华东（江苏、浙江）、华北（山东、山西、陕西、东北）、华西（四川）、华中（河南、安徽）五区，教徒人数以山东、广东两省为最多。归正宗（长老宗）的传教区域与公理宗、路德宗大致相仿，绝大多数信徒分布在沿海地区。循道宗（卫斯理宗）先后有8个差会传入，最早的是美以美会，建立福建、江西、北京和四川的传教区。监理公会以上海为据点，扩展到东北和云南。圣道公会在天津立足，除传播于直隶、山东、浙江、两广外，还深入到湖南、湖北、云南、贵州一带。内地会是一个跨宗派的差会组织，1865年由英国自立传教士戴德生（James Hudson Taylor）创立，专门从事中国内地的传教活动。在短短的10多年里，其传教区域扩展到19个省，并深入到边境少数民族地区，直至新疆、西藏。[2] 1807年至1842年间，

[1] 方汉奇：《中国近代报刊史》（上），山西人民出版社，1981年版，第18页。

[2] 周燮藩等：《中国宗教纵览》，江苏文艺出版社，1992年版，第245~246页。

在华的基督教新教传教士仅24人,受洗的中国教徒不足20人。至19世纪末,新教传教士竟增加到1500人,教会团体61个,教徒近10万。[1]

鸦片战争前,天主教仍被清政府严厉禁止传教。鸦片战争后,中法签订《黄埔条约》,准许法国人在通商口岸建造教堂,地方官员须义务加以保护。1844年和1846年,在法国的压力下,清政府被迫宣布天主教弛禁,发还"所有康熙年间各省所建之天主堂"。于是天主教凭借不平等条约的支撑,再次取得合法传教地位。天主教传教士深入中国内地传教,其势力在各地大为发展。至1900年,全国已有代牧区37个(其中法国的传教机构有20多个),教士1356人,其中外国教士886人,中国教徒74万。[2]

东正教传入中国始于1685~1686年康熙皇帝下令收复被沙俄抢去的雅克萨(地名)时俘获的一批俄俘中的东正教徒。鸦片战

[1] 张文建:《天国之道——基督教》,世界知识出版社,1999年版,第242页。

[2] 周燮藩等:《中国宗教纵览》,江苏文艺出版社,1992年版,第247页。

晚清山东某地方官员与外国传教士的合影

争后，沙俄强迫中国签订一系列不平等条约，强占我国东北和西北大片土地，得到俄人在华自由居住、自由建立教堂、自由传教等特权。1840年，沙俄派遣东正教修士大司祭波利卡尔普·图加里诺夫率领第十二届传教士团到北京传教。1858年开始，俄罗斯东正教从北京向中国其他地方——哈尔滨、天津、上海、汉口、内蒙、新疆等地修建新教堂，成立新教会，发展新教徒。1860年以后，东正教北京传教士团为适应沙俄侵略扩张政策的需要，在形式上变成传教和文化机构。他们利用不平等条约所取得的特权，大规模向中国内地传教，出版中文书籍，培养华人神职人员。其传教范围从北京扩展到各地，陆续在北京西山、通州、房山、涿县、永平、古北口、天津、北戴河、青岛、卫辉（河南）、上海、汉口、广州、石浦、沈阳、旅顺、大连、哈尔滨、长春、满洲里、库仑、西安及新疆等地建立教堂32座，分堂5座，神学院1所，男女学校20所，气象台1座，企事业机构46家，拥有财产150万卢布。至1916年，受洗东正教中国教徒有5587人（其中北京约1000人，天津200余人）。蒙古及西北边疆地区注册登记的东正教中国教徒有37 020人。[1]

鸦片战争后大批基督教传教士凭借不平等条约的保护来华传教，带来民主、科学和进步的启示，客观上促进了西学东渐和东学西渐，对中国了解、融入世界和世界了解中国，无疑作出了积极的贡献。当然，基督教文化在近代中国的传播，明显烙有帝国主义文化侵略的深刻印记。然而从推动历史进步方面来看，基督教文化和西方科技文化在近代中国的传播，为中国近代化的发展断然起了积极的推动作用。诚如著名东方学家季羡林教授2000年1月所言："现在从最大的宏观上来看，在中国历史上外来文化大规模的传入共有两次：一次是汉代起印度佛教的传入，一次就是从四百年起西方天主教，后来又加上了基督教的传入。两次传入，从表面上看，都是宗教的传入；但从本质上来看，实际上传入的是文化，是哲学，是艺术，是技术等等。没有这两次的传入，我们今天的科技和文化的发展决不会是现在这个样子。这是一件事实，没有争辩的余地。"[2] 一言以蔽之，以不平等条约

[1] 周燮藩等：《中国宗教纵览》，江苏文艺出版社，1992年版，第247页。

[2] 季羡林：《西学东渐人物丛书》总序，见王渝生：《中国近代科学的先驱——李善兰》（《西学东渐人物丛书》之一）总序，科学出版社（北京），2000年9月版。

为护符的西方宗教在华传播，是西方资本主义列强对华侵略的一个组成部分，传教士在华活动与整个殖民事业紧密相连。但随着西教传播而来的西方近代文化和教会举办的社会事业，在传播新思想，促进文化教育的发展，推动中国近代化进程方面，产生了积极的影响。

二、创办教会学校

自从隋朝设立科举制度后，中国的教育体系便逐渐成为科举制度的附庸，特别是宋以后科举考试均用经义，这样便更促使教育只注重读经和作八股文而很少传授科学知识。随着19世纪初以来特别是鸦片战争之后，基督教传教士大批涌入中国，西式教会学校开始出现在中国的土地上。从此，中国传统的教育体系开始发生根本性变革。传教士在中国开办西式教会学校，其初衷并非向中国人传授科学知识，而完全是为了传教的需要。但其以适应近代社会需求为原则的办学指导思想和使学生在文理各科都得到发展的教育方针，却显示出强大生命力，并最终奠定了中国近现代教育体系的根基。

基督教教会在华建立的第一所西式教会学校是1839年由基督教新教传教士在澳门开设的"马礼逊学堂"。这所学校的学制为3~4年，开设的课程有：汉语、英语、算术、几何、物理、化学、生理卫生、地理、历史及音乐等。中国近代许多改良思想家都毕业于该校，特别是中国近代第一批留洋的学生出自该校。他们当中的一些人成了中国近代科学领域的创始人，如黄宽从该校毕业后又到美国攻读医科，成为中国历史上第一位西医医生。

1840年至1900年的60年间，传教士在中国开设的西式教会学校，大体上可以划分为三个阶段，即1840年至1860年为第一阶段，1860年至1875年为第二阶段，1876年至1900年为第三阶段。

第一阶段，即鸦片战争至《北京条约》签订前的20年间。

传教士主要在开放的五口和香港开办一些附设在教堂里的学校，规模很小，程度属小学，目的是"为传播福音开辟门路"，免收学费，膳宿生活费甚至赴校路费皆由学校供给，招生对象为穷苦教徒子弟或无家可归的乞丐。天主教在中国内地也开始招收一些教徒子弟入学。第一阶段全国的教会学校约有50余所，学生约有1000人。

早期传教士开设的教会学校主要有：

1843年从马六甲迁到香港的英华学校，是伦敦会马礼逊于1818年创办的，由英国传教士理雅各负责校务。

1844年英国"东方女子教育会"派遣阿尔德赛女士在宁波开办的女子学塾，这是外国传教士在中国开办的第一所女子学校。其后又有11所女子学校先后在五口和香港开设。同年，伦敦会还在厦门开设了英华男塾。

1845年，美国长老会在宁波开设崇信义塾。

1846年，美国圣公会传教士文惠廉在上海开设一所男塾。

1848年，美国美以美会在福州开设一所男童学塾。

1850年，天主教耶稣会在上海创办徐汇公学，后改称为圣依纳爵公学。这是天主教在中国开办的最早的洋学堂之一。同年，英国圣公会在上海开设英华学塾，美国北长老会在上海开设清心书院。同年，其他差会分别在广州、厦门、鼓浪屿开设教会学校。

1851年，美国圣公会在上海建一幼童学校，以后逐年扩展，办成圣约翰教会大学，"为中国培造政界、学界、商界人物甚伙"[1]。

1853年，美国公理会在福州开设格致书院。同年，又在福州开设文山女塾；同样，天主教在天津开设法汉学堂、诚正小学及淑贞女子小学。其他差会分别在广州、厦门、鼓浪屿开设教会学校。

1858年，归正会在厦门开设真道学校。

1859年，美国美以美会在福州开设一所女校。

1860年，英法联军破北京，逼清帝再订通商传教条款。增牛庄、烟台、台南、淡水、汕头、琼州、南京、汉口、九江、镇江

---

[1] 张星烺：《欧化东渐史》，商务印书馆，2000年版，第36页。

为商埠。"教士受保护传教,来者更多。欧化输入更易。商埠中有教会、官吏、商人各团体成立。自此种团体发生各种影响。以后五六十年时间,使中国人思想、政治、社会、家庭各种组织,皆起莫大变化。"[1]

截至 1860 年,教会学校的总数约达 50 余所,学生达 1000 人。这些学校大都附设于教堂,规模小,且都属小学文化程度。这一时期的教会学校主要为传教而设,因而课程设置除识字及科学知识课外,宗教课占相当的比重。不过,尽管如此,这些学校却构成了中国近代教育体系的雏形,因为直到 1860 年后清政府才开始按西方模式建立学校。

第二阶段期间,清政府因洋务需要,开始设立如同文馆、广方言馆之类的洋学堂。为了与传教士开办的学校相区别,一般称传教士开设的学校为教会学校,而洋学堂则是与科举制的学塾或私塾相区别。由于不平等条约容许传教士深入中国内地活动,教

[1] 张星烺:《欧化东渐史》,商务印书馆,2000年版,第36页。

福州一传教士创立的一个两百天制的学校

外国教会在太原设立的女子学校的学生

会学校也随之在中国内地迅速增加。

至1875年,教会学校总数约达800所,学生约2万人。其中基督教传教士开办的约350所,学生约6000人。其余均为天主教开设。这个阶段的教会学校仍以小学为主,但已有少量教会中学出现,约占总数的7%,女校也有所增加。

这一阶段开设的比较著名的教会学校有:

1863年天主教在上海开设的圣芳济书院。

1864年由美国长老会传教士狄考文在山东登州开设的蒙养学堂,1876年改称文会馆。

1865年美国传教士在北京开设的崇实馆。同年,美国圣公会在上海开设的培雅学堂。

1866年天主教在天津开设的究真中学堂。同年基督教在上海开设的度恩学堂。

1867年天主教在上海开设的崇德女校。同年,基督教在杭州开设的育英义塾。

1870年监理会在苏州开设的存养书院。

1871年美国圣公会在武昌开设的文惠廉纪念学堂。

1887年美国传教士沙德纳小姐(Miss E.C Shan)在南京珠江路汇文里创办女布道学堂等。

第三阶段(1876—1900)教会学校总数增加到2000多所。在校学生人数增至4万名以上。这一时期的教会学校,以小学为主,中学占10%,开始出现大学,或说大学正在形成之中,大学生总数不到200名。其中比较著名的大学,有1879年由培雅学堂和度恩学堂合并的上海约翰书院,后来形成了上海圣约翰大学。1882年林乐知在上海开办中西书院,后来形成了东吴大学。1889年在广州开设的格致书院,后来形成了岭南大学。

这一阶段所开设的教会学校明显有两个特点:一是教会学校获得急剧发展的机会。其原因是由于外国侵略者在中国开办的企事业日益增多,以及由于外国控制的中国海关、邮局等机关急需人才,同时洋务派所办的企事业也急需教会学校培养的人才。二是教会学校招生对象的改变。多数教会学校不再免费招收穷苦孩

1904年外国传教士在甘肃平凉创办的中西学堂

子入学，而是尽力吸收新兴的买办阶级的子弟或富家子弟入学，收取较高的学费。

从上述三个阶段教会学校的发展情况看，美国基督教各差会在中国开办教会学校最积极,其次是英国，而法国则主要在天主教堂内附设小学校。

教会学校在近代中国有个从数量少到数量多、从沿海到内地、从初等到高等的逐步发展的过程。其生源、社会被接受程度，也有个缓慢发展的过程。

教会学校开办之初，无论是沿海还是内地，大多阻力重重。当地人对西学的隔膜、对外国传教士的疑忌等，使生源以穷人子弟为多，且学生人数寥寥。但当渡过难关，创办成功，其影响就非同一般。到了19世纪七八十年代，无论是沿海，还是内地，尤其是上海，都出现教会学校受到欢迎、富家子弟愿意入学，从而人满为患的现象。这种现象，反映了教会学校逐渐被中国社会认可的特点。到清朝结束统治的1912年，中国各类教会学校在校学生有20万名（历届教会学校的毕业生已无法统计），在4亿多的中国人口中，虽然不是很大的数字，但论及近代西方科学知识的传播，其影响不可低估。在那个特定的年代，一般人根本不知地球自转公转、物品的分解化合为何事，不明培根、牛顿为何人的时代，这么多教会学校散布在沿海、沿江、内地，日复一日、年复一年地给中国青少年许许多多在西人看来已属平常、在当时人看来则十分新颖奇妙的科学知识，这对于西方科学技术文化传入中国，起了潜移默化的作用。毋庸讳言，教会学校培养了许多为殖民主义者效劳的洋奴、传教助手、外企事业服务人员等；但教会学校也培养了孙中山、宋庆龄，培养过容闳、马相伯、蒋梦麟，培养了许许多多近代中国第一批懂得西方科学技术、知名不知名的科学家、译员、教师、医生、职员、工程技术人员等。

教会学校的创办在中国近代史上第一次改变了晚清陈腐的教育体制，改变了中国原有的学校结构，引进了西方的教学内容和教学方法，为20世纪初中国国立学校的创办提供了可资参照的模式。教会学校使用的一部分教材被后来的国立学校所采用,教会学校的毕业生乃至教会学校的外国传教士师资,直接参与了国立学校的创建,甚至成为其师资。从这个意义上来说,教会学校奠定了中国近现代教育的基础。教会学校培养出来的大批人才,是五四运动以前近代中国除留学生外最早接受西方科技文化教育的知识分子。他们为缩小我国与世界科技水平的差距,为开展中外文化交流,作出了不可磨灭的贡献。

三、输入西医文化

医疗事业是传教士在华活动的重要领域。

近代之初,中国的医学界仍然只有传统的中医学一花独放。中医中药对中华民族的生息繁衍起过无与伦比的重要作用,但是,它在理论和实践上也有明显的局限性。传教士在输入西洋医学、丰富中华民族的医学科学和医疗手段方面产生过举足轻重的影响。由于基督教的传统,行医治病历来是传教活动的组成部分。西方差会把传教士医生派到中国,指望他们使医学成为布道的工具。加之近代医疗在中国存在着广泛的需求,教会的发展也极需要医疗事业的支持。在这样的情况下,西医文化获得了输入中国的极好机会。

美国第一位来华医药传教士伯驾

(一)开办西医诊所医院

开办西医诊所医

院，是教会投入人力、财力最多的一项事业。起始，作为传教的一种手段，常用医治小病小疾来吸引群众。后来随着教会的发展、当地社会的需要以及传教士医师的努力，教会倾力开办西医诊所和西医医院。西医诊所和西医医院的开办，也使传教士有了比较稳定的合法的公开活动的场所。

第一个把医疗作为对中国传教手段的教会团体，是基督教美国公理会国外布道会总部。1834年6月，它派传教士医师伯驾（Peter Parker）到中国广州传教。伯驾先到新加坡学习中文，一年后回到广州。1835年11月在广州十三行内的新豆栏街开一所眼科医局，时称"新豆栏医局"。

随着不平等条约的签订，从1842年至1848年短短的六七年间，5个通商口岸全部建立了教会的诊所和医院。它们是广州的眼科医院（1842年开，创办人伯驾，美国公理会支持）、厦门的西医诊所（1843年开，创办人赫伯恩，美国长老会支持）、上海的中国医院（1844年开，创办人洛克哈特，英国伦敦会支持）、宁波的西医院（1845年开，创办人麦高恩，美国浸礼会支持）、广州的金利埠医院（1848年开，创办人合信，英国伦敦会支持）、福州的西医诊所（1848年开，创办人怀特，美国美以美会支持）。

1845年伯驾离开中国后，美国传教士医师嘉约翰（John Glasgow Kerr）1854年与妻子一同来华接替伯驾的工作在广州传教行医，在增沙街新址，于1859年开办博济医院。1865年博济医院再迁仁济大街。在嘉约翰医师的主持下，依靠与中国青年的合作，博济医院成绩斐然，声望日高，成为中国近代史上最具代表资格的教会医院，对西医在中国的传播起了重要作用。

在伯驾来华行医后，西方教会派遣大批传教士医师来华。总计自1805年至1860年陆续来华的传教士医师约30人，分属14个差会，开设32所诊所或医院。[1]

第二次鸦片战争后，随着《天津条约》、《北京条约》的签订，西方基督教教会在中国开办医院和类似机构的特权被重新肯定，此后教会医院在中国内地各省、市建立起来。凡有传教士足迹的地方，均开办有西医诊所和西医医院。据统计，1876年，中国有

---

[1] 马伯英等：《中外医学文化交流史——中外医学跨文化传通》，文汇出版社，1993年版，第343页。

1892年创办南京基督医院（今鼓楼医院）的加拿大传教士马林（1860—1947）的半身塑像

西医诊所24处，教会医院16处；至1905年，西医诊所增至241处，教会医院增至166处。[1]同时，有39个教会医院招收中国学徒，培养西医方面的助手。这些西医诊所教会医院涉及13个省市、80多个地区，呈沿海城市向内陆地区辐射状。19世纪80年代后，越来越多的传教士医师放弃宗教活动，成为专业的医生和复杂的医疗机构的管理者。20世纪以后，教会医院迅速发展。据1938年出版的《基督教差会世界统计》所载：到1937年止，在华英、美基督教会所办的西医诊所约600处，教会医院达300余所，病床约2.1万张。[2]这些西医诊所、教会医院散布全国各地。

在华教会医院中，较著名的有1859年在广州建立的博济医院，它一直存在到1949年，是在华历时最久的教会医院；1862年伦敦教会在北京建立的双旗杆医院，1906年与其他几所医院合并为协和医院，成为北京最大的教会医院；1865年美国圣公会在上海建立的仁济医院；1867年英国长老会在汕头建立的高德医院；1881年英国圣公会在杭州建立的广济医院；1881年英国浸礼会与美国基督教长老会创办的济南共和医院；1885年美

[1] 杨医亚主编：《中国医学史》，河北科学技术出版社，1994年版，第164页。
[2] 甄志亚主编：《中国医学史》，上海科学技术出版社，1984年版，第114页。

059

国基督教长老会建立的北京道济医院；1892年加拿大传教士威廉·爱德华·麦克林（W.E.Macklin，1860—1947，中文名马林）创办的南京基督医院（又称马林医院，现南京鼓楼医院的前身）等。20世纪初，教会医院更加迅速地发展，不仅原有医院的规模更加扩大，而且在全国各地以至内地农村都新设了不少医院和诊所。

西方基督教会从1835年至1949年的100多年中，在中国投资5000多万美元，开设数以百计的西医诊所和教会医院，设有病床2.5万张，平均每年约有400名外国医护人员在这些诊所和医院工作。[1] 其中广州的博济医院、上海的仁济医院、南京的鼓楼医院、北京的协和医院、湖南的湘雅医院、山东的齐鲁医院都是当时国内一流的医疗机构。教会医院本身就是西方文化的载体之一。它的建筑、设备，它的医疗手段，无不时时刻刻向中国人投射着文明之光，让身临其境的每一个中国人直接受到西方文化的熏陶。这些伴随着帝国主义国家对中国进行文化侵略而在中国设立的教会医院，对中国吸取西医文化、形成中医和西医并存的局面，起了积极的作用。在一定意义上可以说，西方基督教会在华兴办的医疗事业是中国西医发展的奠基石。

（二）开办西医学校

初期，由于条件限制，来华传教士医师难以开办正式学校培养人才，只能以招收译员、助手、护理人员的名义，招收中国青年到诊所医院服务。在此过程中，传教士医师沿用中国传统的师傅带徒弟的方式，向他们传授西医知识。中国学徒一边帮助传译看病，一边学习西医理论。这是中国西医教学的肇始。中国第一批西医人才，如邱浩川、英韬就是用这种方式培养出来的。

19世纪60年代，外国教会开始在华开办西医学校。1866年，美国医药传道会在广州开办第一所教会医学校——博济医学校。1886年中国民主革命先驱孙中山曾就读于该校，现原校址已改建为中山医学院。1883年，在美以美会支持下开办苏州医院医学校，1894年改为苏州医学院。1896年，上海圣约翰大学建立医学系。到1897年，全国这种医校达15所。总的来说，1900年

[1] 陶飞亚：《基督教传教士与近代中西文化交流》，《文史知识》1993年第4期。

以前开办的教会医学校数量不多,规模也不大,毕业生寥寥无几。

1901年《辛丑条约》签订以后,基督教医学校迅速发展。到1915年,已增至23所。还有36所护士学校和药学校、助产学校等。其中较著名的有1902年在广州成立的夏葛女子医学校;1906年由伦敦教会、美国长老会、美国公理会、美国美会国外布道会、英国圣公会、伦敦教会医事协会等联合创办的北京协和医学校,1916年又经美国洛克菲勒基金会接受并改组为协和医学院,成为当时得到中国政府承认的最大的教会医学院。

19世纪末20世纪初,在教会开办西医学校的影响下,清王朝也跟风开设医校。1881年李鸿章在天津开设医学馆,后改为北洋医学堂。1902年袁世凯也在天津办起北洋军医学堂。1903年在京师大学堂里增设医学馆,后改为京师专门医学堂。

20世纪初,西方列强凭借《辛丑条约》的保护,加快了对华文化侵略的步伐。1909年,外国教会在济南开办共和医学堂,后来并入齐鲁大学医学院。1914年外国教会在成都设立华西协和大学医学院,在长沙开设湘雅医学院。这个时期先后设立的教会医学校共20余所。[1] 上海的震旦大学医学院、山东的齐鲁大学医学院均在此期建成。

教会在中国开办上述西医中等学校和西医高等院校,把中国的西医教育提高到了正规化和体系化的层次,与此前的医院附带教学相比已不可同日而语。这些西医院校培养出来的历届毕业生,为中国的西医文化事业作出了开拓性贡献。可以说,西医在中国立足并且最终占据中国医学主导方面,教会医院起了不容忽视的作用。

(三)吸引留学生学医

外国教会势力还吸引中国学生赴欧美留学。1846年,澳门教会学校马礼逊学校校长、美国传教士布朗(Samnel R. Brown)夫妇回国时,带走容闳、黄胜、黄宽三名学生赴美留学于麻省曼松学校,两年后获文学学士学位。黄胜因病半途返回香港。容闳和黄宽成为近代中国第一批出国留洋的学生。

---

[1] 杨医亚主编:《中国医学史》,河北科学技术出版社,1994年版,第164页。

1848年，黄宽获得苏京行医传教会奖学金，到英国进入爱丁堡大学攻读医学。经过5年学习，得学士头衔。1856年至1857年，黄宽在英国的医院里实习两年，研究病理学和解剖学，获医学博士学位。他是我国留欧学医的第一人。

1857年，黄宽以伦敦教会传教士医师的身份回到中国，在广州博济医院行医和教学，成为我国第一代西医医师。

作为西医学最早的接受者和传播者，黄宽倾其全力于医疗事业，为西医在中国的传播和确立其应有的地位呕心沥血。他在其自设的诊所内培养训练了4名中国学徒，中国人教授中国学生学习西医由此开始，从此西医传播不再为外国传教士所独擅。

黄宽服务于中国医学界20余年，因其高深的学问和精湛的医术，在当时被认为是地中海以东区域内最有本领的西医外科医生之一。

教会输送出国学医者以女生为主。其中声名卓著者有：

金韵梅（1864—1934），中国第一个留学美国的女医生。1869年由宁波美国长老会的养父母带至美国，长大后就读于纽约女子医学院，1885年毕业。曾在纽约、费城、华盛顿任医生。1888年回国在厦门行医。1907年被任命为北洋女医院院长，后在天津开设中国最早的护士学校。

胡金美（1865—1929），1884年赴美，毕业于费城女子医学院。1895年回福州，在教会医院工作，培训多名女医生。1898年代表中国出席在伦敦举行的国际妇女会议。

石美玉（1873—?），1892年赴美，1896年毕业于密执安大学。回国后在江西九江创建丹福特纪念医院。

甘介侯（1873—1931），1892年与石美玉同赴美国，1896年毕业于密执安大学。以后到伦敦攻读热带病学。1912年在江西南昌创办妇孺医院。

（四）翻译西医医书

书籍这一知识的载体，作为中外文化交流的中介和桥梁，随着西医教育事业逐步在华拓展，其作用日益凸现出来。近代西医之所以在中国土地上立足，产生广泛影响，在很大程度上是依靠汉译西医书籍的出版与传播。

最早在中国翻译西医西药书籍的是英国传教士医师合信（Benjamin Hobson，1816—1873）。他毕业于伦敦大学医学院，获医学硕士学位，为英国皇家外科医学会会员。1839年受伦敦会的差遣携妻来到中国，主持澳门医院，1843年在香港开办教会医院。在中国朋友的帮助下，他开始译介西医基础理论和临床诊治经验。1850年，他译编并于广州出版近代文化史上产生强烈反响的《全体新论》——近代第一部介绍解剖学与生理学的西医专著。此后，合信翻译出版的书籍有：《西医略论》（1857年）、《妇婴新说》（1858年）、《内科新说》（1858年）、《博物新编》（1861年）、《医学新语》（英汉医学词典，1858年）等。《西医略论》、《妇婴新说》、《全体新论》、《内科新说》和《博物新编》合称"西医五种"。"西医五种"和《医学新语》是近代中国第一套汉译的西医著作，为西医在中国的传播起了重要作用。

翻译西医著作颇有成就的另一人为美国传教士医师嘉约翰（Joan Glasgow Kerr，1824—1901）。他在主持博济医院期间，从1859年开始，到1884年,译成医书达34种。其中重要的有：《西医略释》（4卷，1871年）、《裹扎新篇》（1872年）、《皮肤新篇》（1874年）、《内科阐微》（1874年）、《花柳指迷》（1875年）、《眼科撮要》（1880年）、《割症全书》（7卷，1881年）、《炎症》（1881年）、《热症》（1881年）、《卫生旨要》（1883年）、《内科全书》（6卷，1883年）、《体用十章》（4卷，1884年）等。

嘉约翰翻译西书之多当推近代第一人。这一系列书籍的重点是集中在临床医疗技术的传授，它们作为教科书由广州博济医院出版。

当时在博济医院任助理医师的尹端模，为合信和嘉约翰两人的翻译行为所感动，也加入了翻译的行列。截至1894年，共译成《体质穷源》、《医理略述》、《病理撮要》、《儿科撮要》、《胎产举要》计5种。尹端模是最早参与西医文献翻译的中国医师。

19世纪末，以汉文印行的大宗医书（由英文转译），主要在上海和北京。代表人物为圣公会传教士傅兰雅（John Fryer，

1839—1928）和英国伦敦传教士德贞（John Dudgeon）。

傅兰雅译述的西医著作有：《儒门医学》（3卷，附1卷，1876年）、《西药大成》（10卷，1888年）、《西药大成补编》（6卷，1904年）、《法律医学》（24卷，附1卷，1899年）等。

德贞译述的西医著作有：《西医举隅》（1875年）、《身体骨骼部位及脏腑血脉全图》（1875年）、《全体通考》（1886年）等。

从19世纪50年代起至辛亥革命前，约有100余种外国人译著的西医书籍在我国流传。

（五）出版医学刊物

传教士除翻译医书外，还编辑出版中外文医学刊物。1868年嘉约翰在广州编印《广州新报》（1884年改名为《西医新报》），是最早用中文介绍西医的刊物。1888年中华博医会在上海出版的《博医会报》，是专门介绍西医西药的中文期刊。1887年汉口圣教会主办的《益文月刊》也介绍有关西医知识。

近代西医学的传入和帝国主义的侵华是交织在一起的。但文化交流的客观规律是不以人的意志为转移的。帝国主义在主观上把西医作为文化侵略的手段，客观上却促进了我国近代医学的发展。历史证明，中国人民是欢迎并善于学习外国一切先进的文化的。近代西医文化在中国的传播，丰富了中国的医药文化，从此中国并用两套医疗手段，并存两种医疗体系，促使中国医学文化的发展进入一个新的历史时期。

西医传入中国，经历了这样一个过程：初始与中医共存，继而与中医融合，终而成为在中国占主导地位的医学文化。西医与中医并存并荣，有力地证明：异质文化在共存互竞中，完全有可能形成良性互补的关系。每种文化都可以分为边缘文化和核心文化两部分。医学文化无论在西方还是东方，因其普遍的、大众的实践性、应用性，通常属于文化的边缘部分。异质边缘文化相遇，共存与融合一般较为容易。

来华传教士通过办教会学校、教会医院、近代报刊，本想使中国人皈依基督教，而传播西方科学技术文化则是附带的。但其结果是，传播西方科学技术文化知识却比传播基督教的速度要快得多。这证明，任何民族、任何国家在接受其他民族或外国文化时，莫不从本民族和本国的实际情况和需要出发；文化交流一旦进行，其碰撞交融后所激发出来的历史进步作用是任何人都无法阻止的。

四、开拓近代报刊业

近代报刊具有鲜明的资产阶级新闻和议论自由的性质，是资本主义经济和政治的产物。

中国近代报刊滥觞于来华的西方传教士的办报活动。来华西方传教士是近代中文报刊的首创者，他们创办的近代中国报刊，是西学东渐的产物。

1815年，最早一批来中国传教的英国伦敦会新教传教士马礼逊（Robert Morrison）和传教士米怜（William Milne）在马来亚的马六甲创办中文月刊《察世俗每月统记传》。它发行于东南亚华侨汇集之区，也极力通过华侨输入中国。出版至1821年，共7卷。这是外国传教士创办的以中国人为阅读对象的第一个境外出版的中文近代报刊。

《察世俗每月统记传》停刊后，外国传教士又陆续在东南亚、澳门、香港、广州等地出版一批近代化的中、外文报刊。重要的有：

《特选撮要每月统记传》（1823—1826），中文，巴达维亚（今雅加达）；

《依泾杂说》（1828— ），中文，澳门；

《天下新闻》（1828—1829），中文，马六甲；

《东西洋考每月统记传》（1833—1837），中文，广州、新加坡；

《各国消息》（1838— ），中文，广州；

《蜜蜂华报》（1822— ），葡文，澳门；

《广州记录报》（1827—1845），英文，广州、澳门、香港；

《中国丛报》（1832—1853），英文，广州、澳门等。

其中，《东西洋考每月统记传》是中国境内出版的第一份中文近代报刊。《蜜蜂华报》是在中国境内出版的第一份外文报纸。《广州记录报》是在中国境内出版的第一份英文报纸。

《东西洋考每月统记传》在中国报刊史、新闻史和出版史上占有重要地位。这份由西方传教士编辑出版的世俗刊物，在古老的中国大地上引进了一种新的文化传播载体，具有开创意义。它采用开设专栏、分类编辑的方法，每期卷首刊登目录，经常援引名言警句来点明主题，有时稿末加附编者评论。在形式上，已经具备现代期刊的基本特征，对后来汉文报刊的编辑出版产生了直接而久远的影响。就其内容而言，它一方面充当西方教士传教布道、维护在华洋人利益的工具，另一方面又成为中国人了解西方的窗口，大量外部世界的信息由此进入中国。它对当时社会产生过重要影响，像魏源、徐继畬等一些"睁眼看世界"的先进中国人便从中汲取新知，在近代中外文化交流中发挥过不可低估的作用。

鸦片战争结束后，外国传教士在中国的办报活动进入了一个新的阶段。他们撞开中国的大门，在领事裁判权的庇护下，将办报活动由华南沿海逐渐扩展到华东、华北。在19世纪40到90年代的近半个世纪中，他们先后创办近170种中、外文报刊，约占同期我国报刊总数的95%，其中大部分是以教会或传教士个人的名义创办的。

这一时期，外国教会和传教士在中国创办的中文报刊主要有：

《遐迩贯珍》（1853—1856）月刊，香港；

《六合丛谈》（1857—1858）月刊，上海；

《中外新报》（1858—1861）半月刊改月刊，宁波；

《香港新闻》（1861—   ），香港；

《中外杂志》（1862）月刊，上海；

《中外新闻七日录》（1865—   ）周刊，广州，共出152期；

《教会新报》（1868—1907）周刊，上海，1874年更名为《万国公报》，周刊、月刊，1907年终刊；

《中国读者》（1868—　）月刊，福州（后迁上海）；

《中西闻见录》（1872—1890）月刊，北京（后迁上海）；

《格致汇编》（1876—1892）月刊，上海；

《益闻录》（1879—1936）半月刊、周刊、周二刊，上海，后改名《格致益闻汇报》、《圣教杂志》；

《圣心报》（1887—　），上海；

《学塾月报》（1897—1932）月刊，上海；

《新学月报》（1897—　）月刊，北京；

《通问报》（1902—　）周刊，上海。

它们的主编都是外国传教士，诸如麦都思（Walter Henry Medhurst）、林乐知（Young John Allen）、李提摩太（Timothy Richard）、艾约瑟（Rev. Joseph Edkins）、丁韪良（William Alexander Parsons Martin）、慕维廉（Rev.William Muirhead）、傅兰雅（John Fryer）、奚理尔（Charles Batten Hillier）、理雅各（James Legge）、伟烈亚力（Alexander Wylie）、李佳白（Gilbert Reid）、玛高温（Daniel Jerome Macgowan)等。

上述报刊中，介绍西学最为集中、最有影响力的是《万国公报》和《格致汇编》。

《万国公报》的前身是《教会新报》，1874年改为此名，仍为周刊，在上海出版，主编林乐知，卷数续前。1889年改为月刊，册数另起，成为教会出版机关广学会的机关报。1907年底终刊。《万国公报》每一期的扉页附印一则说明："本刊是为推广与泰西各国有关的地理、历史、文明、政治、宗教、科学、艺术、工业及一般进步知识的期刊。"表明它对介绍西学的重视。这无疑迎合了当时正在摸索救国道路的中国知识分子的兴趣。它是外国传教士在华所办中文报刊中刊期最长、发行最广、影响最大的一种刊物。它的发行网遍及清朝各级政府机关和县以上的教育机关，发行量曾达5.4万份，在当时的报刊中首屈一指。《万国公报》刊载内容有中国事务、各国消息、时事述评、科学知识、教义教事、人物图像等。因其历时长久，卷帙浩繁，涉及西学的内容相当丰富，尤其有西学著作的长篇连载，并有单行本问世，如韦廉臣（Alexander Williamson）的《格物探原》、林乐知（Young John Allen）的《中西关系略论》、花之安（Ernst Faber）的《自西徂东》和李提摩太（Timothy Richard）译的《泰西新史揽要》等。

1876年傅兰雅在上海创刊的月刊《格致汇编》，是晚清最早的一份专门性的科学杂志。它刊载的内容有自然科学知识、工艺技术、科技人物传记、互相问答等。自然科学方面涉及数学、物理学、电学、光学、天文学、地理学、地质学、生物学、医学、药物学等。工艺技术方面涉及啤酒、汽水、制冰器、磨面器、养蜂、碾米、打字机、幻灯机、电灯、电话、留声机、照相机、灭火器、造火柴、造玻璃、石印技术、炼铁、炼钢、电镀等。军事方面有水雷、炮船等。对于西方新式望远镜、显微镜、留声机的介绍，都是比较早的。科技人物传记方面，涉及利玛窦、汤若望、爱迪生、哥伦布、麦哲伦、富兰克林等。"互相问答"一栏，专门回答读者提出的各种问题。提问者大多分布于通商口岸和各地中心城市，相对集中在上海、宁波、杭州、苏州、南京、广州、汕头、厦门、福州、烟台等城市。提问者的上述分布，大致反映出19世纪后半叶西学在中国的传播，是以上海为中心，成浪圈形向四周扩散的时代特点；离上海越近，与上海联系越便捷，西学传播密度越高。

上文述及，在19世纪40到90年代的将近半个世纪的时间内，外国传教士先后创办近170种中、外文报刊，约占同时期我国报刊总数的95％，其中大部分是以教会或传教士个人的名义创办的。[1] 这一时期，他们的办报活动不再受到限制，办报规模与地域迅速扩展，逐步形成以上海为主要基地的在华外报网络。这些报刊在我国民间的影响表现在：一方面培养了一些死心塌地为殖民主义服务的奴才，适应了殖民者的需要。这正是它的创办动机所要求的，因而也是规定了它的性质的。但另一方面，在当时的历史条件下，这种报刊又是中国人接触资本主义文化的基本途径，因此违反殖民者本意地影响和启发了一些革命者和有志改

---

[1] 方汉奇：《中国近代报刊史》（上），山西人民出版社，1981年版，第18页。

革之士。历史就是在这种辩证的复杂性中发展的。[1] 此外，这些报刊不管是从其内容、编辑或文字印刷等角度来看，都有朝着近代化报刊方向发展的倾向，在传播西学、传递近代化信息方面扮演重要角色。因此，可以说，它们是促使中国人早日出资自办近代化中文报刊的催化剂。

外国传教士创办的近代中、外文报刊，促进了晚清新闻报刊事业的发展。据统计，从1815年《察世俗每月统记传》问世，到1911年，海内外累计出版中文报刊竟达1753种。[2]

五、向域外传播中国文化

文化的交流往往是双向的。外国传教士们把西方的宗教文化、科学技术文化传入中国，同时他们也在自觉和不自觉地把中国文化传播到域外。

翻译中国古代经籍是向域外传播中国文化的巨大工程。一些传教士在中国活动的岁月里，对中国文化发生浓厚的兴趣。他们希望认真地了解中国文化，有的则穷毕生精力译介中国的经籍。

理雅各、艾约瑟、花之安是这方面的著名人物。

理雅各（James Legge，1815—1897），伦敦布道会传教士，近代英国第一位著名汉学家，与法国学者顾赛芬、德国学者卫礼贤称汉籍欧译三大师。他早年毕业于亚伯丁大学，精通拉丁文，后在大英博物馆图书馆学习中文，1840年来中国，曾任香港基督教英华书院院长。他在中国学者王韬的帮助下1858年就着手中国典籍的翻译，所译中国典籍一般英汉对照并详加注释。从1861年起他的翻译成果陆续在香港出版。总名为《中国经典》，共分五卷，第一卷为《论语》、《大学》、《中庸》；第二卷为《孟子》；第三卷为《书经》；第四卷为《诗经》，第五卷为《春秋·左传》。1873年，理雅各回英国。在英国期间，理雅各仍在王韬的帮助下完成《易经》、《礼记》的翻译。1882年，《易经》译竣出版，为《中国经典》第六卷。1885年，《礼记》译竣出版，为《中国经

[1] 李龙牧：《中国新闻事业史稿》，上海人民出版社，1985年版，第14页。
[2] 熊月之：《西学东渐与晚清社会》，上海人民出版社，1994年版，第392页。

典》第七卷。

《中国经典》的翻译是理雅各倾注几十年心血才得以完成的一项宏大工程，足以显示他作为大汉学家卓尔不群的学识和决心。他明确意识到："只有透彻地掌握中国人的经书，亲自考察中国圣贤所建立的道德、社会和政治生活基础的整个思想领域，才能被认为与自己所处的地位和承担的职责相称。"[1]《中国经典》出版后，在西方引起了轰动，欧美人士由此得以深入了解中国传统文化。理雅各亦因此书先后荣获法兰西学院儒莲奖和爱丁堡大学法学博士荣誉学位。后来的汉学家小翟里思（Lionel Giles）也对理氏译本大加称颂："五十余年来，使得英国读者皆能博览孔子经典者，吾人不能不感激理雅各氏不朽之作也。"[2]《中国经典》一直被尊为权威的标准英译本。

除《中国经典》之外，理雅各的译著还有《道德经》、《孝经》、《庄子》、东晋高僧法显的《佛国记》、屈原的《离骚》。他一生写下诸多有关中国文化的论文及著作，如《中国人关于神鬼的概念》、《西安府大秦景教流行中国碑考》、《法显行传》、《中国编年史》、《孔子的生平和学说》、《孟子的生平和学说》、《中国的宗教：儒教和道教评述及其同基督教的比较》等。它们同样在西方产生了广泛影响。

理雅各的一生是由传教士走向汉学家的一生。他生平的活动，开始于向中国宣扬基督教义，然却显赫于向西方传播中国文化，不是前者而是后者使他为自己赢得了事业的成功与中外人士的尊敬。

与理雅各齐名的是法国耶稣会士顾赛芬（Seraphin Couvreur, 1835—1919）。他少年时即入耶稣会，1870年来华，在北京学会说中国话。他于1884年编《法华字汇》，1890年又编成《汉法大字典》。他在翻译上的主要贡献是将《大学》、《中庸》、《论语》、《孟子》、《诗经》、《尚书》、《礼记》、《仪礼》、《春秋》、《左传》等译为法文。他的拉丁文亦很好。1894年又用拉丁文和法文翻译《中国诏令奏议公文选集》。他还编有一部《汉语古文词典》（1890年），曾多次修订再版，得到广泛好评。

[1] 何寅、许光华：《国外汉学史》，上海外语教育出版社，2002年版，第210页。

[2] 忻平：《王韬评传》，华东师范大学出版社，1990年版，第79页。

德国同善会传教士卫礼贤（Richard Wilhelm，1873—1930），1897年青岛被德国占领时来华传教。他对中国传统文化深为敬佩，曾创办礼贤书院，主要研究中国儒家学说。他在华多年，以从未发展一名教徒而感到自豪。回国后创办《中国学社》，讲授中国古典哲学，译撰多种介绍中国文化的著作，如《易经》、《中国文明简史》、《实用中国常识》、《中国心》、《中国的经济心理》、《东亚、中国文化区域的变化》等。

英国伦敦会传教士艾约瑟（Joseph Edkins，1823—1905），1848年受派来华，为伦敦会驻上海代理人。他先协助伦敦会传教士麦都思监理上海教会出版机构墨海书馆。1856年麦氏离任回国后，继任墨海书馆监理，负责出版介绍西方文化的书籍。他对中国国情有较深入的了解，被誉为在华英国传教士中的"中国通"，著有介绍中国经济、政治、语言、宗教的著作多种，如《孝事天父论》（1854年）、《三德论》（1856年）、《中国古代的关帝信仰》（1856年）、《释教正谬》（1857年）、《续释教正谬》（1859年）、《中国在古典语言中的地位》（1871年）等。

德国传教士花之安（Ernst Faber，1839—1899），因有喉疾不能用语言直接传教布道，转而悉心研究汉学，一生著述丰富。他对中西文化交流的贡献是把《论语》、《孟子》、《列子》、《自西徂东》等中国经典古籍译成德文出版。

传教士对中国历史文化的研究也是向域外传播中国文化的途径之一。在将近一个世纪中，数以百计的传教士撰著了许多研究中国的著作，涉及中国历史文化社会生活的各个方面。如美国传教士出身的外交官卫三畏（Samuel Wells Williams）在华20余年，对汉学有精深的研究，著有《简易汉语教程》、《中国地志》、《中国历史》、《中国总论》等书。他的《中国总论》，曾是外国人研究中国的必备之书。艾约瑟对中国文学、历史有广博的知识。其研究专著《中国宗教》、《中国佛教》、《中华帝国的岁入和税制》及《中国的金融与价格》，在西方世界颇有影响。

传教士退休回国后，不少成为西方大学中专门开设汉学课程的教授。如理雅各回国后，为牛津大学首次开设汉学讲座，他被聘为第一任汉学教授。卫三畏担任过耶鲁大学汉文教授。傅兰雅在美国伯克利大学担任东方语言文学系教授。在伯克利大学的多年教学生涯中，傅兰雅人在美国，心在中国。他所教的课程，绝大多数是关于中国的，包括中国的概况、语言文字、历史、地理、人种、宗教、文学、艺术、建筑、风俗习惯等等。来华传教士退休回国后的晚年学术活动，进一步推动了中外文化交流。

除了较有成就的传教士学者之外，众多的普通传教人员在孤寂的传教生涯中，写下了大量的信件和报道，这给西方社会了解中国文化提供了第一手资料。

应该指出，大多数传教士在中国度过了人生最美好的岁月，他们把中国视为自己的第二故乡。他们亲身感受到了中国文化的博大精深，对之产生了自发的敬意。理雅各认为，世界四大文明中唯有华夏文明绵延不绝巍然屹立，这是因为中国文化"寓有伟大之道德与社会力量"。还有一些传教士对中国产生了很深的感情。像傅兰雅就说过："我几十年生活，全靠中国人民养我，我必须想办法报答中国人民。"他寓华30多年，专事翻译西国科技图书，倡行新式教育而少他及，"唯冀中国能广兴格致中西一辙"，"把科学带给中国人"。

在特定的历史条件下，由宗教家沟通世界文化，促进民族间的文化交流，最终达到文化繁荣的目的，这在历史上并不鲜见。近代传教士来华绝不是中国人的光荣，但对传教士在中外文化交流中所作的努力则应该给予具体的分析。18世纪德国哲学家、科学家、数学家莱布尼兹（1646—1716）曾这样评价来华西方传教士的功绩："我认为（在中国的）传教活动是我们这个时代最伟大的壮举。它不仅有利于上帝的荣耀，基督教的传播，亦将大大地促进人类的普遍进步，以及科学与艺术在欧洲与中国的同时发展。这是光明的开始，一下子就可完成数千年的工作。将他们（中国）的知识带到这儿，将我们的介绍给他们，两方的知识就会成倍地增长。这是人们所能想象的最伟大的事情。"[1] 当代中国学者熊月之曾对近代来华传教士给予客观中肯的评价。他说："传教士在晚清西学东渐中，担当了相当重要的角色，大部

[1] 转引自余三乐：《中西文化交流的历史见证：明末清初北京天主教堂》，广东人民出版社，2006年版，第3~4页。

分时间里是主角。"[1] 当代台湾学者王尔敏也云："西洋教士来华传教，对中国最大贡献，实在于知识之传播，思想之启发，两者表现于兴办教育与译印书籍，发行报刊。自19世纪以来，凡承西洋教士之直接熏陶与文字启示之中国官绅，多能感悟领会而酝酿醒觉思想。同时举凡世界地理、万国史志、科学发明、工艺技术，亦多因西洋教士的介绍而在中国推广。"[2] 当代中国学者何光沪在论及基督教与中国现代化关系时，也曾肯定近代来华传教士的历史进步作用。他说："中国现代化的各个组成部分，如现代科学技术、现代教育制度、现代医疗、公共卫生、妇女解放、社会慈善、娱乐体育、新闻出版等等事业，以及理性化政治观念及其实践，所有这些方面的开端和初步发展，都同基督教传教士的活动及其影响密切相关，这说明基督教在中国现代化兴起之初对之有相当的促进作用。"[3]

---

[1] 熊月之：《西学东渐与晚清社会》，上海人民出版社，1994年版，第22页。

[2] 王尔敏：《近代中国与基督教论文集》序言，载林治平编：《近代中国与基督教论文集》，台湾宇宙光出版社，1981年版，第3页。

[3] 何光沪：《基督教与中国现代化》，载王守常等主编：《学人》（第8辑），江苏文艺出版社，1995年版，第55页。

第 四 章
太平天国与中外文化交流

在某种程度上受西方基督教文化影响而崛起的太平天国革命运动，后期推行由干王洪仁玕借鉴西方资本主义文化而制定的《资政新篇》，以及引进西方军事科技和装备的行动，促进了中国对域外文化的吸纳和中国社会的变革，揭开了以引进西方器物文化为口号的洋务运动的序幕，从而加速了中国近代化的历史车轮。太平天国对西方文化的吸纳，使这场旧式的农民起义具有近代社会变革的新内涵、新特点。

一、拜上帝教是中西文化畸形结合的产物

太平天国革命运动酝酿和发动于中国近代早期，即19世纪中叶。此时，中外文化交流仍由西人占据主导地位。充当文化交流主力的，是获准到中国各通商口岸活动的西方传教士。他们竭力通过各种办法，将基督教文化向中国输入、传播，以达到"中华归主"的目标。得风气之先的中国东南沿海地区的知识分子和普通民众，率先受到"舶来品"基督教文化的影响。其中广东花县的洪秀全所受影响既早且深。

毛泽东曾深刻指出："自从1840年鸦片战争失败那时起，先进的中国人，经过千辛万苦，向西方国家寻找真理。洪秀全、康有为、严复和孙中山，代表了在中国共产党出世之前向西方寻

找真理的一派人物。"[1]作为中国近代最早向西方寻找真理的先进代表人物,洪秀全是以"接受、改造、利用"基督教文化的态度发动和领导太平天国革命运动的。

洪秀全(1814—1864)最早接触西方基督教文化是在1836年。这一年,他继1828年初次应试失败后,再赴广东省城广州参加科举考试,获得一部基督教布道书《劝世良言》。《劝世良言》是中国基督教徒梁阿发(1789—1855)编写的。该书大量摘抄西方基督教经典《圣经》的原文,并联系中国的人情风俗,阐述基督教的基本教义。书中大谈天上只有一个"唯一真神"上帝耶和华,他唯我独尊,无所不知,无所不在,无所不能,创造万物,主宰一切。只要崇拜上帝,便有福享;如不信从,就会遭殃,且要被"追求其抗违之罪",即使到了来生,也"决不饶恕"。显然,《劝世良言》这部书是西方宗教文化与中国封建主义文化早期结合的产物。洪秀全把它带回家中虽然未加细读,但书中劝人信奉上帝、从耶稣、守十戒、勿拜邪神等等基本内容,则给洪秀全留下了大致的印象。

1837年,洪秀全又去广州应试,仍然未成。1843年,他再次前往广州赴考,还是落第。科举场上的连续失败,使他毅然断

立于南京瞻园的太平天国天王洪秀全(1814—1864)的半身塑像

---

[1] 毛泽东:《论人民民主专政》,《毛泽东选集》(合订本),人民出版社,1964年版,第1358页。

却科举仕途的念头，接受《劝世良言》的说教，皈依上帝，并于1843年7月与堂弟洪仁玕、亲友冯云山等创立"拜上帝教"。从此，他自称是天父耶和华（God Jehoyah）之子、耶稣基督之弟，下降凡间，拯救世人，劝拜上帝，斩杀妖魔。

《劝世良言》是为中国基督信徒写的一本通俗传道书。从本质上讲，它是麻醉中国人民思想的精神鸦片。它宣扬的逆来顺受，"安贫守命"，把希望寄予死后来生上天堂。但是，它也偶尔流露出在上帝面前人人平等的思想。这对洪秀全是一个新的启发。他认为在彼岸世界上帝面前，人人都是平等的，那么人间现实世界所有的人在上帝面前也应该是平等的。这个平等观点，被洪秀全看中了，拿来用了，于是乎，西方列强企图用来奴役压迫中国人民的基督教，经过洪秀全的利用改造，转变为他反封建反侵略的拜上帝教。拜上帝教虽然来自西方基督教，但内容上却反映了中国贫苦农民要求改造封建统治，建立一个平均、平等的理想国家的愿望。所以，洪秀全建立的拜上帝教，是一个中西结合的新宗教，不完全同于基督教。

1844年洪秀全和冯云山打掉村塾中供奉的孔子牌位后，离开家乡外出传教。可是，他们一时尚打不开局面，年底，洪秀全返回家乡广东花县官禄土布村，从事拜上帝教教义的理论创作。

1845～1846年，洪秀全在《劝世良言》的启示下，结合中国历史、当时的社会实际情况，阐发道理，充实理论，写出《原道救世歌》、《原道醒世训》。为了进一步学习基督教，洪秀全于1847年特地同洪仁玕从花县来到广州，向美国传教士罗孝全（Issachar Jacox Roberts，1802—1871）求教。在这里，他第一次读到《旧遗诏书》和《新遗诏书》，即《旧约》和《新约》。《圣经》的许多内容，特别是《圣经·启示录》的千年王国思想，对他的革命造反思想有进一步的启示。他在罗孝全处待了两个月就离开了广州。不久，洪秀全又写出《原道觉世训》一文。这是一篇富有战斗性的文章，它首次提出了"阎罗妖"的概念。所谓"阎罗妖"指的就是清朝皇帝；所谓"阎罗妖之妖徒鬼卒"，指的就是清朝各级贪官污吏。洪秀全号召天下凡间兄弟姐妹"所当共击灭之"。

在上述三篇文献中，洪秀全所宣扬的核心思想是：上帝是独一真神，其他偶像妖魔鬼怪都是邪神，人们应当拜上帝真神，反对邪神；现实政治权力的代表清朝皇帝及各级贪官污吏，即阎罗妖及其妖徒鬼卒，都是恶魔；在独一真神上帝的保佑下，拜上帝的凡间兄弟姐妹应当起来杀尽恶魔，建立起"天下一家，共享太平"的人间天国。这些正是基督教的千年王国思想。洪秀全对基督教千年王国思想的撷取，实为尔后太平天国的金田起义做好了理论准备。

为了积极准备起义，洪秀全还制定了拜上帝教宗教仪式及《十款天条》，成立拜上帝教的总机关。教徒集体礼拜时，都唱赞美诗一首，内容为赞美上帝、耶稣、圣神风三位合一真神。《十款天条》仿自《旧约·出埃及记》第十章的"摩西十诫"，即：一、崇拜上帝；二、不好拜邪神；三、不好妄题皇上帝之名；四、七日礼拜颂赞皇上帝恩德；五、孝顺父母；六、不好杀人害人；七、不好奸邪淫乱；八、不好偷窃抢劫；九、不好讲谎话；十、不好起贪心。这些宗教仪式和戒律，平时作为教徒统一思想的准绳和生活的规则，起义后成为军事纪律。

1850年11月，洪秀全成功发动金田起义。1851年宣布建国号为"太平天国"，军称"太平军"。

1853年3月，洪秀全定都南京，改名"天京"。意指天京就是小天堂，就是新耶路撒冷。

按照基督教的教义，小天堂、新耶路撒冷就是千年王国追求的最终点。太平天国定都南京后，他们确信一个美好新世界即将诞生。这个地上千年王国的理想蓝图集中反映在1853年公布的《天朝田亩制度》之中。《天朝田亩制度》系统提出了废除封建土地所有制，实行土地平均分配原则，对太平天国的社会、政治组织和人民的经济、文化生活的各个方面都做了规定：一、根据广大农民的要求，实行土地按人口平均分配；二、在社会政治组织方面，实行以家庭为单位、两司马领导的25家为社会基层组织的守土乡官制；三、在文化教育方面，废除私塾和书院制度，实行政教合一，两司马兼任教师，废除"四书"、"五经"、孔孟之道的教学内容，改为太平天国的宗教理论政策；四、在城市工商业方面，集中管理各行手工业，商业实行公卖政策；五、在妇女政策方面，废除封建买卖婚姻，实行男女平等政策。按照《天朝田亩制度》的设想，其总目标就是要达到"有田同耕，有饭同食，有衣同穿，有钱同使，无处不均匀，无人不饱暖"的理想境界。天王洪秀全设计的这一平均主义理想境界，既反映了农民的理想，同时又违背了他们的愿望。因为在小农经济基础上，在落后的生产技术条件下，要达到人人穿暖、人人吃饱是做不到的。在分配上实行平均主义，势必挫伤农民生产的积极性，对社会生产的发展起着阻碍作用，违背了历史发展的客观规律。可以说，《天朝田亩制度》本身导致这一中国式基督教千年王国的理想无法实现。

在清政府和西方列强的联合镇压下，太平天国革命于1864年归于失败。太平天国的官方意识形态拜上帝教也随之销声匿迹。洪秀全借用西方基督教的思想材料，糅合中国传统文化，创立近代中西文化畸形结合的产物——拜上帝教，将之作为发动和管理太平天国革命的思想理论武器，对基督教千年王国的追求是执著的，代表着近代中国人学习西方的一次尝试。

二、《资政新篇》是向西方寻找真理的产物

咸丰九年（1859年）三月，洪仁玕到达天京，被天王洪秀全封为干王，负起太平天国运动后期在天王领导下"总理朝纲"的任务。

洪仁玕（1822—1864）是天王洪秀全的族弟，拜上帝教最早的信徒之一。他自幼读书，是个农民中的小知识分子。洪秀全决心革命时，曾与他密谋。在金田起义时，洪仁玕还在广东本乡。起义发动后，他曾到广西，但没有追上起义的军队。咸丰二年（1852年），他和洪秀全派到广东的一个使者发动了一次小规模

的起义，没有成功。他被清军逮捕，幸而逃脱，同年辗转逃亡香港。在这块英国的殖民地，他努力学习西方自然科学知识，了解国际形势，研究西方国家的政治、经济、文化和社会制度，探求西方国家比中国富强的原因。经过几年的耳闻目睹和探索学习，洪仁玕对西方文化有了较深入的了解。太平天国定都南京后，他在香港接触了20多名外国传教士。受其影响，洪仁玕正式受洗入教，成为一名中国基督教徒。在他接触的众多外国传教士中，有个汉名叫韩山文的瑞士传教士（Theodore Hamberg），根据洪仁玕的口述写成《太平天国起义记》，是最早向世界介绍太平天国革命这一重大事件的一本书。洪仁玕在香港期间，以给外国人教授中文为生，同时也向外国人学习天文、数学、医学等知识。咸丰八年（1858年），他离开香港。咸丰九年（1859年）四月，他从广东到江西、湖北，乔装成商人，经过清朝统治地区终于到达太平天国首都天京，重返太平天国队伍。

对族弟洪仁玕的到来，洪秀全"格外欢喜"，不到半月，就打破"内讧"后自任军师永不封王的禁例，于五月破格封洪仁玕为"开朝精忠军师顶天扶朝纲干王"，让他总理天国军政大权，使之成为太平天国后期的主要领导人之一。

洪仁玕执政后，没有辜负天王的重托。他根据在香港七八年学到的外国资本主义新文化，结合太平天国实际，向天王提出了振兴天国发展资本主义的纲领《资政新篇》。《资政新篇》经天王批准后公布执行。

《资政新篇》是洪仁玕长期在香港大量接触、学习西方资本主义文化的背景下写成的，并非太平天国意识形态自身发展的结果。按照洪仁玕在《资政新篇》中的设计，中国不仅要引进西方资本主义的物质文化，"以有用之物为宝，如火船、火车、钟表、电火表、寒暑表、日晷表、千里镜、量天尺、连环枪、天球、地球等物"；同时要引进西方的精神文化，即以基督教作为改造中国风俗、人心，提高人民道德的法宝，"开人之蒙蔽以慰其心"、"广人之智慧以善其行"；还要引进西方的制度文化，如经济方面的"兴银行"、"兴邮亭"、"兴市镇公司"以及开办保险、实行专利制度等。在政治和社会方面,"兴各省新闻官"、"兴跛盲聋哑院"、"兴鳏寡孤独院"等;在法律方面,要"立法善"、"立法当",采取西法等。《资政新篇》列举34条仿效西方资本主义制度的建议,第一次把西方国家的经济建设模式描绘出来:建设铁路、航运等交通事业;鼓励兴办工厂、银行、邮政、保险事业;开发矿山,发行纸币;鼓励私人投资设厂办企业;鼓励发明创造,保护专利权,一切正当经营权益均受国家保护。他所描绘的企业,是资本主义发展起来后的分工协作性的机器大生产。主张中国学习西方,发展私营工业,生产资料私人占有,允许雇工生产,主张自由竞争,主张以法治国。宣扬西方资本主义生产方式和传播西方国家经济建设模式是《资政新篇》的基本特色。

《资政新篇》这一具有资本主义性质的改革方案,对于广大农民来说是难以理解的,在自给自足的自然经济基础上,依靠农民阶级走资本主义建国的道路是行不通的。近代中国发展资本主义只能是资产阶级的历史使命。在当时,中国资产阶级尚未出现,而在太平天国内部更不可能产生资产阶级这一新阶级。因此《资政新篇》提出的改革方案,在太平天国时期并没有得到实施。真正实践《资政新篇》的主张、在中国发展近代工业的,倒是太平天国后期的洋务派。换言之,洪仁玕《资政新篇》提出的全面推进中西文化交流、发展资本主义的思想主张,没有得到太平天国多数领导人的真正理解与支持,也缺乏付诸实施的客观条件,最终被束之高阁。《资政新篇》颁布的第五年(1864年),太平天国革命失败,同年11月23日,时年42岁的洪仁玕在敌人的刑场上英勇就义,《资政新篇》失去了付诸实施的所有条件。《资政新篇》未能付诸实施,充分说明没有先进阶级领导的农民战争不可能自觉地承担起变革封建生产关系、发展资本主义的历史重任。

从1840年鸦片战争爆发,至1864年太平天国革命运动失败的25年中,在学习西方方面,继《海国图志》、《瀛寰志略》之后出现的《资政新篇》,是中国近代史上第一次根据西方资本主义发展经验来描绘中国近代化蓝图的政治文献。它不仅是太平天国农民革命运动中影响最大的一部西学文献，而且也是中国人不断学习西方的历史链条上的重要一环。

《资政新篇》在近代中国西学研究中的地位可以从两个方面来分析。第一，它与林则徐的《四洲志》和魏源的《海国图志》相比，同样是"开眼看世界"思潮兴起之时的"呐喊"，都以宣传介绍西方、分析研究西人"长技"为主要内容。不同的是《资政新篇》传播了《四洲志》、《海国图志》所没有传播的内容——最早把西方资本主义国家生产方式和经济建设模式介绍进来。在学习西方哪些长处的问题上，大大超过"船坚炮利"的直观层次。这是近代中国向西方学习方面的一大进步。第二，《资政新篇》是作为太平天国建国方略提出来的，它把域外资本主义的发展经验特别是英国文化模式纳入到推翻清王朝建立新政权的改革方案中，涉及了近代中国的发展道路。要求在中国实践西方资本主义制度，《资政新篇》实首开其端绪。它体现了近代中国发展资本主义的历史趋势，是洋务运动和近代民族工业出现的先声，也是推动中国近代化发展的一种积极因素，是中国人学习西方、向西方寻找真理的产物和结晶。

洪仁玕作为一名向西方寻求救国救民真理的知识分子，在推翻旧王朝、建立新政权的实践中，继林则徐、魏源、徐继畬再次提出向西方学习的命题，并且把学习的范围大大扩充、程度大大加强，从宗教而至科技、军事、政治、法律、经济等。其所具有的革故鼎新的勇气和翻天覆地的气魄，是当时所有清朝士绅们不能企及的。

三、太平天国对中外文化交流的推动

19世纪50年代初至60年代中期的太平天国农民起义，是中国近代史上一次轰轰烈烈的农民大起义。这次农民大起义发生在中国刚刚进入近代的早期阶段，势必带有当时的历史特点。其中，以西方基督教文化的输入和中西文化交流的开展尤为突出。这一历史特点，在太平天国农民大起义中有相当深刻的反映，同时也是人们正确认识和评价太平天国不可或缺的重要视角。

由于太平天国农民起义的领袖洪秀全受时代和阶级的局限，不能提出科学的理论来指导这场斗争，只能在西方国家的强制下，在中外文化交流之门已然初开的历史背景下，借助外来西方宗教文化的威力，创立中西结合的拜上帝教，作为发动农民起义、建立太平天国政权的思想理论武器。中国农民起义，打着西方基督教的旗帜，这是近代中国社会特定历史背景下显现出来的特点。可以说，太平天国既是中国社会内部矛盾的产物，也是中西文化交流的产物。

作为近代早期中西文化交流的产物，太平天国对中西文化交流起了相当大的推动作用：

（一）太平天国又一次冲击了清朝政府的闭关自守的政策，使中外文化交流之门益加敞开。洪秀全吸纳、改造和利用西方基督教，将之作为农民斗争的精神武器，冲破了传统儒家思想一统天下的局面，震撼了封建统治的精神支柱，危及封建政权的稳定。如果说英国侵略者的大炮、资本主义的商品，从军事上、经济上轰开了中国封闭的国门，那么，西方的基督教文化则从文化上撞开了中国的国门。国门的益加敞开，为中外文化交流创造了条件。

（二）太平天国后期，虽然洪秀全很难从封建化泥潭中自拔，但作为一个具有近代知识分子思想开放特征的人物，只要能打开封闭的视野，洪秀全还是愿意、能够接受新的思想文化，迈开继续向西方寻求真理的步伐的。因此，当洪仁玕向他提出一套与《天朝田亩制度》完全不同的发展资本主义的建设方案时，他就基本接受了。通过《资政新篇》的介绍，结合西方侵略者的坚船利炮，使他看到了西方由于科学技术的应用和大机器生产所创造出来的物质财富使国家臻于富强的事实，决心进一步学习西方，颁诏实施《资政新篇》。这表明中国人在中西文化交流方面，已开始由被动吸收阶段进入到主动摄取的阶段，从而为中西文化的交流创造了更好的条件。

（三）由于太平天国的官方意识形态拜上帝教有同西方基督教同源的关系，太平天国军民本着"天下一家"的宗教理念，视西方人为"洋兄弟"，采取对外友好的态度，有利于中外文化交往和文化交流。太平天国军民的这种对外友好态度，与清政府长期以来奉行闭关自守的对外政策和不欢迎外国人的对外态度，明显有别，相对比较开放。这就使太平天国赢得不少西方人士的好感、同情和支持，客观上有利于中西文化交流。

（四）太平天国与清王朝交战的实际需要，推动双方竞相购买先进的洋枪洋炮，从而加速了西方军事科技和装备的引进。引进西方先进的军事科技和装备，本是鸦片战争后首先被人们确认的中西文化交流的迫切课题，但当这一迫切课题一时难以有规模地付诸实施时，太平天国的兴起迅速改变了这种情况，使这一课题得以真正付诸实施。于是，与西方列强进行军火贸易，变成太平军和清军竞相追求的目标。太平天国时期，西方军事科技和装备被太平军和清军陆续引进，并率先用于中国内部的征战。这一事实虽然具有残酷性，但却开启了近代中西军事文化交流的闸门，成为中国军事近代化的起步。

（五）太平天国推行全面向西方学习、引进资本主义制度的主张，以及引进西方军事科技和装备的行动，开洋务思想之滥觞，推动了以"借法自强"、"变法自强"为口号的洋务运动的兴起。而洋务运动的兴起在更大规模上促进了中外文化交流。

（六）太平天国农民起义引起西方人士对中国现状的广泛关注。从此，了解、研究中国的兴趣和需要在西方大兴。它促进了东学西渐和域外汉学的形成和发展。这同样有利于中西之间的交往和中外文化交流。

太平天国农民起义在近代中西交往和中外文化交流中所起的作用，远远超出了宗教文化交流的范围，而是对整体中西关系、中外文化交流以及对中国的政治、经济、文化都产生了深刻的影响，促进了中国对域外先进文化的吸纳和中国社会的发展，其历史进步意义是巨大的。

太平天国在中国近代史上首次和西方文化进行了一次粗浅又比较全面的对话,形成了包括政治、经济、文化诸个领域和物质、精神、制度诸个文化层面上的中国社会变革方案。其目标虽然朦胧,但指向是比较明显的,即中国需要变革,中国需要变革为一个新国家。这就使这场旧式的农民起义具有近代社会变革的新内涵、新特点,加速了中国近代化的历史车轮。

第五章
对外文化交流态势的调适

鸦片战争失败 20 余年来,经"开眼看世界"、主张向西方寻找真理的林则徐、魏源、徐继畬等先进人物的呐喊和宣传,洪秀全、洪仁玕等人学习西方的尝试和实践,中国人日益吸纳西方文化,逐步了解外部世界的历史和现状。随之,中国人逐渐改变在中外文化交流中被动接纳的态度,调整自己在中外文化交流的态势,开始主动吸取域外文化,以适应外部新环境,融入近代国际体系。

一、设立总理各国事务衙门

清政府采取主动态度的一个重大举措是 1861 年 1 月恭亲王奕䜣成立总理各国事务衙门。

不同的文化造就不同的制度。当中国文化和西方文化在近代两极相逢的时候,外交制度便成为这两种文化所造就的不同制度互相冲突与融合的焦点。中国近代外交制度就是在这种冲突与融合中产生、发展的。

外交是内政的延伸。外交制度是政治制度的一个组成部分。由于近代中国半殖民地半封建的社会环境,外交制度成为中国政治制度、对外关系中最为敏感的一环。外交制度的变革,一方面集中体现了中国政治制度的半殖民地化进程,另一方面又是中国政治制度、对外交往近代化进程中的一个积极因素，也是中外文化交流融合的一个产物。

1860年9月英法联军逼近北京，咸丰帝仓皇逃亡热河前夕，命令咸丰之弟、道光帝第六子、28岁的恭亲王奕䜣（1832—1898）为"钦差便宜行事全权大臣"，负责对外关系。奕䜣奉命与英法议和，第二次鸦片战争得以结束。在宫廷内恭亲王奕䜣的声誉一时超过端华、肃顺，形成了以奕䜣为首，以文祥、桂良等人为核心的政治集团，从而为发动辛酉政变准备了条件。1861年9月，咸丰帝病死热河，奕䜣联合和支持慈禧发动政变，推翻顾命制度，实现了太后垂帘听政，奕䜣则以议政王身份总揽内外一切大权。从此以后，奕䜣长期主持清政府的外交，直至1884年中法战争期间被慈禧罢黜为止。

奕䜣主持清政府外交事务后，对中国近代外交的第一个重大贡献，就是抛弃传统的"尊王攘夷"之道和"驭夷"的方针，代之以一套新的近代外交方针和政策。

掌管总理各国事务衙门的恭亲王奕䜣（1832—1898）

鸦片战争之前，清朝统治者自诩为"天朝上国"，把中国以外的国家和民族一概视为"蛮貊夷狄"，在处理对外关系时，只有所谓"理藩"而无外交，更谈不上什么外交思想和外交方针。鸦片战争失败后，清政府尽管被迫同西方列强签订了第一批不平等条约，对外开放了通商口岸，但仍拒绝放弃闭关政策，对外既不屑讲交邻之道，又不与通商诸国联络。1854年英法两国要求清政府修约，两广总督叶名琛拒不见面，英法连谈话的对象都找不到，才决定改用武力，导致第二次鸦片战争（1856—1860）爆发。

奕䜣在第二次鸦片战争结束不久，顺应变化了的中外形势，于1861年1月11日和文祥（1818—1876）、桂良（1785—1862）联合向咸丰帝上了一个《综计全局折》，建议清政府重视外交工作，对西方各国实行"讲信修睦，隐示羁縻"的方针，并提出六条具体章程，奏请施行。

所谓"讲信修睦"，就是对外要以诚相待、真心和好；所谓"隐示羁縻"，就是对西方资本主义各国要尽力维系联络，通过外交上的努力，消除或减轻西方列强的侵略威胁。总之，这是一个以诚信友好、加强中外交往为宗旨的和平外交方针。

奕䜣的外交思想和方针，主要包含两个方面的内容：一是外交斗争必须以实力为后盾。为了增强外交实力，他大力鼓吹自强运动，力使中国富强起来。二是以诚信和好为宗旨，尽力避免与西方各国决裂，以便为国内的自强运动争取一个有利的国际环境。在这样一个总的外交思想和外交方针的指导下，清政府开始摆脱传统的"攘夷"之道，实现由"夷务"向近代外交的过渡。

躲在热河的咸丰帝接到恭亲王关于成立总理各国事务衙门的提议后，没过几天，就批准了这个提议。于是，总理各国事务衙门于1861年1月20日正式成立，奕䜣为首席大臣。

设于北京东堂子胡同旧铁钱局的总理各国事务衙门，简称总理衙门、总署，相当于现代的外交部，但外交不过是总理各国事务衙门的主要工作之一，其负责推动的几乎是包罗万象的各种前所未闻的崭新业务。用奕䜣的话说就是："添设总理各国事务衙门，专管中外一切交涉，本系从来未有之创格，并无成法可守。"[1]因此，无论是它的组织结构还是它所发挥的功能，都和清朝传统的政治体制有所不同。它的功能，《光绪会典》用罗列的方法写了一大串："掌各国盟约，昭布朝廷德信，凡水陆出入之赋，舟车互市之制，书币聘飨之宜，中外疆域之限，文译传达之事，民

[1]《筹办夷务始末》（同治朝），卷63，第17~18页。

总理各国事务衙门大门

教交涉之端。"[1] 总之，凡涉"洋"字的事务，都是它的职责范围。所以，外交职能是它一切功能的核心所在。

奕訢在筹建总理衙门时，绝不可能去借鉴西方国家的外交部，只能以皇帝身边的拥有"勤、速、密"三大优点的军机处为样板。这在当时的条件下，是个明智的选择。于是，总理衙门仿军机处体制，由大臣和章京（满语音译，指办理文书事务的官员）两级组成。奕訢以亲王、议政王兼首席军机大臣的身份，兼顾总理衙门。

总理衙门实行分股办事制。设有五个股，分掌各国事务和各类专门业务。这五个股是：

英国股：掌英国、奥斯马加（即奥匈帝国）两国交涉事务，并掌各国通商及关税事务；

法国股：掌法国、荷兰、西班牙、巴西四国交涉事务，并掌教案及侨工事务；

[1]《大清会典》（光绪朝），卷99。

俄国股：掌俄国、日本两国交涉事务，并掌陆路通商、边防、疆界、外交礼仪以及本股官员的任免、考试、经费等事务；

美国股：掌美国、德国、秘鲁、意大利、瑞典、挪威、比利时、丹麦、葡萄牙等国交涉事务；

海防股（1883年增设）：掌南洋、北洋海防事务。包括南洋海军、北洋海军、长江水师、沿海炮台、船厂，以及购置轮船、枪炮、弹药、机器制造、电线、铁路及各省矿务等。

总理衙门还下辖京师同文馆、海关总税务司署。

总理衙门从1861年设立，到1901年改组为外务部，存在40年之久。中法战争前，由恭亲王奕䜣领班；中法战争后，由庆郡王奕劻领班。总理衙门管理的范围，实际远远超出了外交及外贸，成了清政府中仅次于军机处的举足轻重的机构。

总理各国事务衙门的设立，标志着清政府对闭关锁国政策的开始放弃，对世界各国平等地位的承认，对西方外交制度的适应，对近代国际体系的接纳。这是中国顺应世界潮流，主动融入世界的开明之举，也是对中外文化交流由被动接受改为主动吸纳的调适。

总理各国事务衙门这一近代外交机构的出现，同时为晚清政治制度的近代化改革开了先河。

二、派遣中国驻外使节

清朝一向以"天朝上国"自居，原则上只有对藩属国"册封"的遣使。这种体现上下国关系的使节制度传统，使得它很难建立一种平等交往的近代使节制度。

1842年的中英《南京条约》第二条规定：开放广州、福州、厦门、宁波、上海五处为通商口岸，并允许英国派设领事，为外国在华设领之始。随之，美、法、俄、德等国也先后在各口岸派设领事。各国公使常驻北京，始于1858年中英《天津条约》第二款的规定。但清政府一直拖到1860年中英、中法《北京条约》

签订后才被迫接受各国公使常驻京师。1860~1862年,英、法、美、俄等国公使相继抵京,设立使馆。

按照国际惯例,建立外交关系的国家互换使节,本属题中应有之义,然而,当时清朝一些守旧官员却认为:"遣使在外,徒损国体,于事无济……无论其应对失辞,恐为外夷所挟侮,而拘留迫胁,亦足启夷人要挟之风。"[1]结果,只见外使来,不见中使出。

主持清政府外交事务的恭亲王奕訢则认为,"遣使一节,本系必应举行之事"。理由是:"近来中国之虚实,外国无不洞悉;外国之情伪,中国一概茫然。其中隔阂之由,总因彼有使来,我无使往,以致遇有该使倔强任性,不合情理之事,仅能正言折服,而不能向其本国一加诘责,默为转移。"[2]为了打开出使的大门,奕訢采取了分步实施的办法:

第一步,派员出国游历试探。1866年2月,时任清政府总税务司的英国人赫德(Robert Hart)请假回国结婚。他以"以资日后派委出使大臣之先导"为名,劝说奕訢派员随他赴欧洲考察。奕訢借机奏请派总税务司署的文案斌椿作为总理衙门副总办官,带领其子广英、同文馆学习通事凤仪、德明4人,随同赫德前往欧洲各国游历,"令其沿途留心,将该国一切山川形势、风土人情,随时记载,带回中国以资印证"[3]。近代中国派遣外交使节的第一步终于迈开了。

第二步,派使团出国摸底,连带与国际社会联络感情。1868年2月,奕訢奏请由卸任的美国驻华公使蒲安臣(Aanson Burlingame,1820—1870)"权充办理中外交涉事务使臣",同时派志刚(满族人)和孙家谷为"办理各国中外事务交涉大臣"。他们组成华洋合璧的中国使团,出访欧美。这是中国有史以来第一次向欧美各国派遣正式外交使团。奕訢之所以聘蒲安臣任首席"中外事务交涉大臣",主要是为了减少阻力,以为"用中国人为使,诚不免为难,用外国人为使,则概不为难"[4]。如联想后来郭嵩焘出使英国前后士大夫所掀起的轩然大波,就不难理解奕訢当时这样的苦心。奕訢聘任蒲安臣之后,为防止其滥用职权,

[1]《筹办夷务始末》(同治期),卷73,第20页。

[2]《筹办夷务始末》(同治期),卷51,第27页。

[3]《筹办夷务始末》(同治期),卷39,第2页。

[4]《筹备夷务始末》(同治期),卷51,第27页。

行前总理衙门在《给蒲安臣阅看条款》中有明确规定，总理衙门对使团的活动具有最终的核定的权力，蒲安臣并无可擅之权。中国使团正式访问了美、英、法、瑞典、丹麦、荷兰、德、俄8国，非正式访问了比利时、意大利、西班牙3国。使团于1868年2月25日从上海乘船出发，于1870年8月归国，历时两年半。中国国旗第一次在国外飘扬。随团翻译、19岁的张德彝写下了一本《欧美环游记》，为后人保留了中国首个外交使团出访欧美的历史性细节。

第三步，正式派遣外交公使。1875年8月，经奕䜣奏请，清政府正式任命福建按察使郭嵩焘出任英国正使。翌年1月，中国近代第一位驻外大使终于到任。郭嵩焘此行尽管是因马嘉里案而负有屈辱的使命，但毕竟开创了近代中国向外国正式派遣使节的先例。

1875年12月，总理衙门又奏准已在美国管理留学生的陈兰彬、容闳为驻美国、西班牙和秘鲁的正、副使。1876年9月，又调原为驻英副使的许钤身为驻日本正使，并派翰林院编修何如璋为副使。1877年4月，任命刘锡鸿为驻德正使。1878年，中国驻美使馆在美国首都华盛顿正式建立。随之，一批驻外使馆次第建立。

随着驻外使馆的设立，设置驻外领事也提上了议事日程。领事的职责是处理海外的商务和侨务。1878年12月21日，经驻英使臣郭嵩焘与英国政府反复交涉，英国政府颁发中国驻新加坡领事的批准书，中国第一个驻外领事馆于是正式设立。首任驻新加坡领事为胡璇泽。此后，世界各地华侨集中的地区相继建起了领事馆。

中国驻外使节的派遣和驻外使馆、领事馆的建立，标志着中国近代外交制度得以建立，中国迈出了融入世界的又一步。它既是中外文化交流的产物，又反过来推动中外文化交流，并为主动吸纳域外文化创造了条件。

三、国际法的吸纳

国际法主要是指国家之间的行为规范。近代意义上的国际法起源于欧洲。随着欧洲民族国家的兴起和资本主义时代的来临,在国家交往中逐渐形成了一套为各国所公认、用于处理主权国家之间相互关系的基本准则和规范。自鸦片战争起,中国的大门被迫打开,晚清中国逐渐卷入以欧美为中心的资本主义世界体系。经过20多年的中西交往和中外文化交流,中国逐渐萌生主动加入世界体系的愿望。中国要融入国际社会,就必须了解和懂得国际社会成员之间业已形成的一套规范、一种"游戏规则"。

19世纪70年代之前,近代"开眼看世界"的第一人林则徐在摄取国际法方面,作出了开创性的贡献。1839年,林则徐以钦差大臣身份赴广州查禁鸦片期间,由他主持翻译了瑞士法学家瓦特尔(Vattel)的国际法著作《万国法》中有关"战争,以及相应的敌对措施,如封锁、禁运等"部分内容。具体承担这项翻译任务的是美国传教士伯驾(Peter Parker)和林则徐的译员袁德辉。后以《各国律例》为题,收入魏源《海国图志》60卷本第52卷《夷情备采》。这是目前有明确中文史料依据的国际法零星输入中国的开端。

近代国际法的系统输入,始于19世纪60年代《万国公法》一书的翻译。《万国公法》原名为《国际法原理》(*Elements of International Law*),为美国外交官惠顿(Henry Wheaton)所著。1862年美国传教士丁韪良(W.A.P.Martin,1827—1916)在上海开始翻译此书。次年,通过美国驻华公使蒲安臣(Anson Burlingame)的介绍,总理衙门指派4人协助其翻译,于1864年4月译成刊行。

《万国公法》全书共4卷,对国际法的源流、国际法的主体、平时法、战时法等做了详细阐述,较系统地介绍了近代国际法的基本内容。《万国公法》的出版,使国际法知识较系统地输入中国。不久，《万国公法》即被中国的高级官员用作国际辩论的指南。"万国公法"作为国际法的中文译名，一直沿用到19世纪末20世纪初。

19世纪70年代开始，来华美国传教士丁韪良、英国传教士傅兰雅分别以1862年设立的同文馆和1868年设立的江南制造局翻译馆为依托翻译出版一批欧美国际法著作，如《星轺指掌》（1876年版）、《公法便览》（1878年版）、《公法会通》（1880年版）、《中国古世公法论略》（丁韪良著，1884年版）、《陆地战例新选》（1883年版）、《公法总论》（1894年版）、《各国交涉公法论》（1894年版）、《各国交涉便法论》（1894年版）、《邦交公法新论》（1901年版）等成为晚清国际法输入的最重要的一个源流。

同文馆和江南制造局翻译馆翻译出版的上述国际法译著，为晚清政府处理国际关系、建立新式外交提供了许多依据。可以说，这些国际法译著所传达的西方文化观念和国际社会规范在变革时代的中国引起了强烈的反响，不失为晚清19世纪下半叶最重要的西学输入成就之一。与此同时，国际法课程在同文馆首先开设（丁韪良是同文馆唯一的国际法教习），并逐渐扩展到其他新式学堂。在洋务运动时期派往欧洲的留学生中，马建忠、陈季同等人曾专门学习国际法，不乏收获。早期派驻欧美国家的使节如郭嵩焘及其继任者曾纪泽在英国任职期间，对国际法表现出极大的兴趣，都被选为万国公法会的荣誉副会长。他们的活动也间接扩大了国际法在中国的影响。

晚清国人积极吸纳和应用国际法，为当时国人认识近代国际社会，处理对外关系提供了可资遵循的"游戏规则"。凭借这些"游戏规则"，规范国家行为，参与国际事务，对中国尽早融入世界显然有进步意义。国际法的传播，刺激了近代知识分子变法图强意识。如王韬、郑观应、谭嗣同等阅读《万国公法》一书后，产生强烈的民族危机感，并萌生了变法维新思想。国人对国际法的积极吸纳，一定程度上标志着国人对走向世界、融入世界的自觉意识，以及对中外文化交流态势调适后所持的主动心态。因为在民族命运与世界命运越来越紧密地联系在一起的时候，已然落后的中国应该尽快改变观念，以适应新的时代和外部环境，在国际社会中找到自己民族的位置。

四、游历使的出洋考察

1877年清政府通过考试派遣游历使分赴世界四大洲20多个国家实地考察，是近代中国人19世纪七八十年代主动走向世界和认识世界历程中的一个生动事例。

1885年1月，御史谢祖源代表通过科举考试得进士功名而未被重用的士大夫的利益，向光绪皇帝呈《时局多艰，请广收奇杰之士游历外洋》奏折，建议选拔科举正途出身的翰林院、詹事府、六部的士大夫出国游历，从中培养、挑选出使人才。他的建议得到光绪皇帝、慈禧太后的赞同。同年1月21日，光绪帝下谕旨令总理各国事务衙门议奏。

1885年3月27日，总理衙门大臣庆郡王奕劻向光绪皇帝复奏，接受谢祖源奏折提出的建议并稍加变通，提议"至翰詹部属中，如实有制器、通算、测地、知兵之选，坚朴耐劳、志节超迈，可备出洋游历者，可否请旨饬下翰林院、六部，核实保荐，并资送总理各国事务衙门考核，再行奏请发往各国游历，由出使大臣就近照料。应需出洋薪装，届时由总理各国事务衙门酌定数目，在出使经费下发给"。这个意见得到了光绪皇帝的批准，并通知了翰林院、六部以及驻外使馆，但具体实施却一直拖延下来。

1887年1月3日，光绪帝下旨催促各部保荐出国人员。同年5月18日，总理衙门特别拟订了一份派遣游历使的具体计划《出洋游历章程》，对出洋的人数、选拔考试办法、期限、待遇等做了具体规定。经皇帝同意后，派遣游历使计划才得以正式启动。

1887年6月12日至13日举行选拔出国人员考试，地址在京师同文馆大厅内。这是中国近代历史上第一次选拔出国人员考试。该考试科目与传统的科举考试科目大为不同,既不考"四书"、"五经",也不试八股诗文,而只做关于边防、史地、外交、洋务等方面的策论。由总理衙门大臣曾纪泽等亲自出题、阅卷。第一天的试题是"海防边防论"和"通商口岸记"。第二天的试题是"铁道论"和"记明代以来与西洋各国交涉大略"。

海外游历使傅云龙(1840—1901)

此次考试,六部共保荐了76人,应考者为54人。其中兵部郎中傅云龙名列第一,户部主事缪祐孙名列第二。1887年10月28日的《申报》特地把"状元"傅云龙的试卷"照登报首","愿与留心时事者共击节赏之"。考试录取28名官员,先由总理衙门大臣接见面试,再向皇帝推荐,最后由光绪帝亲自用朱笔圈定12人为正式游历使。他们是:

傅云龙——浙江监生,兵部候补郎中,46岁;
缪祐孙——江苏进士,户部学习主事,33岁;
顾厚焜——江苏进士,刑部学习主事,44岁;
刘启彤——江苏进士,兵部学习主事,33岁;
程绍祖——江西监生,兵部候补主事,38岁;
李秉瑞——广西进士,礼部学习主事,32岁;
李瀛瑞——山东进士,刑部候补主事,45岁;
孔昭乾——江苏进士,刑部候补主事,31岁;
陈爔唐——江苏进士,工部学习主事,31岁;
洪　勋——浙江进士,户部学习主事,32岁;
徐宗培——顺天监生,户部候补员外郎,32岁;

金　鹏——广西进士，户部学习主事，33岁。

按上述办法选拔出来的游历使基本上都是科举正途出身，属中央六部衙门五六品官员，思想较为开放，思维较为敏捷，精力较为充沛。

1887年7月24日，光绪帝钦定上述12名游历使赴欧亚和南北美洲各国考察。12人分5组：

1.傅云龙、顾厚焜（2人）——赴日本、美国、加拿大、秘鲁、古巴、巴西6国考察；

2.刘启彤、李瀛瑞、孔昭乾、陈爔唐（4人）——赴英国、法国及英法所属殖民地国家考察；

3.李秉瑞、程绍祖（2人）——赴德国、奥地利、荷兰、比利时、丹麦等国考察；

4.缪祐孙、金鹏（2人）——赴俄国考察；

5.洪勋、徐宗培（2人）——赴西班牙、葡萄牙、意大利、瑞典、挪威等国考察。

游历使们在出国前都进行了比较充分的准备。如傅云龙在出国前曾拜访美国、日本、西班牙等国驻华使领馆，请教过同文馆总教习丁韪良、英国医学教习德贞、日本人岸田吟香等。为了与国内洋企业比较，特地考察了天津北洋机器局、电报局、海关、开平煤矿等，还雇了翻译、仆役，印了中西合璧的名片。准备好后，游历使们便按组启程。

第1组傅云龙、顾厚焜两人。从北京启程，先到上海，然后乘船到日本，游历考察6个多月后，再乘船横渡太平洋到美国西海岸旧金山，然后坐美国南太平洋铁道公司的火车横穿美国到首都华盛顿。后从美

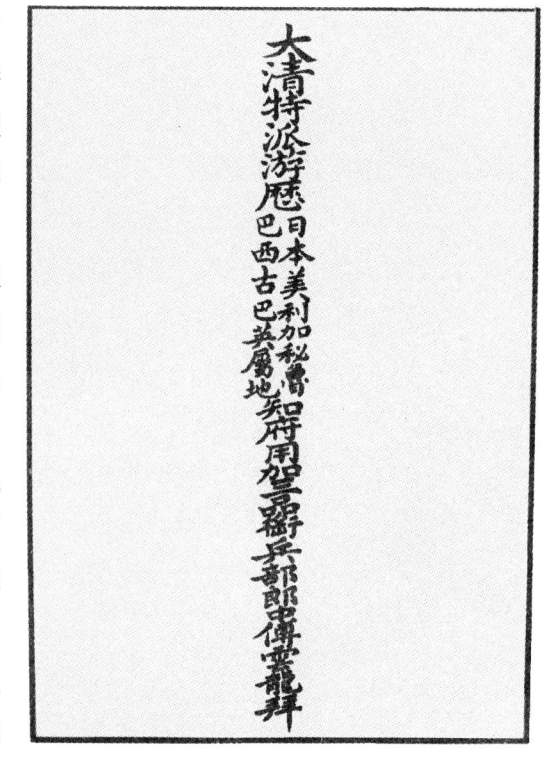

傅云龙海外游历所用名片

国东北部乘火车到加拿大蒙特利尔和首都渥太华游历。然后再回到美国继续游历；从南部佛罗里达州乘船赴古巴考察，接着又乘船经加勒比海的海地、多米尼加和中南美洲的哥伦比亚、巴拿马、厄瓜多尔到秘鲁首都利马。在秘鲁游历后，绕道智利、阿根廷、乌拉圭，到达巴西。在巴西游历后，经西印度群岛又回到美国。在美国作第三次考察，从东部乘火车横贯美国到西部旧金山。然后搭轮船再次横渡太平洋到日本。在日本又作5个月考察后才坐船回到上海。此次游历自1887年10月2日从北京启程，到1889年11月20日回到北京销差，共26个月，总行程60 422公里。重点游历6国，顺途考察5国，往返共经11国。

第5组洪勋、徐宗培两人于1887年初冬从上海出发，乘德国商船赴意大利。途中曾停泊香港、新加坡、锡兰的科伦坡，经印度洋、阿拉伯海至亚丁，渡红海、苏伊士运河，入地中海。在游历意大利之后，经奥地利至德国首都柏林，再北行游历瑞典、挪威，然后经丹麦、德国到比利时，再经法国首都巴黎，然后渡英吉利海峡到英国首都伦敦。以后又游历西班牙、葡萄牙，再从里斯本乘船到意大利，最后仍乘德国商船回到中国，历时近2年，行程达5万公里以上，其中船路3万公里，铁路2万公里。游历国家数大大超过计划的西班牙等5国。

各组游历使们在国外进行了不少外交活动。他们会见各国总统或国王和部长等官员，虽然大多属于礼节性的拜访，但毕竟加强了中外联系和友谊。傅云龙在游历期间曾会见美国总统、加拿大总督、秘鲁总统、智利总统、巴西国王等各国元首和日本首相伊藤博文等政府首脑。洪勋在意大利参加宫廷舞会并见到意大利国王。

游历使们在各国开展了一些中外文化交流活动。如傅云龙曾和日本文人学者唱和诗文，为他们题字、作诗、写序，还在日本寻访中国古典珍籍佚书。赴欧游历使参观了各国博物馆、美术馆，并签名题词留念。通过交流，他们发现了西方文化的一些长处。

游历使们在海外考察最主要的任务是撰写调查报告。因而他们遍访各国政府机关、议会团体，参观各类工矿企业、各级学校，考察港口、铁路、邮局，调查兵营、炮台、监狱，游览各地博物馆、动植物园、教堂寺庙等。通过广泛深入的调查研究，探获第一手资料，以撰写一批有分量的游历考察报告。游历使们为了撰写调查研究报告付出了辛勤的劳动。

12名游历使中，数傅云龙最为勤奋。他常常工作到深夜，甚至通宵达旦、废寝忘食，其成果也最多。他每到一国，既努力收集该国的地理、历史、政治、经济、民俗等各方面资料，并亲自察访，实地踏勘，也绘制各种地图、统计表。仅他一人在游历期间就撰写外国考察报告《游历图经》共6种86卷，其中《游历日本图经》30卷、《游历美利加国图经》32卷、《游历英属加拿大图经》8卷、《游历古巴图经》2卷、《游历秘鲁图经》4卷、《游历巴西图经》10卷。他还写了大量外国游记，称为《游历图经余纪》共15卷。所有图经与余纪，总数共达101卷之巨。

游历使傅云龙著《游历日本图经》书影

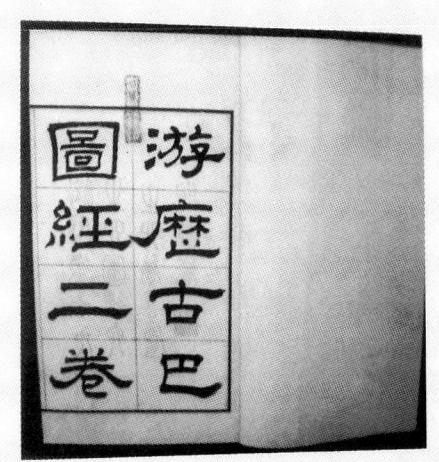

傅云龙著《游历古巴图经》书影

傅云龙的《游历日本图经》30卷，分为天文、地理、河渠、国纪、风俗、食货、考工、兵制、职管、外交、政事、文学、艺文、金石、文征等15类，下面有183个子目。大量内容是用图表方式表达，数字具体，统计精细，条理清楚，简直就是一部对日本进行全面介绍的小百科全书，远远胜过那些对日本地理风俗等进行模糊笼统描写的著作。其史学价值之高，恐怕仅次于黄遵宪的40卷名著《日本国志》，而且该书刊印于1889年，还在

《日本国志》正式出版之前。

与傅云龙一起游历的顾厚焜则着重考察外国的政制和地理。他撰写了《日本新政考》、《美国地理兵要》、《巴西政治考》、《巴西地理兵要》、《美利加英属地小志》等著述。《日本新政考》2卷，分为9部93考。9部即洋务、财用、陆军、海军、考工、治法、纪年、爵禄、舆地。每部各有若干考，如洋务部包括奉使考、各国使臣考、通商考、出口入口货考、输出物产考、商贾户数考、商轮考、海里考、灯台考、浮标礁标考、铁道考、电线考、府县电讯考、时刻考、新闻考等。其中每项新政都用具体确切的资料和数字加以叙述介绍，与傅云龙的《游历日本图经》中的大量图表，有异曲同工之效。

奉命游历英国、法国及其殖民地的刘启彤撰写了不少关于欧洲政治的考察报告，如《英政概》、《法政概》、《英藩政概》等。他对各国铁路建设格外关心，专门撰写了《欧洲各国火轮车道路略》、《英国火轮车道编年纪略》、《英国各属地车道纪略》、《印度车道纪略》等。

奉命游历俄国的缪祐孙是选拔考试的第二名。他对俄罗斯调查研究的成果是《俄游汇编》12卷。其中包括《俄罗斯源流考》、《疆域表》、《铁路表》、《俄道里表》、《山形表》、《水道记》、《舟师实》、《陆军制》、《户口略》等。

游历使们的著述尽管重点、详略、体裁、文笔各有特色，但毕竟都是对世界各国进行实地考察的成果。比起那些仅靠翻译外国地理书或依据道听途说传闻写成的所谓研究外国的著作来说，价值要高得多。对近代中国人认识世界、了解世界、借鉴国外经验都有重要意义。游历使们亲历亲闻欧美各国的资本主义政治制度和工业文明，对其立宪政体和议会政治都做了介绍和评论，这对于当时正在探索改革道路的中国人不无启发。他们还对各资本主义国家的经济管理、工矿企业、铁路航运、财政贸易、陆海军制、学校教育、文化艺术等各方面进行了详细的观察和介绍，大大丰富了近代中外文化交流的内容，对中国的近代化建设不无参考价值。

1887年清政府通过考试选拔，首次派遣完全由中国人组成的游历使团，分赴世界四大洲20多个国家进行为期两年的游历考察，"可以称得上是19世纪80年代中国人走向世界的一次盛举。它对近代中国人认识世界、了解外国、学习西方、推动改革以及加强中外联系，促进中外文化交流等，都有一定的积极意义和影响。它在中国近代史与近代中外关系史上，应该享有一定的历史地位"[1]。

然而，中国人走向世界的这次盛举，在腐朽的晚清时代不可能发挥应有的作用，游历使们勤奋撰写的海外调查研究报告没有受到清政府的重视，以至被淹没于历史的沉淀之中，令人惋惜。

[1] 王晓秋、杨纪国：《晚清中国人走向世界的一次盛举：1887年海外游历史研究》，辽宁师范大学出版社，2004年版，第2页。

第 六 章
吸纳西方器物文化的洋务运动

19世纪60年代到90年代在中国发生的洋务运动，是一场清政府为了挽救其垂危统治，以引进和学习西方先进的科学技术，创办和发展军用工业、民用工业企业，建立新式海军海防，并相应培养新型人才为中心，以达富国强兵目的的活动。它是在"中体西用"的文化价值观的指导、制约下，中国与西方国家在器物（即物质）文化层面进行的大型文化交流活动。它引进西方先进器物文化，进行旨在发展近代工商业为中心的现代化改革，是符合中国社会发展的客观规律和作为反映客观规律的变革思潮要求的。

洋务派的出现和洋务运动的兴起，表明以前总是俯视四夷的"天朝上国"开始平视甚至仰视近代西方文化——古老的东方大国终于迈出了走向近代的第一步。

一、洋务运动的时代背景

1851年太平天国农民起义的爆发，暴露了清政府的腐败和黑暗，给清王朝以沉重的威胁和打击。第二次鸦片战争（1856—1860）的战火从沿海地区延烧到内陆心脏。最终，竟让一群"夷狄"闯进了京城。焚烧圆明园的冲天大火，将天朝富庶繁盛的物质文明成果毁于顷刻。于是，无论从边防、战略，还是从精神的自尊来说，天朝恃以为"夷夏之防"的堤坝，瞬间崩溃了。晚清的衰败趋势达到了一个高峰。为了挽救其统治，清政府内部分化出一批主张学习西方科学技术、引进机器生产的有识之士，即洋务派。洋务派的代表人物，在清政府中央一级的有恭亲王奕䜣、大学士桂良、户部左侍郎文祥等；洋务派地方大臣的代表是曾国藩、李鸿章、左宗棠、张之洞等。他们普遍认识到，要使统治继续下去就必须谋求富强之道，从而提出了"求富"的口号。

面对日益深重的民族危机，许多知识分子在痛心疾首的同时，积极寻求富国强兵之道。启蒙思想家冯桂芬（1809—1874）1860年发出了雪耻和自强的呼吁："有天地开辟以来未有之奇愤，凡有心知血气，莫不冲冠发上指者，则今日之以广运万里地球中第一大国而受制于小夷也。……如耻之，莫如自强。"[1] 主张"筹洋器"、"采西学"，"以中国之伦常名教为原本，辅以诸国富强之术"，[2] 将林则徐、魏源的"师夷长技以制夷"的口号付诸实施。这种思想无不体现了中华民族强烈的"赶超"意识。

19世纪后半叶的世界形势，迫使中国必须从古老而落后的封建社会走向资本主义近代化，否则便面临亡国灭种的危险。诚如马克思在《共产党宣言》中所明确指出的：当时世界资产阶级正迫使一切不想灭亡的民族采用资产阶级的生产方式，推行资产阶级的文明制度，即变成资产者。[3] 中华民族也不例外。加上中国国内沿袭两千多年的封建专制制度，已进入衰朽腐败的后期，在商品经济发展基础上孕育着的资本主义萌芽，已具有一定的规模，成为向资本主义近代化发展的内在因素。

19世纪后半叶，世界资本主义还处于进入垄断阶段之前的自由资本主义阶段。其主要侵略手段是商品输出，还不是资本输出，还允许后进国家的资本主义自由发展。因此可以说，这一时期是后进国家摆脱贫穷落后的良好时机。日本明治维新政府正是充分利用这一良好时机，推行"富国强兵"、"殖产兴业"和"文明开化"三大政策，初步奠定了日本资本主义近代化的基础，从一个封建落后的蕞尔岛国，一跃而入世界强国之林。中国晚清

---

[1] 冯桂芬：《校邠庐抗议·制洋器议》。

[2] 冯桂芬：《校邠庐抗议·采西学议》。

[3] 马克思、恩格斯：《共产党宣言》，《马克思恩格斯选集》（第一卷），人民出版社，1972年版，第255页。

政府掌握实权的洋务派领袖何尝不想利用这一良机，力争"自强""求富"，使中国同样走上资本主义近代化之路。

在上述背景下，以自强为目的的洋务运动于19世纪60年代拉开了序幕。

19世纪60年代到90年代在中国开展的洋务运动，是一场清政府为了拯救其垂危统治，以引进和学习西方先进的科学技术，创办和发展军用工业、民用工业，编练建设新式海军海防、陆军，并相应培养新型人才为中心，以达到富强目的的活动。洋务运动是中国从古老的封建社会走向资本主义近代化的开端。而它的由来，则是以英国为首的西方资本主义列强，通过两次鸦片战争的大炮轰开的。1840年第一次鸦片战争的炮声，还只惊醒了一小批以龚自珍、林则徐、魏源、徐继畬为首的地主阶级改革派。他们是首先"睁眼看世界"的一小批中国人。他们的中心口号是"师夷长技以制夷"。但以道光、咸丰两帝为首的晚清统治集团，仍滞留在"天朝上国"的迷梦中，中国的近代化还未提上议事日程，白白虚度了20年光阴，直到1856年第二次鸦片战争的炮声，特别是英法联军侵占北京焚烧圆明园的一场大火，加上以太平天国为中心的农民革命军，声势浩大，内外夹攻，这才惊醒了从晚清统治集团分化出来的洋务派包括在朝的奕䜣、文祥等人和地方实力派曾国藩、李鸿章、左宗棠等人，不得不兴办洋务运动，推动封建中国向资本主义近代化迈出了第一步，奏响了中国发展资本主义这一新乐章的序曲。

洋务运动虽然是以学习和采用西方的物质文明为主要内容，但根本不想触动封建的政治制度和纲常名教，因而也未能真正挽救中国沦为半殖民地半封建社会的命运。但它毕竟顺应了历史发展潮流，使封建落后的中国增添了资本主义的先进生产力，从而产生了中国最早的资产阶级，为而后的资产阶级政治改革和革命运动提供了一定的物质条件，对促进中国由封建主义向资本主义近代化的演变，无疑起了积极的作用。

洋务运动基本上打破了中华文明自明代中叶以来自我封闭的格局，使中华文明进入到一场学习西方文明的运动中，并进而融入世界文明的大潮中，大大促进了中外文化交流。

二、近代军事工业的创办

洋务派领袖人物曾国藩（1811—1872）在1860年提出"师夷智以造炮制船"，"可期永远之利"的主张，极力赞同购买并制造先进枪炮，认为"购买外洋枪炮，为今日救时之第一要务"。洋务派的另一领袖人物李鸿章（1823—1901）在列强的侵略面前也悟出"中国欲自强，则莫如学习外国利器；欲学习外国利器，则莫如觅制器之器"。因此，在洋务运动的第一阶段（1860—1872），洋务派官僚主要精力投放在近代军事工业的创办上。

首批官办的军事企业有：

安庆内军械所（1861年）

安庆内军械所是两江总督曾国藩本着"师夷智以造炮制船"的目的建立的中国第一座仿造西洋船炮的军工厂。1861年攻陷太平军手中的安庆之后，曾国藩随即设立内军械所，着手制造船炮。虽是手工制造，但生产的却是近代军火，有子弹、火药、炸炮等。此为洋务派兴办近代军事工业之始，也是中国近代工业的开端。

蒸汽机是18世纪中叶近代欧洲工业革命的标志，给资本主义世界带来了划时代的影响。然而，向以"天朝上国"自居的大清王朝却不以为然，致使国人未引起对其的注意。1862年7月，曾国藩命华蘅芳、徐寿等人潜心研究，摸索试制蒸汽机，终获成功。

蒸汽机试制成功后，华蘅芳、徐寿又奉命试制木壳小火轮。1863年11月，华、徐试制的木壳小火轮"黄鹄号"首次试航没有成功。经过改进，1864年1月在安庆江面第二次试航终获成功。

安庆内军械所的创建和"黄鹄号"轮船的试制成功，象征着中国帆船时代的结束和近代轮船时代的到来，标志着中国进入了制造机器的历史时期。

1865年，安庆内军械所迁往南京（又称金陵），改称金陵内军械所。

上海洋炮局（1862年）

1862年，洋务派领袖李鸿章奉曾国藩之命率淮军8000人自安庆雇英轮进驻上海，向外国购买大量洋枪洋炮，准备参与对太平军作战。随着淮军普遍使用洋枪洋炮，军械供应成为一大问题。李鸿章深知外购只是一时之策，自制才是根本大计。于是，他命在军中服务的英籍军医马格里（Halliday Macartney）试制炮弹。几天之后，马格里造出了第一颗炮弹和几个炮引，交给李鸿章。李鸿章拿去请英国提督士佛立鉴定，得到士佛立的称赞。这样，李鸿章便让马格里雇洋匠数名，购买外国机器，招募中国工匠50余名，在上海松江一座破庙里办起了小型兵工厂，称为上海洋炮局。

上海洋炮局是中外工匠们在庙前田里挖黏土制造坩埚，熔化铜铁，仿照外洋做法，生产开花炮弹和自来火。每月生产炮弹六七千颗，交淮军各营使用。

上海洋炮局存在近一年，即移址苏州，成为苏州洋炮局的基本力量。

苏州洋炮局（1864年）

李鸿章淮军在1863年12月4日从太平军手中夺取苏州。江苏巡抚衙门移驻苏州。李鸿章所管的上海洋炮局随之移址苏州。1864年，李鸿章命英籍军医马格里和清政府官员刘佐禹、韩殿甲组成筹备班子，占用太平天国纳王的宅第（今桃花坞大街89号、苏州电扇厂厂址），筹建苏州洋炮局。

李鸿章授意马格里花银4944两出面买下英国阿思本（Sherard Osborn）舰队修造枪弹的机械设备，其中有蒸汽锅炉、化铁炉、铁水包、车床、铣床、磨床等，装备苏州洋炮局。

苏州洋炮局的主要生产设备和原料均从英国购进，聘用洋匠四五名，雇用中国工人五六十人。操作程序：以蒸汽锅炉为动力，拨动铁轮，再通过传动皮带，带动机床运转。这表明苏州洋炮局初步摆脱了手工操作进入了机器制作阶段。它的任务是制造长、短炸炮及其所用的大、小炸弹。每月生产大小炮弹4000余颗。另外，苏州洋炮局还兼负培训清军火器营官兵学习制造枪炮的任务。

金陵机器制造局（1865年）

1865年夏，原江苏巡抚李鸿章升任两江总督。李鸿章离苏州移驻南京时，将其所办苏州洋炮局由马格里、刘佐禹主持的一个车间随之迁往南京，筹备成立金陵机器制造局。局址选定南京城南雨花台下瓷塔山（旧址现在南京晨光机器厂内）。

金陵机器制造局于1865年破土修建，次年8月告竣。屋宇皆仿外洋之式营造，购买外国机器，招聘洋匠为生产骨干。初时，它拥有机器厂房1座，官员住宅12间，厅房93间，过亭5架，协屋6大间，披房10间，门楼2所。后来经过不断扩充，规模逐渐扩大，设备日趋完备，制造品种也渐次增多。至1887年，金陵机器制造局拥有机器厂5座，其中机器正厂厂房8间，机器左厂厂房10间，机器右厂厂房12间，枪子机器厂厂房24

金陵机器制造局（1865年）

间，拉铜机器厂厂房 30 间，火器厂厂房 36 间，翻砂厂 2 座 15 间，大烟囱 8 座，铁水池 1 方，新增制造枪炮子弹的各种机器 50 余副。厂区前面建有一座洋式花园。全局的生产规模和厂区面貌大为改观。由于李鸿章的重视，金陵机器制造局的规模与各省机器局相比，处于领先地位。

开始投产之际，有员工、役夫、匠目、亲兵约 400 余人，后来增加到 1200 余人，比初创时增加到 3 倍。开工时，机器局的厂房里炉火通红，昼夜不息，机器轰响，远近可闻。厂里早晚鸣笛，招呼上下班。这种场面，当时颇为壮观。它制造的各式枪炮子弹、车架、军火等件，被分别运往南、北洋军械所收存备拨。

到 1900 年，金陵机器制造局全年已能制造各种火炮 194 尊，新式后膛抬炮 280 杆，各种炮弹 73 200 颗，子弹 282 100 颗，大铜火 600 万粒，炮车 208 辆，门火 77 500 支。除制造枪炮外，偶尔也造船。

金陵机器制造局是江苏第一家引进西方技术的兵工厂。它所制造的枪炮军火，均系仿照西洋办法，所用的生产材料大部分购自外洋。初期主要购自英国，少量购自德国和瑞士；后来在两江总督曾国荃任内添购的机器设备，主要购自美国。

作为洋务运动的产物，金陵机器制造局 1865 年在南京创立，至 1928 年改名金陵兵工厂，历时 63 年，在中国近代军事工业史上占有重要的地位。

江南制造总局（1865 年）

江南制造总局又名上海制造总局，简称沪局，是洋务运动时期洋务派官僚创办的规模最大的一个军事企业。

1865 年李鸿章代理两江总督仅几个月，曾国藩就辞去钦差大臣，回到两江总督本任。而李鸿章则去督率各军到江淮平原、山东各地镇压捻军。此时，李鸿章对金陵机器制造局一则鞭长莫及，二则在他老师曾国藩的眼皮底下，不便伸手，于是就在上海另起炉灶。

此时，上海道道员丁日昌给李鸿章写信，告之上海虹口有一个美商旗记铁厂，能修造大炮、洋枪及轮船，愿意出售。李鸿章

1865年清政府洋务派官僚在上海开办的江南制造总局

嘱丁日昌购下美商旗记铁厂。

1863年曾国藩曾委任容闳为出洋委员,给他四品军工衔,要他到美国购买各种机器。1865年容闳在美国购买的一批机器,绕道好望角运到上海。这批机器为李鸿章所占有。

1865年李鸿章赴南京升任两江总督时,曾将苏州洋炮局一分为二,一部分归属于金陵机器制造局,另一部分归属即将组建的江南制造总局。

李鸿章于1865年6月将上述三部分机器设备合而为一,在上海虹口区(今九龙路、溧阳路沿江一带)组建江南制造总局。1867年江南制造总局迁至城南高昌庙,大加扩充。

江南制造总局下设五个厂:一是制造枪炮的军火工厂,二是制造轮船、修理船舶的船厂,三是炼钢厂,四是火药厂,五是机器制造厂。它逐步发展成了一个大型综合兵工厂,占地700余亩,这在当时是独一无二的。

江南制造总局于1868年6月附设翻译馆。次年10月,上海广方言馆并入江南制造总局,与翻译馆同处于制造总局西北隅,计楼房、平房共8座74间,楼上24间为翻译馆,其余为广方言馆。翻译馆内,人各一室,资料室、刻书处一应俱全。

翻译馆与广方言馆同处一楼，关系密切，相互兼职情况很普遍。外籍传教士傅兰雅、林乐知等人一身二任，既是翻译馆译员，又是广方言馆教习。近代中国翻译西书，从林则徐便已开始。但由政府出面，设置机构，组织人员长时期系统翻译西书，以江南制造总局翻译馆为首创。所以，江南制造总局翻译馆的设立，在西学东渐史上标志着一个新时期的到来。

翻译馆合翻译、出版为一体，书译毕，便付梓印行。初用木刻，后用活字版。刻书处、印书处为翻译馆之一部分。翻译馆译书主要是19世纪70年代至90年代。从1871年开始正式出书，到1899年，江南制造总局翻译馆共出书126种。

江南制造总局自1867年至1894年的27年间，共生产各种枪支51 285支，大炮585尊，水雷563枚，炮弹12万多颗。这些武器弹药除供应淮军外，还供应南洋系统及各地的炮台、军舰、各总督所辖地区的军队。这些产品由清政府统一调拨，不具有商品性质。该局的军火生产也不以营利为目的。

江南制造总局从一开始便专设一个分厂专门制造轮船。1868年9月15日，江南制造总局自制的第一艘兵轮试航成功，轰动沪上，两江总督曾国藩亲自将其命名为"恬吉号"。这艘载重600吨的木壳轮船，虽然并不先进，但它毕竟是用"制器之器"建造出来的中国第一艘兵轮。

其后，江南制造总局陆续建造"操江号"（1869年）、"测海号"（1870年）、"海安号"（1873年）、"驭远号"（1875年）、"金瓯号"（1876年）、"保民号"（1885年）等数艘兵轮。

江南制造总局还生产了一批机器。1867~1904年，该局生产的机器有：车床138台，刨床47台，钻床55台，起重机84台，抽水机77台以及挖泥船、翻砂机等五六十种。这些机器一部分运到天津，北洋大臣崇厚利用这些机器创办天津机器制造局。

为制造枪炮、轮船、各种机器，江南制造总局于1890年向英国购买一座15吨炼钢炉办起炼钢厂。1891年冶炼出中国的第一炉钢。1891年产10吨钢，1892年产63吨，1894年产342吨，

1897年产2059吨。中国终于炼出了自己的第一批钢材。

江南制造总局经不断扩大，最终拥有13个分厂，工作母机共662台，厂房2579间，职工3592名，其中外籍技师13名。

李鸿章创始和支持的江南制造总局炼出了近代中国的第一炉钢水，生产出了第一台机床，造出了第一艘兵轮；它附设的翻译馆翻译出版了一大批传播西方先进科学技术的书籍，为西学东渐，为中国的自强和近代化，起了积极的作用。

福建船政局（1866年）

福建船政局，又名马尾船政局。1866年6月，时任闽浙总督的左宗棠（1812—1885）上奏朝廷，提出大规模设厂自造轮船的主张。前后不到20天，就得到清廷的批准。

马尾地处闽江下游白龙江和乌龙江交汇点的左岸，距离省城福州20公里，离闽江口40公里。该处江段因浮礁若马，又称马江。马江水面平阔，自古以来就是进出福建的重要门户和天然良港，更是设厂造船的理想地点。1866年8月19日，左宗棠与洋员法国军官日意格（Prosper Marie Giquel，1835—1886）经过实地考察，将局址定在马尾三歧山下的一片三面环山、一面临水的开阔地上。1866年12月23日，马尾船政局破土动工。次年7月，基本工程大体告竣，首任船政大臣沈葆桢（1820—1879）同时就职。

马尾船政局占地面积600亩，各类建筑物上百座，是清政府设立的一个直隶中央的特殊机构。其职权主要为：借鉴西学，设计制造兵轮商船，培养训练制造和驾驶轮船的人才，负责节制福建水师拱卫海防等。其组织机构设有：总务、设计与技术监督管理、制造、教育、保卫、采储6个部门。它的规模不但在全国首屈一指，而且其造船水平大大超过了正拼命向西方学习的日本造船工业水平，成为当时东亚地区最大的造船企业。

马尾船政局是中国历史上第一家制造轮船的专业工厂。其造船活动紧紧围绕着晚清社会"自强御侮"的中心展开。从1869年造成第一艘轮船"万年青号"到1905年停止造船的35年间，经历了引进、仿造到自制，木质、合构到钢甲的阶段，成绩斐然。第一，造船数量最多。晚清仅有马尾与江南两家造船厂。在这一时期建造的 50 吨以上的轮船共 48 艘，马尾占 40 艘，占总数的 83.3%。第二，技术力量最强。其前后雇用外员洋匠 50 余名，有一批掌握船舶设计制造的技术管理人员以及 2000 多名中国第一代的造船产业工人，堪称晚清造船工业队伍的主力军。第三，各类设备齐全。船政设有 13 个主副车间，车、刨、钻、压、旋、拉、冲、锯等机械一应俱全，配套仪器数十种，又拥有全国最大的造船石坞。第四，工艺水平高。以 1887 年制造的"平远号"为例，船式之精良，轮机之灵巧，钢甲之紧密，炮位之严整，与北洋水师当时外购的军舰相差不远。它的工艺技术水准与世界水准相差不多。第五，船式结构齐全。计兵舰快船 24 艘，运输商船 8 艘，鱼雷舰艇 6 艘，练船 1 艘，拖轮 1 艘；其中木壳质 19 艘，铁胁木壳质 10 艘，钢甲钢壳质 11 艘。马尾船政局在晚清造船工业的杰出成就，反映了中国近代科学技术的进步。

马尾船政局还是一个造就近代科技人才之地。1866 年底于

福州马尾船厂的法式车间

福州城白塔寺内设立"求是堂艺局",招生授业,是为船政开办学校之始。次年艺局迁往马尾,逐步发展成为马尾船政学堂。该学堂有前学堂、后学堂及艺圃之分。前学堂学习法文,专攻制造;后学堂学习英文,专攻驾驶轮机专业,分别聘法、英两国教习。学堂主要课程有英语、法语、代数、几何、光电力学、世界地理、天文气象、透视原理、机械构造、制图设计、航海测绘、水文测量、驾船演炮等10余门,是我国近代最早正规采用西方教育内容和方法的军事技术学校。它先后派出4批学生90余名,赴欧洲留学,开我国向欧洲派遣留学生的先河。

马尾船政局"师夷长技"历40余载,大胆引进西方的先进技术、设备、人才和管理,迅即形成东亚规模最大的造船工业基地,成为近代中国折射西方工业文明的重要窗口,促进了中国工业近代化的进程。西方的器物文化被引进中国后,与中国文化交流融合形成了独特的近代船政文化。它的主要表征是:立志进取,积极作为,虚心好学,博采众长,勇于创新,忠心报国。

中国的近代化,从生产力的角度看,对西方近代技术的采用是其起点,而手工业生产向机器大生产的重要历史转变是其标志,这种巨大但却不明显的裂变,较早是从最具典型意义的造船工业开始的。马尾船政局在这一变化中无疑占据最重要的一环。马尾船政局可视为洋务运动结出的硕果、中西文化交流的产物,是中国近代工业之嚆矢、近代海军之摇篮。

天津机器制造局（1867年）

清政府在江南制造总局、金陵机器制造局和福建船政局相继建立以后,深恐外洋枪炮船只完全操纵在汉族封建地主实力派手中,于是命令三口通商大臣、清朝贵族崇厚在天津筹办机器局。1867年3月,天津机器制造局成立,以美国驻天津领事英人密妥士（John A.T.Merdows）作总管,先在天津海光寺建立一个机器厂和炼铁厂,称为西局。1869年夏,又在天津城东贾家沽设立火药局,称为东局。东西两局建成,规模初具。

崇厚主办的天津机器制造局,在成立后的三四年中,并没有什么进展,火药也没有造出来。清廷不得已,在1870年李鸿章任直隶总督兼北洋通省大臣后，让他接办天津机器制造局。李鸿章接办后，撤去不精机器的总管、英人密妥士的职，任命他的亲信江南制造总局督办沈保清到津主持，令调原存苏州洋炮局的大小炸炮、金陵机器制造局新制洋炮陆续运津，添购碾器及西洋新式巨炮数尊，招募香港等地的洋厂工匠，整顿充实。同时，扩建厂房，在大清河、北运河之间，择地兴建火药库一所。东局制造洋火药、铜帽、洋枪炮、水雷及各式子弹；西局制造开花子弹、军用器具。经李鸿章极力筹建，使天津机器制造局成了当时的所谓"洋军火总汇"，供给各省军事需要。

在1900年八国联军侵略中国的战争中，天津机器制造局遭到毁灭性的破坏。

兰州机器制造局（1872年）

兰州机器制造局是由西安机器局发展而成的。西安机器局和兰州机器制造局都是左宗棠经办的。两局均属于洋务军用工业中省一级的中小型企业。这两个厂虽然规模小、时间短，但同样具有一般洋务军用企业的共性。

左宗棠创办西安机器局的目的，明显是为了镇压西北的回民起义。1872年，因战争的重心移到甘肃，左宗棠就把西安机器局的设备全部拆迁兰州南关，改原来的西安机器局为兰州机器制造局。为增强兰州机器制造局的技术力量，左宗棠一方面从浙江、广东、福建等地抽调一批技术工人，一方面委派追随他多年、颇懂机器的提督赖长主持局务。赖长于1872年到达兰州机器制造局监造新式枪炮。

兰州机器制造局生产能力有限，但也能依靠自己的力量制造铜引、铜帽和大小开花子弹；后又仿造普鲁士式螺丝炮及后膛七响枪，并改造了原有的劈山炮和炮架。

随着镇压回民起义和收复伊犁等战事的结束，兰州机器制造局开办10年后于1882年停业。

洋务派官僚创办的上述军事企业，借鉴西学，引进洋器，雇用洋匠和中国兵工，大体按照西方机器工厂的模式进行生产。它们已不同于旧有的官营手工工场，而是带有资本主义性质的近代军工企业。这些军工企业,从域外引入以西方近代科学技术为表征的新的"第一生产力"。它们在中国的出现,必然导致中国封建的以农为本的自然经济的解体和近代机器工业的产生,催萌着新的阶级——中国资产阶级和工人阶级的诞生,同时也为晚清社会近代军事集团从社会生活的边缘走向社会生活的中心创造了机遇。

三、围绕军事企业而兴办民用企业

洋务派官僚在19世纪60年代创办的近代军事企业,是从外国移植过来的西方器物文化。它与整个中国社会生产力的发展水平并不协调。它没有近代采煤、炼钢、机器制造业来为其提供原料、技术、设备。洋务派官僚已经感到长期从外国进口大量煤、铁原料的困难。为了解决军事企业的原料供应,为了减轻政府财政经费的负担,也为了控制民族工业的迅速兴起等等,洋务派官僚于19世纪70年代初开始,继"自强"之后又打起"求富"的招牌,兴办一批围绕近代军事企业的近代民用企业。

轮船招商局(1873年)

李鸿章创办轮船招商局的目的,首先是从军事来考虑的。他认为"海防非有轮船,不能逐渐布置。必须劝民自置,无事时可运官粮客货,有事时装载援兵军火,供纾商民之困,而作自强之气"[1]。认为轮船招商局成立以后,"从此中国轮船可期畅行,实为海防洋务一大关键"[2]。甚次,他以"求富"的观点,认为"若从此中国轮船畅行……庶使我内江外海之利,不致为洋人占尽,其关系于国计民生者,实非浅鲜"[3]。

一言以蔽之,轮船招商局的创办,是为了适应商业的发展和机器局、军务的运输需要。

1872年夏,李鸿章根据总理衙门的指示,命盛宣怀拟订轮船招商章程。清廷委派朱其昂、朱其诏兄弟借领官款20万串(约合10万两银子),另各商认股10万两银子(其中李鸿章5万

[1]《李文忠公全集》(奏稿),卷25,第4~5页。

[2]《李文忠公全集》(奏稿),卷25,第4~5页。

[3]《李文忠公全集》(奏稿),卷20,第33页。

两）作为资本，购买英国造"伊敦"、"福星"、"永清"3只轮船，于1873年1月14日正式成立官督商办的轮船招商局。其主要任务是内海运送漕粮和外洋国际贸易。轮船招商局的局务，由李鸿章委任的官僚朱其昂、唐廷枢、盛宣怀、徐润等人负责。

1876年，轮船招商局添船9只。1877年，高价收买美商旗昌洋行的旧轮船18只，至此，轮船招商局计有30只轮船。自1873年到1879年，赢利逐年增加，逐步达到"分洋商之利"的目的。

中国第一个民用航运企业——轮船招商局的成立，打破了外商轮运对中国水域的垄断。它是洋务企业中办得很成功的企业，尤以盛宣怀（1844—1916）1885年任该局第一任督办之后的18年中发展最为迅速。

轮船招商局的成立和其生存发展的业绩，是在与洋商斗争中取得的。它创办之时，中国近代航运业已由旗昌、太古等洋行轮船公司所操纵把持，轮船招商局就是作为它们的对立物而插足其间的。换言之，它一诞生，很自然地就遭到外国资本主义的倾轧和打击。轮船招商局迎着困难上，靠漕运的贴补、官款协济、华商支持，以及企业内部精打细算等措施，加强竞争力，站稳脚跟，在购并旗昌之后，居然能与强敌——怡和、太古两大英商轮船公司鼎足而立，成为近代中国航运业的三强之一。

台湾基隆煤矿（1876年）

洋务派官僚沈葆桢（1820—1879）任总理福建船政大臣期间（1866—1874），于1868年派出海军船厂的冶金专家杜邦，赴台湾考察台湾北部基隆周围的煤的储藏。考察的结果令人鼓舞，发现煤层有厚达95厘米的优质烟煤。沈葆桢没有采取下一个合理的步骤——建立近代煤矿，而是先行整顿台湾私营煤矿，以保证海军船厂得到廉价和正常供应的煤，然后准备创办近代官煤矿。

1875年7月沈葆桢的创办近代煤矿的建议得到皇帝批准。事前，他因1874年日本侵略台湾，奉命赴台抗敌。他先通过赫德请到一名英国探矿工程师。1875年春，他让英国探矿工程师勘查基隆煤层储藏情况，后聘请11名技术人员从英国购买机器。

同年7月，皇帝的批准下达。创办煤矿的条件成熟。

1876年5月，中国第一座近代煤矿——台湾基隆煤矿正式开工。[1]

台湾电报线路（1877年）

电报是工业革命的产物。它作为一种先进的通讯工具，很快为西方资本主义各国所广泛应用，促进了资本主义世界市场的形成和发展。电报也成为西方列强向海外扩张侵略的重要工具。

西方列强为了侵略的需要，多次提出在中国的大陆和领海内架设电报线路。清政府始则回避，继则退让。外国侵略者恃强入侵，逐渐蚕食，先后侵夺我国海上通讯权、海线登陆权和部分陆上通讯权。在中国的电讯主权陆续丧失的情况下，国内出现了自主兴办电报、杜绝外人觊觎和防止利权外溢的呼声。随着形势的发展，在洋务派官员的倡议下，电报通讯这一新的生产方式和新的科学技术，被引进中国。

我国最早自己筑成的电报线路是1877年在台湾建成的旗后—台湾府（现称台南）—安平段电报线路。主持这项工程的是洋务运动要员沈葆桢、丁日昌（1823—1882），工程的具体负责者是沈国先和福建船政学堂电讯工程技术人员苏汝灼。

我国最早的电报线路，建成于近代前期政治经济极为落后的台湾，是有原因的。首先，这同台湾重要的战略地位及其受到东西方殖民列强侵扰有密切关系。1874年，日本借口琉球渔民飘落事件悍然出兵台湾，我国东南沿海顿时一路告警，导致清廷震动。国内不少有识之士认识到开发台湾经济、加强台湾海防的重要性，提出不少积极有益的建议。架设台湾电报线路便是建议之一。其次，台湾之所以率先架设我国最早的电报线路，还跟外国殖民者一直企图在福建、台湾一带架设电报线路，侵犯我国主权，因而激起闽台地方官民巨大的爱国热情有关。当时西方各国驻福州领事不断要求在闽架设电报线路，甚至"不候议定，突然兴工"，受到清廷地方官员禁阻后，"仍复接续兴工"[2]，这自然大大刺激了闽台地方官民的爱国热情。他们纷纷提出与其让外人开筑，以致利权外溢，还不如由自己架设，以收巩固海防之

[1] [美]庞百腾：《沈葆桢评传》（中译本），上海古籍出版社，2000年版，第349页。

[2] 《总理各国事务衙门奕䜣奏请沈葆桢等妥筹办理闽台电线折》（光绪元年正月二十三日），见《台湾文献丛刊》第278种《清季台湾洋务运动史料》，第1页。

效。正是这种外部刺激和内部压力的双重因素，使台湾电报线路的架设在沈葆桢和丁日昌的倡导下，得以始行。

沈葆桢在中日琉球交涉事件中，被派为钦差巡台。他在《会筹台湾大概情形折》内奏称"台湾之险甲诸海疆，欲消息常通，断不可无电线。计由福州陆路至厦门，由厦门水路至台湾"。所以，时称沈葆桢"治军台南，奏请架设电线，以速军情"[1]得到朝廷的批准。但由于沈葆桢旋即升调两江总督，架设电报线路的计划没有能付诸实施。

丁日昌继沈葆桢督抚闽台后不久，于1877年5月派福建船政电报学堂"六品军功苏汝灼、陈平国等专司其事"，率领架线人员赴台湾实地勘查。8月，架设工程由沈国先率福建船政电报学堂学生苏汝灼等负责进行。先由府城（台南）架线至凤山县之旗后，再由府城向安平方向架设。至10月11日，旗后—台湾府（台南）—安平共95华里的电线线路在我国电讯工程技术人员的主持下架设完毕。同年11月起，旗后—台湾府（台南）—安平电线电报开始营业。由安平至台湾府之间的电报，每单位收费两角，以后便成为官商经常用以传递信息的工具。至此，洋务派官僚沈葆桢、丁日昌将近代西方科学技术之一——电报引入中国，开创了中国邮电史的新篇章。

开平矿务局（1878年）

河北滦县开平地区煤藏丰厚，民间土法开采多年。19世纪六、七十年代清政府创办军事工业需煤甚巨，特别是1867年创办的天津机器制造局和1873年创办的轮船招商局需煤均靠洋煤供给，煤价很高，负担很重。在这样的背景下，洋务派官僚筹划开采开平煤矿。

1876年李鸿章派轮船招商局总办唐廷枢筹办开平矿务局。1877年拟订官督商办章程，招商集股。1878年在直隶唐山开平镇正式成立开平矿务局。

1878年，在总办唐廷枢和矿师英人巴顿的支持下，开始钻探。1879年开始应用从外国购买的机器以新式方法采煤。1881年全用西法采煤，雇工3000人。1882年产煤3.8万吨。1898年

---

[1] 连横：《台湾通史》卷19"邮传志"第418页。

增至73万吨。该矿历年扩充设备，改善运输条件，除拥有连接铁路干线的支线和专供运煤的运河以及自备的数艘煤轮外，在塘沽、天津、上海、牛庄等港口，还设有专用码头和堆栈。到19世纪末，全矿总资产已近600万两白银，约为资本的5倍。

开平矿务局是我国大陆最早使用外国机器采煤的一个企业，在洋务运动时期办得较有成效。

天津电报总局（1880年）

19世纪70年代西方列强热衷于在中国经办电报事业，使清政府及洋务派官僚也深感电报事业是军事信息和外交事务所必须的，应该自己创办。创办电报的意见，最初由沈葆桢于1874年提出，但清政府迟迟未付诸行动。

1880年经李鸿章奏准在天津创设电报总局，并于紫竹林、大沽口、济宁、清江、镇江、苏州、上海7处各设电报分局，引进外国机器、线料、技术及管理制度，创办中国电报事业。先为官办，1882年4月津沪电报总局改官办为官督商办。

电报业官督商办曾一度是投资商人的共同呼声。原因一是他们对新式企业有兴趣，充满对发展民族工业的热情和愿望，二是他们当时对清政府特别是洋务派寄予希望，认为"商受其利而官操其权，实为颠扑不破之道"。

1881年敷设天津—上海线、天津—北京线。1882年敷设上海—南京线。1884年敷设南京—汉口—成都线。1883年至1884年，敷设苏州—杭州—福州—厦门—广州线。后又增敷广州—梧州线。

上述电报线路的敷设，由丹麦大北电报公司、英国大东电报公司独揽。

李鸿章在创设电报的同时，于1880年在天津创办电报学堂，雇请丹麦人来华教习电学、收发报技术等。1882年上海也开办电报学堂，培养电报事业所需人才。

中国引进西方科学技术之一——电报这一先进的通讯工具，在中法战争中显示了先进技术的效能，在一定程度上改变了以往闭目塞听、被动挨打的局面。电报技术的引进，对晚清的政治、经济、军事和文化，都产生了重大影响。1885年中法战争结束后，中国电报业进入一个迅速发展的时期。短短几年内，电报已遍及18个省，成为中国人不可缺少的通讯工具。

唐胥铁路（1881年）

铁路是近代工业文明的产物。列宁曾指出："铁路是资本主义工业的最主要的部门即煤炭和钢铁工业的总结，是世界贸易发展与资产阶级民主文明的总结和最显著的指标。"[1]

铁路始创于1825年的英国。它的发明和应用，标志着人类陆路交通从骡马兽力时代迈入机械动力的新时代。紧随英国之后，许多西方国家修筑铁路，火车的汽笛声响彻世界许多地方。大约在1840年鸦片战争爆发前夕，有关铁路的信息开始传入中国。愚昧无知的清王朝却紧闭宫门，充耳不闻，对铁路采取排斥态度。与此相反，中国的爱国有识志士则极为关注。林则徐、魏源以及徐继畲等人在他们先后编纂的各国史地书籍中，介绍了各国铁路修建及使用情况。特别是太平天国干王洪仁玕1859年所著《资政新篇》中，十分重视现代交通运输在巩固政权和国家建设中的作用，主张利用"外邦火轮车"。遗憾的是，这一主张因太平天国的失败而没能实现。

1876年中国大地上出现第一条铁路，这是英国侵略者擅筑的并于次年由清政府拆除的吴淞铁路。在要不要修筑铁路的问题上，清王朝中的顽固派与洋务派态度迥然不同，前者坚决反对，后者极力主张。1874年筹议海防时，洋务派首脑李鸿章借机提出修建铁路的建议，但因顽固派的反对而未成为事实。

1879年，开平煤矿为了运煤，请求清廷修建一条从唐山到北塘的铁路。这一请求，开始被清政府批准，后因顽固派滞阻被撤销。后又重新申请，并把线路缩短，仅修唐山至胥各庄（今丰南县）一段。由于慈禧怕火车"震动山陵"，惊动其"列祖列宗"，下旨时特别申明以骡马为动力。这样总算被批准。

为修唐胥铁路，李鸿章聘请英人金达为总工程师。1881年初开工，6月9日开始铺轨，11月8日举行通车典礼，命名为唐胥铁路（线路长约10公里）。唐胥铁路的建成，揭开了中国自建

---

[1]《列宁全集》第22卷，第182页。

铁路的序幕。

唐胥铁路通车后，一度只准用骡马拖拉车厢，不仅效率极低，且又荒唐可笑。后来经过反复疏通，才允许使用机车牵引。使用的第一台机车，是中国工人自己制造的。工人们利用矿场起重机、锅炉、井架等设备加以拼装，制成"0—3—0"型蒸汽机车，在机车的两侧各制一条龙，故又称"龙号"机车。"龙号"机车虽然牵引力不大，却表现了中国工人的创造能力。随后，又从英国购来"0—2—0"型机车，参加运行。

1886年李鸿章乘加强海防之机，奏准把唐胥铁路延至芦台，并设立"开平铁路公司"。它是中国最早的铁路管理机构。在这个公司的主持下，唐胥铁路于1887年延筑至芦台，两段共长45公里，称唐芦铁路。1888年，建成芦台到塘沽、天津一段。至此，东起唐山，西至天津，全长130公里，称津沽铁路。

尽管中国铁路的诞生比西方晚了半个世纪，但从1881年中国第一条铁路唐胥铁路建成后，铁路便在古老的中国大地上驻足，缓慢延展，到1949年全国铁路总长度达26 900多公里。

从国外引进中国的铁路，毕竟属于先进的交通运输工具和新的社会生产门类，对国家社会经济以至社会风气，产生了重大影响和冲击。铁路运输大大便利了人际交往和货物流通。其管理机制，属于与传统小生产方式完全不同的资本主义"软件"。铁路逐步向内地延展，必然对固有的以小生产为基础的闭塞的经济、地理、人文等产生重大影响。如铁路对传统运输工具和交通线路的冲击；铁路沿线资源的开发及工矿业的兴起；铁路运输促进商品流通的扩大及农业生产的商品化和区域化发展；铁路的修筑和铁路运输事业的兴起和发展，带动了新兴城市的崛起；铁路促进了边远地区的开发，加强了中央与地方及地区间、城乡间的联系；铁路还带来了社会观念的变化和民风民俗的变易。一言以蔽之，铁路这一外来文化，对中国文化的繁荣，对中国的近代化，起了积极的作用。

上海机器织布局（1882年）

1874年，洋务派主要代表人物，时任直隶总督、北洋大臣的李鸿章，曾提出中国自行制造布匹的设厂建议，却因无人出面具体筹办而作罢。后经人一再劝谏,李乃于1876年初派手下幕僚魏纶先到上海邀集商人筹议设立机器织布局,但也由于股款没有着落而不了了之。1878年,曾任四川候补道的彭汝琮拟集资50万两白银,向洋行购买英国机器,聘请英国工匠,计划在上海创办一个机器棉纺织厂。此事正合李鸿章的原意,李鸿章当即允准了他,并派郑观应(1842—1922)充任其事。

郑观应经手后,便致函当时驻美国的容闳,聘请美国纺织技师丹科来华。为了请美国技师解决外国纺织机器能否采用中国棉花做原料的问题,即派翻译梁子石带上中国棉花与丹科一同去美试织,试样寄回上海,郑观应见到试样后,认为织品可同洋布相比,决定开办上海机器织布局。

1880年,美国技师丹科再度来华,主持选订外国织机200台,择地杨树浦沿江地段300亩建设厂房。

1882年,上海机器织布局成立。建厂工程开工后拖了数年,直至1891年才基本完工。它大致按纺锭35 000枚、布机530台的设计规模,配备全套英美制造的棉纺织机器,但实际投产的设备却没有这么多。织布局投产后,所产棉纱、布匹除在上海本埠销售外,还销往江浙、芜湖、天津、牛庄、重庆、福州等地,获利较为丰厚。不料1893年10月遭遇火灾,上海机器织布局损失严重。同年12月,李鸿章调天津海关道盛宣怀进行清理后,将原有每股100两的商股以10余两的低价发还给股东,了结旧局。同时在织布局的旧址挂起名为"华盛机器纺织总厂"的新牌子。1894年9月,华盛机器纺织总厂建成开工,有纱锭6500枚、布机750台。于是一个原来由商股集资创办的上海机器织布局就成了以李鸿章、盛宣怀为代表的洋务派官僚的私产了。

洋务派官僚兴办的上述围绕军事企业的民用企业,不是工场手工业发展的结果,而是由外国机器工业移植过来的。这些引进西方"器物"和技术的近代中国资本主义企业的存在和发展,客观上为中国民族资本、中国近代工业文明的生产和发展提供了条件。而一些企业的失败,又为民族资产阶级如何管理资本主义企业提供了有益的经验教训。至中日甲午战争前后,随着清政府对民族工业限制的松弛，民族资本显露出投资近代工业的强烈愿望和热情。据统计，1894年前，民族资本共创办136个大小不同的企业，资本约达500多万两白银，雇用工人3万名左右。[1]

可以说，甲午战争前，民族资本主义这一新的进步的经济成分开始在中国立足了。毛泽东指出："中国民族资本主义发生和发展的过程，就是中国资产阶级和无产阶级发生和发展的过程。如果一部分的商人、地主和官僚是中国资产阶级的前身，那末，一部分的农民和手工业工人就是中国无产阶级的前身了。中国的资产阶级和无产阶级，作为两个特殊的社会阶级来看，它们是新产生的，它们是中国历史上没有过的阶级。……它们是中国旧社会（封建社会）产出的双生子。"[2] 换言之，甲午战争前，中国资产阶级和无产阶级已各自形成一支独立的政治力量登上了政治舞台，为其后进行的中国资产阶级民主革命准备了阶级力量。至此，由域外引进的资本主义近代工业文明开始显露其旺盛的生命力，初步融入了中国传统文化。

四、启用洋人赫德引进近代海关制度

赫德（Robert Hart，1835—1911），英国爱尔兰人，1835年出生于一个小手工工场主家庭。1853年以优异的成绩毕业于皇后大学贝尔法斯特学院，被保送到英国外交部工作。1854年4月，19岁的赫德奉英国外交部之命来华。6月，抵香港，先在英国驻香港商务监督署受训。8月，被派到英国驻宁波领事馆任见习翻译。1855年6月升为助理翻译，并代理几个月的副领事。在宁波期间，赫德曾下工夫学习中国语言、文字、历史、地理等，努力使自己成为一名"中国通"。

赫德在华的崭露头角，是1858年3月调任广州英国领事馆二等翻译期间。在那里，他和广州的中国官员建立了密切的联系，获得英国驻广州领事阿礼国（R.Alcock）和英国驻华公使包令（J.Bowring）等人的赏识，被视为与清朝官员交往的"一个现

[1] 凌耀伦等：《中国近代经济史》，重庆出版社，1982年版，第195页。

[2] 毛泽东：《中国革命和中国共产党》，《毛泽东选集》（合订本），第590页。

成的桥梁"。

同年11月,中英通商章程善后条约签订后,已为英、法、美三国控制的上海海关(即洋关)税务监督英人李泰国(H.N. Lay,英国驻福州第一任领事李太郭的儿子)被两江总督兼南洋通商大臣何桂清任命为海关总税务司。后广州也仿照上海设立洋关。经海关总税务司李泰国的提名,赫德辞去领事馆的外交职务,任广州海关副税务司。从此,赫德一心投入晚清海关事业。

总税务司赫德

1861年4月,李泰国告假回国,行前指定赫德和上海海关税务司费士莱(G.H.Fitzroy)代行其职。6月,在英国公使布鲁斯(F.W.A.Bruce)的安排下,赫德进京会见总理衙门大臣奕䜣和文祥,递交9件禀呈,报告海关情况,提出了整顿海关、增加关税收入的详细办法,如为各关规定了具体的行政费用和应征税款数额等,并就购买洋船等问题积极出主意,颇获奕䜣和文祥的好感。从此,赫德可以自由进出总理衙门。1861年6月30日,奕䜣正式任命赫德和费士莱共同代理海关总税务司。在代理总税务司期间,赫德以办事干练、管理有方获得外国驻华使节和总理衙门恭亲王奕䜣、文祥等的信任和赏识。因为他一方面迅速扩展海关势力,先后在镇江、天津、宁波、福州、九江、厦门、淡水、汉口、基隆、台南、打狗(今高雄)、烟台等城市设立海关,任命外籍税务司;一方面制定了《子口税章程》、《沿岸贸易法》、《长江收税章程》等一系列海关收税细则。这些做法,既忠实地履行不平等条约,维护了外商利益,也增加了清政府的关税收入。关税收入由赫德代理总税务司前的500余万两白银增加到700余万两白银,成为清政府用于镇压太平天国农民运动和偿付赔款的重要财源。

1863年11月15日,赫德取代骄横跋扈的英国籍、首任总税务司李泰国,被总理衙门任命为第二任总税务司。

赫德担任中国海关总税务司后,一改清政府旧海关采用的落后的中古时代的办法,即每年只缴一笔固定的税款给户部部库,多征的税款不必呈报,由海关监督自行使用,一般就变成了自己及下属的外快,当然还需拿出一部分用来贿赂中央大员以巩固自己的地位。这就使得大量的税款流入税吏的腰包。而赫德制定的近代海关制度则采取新的征税办法,即所征的税款,一律登账上缴;海关人员除支取固定薪俸外,不得私取任何税款。总理衙门认为这是完成赔款任务的最好办法,所以默许新海关夺取各口海关监督的征税权力,统一全国的关务行政。

新海关在组织过程中,采用了西方先进的行政组织、人事管理、财务管理、征税制度,提高了工作效率,因此税收剧增。

据资料统计,1864年时,总税务司署所辖新关共14处,雇用洋员约400人、华员约千人,显然这是一个庞大的机构了。[1]

赫德为创办中国近代海关所作的种种努力,令当时中外双方都感到满意。英国驻华公使布鲁斯(F.W.A.Bruce)在1861年至1862年间,多次对外交大臣罗素称赞赫德的性格和能力。他一再强调:如果没有赫德的帮助,他对处理海关的程序问题,就不能很好地加以解决;没有赫德的精力和行政才能,已经达成协议的解决方案也不能顺利地付诸实施。中国方面,更是赞不绝口。奕䜣和文祥,对新结识的这位"稳重而又圆通"的英国人,留有极为良好的印象,争着亲切地把他叫做"咱们的赫德"。奕䜣甚至说,有了100个赫德,什么难办的建议都能采纳。在赫德担任总税务司之后不到两年,奕䜣就要求赫德把总税务司的办公处所由上海搬到北京长驻,以备随时咨询。

赫德之所以受到两方面特别是中国方面的称赞,一方面固然是清政府所办洋务运动与英国控制中国海关需要这样的一位人

---

[1] 赵长天:《孤独的外来者——大清海关总税务司赫德》,文汇出版社,2003年版,第293页。

物，另一方面与赫德个人的因素也大有关系。与那些赤裸裸蔑视中国、鼓吹侵略的西方人不同，赫德对中外关系与西方人士在中国的角色定位有他自己的独到看法。他主张尊重中国的文化传统，反对外国人直接干预中国内部事务。他在担任总税务司后给各口税务司的一项通令中曾说："首先，我们必须毫不含糊地且经常地切记：海关税务司署是一个中国的而不是外国的服务机构"，所有成员都是"身受俸禄且是中国政府的人"，"从而每一个成员对待中国人，包括政府官员和一般老百姓在内，必须尽量避免引起冲突和恶感的因素"。"在和中国官员以及中国老百姓的交往中"，既是"中国官员的兄弟"，又是"中国老百姓的同胞"，既应"对中国官员表示礼貌"，又应"对中国老百姓表示友谊"。"礼貌有助于公事的顺利交往，而友谊的表示则有助于祛除中国老百姓对外国人的恶感"。[1] 赫德主持的中国海关在潜移默化中消除了中国官员对外国人的疑虑，转而"尊重"外国人。他说"各税务司与中国官吏的日益亲切，这对于中国官吏更好地了解外国人，去除对外国人的很多怀疑和反感，裨益不少"，"在这种潜移默化的作用中……（中国官吏）不久会转变为对外国人的尊重，即使不是欢迎的话"[2]。

赫德主持的晚清海关，主要用西方人来管理，基本以近代西方的海关制度来运作。海关各部门的洋主管人员，一般都有较高的文化水平，有的还受过高等教育，获得过博士、硕士、学士学位；大都具有财政、经济、行政管理、科学技术等方面的知识。这些人员组成的海关和清朝旧海关相比，显然具有以下优点：

一、清朝旧海关的行政由各省督抚或其委派的海关监督管理，全国各海关互不统属，互不通气，规章制度纷乱不一。新海关行政组织、人事管理、财务制度、征税章程，都在总税务司统一领导之下，统一了全国的征税工作。

二、旧海关实施包税制度，只要完成一定定额，之外的税款可以自行处理，这就使得税款大量流入税吏的腰包，而且形成任意征收、敲诈勒索的恶习。新海关实行实征实报，征收费用和征收税款绝对分开，保证税款不受侵蚀。

---

[1] 张海林：《近代中外文化交流史》，南京大学出版社，2003年版，第242~243页。

[2] 赵长天：《孤独的外来者——大清海关总税务司赫德》，文汇出版社，2003年版，第296~297页。

三、旧海关没有严密的财务制度，更谈不上科学管理，税吏从中舞弊，漏洞百出。新海关的财务制度由英国财政部的财务人员制定。制度完善，管理严密，很少发生舞弊现象。

四、旧海关官员的俸禄很低，主要收入都是依靠职权滥取于民，成为陋规。新海关实行西方的薪俸制度，待遇很高，但不能额外支取费用。

由于赫德主持的晚清海关管理得法，工作效率高，所收关税年年大幅增加，导致海关税收在晚清财政收入中占的比重日益上升。据统计：历年海关税收总数，从1861年的5 523 264两（关平两，下同）增至1910年的35 340 714两，50年间增长近6.4倍，呈逐年递增、直线上升趋势。[1]关税收入在清政府财政总收入中所占的比重，也是相应逐年递增的。1881年，海关税收约占清政府收入总数的20%，近1/5；1891年约占23%，近1/4。可见比重之大和递增的趋势。[2]

从1861年代理海关总税务司起，到1906年卸任，赫德在中国担任海关总税务司46年。在这46年之中，他的主要工作是管理和控制中国海关。他的敬业精神是令人钦佩的。他曾说："我吃了中国人的饭，要以关为家。"他的敬业精神与工作强度是当时任何一个官员都无法理解和承受的。在最初的几年里，赫德多次遍访海关各口，检查各关工作。在1861年至1863年代理总税务司期间，他几乎整年在外，且没有固定的办公地点。他到哪一个口岸，就在哪一个口岸的海关办公，筹划或检查那个海关的工作。正式担任总税务司的最初几年，赫德依然坚持巡视。他不仅亲自检察海关的"内班"，而且亲自视察港口、关卡、缉私、引水等部门，听取"外班"的意见和建议。严格紧张、一丝不苟、以身作则是他的一贯作风。海关的法定工作时间是上午10时至下午4时，工作6小时，而他一般工作10小时。为了提高工作效率，他经常站着工作。

晚清海关在赫德主持下,除了严重侵犯中国主权和为英国谋取最大利益的大前提而外,应该说整个工作井然有序,卓有成效。赫德在海关管理制度方面的创新表现在三个方面：第一是新的会

[1] 姜铎：《晚清海关与洋务运动》，见《姜铎文存》，吉林人民出版社，1996年版，第339页。

[2] 姜铎：《晚清海关与洋务运动》，见《姜铎文存》，吉林人民出版社，1996年版，第339页。

计制度的建立。在1865年以前，海关的会计账目只有一个笼统的、类似中国传统的四柱清册式的总账。从1865年起，在曾经受过严格会计训练的英人金登干（James D.Campbell, 1862年起在中国海关工作,1873年被赫德任命为中国海关驻伦敦代表，担任这个职务长达34年）的主持下，海关会计制度做了一系列的改革。先是将全部收支总账分为A、B、C、D四个账户。A号账户为海关经费的支出账；B号账户为海关没收和罚款的收入账；C号账户为吨税（船钞）收入以及用于航务设施的提成账；D号账户为所有其他规费收入和开支账。A号账目每月结清一次。B、C号账目每季结清一次。所有海关可以自行处理的结余，一律存放于海关总税务司指定的丽如银行（Oriental Bank Corporation），没有得到总税务司的允许，各关税务司不得截留。这个会计制度对当时的中国会计学来说无疑是一场革命。第二是新的统计制度的建立。在赫德主持总税务司之前，中国海关没有编制过系统的贸易报告和统计。到1864年为止，只有各关就地编印了一些规格不一的本关贸易统计。从1865年起，这项工作集中到上海进行。这一年海关总税务司在上海设立一家印刷厂，专门印刷各关的贸易报告和统计。这些报告与统计对各口进出口货物的种类、数量、货值、来路、去向及税收、船只等予以详细记载。1873年进一步成立了贸易造册处，即独立的统计课。第三是考核制度的建立。赫德对下属的工作考核，首先由他自己亲手做起，而不是轻易假手他人。发现有贪污舞弊者，会受到立即开除的处分。

经过赫德40多年的经管，到1907年底，全国由总税务司管理的海关已达50处、正式兼管的常关19处、厘卡7处。海关雇用的洋员达1300人，华员5300人。岁入关税3250万余两、船钞132万余两、常关税390万余两。[1]不难看出，赫德主持的晚清海关完全是一个资本主义的高效率的近代海关。

除了海关工作外，赫德还协助总理衙门开展洋务运动。

1865年5月，赫德向总理衙门呈送了建议书《局外旁观论》，这是代表英国利益督促清政府改革内政外交的一个建议，恰好成为当时清政府正在着手全面推行洋务运动的重要参考。

[1] 叶凤美：《赫德》，见戴逸、林言椒：《清代人物传稿》（下编，第1卷），辽宁人民出版社，1984年版，第424页。

赫德协助总理衙门推行以下各项洋务运动：

一是改组和扩大同文馆，使一个原来单纯学习外国语言的学校，变为介绍近代科学思想进入中国教育制度的先驱。奕䜣为此奏请于同文馆中添设学习自然科学的格致馆，招考正途出身的人员进馆学习天文数学，培养科技人才。经费由赫德主持的海关支持，外籍教习甚至总教习丁韪良都由赫德推荐和聘任。

二是督促和协助总理衙门派遣对外使节。先是赫德利用自己返回英国的机会，说服总理衙门组成以满人斌椿为首的小型旅游团，由他率领出国进行考察，作为开风气之先。出游旅费，统由总税务司预垫。接着于1870年2月，组成以美国卸任公使蒲安臣（Anson Burlingame）为首近30人的外交使团，遍访英、美、俄各条约国，使团经费由海关支付。接下来，1876年清政府派遣第一个驻外使节郭嵩焘，到英国伦敦设立公使馆，同样是赫德一手促成的。郭的出使，一切都由海关代为安排。以后陆续设立的驻外使馆，所需经费也都由海关支付。可见赫德在为清政府开拓近代外交方面出力不小。

三是利用1874年日本侵台时机，协助清政府先后向英国订购炮艇8艘、快船2艘，作为南北洋海防的初步基础，后来建立的北洋海军也由此起源。这批海军舰艇，全都由赫德通过海关驻伦敦办事处金登干承办，经费大部分也由海关开支。

四是海关兼办近代邮政。中国近代邮政事业，是赫德一手操办起来的。海关总税务司署下设的专职邮政司，后来便成为分立出来的邮政总局。

五是插手台湾基隆煤矿的开采事宜。1867年基隆煤矿开始开采，但因管理不善而搁浅。1875年，清政府批准沈葆桢采用机器开采的建议。赫德从中力促其成，并要金登干代为在英国物色采矿工程师。

当时总理衙门的重大洋务活动，包括内政、外交、军事、经济、文化等方面几乎都离不开赫德。

此外，赫德还组织人员和商品参加世界博览会。从1867年到1905年，中国参加全球各地举行的世界博览会至少有28次，均由海关总税务司经手。其中在1873年的维也纳博览会上，中国的展出被认为是"惊人的成功"。它所展出的中国和国际交往的各种产品的样品，帮助世界更好地了解和欣赏了中国人民的生活和文化。1905年以后，这项工作才转为由农工商部专办，不再由海关经手。

赫德还筹划商标注册制度。商标注册，最初出自外国的要求。在1902年的中英通商行船续约和1903年中美、中日通商行船续约中，都有涉及保护外国贸易牌号（商标）的条款。上述中英条约第7款还特别规定："由南北洋大臣在各管辖境内牌号注册局所一处，派归海关管理其事"。在海关总税务司赫德的主持下，由总文案安格联（Francis Arthur Aglen）拟订商部挂号章程13条，在1904年3月移交外务部转新设之商部审核，商部改为14条，旋增为28条。在商部设立挂号总局，并令津海、江海两关设立分局，对外商、华商贸易牌号，一体注册保护。然而，由于各国对其中某些条款有异议，这个商标注册章程没有得到实施。这项工作，一直拖延到1923年，中国才有了第一个商标注册的法律。

1908年4月，74岁的赫德因病请假回国。清政府准假，并赏加尚书衔。他回国后，英国牛津大学、都柏林大学于是年授予他名誉博士学位。伦敦市、贝尔法斯特市和汤吞自治邑均授赫德"荣誉市民"称号。1885年至1908年，除清政府、英国政府奖赏他之外，还有比利时、瑞典、法国、意大利、葡萄牙、普鲁士、日本、俄国、挪威、丹麦等国及罗马教皇先后13次授予赫德勋章。1911年9月20日，赫德病卒于英国，得年77岁。清政府赐优恤，追加太子太保衔。

赫德是近代来华西方人中最受人褒贬不一的一个人物。在他生前，西方人就为他而争论，有的骂他变成了中国的仆人、英国的叛徒；有的则对他大加赞赏。1899年1月10日的伦敦《泰晤士报》认为他的海关工作是"所有英国人的天才和劳绩所能制造的纪念碑中最杰出的一个"。他的塑像被外国人立在上海外滩达30年之久。1949年以后，对于赫德的评价似乎完全反转，占绝对主流的观点是，他是西方帝国主义的代表，他的所作所为代表了西方帝国主义利益。随着时间的推移，特别是20世纪末叶我国实行改革开放之后，许多人对赫德的评价渐趋客观、公允。诚如我国当代著名经济史学家姜铎1995年所云："平心而论，我们如果敢于摆脱一些条条框框的束缚，把推动中国近代化作为主要衡量标准的话，那末，对赫德为晚清海关与洋务运动所作的奉献的一生，应该毫不吝啬地给与满分，即使不给满分，至少应打八十分的。而对当时主持总理衙门的恭亲王奕䜣和文祥等人，能够对赫德那样一见倾心，意气相投，给予高度的信任和重用，同样应该赞赏他们的知人之明和破格用人的胆识。同时我对美国哈佛大学校长埃利奥特所作的赫德碑铭（即外国人树立在上海外滩达30年之久的赫德塑像上的碑铭——引者注），认为是实事求是的，是符合赫德的历史和身份的。这个碑铭的内容是：'中国海关总税务司。中国灯塔的建立者。国家邮政局的组织者和主持者。中国政府的忠实顾问。中国人民的忠实朋友。谦和、容忍、明智和果断，他克服了艰巨的障碍，并且完成了一项伟大的造福于中国和世界的工作。'另外，赫德在1901年曾预言，50年后，中国将是一个独立的强国。中国，'将从外国人那里收回外国人从中国取去的每一样东西'，外国在中国的一切殖民利益都将告终。他反复强调中国必将崛起有日，不可能永远屈居于列强的凌辱之下。我对上述赫德预言同样很感兴趣。50年后，不是一个崭新的中华人民共和国崛起于东方了吗？外国在中国的一切殖民利益不是都告终了吗？如果赫德真是一个帝国主义的侵略分子的话，能作出这样灵验而又伟大并且充满着热爱中国激情的预言吗？"[1]

五、近代海军的筹建和洋务运动的破产

中国清王朝在1862年以前，没有海军，只有沿江濒海各省设有"防守海口，缉捕海盗"的旧制水师。

近代中国海军是中国近代工业化的产物，是中国资本主义生产力发展的结果，同时也是中外文化交流的结果。

[1] 姜铎：《晚清海关与洋务运动》，见《姜铎文存》，吉林人民出版社，1996年版，第349页。

英国发动鸦片战争，凭坚船利炮轰开了长期闭关锁国的中国的大门，才使中国人第一次知道近代海军为何物。于是，当时先进的中国人开始萌发了建立近代海军的思想。林则徐认为，海军乃西洋"长技"，中国应该学习，"制炮必求极利，造船必求极坚"，与之角逐海上，方能"制胜"。他的这一构想，后来被魏源用"师夷长技以制夷"一语以概括之，对后世产生了巨大影响。

近代中国发展海军的历程是几经曲折的。19世纪60年代以前的中国人不明白：在封建生产方式的土壤里是产生不出强大的海军来的。鸦片战争后，一些清政府官员面对"人操舟而我结筏"的现实，也曾博访洋船图式进行仿造，仍抱着旧的观念来看待海军这个新事物。19世纪40年代末，西方国家已在军舰上使用螺旋推进器。50年代后，英、法等国都开始了螺旋推进器蒸汽舰的建造。与此同时，木壳军舰也逐步被带有护甲的铁甲舰或钢壳舰所代替。而中国的仿造者却只求船型相似，安脚踏水轮以求船之速，选坚实木料并蒙以生牛皮以求船之坚，以为靠手工匠人依瓢画葫芦，即可成功。这当然不会有任何效果。到60年代初，曾国藩和左宗棠先后在安庆、杭州自行仿造轮船，还是遭到了失败。这样，他们才意识到：制造轮船不引进机器生产技术是不行了。经过1/4世纪，遭到多次严重挫折之后，中国人在造船问题上才发生观念的更新。

观念的更新带来了造船事业的发展。1866年，根据左宗棠的建议，清政府组建福建船政局，开始购进外国机器，聘用法国技师、工匠，监造轮船，设有铸铁厂、模厂、船厂、轮机、锅炉、帆缆、储炮等12个分厂，工人最多时达到3700人。由左宗棠创办、沈葆桢接办的福建船政局不仅建造兵船，同时分轮机与驾驶两科培养造船和驾驶人才，这便为而后建成北洋海军奠定了基础，故可视福建船政局为"中国第一个现代海军的摇篮"[1]。1869年，船政局造出第一艘轮船"万年青号"，取得经验后，开始批量生产，到1874年造船15艘，到1884年中法马江海战前共造船26艘。江南制造总局是清末第二大近代造船厂。1891年职工达3592人，并聘有外国雇员，先后承造31艘军舰和商船，造小

[1] 唐德刚：《晚清七十年》，岳麓书社，1999年版，第199页。

轮船200余艘。其他如大沽造船所也先后造船15艘，修理军舰、商船200余艘，并于1881年建成"海鹤"、"海燕"2艘浅水炮舰，又于1882年建成2艘布雷艇。广东黄埔船坞于1886年制成"广元"、"广亨"、"广利"、"广贞"4艘炮艇，每艘长33.5米，宽5.48米，航速8.68节，装炮6门。还制成"广金"、"广玉"2艘铁甲双桅兵轮，每艘长47.5米，宽7.31米，装炮8门。

洋务派筹办近代海军,是与以"求富"为目的的兴办近代工业同时提出的，而于1874年日军侵台事件发生后提上实践日程。

环顾1874年中国的周边，中国人发现，中国前所未有地被外国势力全面包围了：西北和东北有俄国人虎视眈眈；西南分别有英国人通过印度和缅甸、法国人通过越南威胁西藏、四川、云南、广西；东边则有日本觊觎。除此之外的列强，也都可能从东部沿海对我构成威胁。此时清政府已经觉察到日本"为中国永久大患"，中日迟早必有一战，乃解散所有旧制水师而速办新式海军。

此时，正值所谓"同治中兴"的巅峰，衰老的大清王朝一时颇有复振气象。当时中国海关在总税务司、英人赫德的有效管理之下，贪污敛迹，收入甚丰。于是总理衙门策动廷议，以海关收入的40%，约400万两白银，作为建设新式海军之用。斯为中国近代史上第一个新型的"国防预算"。

1874年，江苏巡抚丁日昌（1823—1882）拟定《海洋水师章程》6条，建议清政府沿海建立北洋、东洋、南洋三支近代水师。北洋水师负责山东直隶海面，设北洋海军提督于天津；东洋水师负责江苏、浙江海面，设东洋海军提督于吴淞；南洋水师负责福建、广东海面，设南洋海军提督于南澳。后清政府决定先于北洋创设水师一军，等以后实力增强后，由一化三，择要分布，计划10年内建成北洋、东洋、南洋三支海军。

1874年日本侵台事件后被震惊的清政府急匆匆提出购买外舰的计划。据此，1875年李鸿章向英国订购"龙骧"、"虎威"、"飞霆"、"策电"4艘炮船，1879年又代南洋大臣沈葆桢从英国订购"镇东"、"镇西"、"镇南"、"镇北"4艘炮船。在此前后，广东和福建也分别从英、法、德、美等国购买一批军舰。后来又于1885年购进2艘德国造的大型铁甲舰"定远"和"镇远",排水量为7335吨,主机功率4410千瓦,航速14.5节,定员330名,装火炮22门,其中305毫米巨炮4门,舰长99米,最宽处20米,吃水6.5米,水线以下为钢面铁甲包裹。舰首左右及舰尾设鱼雷发射器共三具。中段铁甲堡长44米,宽20米,汽机、锅炉、弹药房皆置于堡内。该舰日造淡水可供300人食用。舰上备有鱼雷艇3只,小轮船1艘。"定远"舰从1881年2月开工建造,由德国海军部设计,属于当时海军最先进的"萨克逊"级改良型,历时近1年造成,于1881年12月28日由中国驻德公使李凤苞与德国海军部长冯·卡普里威伯爵共同主持该舰下水仪式。不久,同一型号的"镇远"舰也造成下水。"定远"舰造成后,先在波罗的海试航,由德国军官指挥,中国派海军人员上舰实习。1885年由德国军官会同北洋水师将领刘步蟾驶抵中国,编入北洋水师服役。"定远"舰被指为旗舰,右翼总兵刘步蟾为管带。"镇远"舰排水量及装备,与"定远"舰差不多。"定远"、"镇远"两舰是清政府所有舰船中最大的,也是当时远东最大的铁甲巡洋舰。两舰的强大威力曾一度威慑日本海军。日本海军以打破"定远"、"镇远"两舰为目标,专门设计制造了"桥立"、"松岛"、"严岛"三艘4000吨级的战舰,号称"三景舰"。日本朝野对"定远"舰怀有恐惧症。日本中小学生做游戏时经常以"定远"舰做攻击对象的模型。日本对中国"定远"舰的恐惧,由此可见一斑。此外,清政府还向英国订购"致远"、"靖远"两舰,向德国订购"经远"、"来远"两舰。这4艘均为装甲巡洋舰。

筹办海军除购置舰船外,还有人才的培养。近代中国最早的海军学校当首推福建船政局下设的船政学堂(初时称"求是堂艺局")。它分前学堂和后学堂。学员年龄在14岁至16岁之间,分别学习造船技术和驾驶技术,兼学法语和英语。学习驾驶者学制为5年,其中一年为上船实习。学习造船者学制为8年。船政学堂重视学员的品德教育,重视理论知识与实际操作的结合,重视外国先进科学技术的学习。船政学堂延聘外国专家给学员授课,并送学员出国留学。1877年,清政府派出第一批海军留欧学生,学驾驶的赴英留学,学造船的赴法留学。1880年前后学成归国,以后成为中国近代海军的骨干。

鉴于福建船政学堂的办学经验,19世纪80年代清政府在各地陆续开办一批海军学校。它们是:天津水师学堂、广东水陆师学堂、江南水师学堂(南京)、烟台海军学校等。

清政府自1874年筹建海军,到80年代中期,三洋海军已初具规模,重点建设在北洋海军。1885年10月,清政府设立海军衙门,委派恭亲王奕䜣为总理海军事务大臣,奕劻、李鸿章为会办大臣,但实权落入"专司其事"的李鸿章手中。到1888年,北洋海军拥有铁甲舰等25艘舰船,基本配套,具备成军条件。1888年10月7日,清政府批准《北洋海军章程》,北洋海军正式成军,任命丁汝昌(1836—1895)为北洋海军提督,改三角形水师旗为长方形海军旗。这是中国第一次在自己的军舰上挂起海军旗。北洋海军编制为军舰22艘:主战舰队4艘;防守舰队12艘;练习舰2艘;补助舰4艘。全军分为中军、左翼、右翼、后军四队。中军有"致远"、"靖远"、"济远"3艘;左翼有"镇远"、"经远"、"超勇"3艘;右翼有"定远"、"来远"、"扬威"3艘。以上9艘为战舰。其中"定远"舰为旗舰。后军有炮舰6艘、鱼雷艇6艘、训练船3艘、运输船1艘。北洋海军官兵共4000余人。北洋海军由北洋大臣李鸿章统领,按英制训练,按德制指挥,教练均为洋人。随后,清政府按照"以一化三"的海

北洋水师主力舰"镇远号"

军建设方针，建立南洋、闽海、粤海三支舰队。至此，清政府用洋务派官僚筹建近代海军走过了艰难曲折的历程，终于创建了一支在当时来说颇具规模的近代海军。按资料分析，中国已跻身世界海军强国之列——世界排名仅次于英、美、俄、德、法、西、意七大列强，居世界海军的第8位（日本海军排名为第16位）。[1]依当时清海军实力与日海军对阵，日海军断非清海军之敌手。

在甲午海战中壮烈牺牲的"致远号"舰长邓世昌（1855—1894）

然而由于清政府的腐败，海军军费被慈禧移作建造颐和园用，北洋水师在数年后战斗力削弱。甲午中日战争爆发后，在黄海大战中，"定远"舰一开始就中炮受伤，在舰上的海军提督丁汝昌负伤后，仍坚持留在甲板上，右翼管带刘步蟾立即奋勇地代理指挥全舰队。1895年1月底，北洋全师舰队被日军水陆两面包围于刘公岛，陷入绝境。2月4日夜，日军鱼雷艇潜入海港偷袭，"定远"舰被击重伤。刘步蟾下令将舰开至码头以东充作炮台，继续抗敌。2月10日炮弹打完，刘步蟾不愿将舰落入敌手，下令用鱼雷炸沉该舰。刘自杀殉国。在甲午战争中，北洋舰队与日本联合舰队作战三次，广大将士英勇搏敌，浴血奋战，然空怀杀敌报国之志，终难挽回失败的命运。这支庞大的舰队还是全军覆没了。史学家评述中国北洋舰队之失利，首先是由于战前延宕观望，幻想和平，在精神上和物质上都缺乏充分的准备；其次是武器不精，弹药不足。"北洋海军之败，最主要的不是败于海军本身。清政府腐朽统治集团失败主义的领导，是导致战争失败的主要原因。"[2]

战争是政治的继续。国与国之间的战争，是两国国力强弱的

[1] 唐德刚：《晚清七十年》，岳麓书社，1999年版，第191页。

[2] 张玉田等编著：《中国近代军事史》，辽宁人民出版社，1983年版，第340页。

总比较。重要的两国战争，决定着两国的命运与前途。中日甲午战争，正是决定近代中国和近代日本命运与前途的一次战争：该胜者被打败，该败者反打赢。打败了的中国，便沦入半封建半殖民地的深渊，时间长达半个世纪，几代人民吃足了苦头；打胜了的日本，便一跃而为世界资本主义强国，称霸东亚。素以"上国天朝"自居的堂堂中国，竟败给"蕞尔小国"日本，而且一败涂地，被迫割重地赔巨款以屈辱求和，不能不激起全国朝野的公愤。

这次战争双方胜败的因素很复杂，但从根本上讲：中国之所以失败，在于洋务运动的破产；而日本之所以胜利，在于明治维新的成功。中国的洋务运动和日本的明治维新，同是两国从封建社会走向资本主义近代化的政治运动，就两国原有的封建落后基础和近代化起步的时间及条件来说，都是大同小异，基本类似。然而经过19世纪后半期30多年的实践，到战争爆发前夕，两国的近代化运动都获得显然不同的结果：第一，两国资本主义近代化基础相距甚远。当时中国本国的近代工矿业共约100家，资本总额3032万两白银，整个中国经济仍停留在封建落后的状态，谈不上近代化。日本的资本主义近代化，则已初具规模。第二，在上层建筑方面，中国沿着"师夷长技以制夷"、"以中国之伦常名教为原本，辅以诸国富强之术"的思路，仅仅引进西方列强的"器物"，即改善生产力，而不去触动封建的生产关系，依然维护清王朝腐败的专制政体及其上层建筑；日本明治维新政府虽然以天皇专制为中心，但在1890年创立了帝国议会，设有贵族院和众议院，并成立了改进党和自由党，由两党轮流执政，政权性质日趋资本主义化。第三，在对外关系方面，中国日益成为西方资本主义列强的半殖民地；日本则通过外交途径，废除旧约，订立新约，与欧美各国取得了独立平等的地位。造成上述不同结果的根源，在于中国洋务运动以维护和巩固封建统治为目的，而日本明治维新，则基本上已是一个资产阶级的改革运动。

甲午战争的失败，表明洋务运动不可能完成挽救国家的危亡和把中国引向日趋发达的资本主义道路的任务。它原来所标榜的

"自强新政"的壮志雄图，最终以失败而告终。洋务运动的破产，意味着中国现代化的第一次努力没有成功，而失却了19世纪60年代后期百年难逢、稍纵即逝的腾飞机遇；中国陷入了灾难深重的半殖民地半封建的畸形社会。

作为一项向西方寻求真理为目的的中外文化交流，洋务运动因只求文化表层的照搬、仿效而缺失对其精髓的引进和吸纳，终致破产，其教训是沉痛而深刻的。然而，洋务运动带来的历史进步也是明显的：一、洋务运动是中国近代化的第一次努力。它吸纳西方器物文化，引进许多属于"第一生产力"的科学技术，导致中国近代工业的兴起，促进了社会生产力的发展，引发了社会生产关系的新变革。不管思想界主张"中学为体，西学为用"还是相反的"西学为体，中学为用"，利用西方的科学技术振兴中国经济已成为时代的主旨。二、洋务运动引进许多西方器物（洋货），增长了中国人的见识，丰富了中国的物质文明。三、洋务运动促成社会新生力量——民族资产阶级和无产阶级的产生、发展和壮大。资产阶级和无产阶级比地主阶级和农民阶级进步了一个时代。它们的产生、发展和壮大是历史的必然，也是历史的进步。晚清民族资产阶级登上历史舞台后，就不只大力提倡引进西方的器物文化，而且坚决反对固守中国封建制度及其意识形态，大力宣传资本主义的政治学说，主张走资本主义道路，从而加快了中国告别中古时代向近现代文明形态转型的速度。在这个历史的转弯处，领导中国民族资产阶级探索救国救民真理并付诸实践的，是中国民主革命的先行者孙中山先生。

第七章
维新变法：政治制度层面吸纳西方文化的尝试

维新变法运动是中国新生的资产阶级刚刚登上政治舞台之后发出的第一声怒吼。以康有为为代表的资产阶级改良派，积极地介绍西方自然科学和社会科学学说，传播资产阶级民主政治思想，主张吸纳西方政治制度，并付诸政治改良实践——百日维新。它将鸦片战争以来中国人民反抗外来侵略、寻求国家出路的斗争推向了一个新的阶段。可以说，"维新运动是在中华民族和帝国主义的矛盾成为主要矛盾的条件下中国人民大众试图解决这个矛盾的斗争的反映。这次运动以中国民族资产阶级初次走上政治舞台为特征而成为中国资产阶级领导的民主革命的前奏"[1]。

一、维新变法思想的发生与发展

19世纪七八十年代产生的改良派思想，是直接从洋务思想中分化出来的。在最初阶段，无论是改良思想本身，还是这种思想的代表人物，无不与洋务思想有关联。它在很大程度上依存于洋务思想，虽然它已作为洋务思想的对立物在发展中开始具有自己的性格。

正如洋务运动在客观经济上刺激了中国资本主义的发生发展一样，洋务思想在封建古国思想界中引起了震荡以及正统封建顽

---

[1] 胡绳：《从鸦片战争到五四运动》（下册），人民出版社，1981年版，第501～502页。

固派对它的反对和不满,也引起了人们思想的活跃。在洋务运动中,许多人员被派出国,他们亲身接触了西方资本主义的富强,深切地感受到中国的落后。其中有些人开始思考和探索如何才能使中国真正富强起来。他们已不满足于洋务运动,看出洋务运动并不能使中国富强。1884年中法战争的失败,使洋务运动的"船坚炮利"受到严酷的考验,且引起了朝野对洋务运动的怀疑。人们日渐了解到"自强"不能单靠新式武器,须对清政府统治进行改革的情绪日益强烈起来。于是,19世纪80年代,中国存在着两种思想:一种是弱小的但是新生的资产阶级洋务派、改良派的思想;一种是强大的但是落后的封建顽固派的统治思想。

资产阶级改良派维新思想的发展,在19世纪90年代达到了它的高潮和顶峰,完成了质的飞跃,进入了完全成熟的阶段。

1895年中日甲午战争在中国近代史上揭开了新的沉重的一页。如果说,鸦片战争还只是西方列强侵略中国的开始,那么,甲午战争则是西方列强奴役中国的开始。甲午战争的惨重失败空前迅速地把中国推向半殖民地的深重灾难中。西方列强一改原来的资本主义商品输出,转变为帝国主义资本输出。《马关条约》为它们敞开了在中国兴建企业、修筑铁路以直接掌握中国经济命脉的大门;与此同时,侵略者采取公开的军事掠夺的手段,卷起了夺取租借地和划分势力范围的浪潮,"瓜分中国"的号叫甚嚣尘上。中

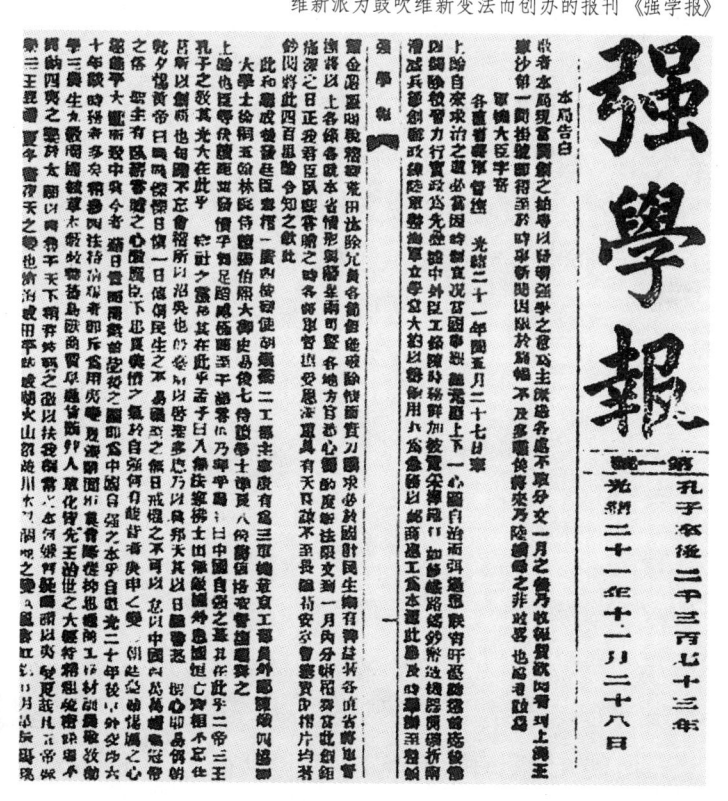

维新派为鼓吹维新变法而创办的报刊《强学报》

国处在空前的民族危难中。

空前的民族危难，对当时的人们震动之大、影响之深，是前所未有的。因之，整个社会越来越笼罩着深深的忧患情绪。生活在其中的人们，无论身份如何不同、地位如何悬殊、个性如何独特、政治见解如何不一乃至尖锐对立，无一例外地对国家的现状、民族的未来，表现出忧心忡忡的心绪；整个社会已埋下了深厚的忧虑国事的心理基础。在这样的心理基础上，维新变法已成为当时政治、经济、社会生活各个领域最引人注目的课题，成为人们难以释怀的大事。

恩格斯指出："当一个富有生命力的民族受外国侵略者压迫的时候，它就必须把自己的全部力量、自己的全部心血、自己的全部精力用来反对外来的敌人。"[1]甲午战争后的民族危机意识和文化更新要求，逻辑地导向爱国主义思潮的涌动和昂扬。

19世纪最后几年，救亡图存的爱国热潮席卷神州大地。关心西学，希图从那里找到挽救民族危亡良方的人成倍增加；关心国事、参与政治的阶级、阶层和社会组织超过了以往历史上的任何一个时期。这个世纪后半叶在思想界逐渐形成的"变局"意识和主权观念，经受了更为深刻的民族危机的刺激，迸发出震动人心的救亡呼声。那深刻地表现了近代历史主题的"振兴中华"的口号，就是在这个时期呼喊出来的。一时间，以改革政体，建立近代式国家为指向的"国民"、"国权"、"国耻"等名词，成为流行的政治概念，"立国自强"成为思想界共同的认识。此时，救亡图存已成为时代的要求、社会的主流、历史的必然。因为时代和社会都提出了中国向何处去的现实问题。是重蹈印度、越南、缅甸的覆辙，任人宰割？还是破釜沉舟，致力变革，发愤图强？两种命运严峻地摆在了国人面前。

当时，无论是中国传统意识的纲常名教，还是半新半旧的道器之辩，都已经不可能承担救亡图存的时代要求。形势逼迫思想界更积极地进行救国理论的探索，在努力发掘传统文化优势因子的同时，人们把更多的目光投向外部世界。"要救国，只有维新，要维新，只有学外国。那时的外国只有西方资本主义国家是

---

[1] 恩格斯：《支持波兰》，《马克思恩格斯选集》，第2卷，人民出版社，1972年版，第632页。

进步的，它们成功地建设了资产阶级的现代国家。日本人向西方学习有成效，中国人也想向日本人学……这就是19世纪40年代至20世纪初期中国人学习外国的情形。"[1] 这已成为当时先进思想界的共识。

维新思想，从其历史脉络来看，是在中国传统文化的基础之上产生的；如果没有传统文化的深厚基础和优秀因子，在当时特定的历史条件下，由旧到新的转变就失去了必要的前提。从其时代特征来说，作为一种反映和代表时代发展新方向、社会变革新要求的思想，是西学东渐的产物。鸦片战争后，西学东渐呈扩大趋势。到维新运动发轫之际，西学的传播已通过种种方式和渠道形成相当的规模，对士人阶层产生广泛影响，成为维新变法思想产生的一项必不可少的条件。

二、维新派译传西方进化论学说

毛泽东指出："自从1840年鸦片战争失败那时起，先进的中国人，经过千辛万苦，向西方国家寻找真理。洪秀全、康有为、严复和孙中山，代表了在中国共产党出世以前向西方寻找真理的一派人物。"[2]

严复是维新变法时期一位学贯中西的启蒙先驱，是思想敏锐的学者，是向西方国家寻找救国真理的先进中国人。

严复（1854—1921），福建侯官（今福州）人。1866年他

近代中国著名思想家、翻译家严复

[1] 毛泽东：《论人民民主专政》，《毛泽东选集》（合订一卷本），人民出版社，1964年版，第1359页。

[2] 毛泽东：《论人民民主专政》，《毛泽东选集》（合订一卷本），人民出版社，1964年版，第1358页。

12岁时考入左宗棠创办的福建船政学堂，1871年毕业后在军舰上实习了几年。1877年23岁时被派到英国留学。两年后回国任船政学堂教习。1880年调任李鸿章主持的北洋水师学堂总教习。这个职务他连续担任了20年。严复在英国时，已读过欧洲著名资产阶级学者亚当·斯密、边沁、卢梭、孟德斯鸠、达尔文、赫胥黎等人的著作。他的西方知识比维新派的其他代表人物多得多。他1896年译毕的英国生物学家赫胥黎的《天演论》，虽然直至1898年才正式出版，但其译稿被梁启超读过。梁启超读过译稿后，将内容介绍给康有为。换言之，《天演论》传播的进化论内容在1898年出版前已成为维新派的主要思想养料之一。

英国生物学家赫胥黎（Thomas Henry Huxley，1825—1895）是英国博物学家达尔文（Charles Robert Darwin，1809—1882）的朋友。赫胥黎的著作基本内容是宣传达尔文的进化论学说。

达尔文的重要著作《物种起源》1859年在伦敦出版。约在19世纪60年代，进化论就传入中国，但开始时比较零碎和不完备，影响也不大。1895年中日甲午战争中国失败，民族危机加重。严复就是在甲午战争失败的刺激下，1896年编译而成《天演论》。《天演论》虽译自赫胥黎的著作，可它又不完全与原书相同，其中加进了严复自己的见解。如他所说："将全文神理，融会与心"，"取名

严复《天演论》手稿

深义"、"求其达旨"。即在融会贯通原书内容的基础上，寻求精神实质。他在《天演论》每一篇翻译完后，常加按语，借题发挥，发表自己的意见。按语的长度，往往与译文不相上下。在这部仅仅7万字的译著中，严复以其流利的译笔、深邃的思想，向国人阐述了三大问题：一、介绍达尔文"物竞天择"的生物进化论；二、这种生物界的发展规律，同样可以用来解释一切自然现象和社会现象；三、在"物竞天择"、"弱肉强食"的进化规律面前，通过人的主观努力，可以"与天争胜"，即人定胜天。据此，中国如能顺应"天演"规律而实行变法维新，就会由弱变强，由落后变为先进；反之，则将沦于亡国灭种而被淘汰。严复翻译《天演论》的目的，就在于要人们应用进化论"物竞天择，适者生存"的原理，不要在困境中绝望，不要自暴自弃，而应自强不息，立即起而救之。

《天演论》首次系统地向国人介绍了进化论思想，向酣睡的国人敲响了救亡图存的警钟。民族危亡的严重局势，变法维新的现实需要，使进化论思想迅速在中国传播。小学教师多取《天演论》中的精彩段落作为课文；中学教师常用"物竞天择，适者生存"做作文题目；文人雅士往往选"天择"、"适之"等进化论词语作为自己的名字。而"生存"、"淘汰"等词汇很快成为社会上流行的时髦用语。

西方进化论之所以迅速被中国近代资产阶级改良派、革命派、激进民主主义者接受，原因之一是中国传统的哲学思想虽然有丰富的朴素唯物主义论和朴素辩证法，但已不能适应近代中国社会发展的需要，已不能反映时代精神，并作为解决中国出路的有力的理论根据，而必须有比它更有生命力、更有说服力的哲学思想。同时又由于种种原因，中国资产阶级不能创立一种新的适应中国社会需要的哲学理论。在这样的情况下，他们只好向西方寻求哲学思想。他们一接触到进化论，即如获至宝，欣然接受，竭力介绍。

进化论不仅为近代中国改良派、革命派所需要，而且也为当时一般爱国人士、进步人士所需要。因为进化论回答了当时人们普遍关注的有关国家民族生死存亡的大问题。它一方面告诉人们，根据"优胜劣汰"的规律，中国确有被强于中国的西方帝国主义所瓜分、灭亡的危险；另一方面它又告诉人们，人的主观能力，可以"与天争胜"，只要发愤图强、维新、革命，中国仍可有救，仍有光明前途。所以进化论一传入中国，很快被人们普遍接受，成为一股强大的哲学思潮。

中国近代先进人物介绍和传播西方进化论，是结合变革中国社会现实和中国文化中的优秀传统，把西方进化论当作哲学世界观、历史观和方法论来介绍和传播，并进而宣扬唯物主义自然观、历史进化论和科学方法论。如严复介绍赫胥黎《天演论》学说时，紧密结合中国古代在"天人"、"理气"、"理欲"关系上的朴素唯物主义和朴素辩证法思想。他认为，赫胥黎的学说"与唐刘（禹锡）、柳（宗元）诸家天论之言合，而与宋以来儒者以理属天，以欲属人者，致相反矣"[1]。赞同赫胥黎"尚力为天行，尚德为人治"、"理属人治"、"气属天行"、"天有理而无善"的观点。康有为的"公羊三世说"，认为历史进化论继承和发展了《易传》、《公羊传》里的"变易"观，以及《礼记·礼运》中的"大同"、"小康"思想。谭嗣同的进化论吸取了王夫之"无其器则无其道"的思想，以及《易传》的"变易"观。孙中山宣传进化论时，把古今中西优秀的学术思想熔为一炉，相互印证。上述中国近代先进人物在宣传进化论时，特别强调继承发扬《易传》中"天行健，君子以自强不息"的思想。他们对西方进化论采取"洋为中用"的方式来介绍和传播，比较成功地实现了中西哲学的交流和融合。

宣传进化论思想的《天演论》1898年出版后，立即在社会上产生强烈反响。同年戊戌变法时，维新派思想家以进化论为戊戌变法的思想武器，将进化论观点与变法运动结合起来，从而使他们的政治主张在更高的理论原则上得到透彻而有力的阐述。1911年辛亥革命时，资产阶级革命派也用进化论论证革命的必要性和合理性，结果所向披靡，马到成功。历史证明，维新改良派和资产阶级革命派都接受了外来的西方进化论，并将之作为变

---

[1]《天演论卷下·群治》按语。见徐立亭：《晚清巨人传·严复》，哈尔滨出版社，1996年版，第628页。

革社会的思想武器。

在中国得以广泛传播、盛行的西方进化论，对中国社会和哲学的发展产生了巨大影响，具有划时代的意义。1922年就有人指出："我们放开眼光看一看，现在的进化论，已经有了左右思想的能力，无论什么哲学，伦理，教育，以及社会之组织，宗教之精神，政治之设施，没有一种不受它的影响。"[1]可以说，在马克思列宁主义传入中国并得到广泛传播之前，即十月革命、五四运动之前，中西哲学交流、汇融的最大和最优秀成果，是西方进化论大量系统地传入中国，与中国社会实际、优秀思想传统结合，形成具有民族特点的中国近代的进化论。

进化论对中国近代的影响和划时代意义，主要表现在以下三个方面：

第一，进化论对于变革中国半殖民地半封建社会，对于推动中国社会和思想文化的发展，起了积极的重要的作用。戊戌维新变法运动前后到五四运动前期，中国资产阶级的改良派、革命派，以及激进民主主义者，都程度不同地信奉、宣传进化论，都以进化论作为他们救亡图存、维新变法、民主革命及反对封建旧思想、旧制度，宣扬民主和科学，开展反封建启蒙思想运动的理论武器和哲学根据。

第二，进化论给中国人民，特别是给中国知识分子以观察宇宙、自然界、生物、人类社会历史，以及人生的新观点、新方法。它给人们带来了自强不息、努力奋斗、积极向上的精神力量。许多人在进化论思想的影响下，走上救亡图存、维新变法、民主革命、推翻封建君主制的道路。

第三，进化论广泛传播、盛行，是中国哲学发展史上的一个重要阶段，也是中国哲学发展不同于欧洲哲学发展的一个重要特点。[2]梁启超以进化论在各门学科中都得到普遍应用为依据，把进化论看作是从个别到一般、由现象到本质探微求源的一种崭新哲学方法。他说："自达尔文种源说出世以来，全球思想世界，忽开一新天地，不徒有形科学为之一变而已，乃至史学、政治学、生计学、人群学、宗教学、伦理学、道德学，一切无不受

[1] 陈兼善：《进化论发达略史》，《民铎杂志》3卷5号。转引自上海中西哲学与文化交流研究中心编：《时代与思潮(3)——中西文化交汇》，学林出版社，1990年版，第79页。

[2] 曾乐山：《进化论在近代中国的传播》，转引自上海中西哲学与文化交流研究中心编：《时代与思潮(3)——中西文化交汇》，学林出版社，1990年版，第80页。

其影响。斯宾塞[1]起，更合万有于一炉而治之，取至赜至赜之现象，用一贯之理而组织为一有系统之大学科。伟哉！近四十年来之天下，一进化论之天下也。唯物主义昌，而唯心主义屏息于一隅。"[2]

几十年间进化论的盛行，是中国哲学发展史上的一个重要阶段。中国古代哲学正是经过以进化论为主的阶段，发展到辩证唯物论、历史唯物论阶段。这是中国哲学史发展的一个特点。

进化论和太阳中心说、以太说、星云说，以及其他近代自然科学的输入和传播，使中国近代开始建立以近代自然科学为基础的宇宙观、自然观，这既批判了中国古代唯心主义的宇宙观、自然观，又克服了中国古代朴素唯物论宇宙观、自然观的局限性。与此同时，西方进化论输入中国和盛行，一方面打破了中国2000多年来传统的天命论、历史循环论和历史倒退论；另一方面以进化论历史观代替了中国古代变易历史观、气化日新说，并为唯物史观在中国的传播开辟了道路。

概而言之，进化论传入我国后，中国民气为之一变，许多旧思想、旧观念、旧习惯不断地被破除；以进化论观点看待事物，要求进步，热爱真理，在思想界特别在知识青年中，蔚然成风。

以中外文化交流的视角来审视，西方进化论的引入和广泛传播以及被广泛应用，表明以自然科学为基础的西方资产阶级进步理论，在中国站稳了脚跟，且被融入近代中国文化之中，成了中国文化的一部分。

三、维新运动的理论宣传与近代社团的勃兴

1873年至1894年，是中国资产阶级开始登上历史舞台，中国资产阶级维新运动日趋活跃的时期，资产阶级维新运动的兴起，主要是通过报刊的理论宣传来实现的。这种理论宣传既有鲜明的政治色彩，又有鲜明的时代色彩。

资产阶级改良派十分重视报刊的作用，认为报刊是他们用来

[1] 斯宾塞（Herbert Spencer, 1820—1903），英国社会学家。

[2]《进化论革命者颉德之学说》，《梁启超哲学思想论文选》，第130页。转引自冯天瑜主编：《东方的黎明——中国文化走向近代的历程》，巴蜀书社，1988年版，第288～289页。

造舆论、开展维新运动的重要武器。在整个维新运动时期，他们一共创办近 30 种报刊，在宣传变法维新思想、推动改良运动的发展方面收到了良效。

维新改良派的报刊是 70 年代以后才开始陆续创办起来的。1873 年至 1894 年的 20 年间，由于清政府对言论出版严格限制，改良派的报刊数量有限，主要有《昭文日报》（汉口）、《汇报》（上海）、《述报》（广州）、《循环日报》（香港）等五六家。其中以《循环日报》出版的时间最长，影响最大。

《循环日报》1874 年 1 月 5 日创刊于香港。从创刊起，它就极力鼓吹变法自强，因而成为中国近代报刊史上第一个以政论为主的报纸，成为改良派宣传其政治主张的重要平台。

《循环日报》的主编是启蒙思想家王韬。王韬（1828—1897），江苏长洲（今吴县）人。初名利宾，字紫诠，号仲弢，别号弢园老人。18 岁考中秀才，后屡试不中。1849 年（道光二十九年）应英国传教士麦都思（Walter Henry Medhurst）的邀请，离家赴上海，任职于英国教会办的墨海书馆。在太平天国运动和第二次鸦片战争发生后，屡次向清政府献"御戎"、"平贼"等策，未被采纳。1862 年初（咸丰十一年底）回乡，化名"黄畹"，上书太平军将领刘肇均，事为清政府获悉，下令缉拿。在英国领事麦华陀(Walter Henry Medhurst, Junior)庇护下，逃亡香港，为英国传教士理雅各翻译中国经书。1867 年至 1870 年间，由理雅各邀往英国译书，并游历英、法、俄等国。他认识到中国非变不足以图存。1874 年他回国后，即在香港主编《循环日报》，评论时政，积极宣传"变法自强"的政治主张。从 1874 年至 1884 年，王韬大部分时间都在循环日报社工作，在报纸上发表了大量政论文章，成为资产阶级改良派的第一个报刊政论作家，也是中国历史上的第一个报刊政论作家。1883 年他把历年在《循环日报》上发表的政论文章汇成《弢园文录外编》公开出版，这是中国历史上的第一本报刊政论文集。他的政论文章唤起了一般知识分子对当前政治问题的关切，撒播了变法维新思想的种子，对维新运动的开展起了积极的推动作用。

和王韬同时，通晓外文、受过西方资产阶级思想影响的上层知识分子郑观应（1842—1922），也是这一时期资产阶级改良派的著名政论家。1894年出版的《盛世危言》，是他一生政论作品的总集。他的思想核心是"富强救国"，即通过社会改革把中国从落后变为先进，从封建主义推进到资本主义，变贫弱的中国为富强的中国。《盛世危言》在当时的青年知识分子中曾经引起广泛的兴趣。

维新派以报刊作为舆论宣传的平台，以社会进化论作为倡导变法改革的理论依据，大声呼吁抵抗列强侵略，拯救民族危亡；批判封建专制制度，鼓吹建立君主立宪制国家；抨击旧文化、旧道德，倡导新学、新思想；要求废除科举，兴办学校，以培养新型人才；要求发展民族资本主义经济，实现国家富强。

此外，资产阶级维新派在各地发动群众，集结维新力量，组织维新团体——学会，以推动维新变法运动的深入发展。

维新派对于组织学会的目的和意义，认识是十分深刻的。康有为声称："尝考泰西所以富强之由，皆由学会讲求之力。"[1] 梁启超倡言："欲兴民权，宜先兴绅权；欲兴绅权，宜以学会为之起点。"[2] 谭嗣同认为："今日救亡保命，至急不可缓之上策，无过于学会者。"[3] 概而言之，维新派认为组织学会，一可以合群力，二可以开风气，三可以传知识，四可以启心智，五可以广人才，六可以兴议院，七可以修庶政，八可以雪仇耻。在他们的大力倡导下，戊戌维新期间全国各地涌现了一大批学会组织，其中以强学会成立最早，影响也最大。

甲午战争中清廷战败，被迫签订丧权辱国的《马关条约》，民族危机急剧加深。1895年5月，康有为联络在北京参加会试的各省举人1300多人联名进行"公车上书"，拉开了维新运动的帷幕。7月，康有为在北京创办《万国公报》，随后改为《中外纪闻》，以宣传维新变法思想。接着康有为又组织了维新团体——北京强学会，并亲撰《强学会叙》，确立御侮图强为宗旨。北京强学会定期聚会，每次都有人演讲，宣传变法思想。

北京强学会由于以维新派志士、帝党官僚、英美驻华公使、

[1] 中国近代史资料丛刊《戊戌变法》（四），第386页。

[2] 中国近代史资料丛刊《戊戌变法》（三），第553页。

[3] 《谭嗣同全集》（增订本），第405页。

英美传教士为主，一时声名大振，形成了强大的变法声势。

是年9月，康有为到南京游说张之洞组织上海强学会。10月初，上海强学会成立。

强学会的活动引起了封建顽固派的嫉恨。12月初，御史杨崇伊奉旨查禁强学会。强学会从成立到解散，虽然仅存在了半年时间，却对维新运动的发展产生了巨大的推动作用，尤其是它开创的"学会"这种维新组织的模式，很快为各地维新志士所接受，并迅速推广于全国，导致近代社团的勃兴。

据不完全统计，戊戌维新期间，全国各地先后成立的各类社团组织有100个左右。[1] 它们是：

北京：强学小会，知耻学会，关西学会，粤学会；

上海：上海农学会，戒缠足会，蒙学公会，医学善会，医学会，译书公会，译印中西书籍公会，上海印书公会，女学会，经济学会，商学会，格致学社；

湖南：算学社，明达学会，致用学会，南学会，舆算学会，任学会，群萌学会，湖南不缠足总会，延年会，学战会，法律学会，公法学会，积益学会，质学会，实学会；

江苏：金陵测量会，苏学会，医学会，镇江学会，劝学会，匡时学会；

浙江：兴儒会，群学会，兴浙会，化学公会，瑞安务农会，同学会，蚕学会；

江西：废时文会，奋志学社，励志学会；

广西：圣学会；

福建：蚕学会；

湖北：质学会；

四川：蜀学会；

安徽：皖学会；

贵州：仁学会。[2]

上述团体大致分为四类：其一是以传播变法思想、推进维新运动为主要宗旨的政治性社团；其二是以讲求中西学问、广开社会风气为主要宗旨的学术性社团；其三是以研习技艺学理、造就

---

[1] 王世刚主编：《中国社团史》，安徽人民出版社，1994年版，第192页。

[2] 王世刚主编：《中国社团史》，安徽人民出版社，1994年版，第192~202页。

专门人才为主要宗旨的专业性社团；其四是以革除落后习俗、转移社会风尚为主要宗旨的公益性社团。这些社团，"虽有这些区别，总的宗旨是向西方学习，而且在不同程度上带有改革旧社会、旧政治的要求"[1]。它们都是在民族危机加深，维新运动兴起的背景下成立的。它们既是戊戌维新运动的客观产物，本身又是构成维新运动的基本内容之一；反过来，还标志着维新运动的发展，导致了维新运动的高涨。

四、"百日维新"与维新变法运动的失败

正当维新运动在全国逐步兴起之际，德国悍然于1897年11月出兵强占山东胶州湾。接着，德、俄、英、法、日等帝国主义国家纷纷在中国强占租借地，划分势力范围，瓜分中国的论调一度甚嚣尘上。全国上下群情激奋。

康有为获悉胶州湾事件后，于当年12月由上海赶赴北京，向光绪皇帝第五次上书，陈述变法的紧迫性：现在中国已处在内忧外患的严重危机之中，必须下定决心，变法维新，否则，"皇上与诸臣，虽欲苟安旦夕，歌舞湖山，而不可得矣；且恐皇上与诸臣，求为长安布衣而不可得矣"[2]。这份上书虽未达光绪帝之手，却在部分官员、士大夫中辗转传抄，并刊之于天津、上海的报纸，引起了人们的思想震动及对国家命运的关切。光绪帝为了摆脱危机，并借此挣脱慈禧太后的束缚，掌握政府实权，准备接纳维新主张。由于守旧势力阻挠光绪皇帝接见康有为，光绪皇帝只得命五大臣传康有为问话。

1898年1月24日，李鸿章、荣禄、翁同龢等五大臣在总理衙门召见康有为。康有为再次阐明变法的紧迫性，批驳了荣禄等人对变法的责难。帝党领袖翁同龢对康有为非常赏识，事后向光绪帝做了汇报和举荐。于是，光绪皇帝下令不得阻拦康有为的条陈，要随到随送。1月28日，康有为向总理衙门呈送清帝第六书，即《应诏统筹全局折》，提出了变法维新的政治纲领。他指

---

[1] 胡绳：《从鸦片战争到五四运动》（下册），人民出版社，1981年版，第514页。

[2] 《康有为上清帝第五书》，中国近代史资料丛刊《戊戌变法》（二），第189～190页。

出"变则能全,不变则亡,全变则强,小变仍亡",建议光绪帝效法日本,推行新政,并立即采取三项措施:"一曰大誓群臣以革旧维新,而采天下舆论,取万国之良法;二曰开制度局于宫中,征天下通才二十人为参与,将一切政事制度重新商定;三曰设待诏所,许天下人上书。"[1]

艰难推行戊戌变法的光绪皇帝,1875~1908年在位

光绪皇帝对这份上书及康有为所著《日本变政考》、《俄彼得变政记》等书十分重视,"置御案,日加披览,于万国之故更明,变法之志更决"[2]。

6月初,御史杨深秀、翰林院侍读学士徐致靖等上书,请求光绪帝下诏,在全国推行变法,以挽救国家危亡的命运。光绪帝立即批准他们的奏请。6月11日,光绪帝发布"明定国是"诏,宣布变法,并确立变法图存的基本国策。其主要精神是变法自强;其核心是"博采西学"。这是戊戌变法的一个纲领性文件。"百日维新"于此拉开了序幕。

5天后(6月16日),光绪帝在颐和园召见康有为。其所以不在紫禁城内而在郊外行宫内召见,是为了使这次接见带有非正式的性质,以免违反"老例"。在两个小时破例的长谈中,康有为面陈中国的危境,指出在这个关乎国家和民族兴亡的关头,非变法无以自强。他特别强调,变法首先需要从改革制度入手,如果只变一个个具体的事,仍然不能达到目的。同时,为了减少来自慈禧太后和顽固势力的阻力,康有为建议:"勿去旧衙门,而惟增新衙门,勿黜革旧大臣,而惟渐擢小臣;多召见才俊志士,

[1] 《杰士上书汇编》卷一。

[2] 梁启超:《戊戌政变记》卷三。

不必加其官,而惟委以差事,赏以卿衔,许其专折奏事足矣。"[1] 光绪皇帝接受了他的建议,陆续授予维新派官职。康有为被授总理衙门章京上行走,有专折奏事的特殊权力。此后,康有为连续向光绪帝上奏折,递条陈,提出了一系列变法建议:在政治上,"要求假日本为向导,以日本为图样","开制度民政之局,拔天下通达之才,大誓群臣以雪国耻";在经济上,要求振兴商务、农务、工业,劝募工艺,奖励创新,开矿筑路,举办邮政,保护和促进资本主义经济的发展;在文化教育上,要求废八股、改书院、兴学校、办报馆、禁缠足、改制服,开通社会风气;在军事上,要求裁旧兵,练新军,整顿国防,创办军事学校,实行征兵制,加强边疆防务。

在康有为受到光绪帝召见后半个月,梁启超也以举人的身份被光绪帝召见,梁启超也只得了六品卿衔,受命办理大学堂和译书局事务。

接着,光绪帝陆续授予维新人物官职。授予谭嗣同、刘光第、杨锐、林旭四品卿衔,担任军机处章京,批阅官吏递上的奏折,为光绪帝颁布的诏书拟稿。在这一批新进人物日夜孜孜不倦的操劳下,一件件新政建议流水般传到紫禁城。再经过光绪帝,成为一道道新政诏令飞出来。

百日维新期间,康有为本人或代其他官员起草的奏折共50多件,大部分被光绪帝所采纳,并以上谕形式发布,成为新政诏令。光绪帝在百日维新期间发布的新政诏令有110多道,其主要内容有:

政治方面:设立制度局,改革旧机构,撤去闲散、重叠的衙门,裁减不必要的官员;澄清吏治,提倡廉正作风;提倡上书建议,严禁官吏借故阻止。

经济方面:保护和奖励工商业,中央设立农工商总局、铁路矿务总局,各省设立商务局;广办邮政,迅速兴办芦汉、粤汉、沪宁各条线路;成立丝茶公司,用西法制茶;振兴农业,奖励创制新法者;在上海、汉口等大城市设立商会,创办商报;改革财政,编制预算、决算,收支情况按月公布;取消旗人由国家供养

[1] 梁启超:《戊戌政变记》,《饮冰室合集》专集之一,第16页。

的特权，鼓励旗人自谋生计；整顿厘金。

军事方面：裁汰绿营，编练新式海、陆军，改用西法操练，设厂制造军火。

文化教育方面：废除八股，改试策论，诏举经济特科；创设京师大学堂；设立译书局，广译外洋书籍；各省兴办中小学堂；选派出国留学生；奖励私办农务学堂；筹设报馆等。

光绪帝下谕含有上述内容的新政诏令，旨在引进西方和日本资本主义国家的政治、经济、军事、文化教育等方面的制度和模式，促进中国资本主义的发展，以挽救民族的危亡。然而以慈禧太后为首的封建顽固派却极端仇视新政的实施。随着维新变法运动的日益深入，以光绪为首的维新变法派与以慈禧为首的封建顽固派之间的斗争日趋尖锐起来。

9月21日清晨，慈禧太后发动政变，先将光绪帝软禁于中南海的瀛台，然后慈禧太后以"训政"的名义，重掌国政。这就是"戊戌政变"。政变后，慈禧太后下令大肆搜捕维新派人士。康有为、梁启超分别在英国人和日本人的保护下，逃亡国外。谭嗣同拒绝出走的劝告，表示："各国变法，无不从流血而成。今中国未闻有因变法而流血者,此国之所以不昌也。有之,请自嗣同始。"[1] 9月28日，谭嗣同、康广仁、杨深秀、刘光第、杨锐、林旭等6人被杀于北京菜市口，时人称为"戊戌六君子"。其他维新派人士和参与或同情变法的官员，或被囚禁，或被革职，

扼杀戊戌变法的慈禧太后

[1] 梁启超：《戊戌政变记》,《饮冰室合集》专集之一，第104页。

或遭放逐。自6月11日至9月21日推行的维新变法，人称"百日维新"。百日维新期间推行的各项新政措施，除京师大学堂得以保留外，其他全被取消。戊戌变法运动至此宣告失败。

戊戌变法运动是中国资产阶级的政治代表维新派领导的一次爱国救亡运动。维新派在民族危亡的关键时刻，高举救亡图存的旗帜，要求引进西方的制度文明，在中国发展资本主义，使中国走上独立富强的道路。他们的思想理论和政治实践，不仅贯穿着强烈的爱国主义精神，而且顺应了中国近代历史发展的趋势。

戊戌维新变法运动不仅是一次政治变革运动，而且是一场思想解放运动和资产阶级文化运动。在维新运动期间，维新派着力传播西方资产阶级的社会政治学说和自然科学知识，宣传天赋人权、自由平等等观念，批判封建君权，猛烈地冲击了陈旧腐朽的旧文化。康有为、梁启超、严复、谭嗣同的政论以及《天演论》传达的进化论思想在思想学术界起了振聋发聩的作用。维新变法思潮堪称中国近代出现的第一次启蒙思潮。它用西方文明的理性之光冲破了中国中世纪的蒙昧落后，使中国社会朝着近代社会迈出了最为关键的一步。维新派引进西方资产阶级文化，打破了封建文化独占文化阵地的局面，并逐渐将之发展成为文化主流，而以儒学为中心的传统文化结构才开始发生新的根本性转化。

和封建顽固守旧势力相比较，维新派及其所代表的中国资产阶级力量弱小，缺乏政治经验，在维新变法过程中未能注意讲究斗争策略，从而导致了最终的失败。它的失败证明：近代的改良运动解决不了中国的独立富强问题。

诚然，戊戌维新运动的思想家们的议论和主张远不是那样完满，存在着软弱性、空想性和不成熟性等种种弱点，这在一种新思潮兴起的最初阶段是常见的现象。而在中国当时的历史条件下，它所能依靠的新的社会基础实在太薄弱，遭受暂时挫败是难以避免的。但是，经过他们的奔走呼号，终于把原来根深蒂固的封建正统观念的大网撕开了一个巨大的裂口。人们明显地看到：经历了戊戌维新运动潮流的冲刷，中国思想界已从原来一潭死水似的状态中摆脱出来，变化的节奏异常地快速起来了。思想的闸门一经打开，奔腾的洪流谁也阻挡不住了。[1]

戊戌维新志士高举救亡图存和变法维新两面旗帜，走上历史舞台，写下了辉煌的一页。戊戌维新对于中国近代化的贡献，表现在许多方面：对政治民主化的大胆追求和改变封建政治体制的公开宣传，揭开了中国政治近代化的序幕；废除八股、变革科举，大力兴办各类学堂，广设新式报刊，建立学会等，则极大地推进了文化教育近代化的行程；奖励工商，设立农工商总局，鼓吹建立近代信用、货币制度，主张"以工立国"即变农业国为工业国等，成为经济近代化的触发良剂；而努力播扬进化论、自由、平等、"合群"等社会政治学说，乃至抨击三纲五常、反对缠足，提倡讲求时间观念，则属于价值观念和社会习俗近代化的重要内容，并对这一时期及其后中国近代化的全方位演进，起到不容忽视的导引作用。戊戌维新还直接促成了初步具有资产阶级政治理想和文化教养的近代知识分子群的产生，从而为日后中国的近代化提供了极为重要的中坚阶层和领导群体。[2]

---

[1] 金冲及：《救亡唤起启蒙——对戊戌维新运动的一点思考》，《人民日报》1988年12月5日第5版。

[2] 李文海、黄兴涛：《戊戌百年祭：一个近代化视角的思考》，载《文史知识》1998年第6期。

第八章
传播新思想——翻译出版西方著作热潮的兴起

将载有先进的西方科技知识和社会科学知识的西文书籍译成中文在中国刊印,是近代中外文化交流的重要途径之一。翻译的作用不仅仅是在于知识的传播,更重要的是它给近代中国提供了新的思想资源。第一次鸦片战争后,魏源就提出过"翻夷书"以"悉夷情"的主张。洋务运动期间,最早倡议翻译西书的是在江南制造总局任职的科学家徐寿。他向曾国藩提出:西方列强"船坚炮利工艺精良之原因,悉本于专门之学",故应"翻译泰西有用之书,以探索根柢"。曾国藩非常赞赏这一意见,便于1867年在上海江南制造总局设立翻译馆,先后聘请西方传教士伟烈亚力、傅兰雅、玛高温、林乐知、金楷理等,与中国的华蘅芳、徐寿、徐建寅、李凤苞、王德均等人一起,采取口述与笔译相配合的办法,从事译书工作。在近代中国历史上,受中西文化交流、冲突、融合规律的制约,中国每一次巨大的社会政治改革的前夜,均大量翻译、引进西方著作中的先进理论,作为思想解放的号角,起了制造舆论的作用。据统计,1853年至1911年近60年间,中国共译西方著作达468部之多。[1]

---

[1] 杨德才等:《二十世纪中国科学技术史稿》,武汉大学出版社,1998年版,第15页。

一、外国语文学校的创办

翻译外交书籍，首先，须有精通外国语言文字的人才。外国语言文字人才的培养任务，自然应由外国语文学校来承担。于是，创办外国语文学校的问题，突出地摆到了中国人的面前。

第二次鸦片战争期间（1856—1860），郭嵩焘（1818—1891）首先提出这个问题。1859年2月，时任翰林院编修的郭嵩焘，奏请咸丰帝设立外国语文学校，培养外语人才。这是近代中国第一次提出设立外国语文学校的主张。

1860年发生的两件事，迫使清政府不得不立即考虑开办外语学校的问题。其一，1860年9月，英法联军攻陷通州，直逼京畿，咸丰帝逃亡热河，恭亲王奕䜣受命议和。此时，英国参赞巴夏礼（S.W.bushell）已先期被俘，奕䜣命他致书联军统帅联系议和。巴夏礼亲书中文信一封，旁边附有英文字数行。当时朝中无人识此英文，不知所写何意，不敢即发，后听说天津有一广东人黄惠廉识英文，奕䜣即令调京。经黄辨识，几行英文字是巴夏礼的签名及年、月、日。区区"夷字数行"，朝中竟无人识，一去一来，延宕多日，影响了战和大局。此事对清廷刺激很深。其二，第二次鸦片战争结束，《北京条约》签订，重新认定《天津条约》各项条款。《中英天津条约》和《中法天津条约》都有关于两国交涉使用语文的规定，即两国交涉，均使用英文或法文，暂时附送中文，俟中国选派学生学习外文后，即停附中文照会；此后各项文件或文辞发生争议，均以外文为准。

为了不再任凭外国侵略者随意欺蒙，主持对外交涉事务的奕䜣与桂良、文祥三人联衔，于1861年上奏朝廷，请求在北京设立一所外语学校，培养各种翻译人才和外交人才。奕䜣等人的奏请，很快获得批准。

（一）京师同文馆

1862年8月20日（同治元年七月二十五日），清政府正式创办京师同文馆,英文名 Tungwen College,隶属于总理各国事务衙门。

起初,京师同文馆仅设英文馆,由英国传教士包尔腾(J.C. Burdon)任第一任英文教习,中国教师徐树琳教授汉文。1863年,美国传教士丁韪良(Willan Alexander Parsons Martin)亦来馆任英文教习,后来升任总教习。同年3月,法文馆和俄文馆相继成立。法文教习为司默灵(Smornenberg),俄文教习由俄国驻华使馆翻译波波夫(A.Popoff)兼任。到1866年,京师同文馆一直是设有英文、法文、俄文三种外文的学校。每种外文,各招学生10人。

京师同文馆旧址

随着洋务运动的展开，总理衙门逐步扩大京师同文馆的规模。1867年，增设天文、算学两馆。1871年，又增设德文馆，教习是第图晋（Titouskin）。1896年，又增设东文馆（即日文馆），衫几太郎任日文教习。和英文馆一样，各馆均配一名中国教师教授汉文。另外配备提调与助教数人，专管学馆其他事务。

京师同文馆在办校初期，没有配备总辖校务的人员。1865年，该馆新校舍相继建成，同文馆升格为高等学堂。1866年至1869年，清政府任命徐继畬为首任总管兼同文馆事务大臣，实际上是中国高等学校首任校长，开中国近代高等教育之先河。

京师同文馆在1870年以前，课程主要是外文和中文。1870年以后增加了不少新的课程。八年的课程如下：

首年：认字写字，浅解词句，讲解浅书。

二年：讲解浅书，练习文法，翻译条子。

三年：讲各国地理，读各国史略，翻译选编。

四年：数学启蒙，代数学，翻译公文。

五年：讲求格物（物理），几何原本，平三角，弧三角，练习译书。

六年：讲求机器，微分积分，航海测算，练习译书。

七年：讲求化学，天文测算，万国公法，练习译书。

八年：天文测算，地理金石，富国策，练习译书。

由上表可以看出，京师同文馆所设课程中不仅引进了外国语言(英语、法语、德语、俄语、日语)，而且还引进了西学（外国史地、国际法、物理、化学、天文、算学、航海测算、机器制造等）的内容。尤其注重外语翻译能力的培养，且遵循由浅入深、由易到难、循序前进的教学原则。

京师同文馆的考试有四种：

月课：每月初一举行。

季考：每年二、五、八、十一月的初一举行。

岁考：每年十月定期面试。

大考：每届三年总考一次，由总理衙门执行。

京师同文馆师资由外语教习和汉语教习两部分组成。京师同文馆先后聘请了54名外籍教习和32名中国教习，开近代聘任外籍教师的先河。教习按职责分，有总教习、教习、副教习之别。英语教习中，美国传教士丁韪良（1872—1916）、英国在华海关官员欧礼斐（Charles Henry Oliver）曾担任多年总教习。

丁韪良在京师同文馆任职长达30年（1865—1894），占去京师同文馆存在（1862—1901）的大部分时间。作为近代史上第一个引进西学的学校，京师同文馆的发展与丁韪良密切相关。1869年丁韪良任总教习后，按照西方的模式对京师同文馆进行彻底的改造，使之从教学体制到教学内容和方法，具有近代欧美学校的若干特点。从这个意义来说，可视京师同文馆为近代中国教育变革的肇端。它对洋务教育产生了深刻影响。正如丁韪良所言："它影响了中国的高级官吏，由中国的高级官吏又影响了中国的教育制度。"[1]

创办于1862年的京师同文馆，1900年因八国联军入侵北京而被迫停办，1901年底并入北京大学的前身——京师大学堂。办学时间历40年之久，其间培养了多少学生，目前尚无确切资料可查。但确实培养了一批外语人才。

（二）上海广方言馆

京师同文馆成立后，江苏巡抚李鸿章奏请朝廷，仿照京师同文馆之例，在上海添设外国语言文字学馆。1863年3月11日，他在《奏请设立上海学馆》的奏折中，详述了在上海设立此类学馆的必要性：

一、设立外语学馆是研究外国的需要。中国与洋人交涉，必先通达其心志欲望，周知其虚实诚伪，然后才能处置得当，应付裕如。中外互市20年来，外国人学习中国语言文字者不少，突出的甚至能读中国经史，而中国官绅绝少通习外国语言文字之人。

二、设立外语学馆是上海与洋人交涉的需要。世界各国在上海均设翻译官，遇中外官员会晤之事，皆凭外国译员传述，难保无偏袒捏架情弊。欲绝此弊，唯有中国自己培养外语人才。

三、原有通事（翻译）不可靠，须另育新人。此前，中国能

---

[1] 转引王立新：《美国传教士与晚清中国现代化》，天津人民出版社，1997年版，第265页。

通洋语者,仅为通事,遇到交涉事务,往往雇通事往来传话,但这些人有时靠不住,时常误事。

四、京师虽已设同文馆,但上海仍有再设外语学馆的必要。因为上海为洋人总汇之地,书籍较多,见闻较广,是培养外语人才比较理想的地方。

朝廷很快批准李鸿章的奏折,上海外国语言文字学馆于1863年4月破土兴建。馆址在上海城内旧学宫之后、敬业书院之西,由上海县儒学教谕章安行择地购料,负责筹备。学馆楼阁房廊,制极宽敞。在冯桂芬拟订的试办章程中,正式定名为"学习外国语言文字同文馆",简称"上海同文馆"。此名用了四五年,1867年改名"上海广方言馆"。

上海广方言馆开办6年后,1870年初移入江南制造总局。原因是江南制造总局设有翻译馆,与广方言馆属同类,故归并为一。学馆新址在江南制造总局西北隅楼下平房50间。

广方言馆1863年初办时,学生额定40名,以后续有增加,最多时达80名。学生入学采取保送与考试相结合的办法,年龄限为14岁以下,后改为15岁以上20岁以下。聘请师资约50余名。其中英文、法文、德文等外语教习,多为外国人。首席英文教习为传教士林乐知(Young John Allen),首席法文教习为传教士傅兰雅(John Fryer)。

广方言馆历时42年,培养学生约560余名。这个数字并不大,但在当时的中国已十分可贵。他们遍布于外交、教育、科技、军事、政治等领域。其中9人位至公使,2人位至外交总长,2人代理过国务总理。这在晚清的同类外语学校中,是比较突出的。

(三)广州广方言馆

1864年6月,两广总督瑞麟仿京师同文馆例,在广州开办广方言馆(又称"广州同文馆",旧址在今广州市大北门内朝天路),培养外语翻译人才。

广州广方言馆第一任馆长为正白旗汉军防御谈广楠,第一任提调为镶黄正白旗汉军协领王镇雄。聘请翰林院编修吴嘉善为汉文教习，美国人谭顺为西方教习。第一期有学生20名，其中旗人16名，汉人4名，年龄都在14至20岁之间。学制3年。毕业后派充各衙门翻译官。

初办时仅设英文馆，科目主要有英语、汉语和算学。1879年增设法文、德文两馆，每馆学额10名，招收20岁以下有功名的学员。后来又增设东语（日语）馆和俄语馆。

开设的课程，除外国语文、中国语文外，还有世界史地、数学、物理、化学、机械、航海测算、万国公法、天文、生理、解剖学等。教学由中西双方共同参与，逐渐建立起中西合璧的教育体制。

广州广方言馆培养出来的学生，很多成为中国近代最早的一批外交人才。该校首届毕业生左秉隆，1872年因成绩优异被选送京师同文馆，不久即任英文副教习。1878年他曾随曾纪泽出使英国，任英文三等翻译官。1880年因才华出众、工作出色，被清政府委任为中国驻新加坡第一任总领事。因其政绩显著而得连任三届。在职9年中，他在调解中英关系、保护华侨正当权益、发展同新加坡的友好关系方面都作出了重大贡献。另有一批人成为推动中国走向近代化的新式人才，如傅柏山曾任外交部主事，蔡康曾任武昌造币厂首任厂长。不少毕业生成为海关译员、洋务企业的骨干。

1905年，改名广州译学馆，成为五年制的高等学堂。

（四）湖北自强学堂

1893年，湖广总督张之洞奏请创设学堂，培养人才。同年，湖北自强学堂在武昌创办。初为综合性学堂，1896年改为外国语文专门学校，故又称"方言学堂"。开设外国语文有英文、法文、德文、俄文4门，每门学生以30名为额，各请教习，分门授课。1897年又增设日文一门。至此，自强学堂成为专习5门外国语文的专门学校，学制5年。

1897年，张之洞在自强学堂实行按考试成绩给予奖励的办法，开中国近代教育史上实行奖学金制度的先河。

1903年，张之洞将湖北自强学堂改为普通中学。此为湖北普通中学之始。

（五）译学馆

1898年6月，光绪帝根据康有为、梁启超的奏文，下诏说，"京师大学堂为各行者，尤应首先举办"。同年9月，以西太后为首的顽固派发动政变，所有新政全被取消，但保留了京师大学堂，并于同年12月正式开学。1903年京师同文馆改为译学馆，隶属京师大学堂。不久，译学馆改由学部大臣管辖而不隶属于京师大学堂。

译学馆的教学以外国语文为主，并要求学生通晓中国文义，毕业后能阅读、翻译外国语文书籍，能担任口译及编写文典。

译学馆学制为5年，课程分为三大类：（一）外国语文：可在英、法、德、日、俄五科中选一科；（二）普通课程：人伦道德、中国文学、史地、数理化、博学（生理卫生、动植物、矿物）、图画、体操等；（三）专门学科：交涉学、理财学、教育学。

译学馆十分重视中文教学，虽每周只有两三个小时，但教学要求却很严格。主要讲授"古文渊鉴"及历代名臣奏折，着重提高古文修养和写作能力。

毕业生考试成绩分为五等，均按成绩等级分派工作：有的担任驻外使节或各省督抚的译员，有的分至各地学堂任外国语文教员。

（六）新疆俄译馆

1887年，刘襄勤仿照京师同文馆在新疆省城迪化市设立新疆俄译馆，由俄文翻译桂荣兼充教习，遴选汉文教习一名。

新疆俄译馆的建立，除了为朝廷培养俄文翻译外，更主要的是为了适应西北地区不断扩大的中俄交往的需要。

（七）台湾西学馆

洋务运动期间，台湾所需的翻译人才都是从内地聘任的，很不方便。因此，台湾巡抚刘铭传奏请延聘教习，就地育才。1887年，设台湾西学馆。

西学馆初招学生 20 余名，延聘英国人布茂林为教习，另设汉文教习两人。

西学馆的开设，为台湾培养了一部分翻译人才。

（八）吉林珲春俄文书院

俄国通过一系列不平等条约打开中国大门后，中俄交涉逐步频繁，尤其是与俄界接壤的吉林珲春、宁古塔等城市。然而，这些城市的外事人员对俄文俄语不很熟悉，每次交往，常因语言不通而发生隔阂、误会。1888 年，清政府设立珲春俄文书院，延聘内阁中书庆全为俄文教习，另聘汉文教习一名，挑选八旗子弟 15 名入院学习。书院各项规章都仿效北京、上海等同文馆的成例。

珲春俄文书院的创立，促进了东北地区的洋务运动和对外文化交流。

二、外语课在各类学校的开设

洋务运动中，洋务派官员曾国藩、李鸿章、左宗棠、张之洞、丁日昌等奏请政府批准，创办了一批军事学堂和科学技术学堂。

军事学堂主要有：福建马尾船政学堂（又名"求是堂艺局"，1866 年）、广东实学馆（1876 年）、天津水师学堂（1880 年）、广东鱼雷学堂（1884 年）、广东水陆师学堂（1887 年）、北洋（天津）武备学堂（1885 年）、江南水师学堂（1890 年）、威海卫水师学堂（1890 年）、旅顺口鱼雷学堂（1890 年）、天津军医学堂（1893 年）、湖北武备学堂（1895 年）等。

科学技术学堂主要有：上海江南制造总局的机器学堂（1867 年）、福州电报学堂（1876 年）、天津电报学堂（1879 年）、上海电报学堂（1880 年）、湖北矿业学堂和工程学堂（1892 年）、山海关铁路学堂（1895 年）等。

军事学堂和科学技术学堂都附设于企业之中，便于实验实习。

上述学堂大多聘请外籍人员用外语授课。福建马尾船政学堂分法国学堂和英国学堂，前者以传授造船技术为目的，用法文教授；后者以训练驾驶技术为目的，用英文教授。广东水师学堂一律以英文讲授为主，而广东陆师学堂一律以德文讲授为主。天津和湖北的武备学堂均请德国军官充当教师，授课用语为德语。在这些军事和科学技术学堂中，学生入学后均先学外国语文；在正式学习军事和科技知识时，外国语文也是重要的科目。可见，在这类学校中，外国语是作为重要的课目被列入教学计划之内的。

1895年，盛宣怀于天津创办中西学堂，分为头等学堂和二等学堂。二等学堂即外国所称的小学堂。二等学堂规定学生学西文4年。其课程为：第一年——英文初学浅言、英文功课书、英文拼读法、朗诵书课、数学；第二年——英文文法、英文拼读法、朗诵书课、英文尺牍、翻译英文、数学、量法启蒙；第三年——英文讲解文法、各国史鉴、地舆学、英文官商尺牍、翻译英文、代数学；第四年——各国史鉴、格物学（物理学）、英文尺牍、翻译英文、平面量地法。学生学完4年，成绩及格，方能进入头等学堂（即中学）。头等学堂学制4年。其课程为：第一年——几何学、三角勾股学、格物学、笔绘画、各国史鉴、作英文论、翻译英文；第二年——驾驶、量地法、重学、微分学、格物学、化学、笔绘图、机器绘画、作英文论、翻译英文；第三年——天文工程初学、化学、花草学、笔绘图并机器绘图、作英文论、翻译英文；第四年——金石学、地学、考究禽兽学、万国公法、理财富国学、作英文论、翻译英文。[1] 可见天津中西学堂的8年学制中，英语年年占有重要的地位。

维新变法后，国人对外语的认识有了质的变化。

张之洞1898年3月在《劝学篇》中重申"中体西用"的主张。"中体西用"，是19世纪末20世纪初国人挂在嘴边的一句流行语。它反映了自鸦片战争后半个世纪以来一种居于主流的文化心态：将西学作为维护封建体制的添加剂，以达到保护中学的目的。这种对待外来文化的态度，反映了中国近代文化开放初级阶段的特点，折射出近代中外文化交流的艰难和曲折。

---

[1] 付克：《中国外语教育史》，上海外语教育出版社，1986年版，第22页。

1900年八国联军侵华战争后，帝国主义势力全面入侵，清政府彻底屈服，晚清政局发生巨变。中国对西方的文化防线全面崩溃。清廷于1901年在流亡地西安宣布变法，实行"新政"。自此，学习西方成为中国社会的一种潮流。在这种潮流的影响下，反对西式教育的人少了。有识志士认识到，非大力兴办新式教育，培养新式人才，无以求存图强。在舆论的压力下，清政府于1902年任命张百熙为管学大臣，责成拟具全国新学堂章程。张奉命后，仿照日本制式，拟成《钦定学堂章程》（因1902年是农历壬寅年，故又称"壬寅学制"）。至此，我国学习西方仿照日本的新教育体制出台。但此体制未能切实实施。1903年（农历癸卯年）复令张之洞重拟。张之洞于是年11月拟成《奏定学堂章程》（亦称"癸卯学制"）。该章程亦主要参考日本学制，分三段六级。三段即指初等教育、中等教育和高等教育三个阶段。六级依次为初等小学堂、高等小学堂、中学堂、高等学堂、大学堂、通儒院。清末新学制之所以取法日本，一是因为日本教育体制既采自西洋，又保持着浓厚的"忠君"色彩，为清廷所乐效。这一学制，一直沿用到1911年清朝灭亡。

按"癸卯学制"，中学堂以上各学堂均开设外语课。张百熙、荣庆、张之洞等在《奏定学堂章程》的《学务纲要》中提出："中学堂以上各学堂必勤学洋文。今日时势不通洋文者，于交涉、游历、游学无不窒碍……假令中国通洋文者多，则此种荒谬悖诞之翻译，决无所施其伎俩。故中学堂以上各学堂，必全勤习洋文，而大学堂经学、理学、中国文学、史学各科，尤必深通洋文而后其用乃为最大，斯实通中外、消乱贼、息邪说，距诐行之綮要也。"[1]

上述《学务纲要》还提到："高等小学堂，如设在通商口岸附近之处，或学生中将来意在改习农工商实业、不拟入中学堂以上各学堂者……可在学堂课程时刻之外兼教洋文，应就各处地方情况斟酌办理。"从此，通商口岸邻近城镇的高小学堂也开始设置外语课。

由是观之，我国大中学校普遍开设外语课课程，是从1903

---

[1] 付克：《中国外语教育史》，上海外语教育出版社，1986年版，第23~24页。

年开始的。

20世纪初我国大中学校外语课程的普遍开设,以及晚清政府"新政"的推行,反映国人对西方文化已采取了认同态度。这种认同态度的采取,经历了60年的认识过程。1840年鸦片战争前后,国人对西方文化,用明显带有贬义性质的词汇"夷学"来鄙称;19世纪60年代,以具有中性词义的"西学"来统称;19世纪末20世纪初,启用褒扬意义的"新学"来概称。称谓的变化过程,折射出国人对西方外来文化由排拒到接受和认同的认识过程,以及相应心理上的变化过程。

三、翻译出版机构的创立

晚清先后出现的中国西书翻译出版机构有100多家。按其属性可分为三类:一、外国教会办的翻译出版机构,如墨海书馆、美华书馆等;二、政府(官)办的翻译出版机构,如上海江南制造总局翻译馆、京师同文馆、京师大学堂编译馆;三、民间办的翻译出版机构,如商务印书馆、文明书局等。

按时间划分,大体可分三个时期:一、1860年以前,是教会翻译出版机构一统天下的时期;二、1860年至19世纪末,是教会翻译出版机构与官办出版机构"平分秋色"的时期;三、20世纪初期,是民间商办翻译出版机构"崭露头角"的时期。

现将上述三个时期的三类主要翻译出版机构介绍如下:

墨海书馆

1860年以前教会创办的出版机构中,以墨海书馆为最早。

1843年,英国伦敦布道会教士麦都思(Walter henry Medhurst,1796—1857)将设在印尼巴达维亚(今雅加达)的印刷机构迁到上海"麦加圈"(今山东路),建成墨海书馆。这是中国第一家近代出版机构,也是外国传教士在上海最早设立、最早使用铅印设备的编译出版机构。

墨海书馆的翻译人员,除了麦都思、伟烈亚力、合信、慕维廉、艾约瑟等西方传教士外，还有中国学者，如王韬、李善兰、管嗣复、张福僖等。中国学者的任务是，与西人合译西书，西人讲出大意，他们笔录、润色。

墨海书馆的印刷设备，由麦都思从东南亚带来，使用中文活字，并以机械印刷。王韬对此机械及印刷过程，记载甚详："(墨海书馆)以铁制印书车床，长一丈数尺，广三尺，旁置有齿重轮二，一旁以二人司理印事，用牛旋转，推送出入。悬大空轴二，以皮条为之经，用以递纸。每转一过，则两面皆印，甚简而速。一日可印四万余纸。字用活版，以铅浇制。墨用明胶、煤油合搅煎成。印床两头有墨槽，以铁轴转之，运墨于平板，自无浓淡之异。墨匀则字迹清楚，乃非麻沙之本。印书车床，重约一牛之力，其所以用牛者，乃以代水火二气之用耳。"[1]

机器印书，已属奇事；用牛拉转，更为新鲜。时人曾以诗咏之：

车翻墨海转轮圜，百种奇编宇内传。

忙煞老牛浑未解，不耕禾陇种书田。

榜题墨海起高楼，供奉神仙李邺侯（指李善兰）。

多恐秘书人未见，文章光焰借牵牛。

墨海书馆何时停办，不详。1860年美华书馆在上海立足以后，墨海书馆在上海的出版中心位置即被美华书馆取代，以后其地位日渐式微。

1844年至1860年，墨海书馆出版各种书刊约170种。

美华书馆

1858年美国长老会派传教士姜别利（William Gamble, 1830—1886）来华主持1844年设于澳门的美华书馆印刷所。美华书馆印刷所，1860年12月迁址上海东门外，后迁北京路。姜别利任美华书馆监督。

姜别利的第一贡献是发明了用电镀法制造汉字字模和铅字。他任职美华书馆监督后，认为电镀方法是造中国字字模的最合适的方法。其法以纹理细密的黄杨木刻阳文字，镀制紫铜阴文，镶入黄铜壳子，这较之先前以手工刻模，大为省工，且字形完美，笔锋清晰。他以此法制成铅字7种，分一至七号，称"美华字"，

[1] 王韬：《瀛壖杂志》，上海古籍出版社，第119页。

俗称宋字。这种字模和铅字发明之后,美华书馆大量制造,出售给上海、北京等地报馆、书局,成为此后几十年中国最通用的字模和铅字。姜别利后被日本请去,指导制造活字,他的发明因此传到了日本。出版史专家张秀民认为:"过去雕刻字母均需手工,既麻烦,又费钱费时。姜氏电镀法的成功,在造华文铅活字上可说是一次革命。"[1]

姜别利的第二贡献是创用元宝式字架,俗称三脚架、升斗架。汉字字数繁多,给检字排字带来很大困难。姜氏将中文铅字分为常用、备用、罕用三大类。他创造了一种木架,正面置字24盘:中8盘,装常用铅字;上8盘及下8盘,均装备用铅字;而旁46盘皆装罕用铅字。每类字依《康熙字典》部首检字法分部排列。排工中立,就架取字,比过去至少快三倍。这种字架,亦为各种报馆、书局广泛使用。

姜别利于1869年应邀去日本传播他的发明,数月后又返回。1871年返回美国,在谢菲尔德学院学习,被耶鲁大学授予名誉文科硕士学位。1886年逝世。

姜别利之后,韦利、巴特勒、马提尔、狄考文、霍尔特、范约翰、费启鸿等相继负责美华书馆。他们不断发展业务,扩展规模,将美华书馆经营成基督教在中国最重要的出版机构。自19世纪60年代起,墨海书馆的主要业务便为美华书馆所取代。基督教会重要报刊和书籍,多由其印刷。1895年,美华书馆有员工96人。1902年,迁址北四川路。民国初年,有员工200余人。美华书馆设备精良、技术先进、规模宏大,在晚清中国出版行业影响很大,也培养了一批出版人才。商务印书馆的创办人鲍咸昌、鲍咸恩、鲍咸亨兄弟及高凤池等,原先都是美华书馆的工人。1913年,美华书馆合并于协和书局。

美华书馆所出书籍,除宗教读物外,有不少科技书籍。

益智书会

益智书会是1877年在上海成立的基督教传教士编辑、出版教科书的机构。

成立之初,主席为丁韪良,委员有韦廉臣、狄考文、林乐

---

[1] 张秀民:《中国印刷史》,上海人民出版社,1989年版,第585页。

知、丁韪良、黎力基和傅兰雅。委员会决议：编写初级和高级两套教科书。初级由傅兰雅负责，高级由林乐知负责。教科书涵盖的学科有算术、几何、代数、测量、博物、天文、地理、化学、地质、植物、动物、心理、历史、哲学、语言等各科。编写方针是：结合中国风俗习惯，学生、教习皆可使用，教内、教外学校均可通用，科学、宗教两者结合。

至1890年，益智书会出版的各种教科书达98种，对晚清教育界影响甚大。自19世纪90年代后期起，国人开始自编新式教科书，较益智书会晚了20多年。国人自编新式教科书，借鉴了益智书会出版的教会编教科书。1902年，晚清政府颁行新的学制，各地纷纷采用新式教科书，但有相当一部分，尤其是自然科学教科书，直接采用傅兰雅和益智书会所编之教科书。这说明，益智书会所编的教科书，不但对于教会学校，而且对于一般新式学堂，也有重要的实用价值。

广学会

广学会是晚清来华传教士、外国驻华领事和外商组成的出版机构。1887年由英、美基督教（新教）传教士创立于上海熙华德路25号。由1884年设立的同文书会改组而成。1894年改名广学会。

中国海关总税务司英人赫德任第一任董事长，传教士韦廉臣（Alexander Williamson，1829—1890）、李提摩太先后任总干事。主要成员有：慕维廉、艾约瑟、林乐知、丁韪良、李佳白等，用汉文著书，希冀"以西国之学广中国之学，以西国之新学广中国之旧学"。在北京、奉天（今沈阳）、西安、南京及烟台等地设专门机构，进行会务活动。广学会编译出版大量宗教和政治书籍，发行《万国公报》、《孩提画报》、《训蒙画报》、《成童画报》、《中西教会报》、《大同报》等刊物，宣传基督教、西学和鼓吹改良，给维新派以很大的影响。

广学会究竟翻译、编撰、出版过多少书籍，无法确知。据台湾学者王树槐估计，从1887年至1900年，出版书籍约176种；至1911年，共出版461种。[1]

[1] 熊月之：《西学东渐与晚清社会》，上海人民出版社，1994年版，第553页。

书刊结合是广学会宣传西学的有效手段。广学会翻译、编译的许多西书,都先在《万国公报》上连载,然后单独出版。报刊连载,有两大好处:一是投石问路,观察社会反应;二是扩大影响,预作广告。好书的出版,反过来扩大了报纸的影响。这样,书报互补,相得益彰。

免费赠送出版物,是广学会的一大宣传手法。其赠送书刊有两种途径:一是每次举行乡试、省试、会试科举考试时,派人到考场外面送书;二是通过各种关系,向中央和地方官员送书。据不完全统计,自1888年至1900年,广学会赠送各类书籍、刊物累计302 141册,其中最多的是1897年,为121 950册。[1]

广学会还举办有奖征文活动,扩大其影响。

广学会在晚清西学东渐史上,占有相当重要的地位。

第一,结合中国实际,围绕变法宣传西学。19世纪后期,中国出版西书的机构,以江南制造总局翻译馆和广学会最有成效,影响最大。两者出书内容各有侧重。前者偏重于应用科学、自然科学基础知识方面,后者偏重于批评弊端、鼓吹变法方面。

第二,注重对中国文化价值的讨论。自从中国被强行纳入世界体系之后,随着中国国际地位的变化,中国文化的价值一直是人们关注的问题。有经世之志的王韬、郑观应、倭仁、张之洞等,都在这方面发表过意见,但总的来说,这一时期的中国知识分子对中国文化在近代的适应问题,对中国文化的价值,还缺乏总体性的思索。林乐知等来华传教士很早就注意到了这个问题。在19世纪70年代,他在《中西关系略论》中,已从中西文化比较的角度,对中国的今不如古、遵祖法古的历史观提出批评。到了八九十年代,他又加大了这种批评的分量。如他在《中东战纪本末》中,批评中国社会有八大积习,诸如骄傲、愚蠢、欺诳、贪私、因循、游惰等。这些意见恰当与否容当别论,但他们注重从价值观、历史观、生活方式、伦理道德等方面对中国文化进行讨论,实际上开启了日后延续几十年的关于中国文化问题讨论的先河。

第三,广学会在书籍的流通上下工夫,使得西学从书斋走向

[1] 熊月之:《西学东渐与晚清社会》,上海人民出版社,1994年版,第555~556页。

社会，创造了西学传播的新局面。

广学会售书，主要通过它设在各地的经销处实现。1898年全国有28处经销处，1899年增至30多处。它们是：辽阳，沈阳，牛店，北京2处，天津，济南，青州，平度（山东），兴安（陕西），重庆3处，成都，汉阳，汉口，九江，庐州，南京2处，扬州，镇江2处，常熟，苏州，江阴，衢州，福州2处，厦门，广州，太原，梧州。各代销处，多由传教士负责。

江南制造局翻译馆

在晚清的译书出版机构中，由中国政府创办、历时最久、出书最多、影响最大的，是江南制造局翻译馆。

江南制造局翻译馆是附设在洋务企业江南制造局（1865年创办）内的一个译书出版机构。由中国近代科学家徐寿（1818—1884）、华蘅芳（1833—1902）等人首倡提议设立。1867年，在江南制造局任职的徐、华等人常与英国人伟烈亚力、傅兰雅等人研讨西方格致之学，即近代各种科技学问。他们感到要取得西方制造技艺之长，首先应将西书翻译出来发行传播。这样不仅有益于洋务企业技术人员学习参考，且能使不懂外文的中国人也能学到科技知识。因此，他们上书朝廷要求设立翻译馆。1868年6月清政府批准开馆。馆址在上海城南高昌庙。

1869年10月，上海广方言馆并入江南制造局，与翻译馆同处于江南制造局西北隅，共计楼房、平房共8座74间，楼上24间为翻译馆，其余为广方言馆。翻译馆内，人各一室，资料室、刻书处一应俱全。

翻译馆译书工作主要由英国人傅兰雅主持，由他负责挑选各类西学书籍。因当时懂英文的人不多，所以译书采取聘请西人与中国人合译的方法。先由西人口述书中内容，再由华人合作者笔录、修改润色成文。译书内容以科技为主。在翻译馆中工作的外国人有英国人傅兰雅、伟烈亚力，美国人金楷理、林乐知等。他们来华数年，具备了一定程度的中文水平。翻译馆内的中国学者有化学家徐寿，数学家李善兰、华蘅芳，技术专家徐建寅，天文学家贾步纬等。由于这些人学有根底，对于翻译科学技术书籍有

近代中国著名科学家徐寿、李善兰、华蘅芳在上海江南制造局审译处合影

较浓的兴趣和较强的责任心，所以中外合作得很好，译书顺利，成绩显著。

翻译馆合翻译、出版为一体，书译毕，便付梓印行。初用木刻，后用活字版。刻书处、印书处均为翻译馆的一部分。

翻译馆从1871年开始出书。第一年冬出版14种，共41册，最早出版的是《运规约指》和《开煤要法》二书。其后历年出版书种为：1872年11种，1873年9种，1874年12种，1875年6种，1876年9种，1877年12种，1878年2种，1879年14种。到1880年共出书98种235册。[1] 据统计，江南制造局翻译馆从1868年成立到1907年，在近40年的时间里，共译书23类160部，总计1075卷。其中科技类译书116部，占译书总数的73%左右；兵制、兵学类译书33部，约占译书总数的21%；史志类仅占6%。[2] 翻译馆的译书种类多，数量大，质量上乘，确实为西方科学技术知识在中国的传播普及做了贡献。著名学者梁启超对之给予高度评价，认为其不下于明末清初徐光启、李之藻初次引进西方几何学、数学之功。

虽然中国古已有算学、天文学等传统学科，明末清初又引进

[1] 熊月之：《西学东渐与晚清社会》，上海人民出版社，1994年版，第499页。

[2] 王庭树：《有功的江南局翻译馆》，《中国青年报》1990年11月11日。

欧几里得平面几何学，但许多高等数学知识及化学、物理等学科则是近代鸦片战争之后才引进中国的，特别是采矿、冶金、机械制造及轮船、铁路、电报等近代应用科学技术更是从19世纪60年代之后才真正输入进来。而输入这些科技知识的汉译西书绝大部分出自江南制造局翻译馆。因此，它成为近代中国翻译出版西方近代科学书籍最多的译书出版机构。它所传播的大量科学技术知识唤起了国人对科学的兴趣，为中国近代科学技术发展起了有益的推动作用。

近代中国翻译西书，从林则徐便已开始，但由政府出面，设置机构、组织人员长时期比较系统地翻译出版西书的，以江南制造局翻译馆为首创。所以，它的设立和翻译出版，在西学东渐史上标志着一个新时期的到来。

商务印书馆

1897年创办于上海。创办人为中国基督教徒夏瑞芳、鲍咸恩、鲍咸昌、鲍咸亨、高凤池等。他们原是上海教会学校清心书院的工读生，懂得英文排字，曾先后在《字林西报》、《捷报》作排字工。因不愿继续过寄人篱下的生活，于是彼此商量，合股4000元，在上海北京路赁屋开业。初创时因以印书业为主，故名商务印书馆。1897年正值全国维新运动高涨之初，全国学新学、兴学堂、论维新，极需大量新式教科书。商务印书馆看准这一势头，立即请人将英人所编印度课本逐课翻译，并加白话注解，1898年出版发行，名为《华英初阶》、《华英进阶》。此书迎合了社会需要，出版之后，获利三倍。

1901年，商务印书馆聘请张元济投资，并让他主持编译工作。张元济加入商务印书馆后，着手物色编译人才高梦旦、蒋维乔、庄俞、杜亚泉、胡愈之、茅盾、叶圣陶、周建人、钱智修、章锡琛等一大批人，组建编译所，下设国文部、英文部、博物生理部、物理化学部，以及《东方杂志》、《教育杂志》、《小说月报》、《学生杂志》、《英文杂志》、《英语周刊》等杂志组。由于商务印书馆规划组织出版《最新教科书》和严复译世界名著为代表的大批著作和译作，使商务印书馆成了20世纪初在中国传播新

商务印书馆的创始人夏瑞芳、鲍咸恩、鲍咸昌和高凤池

学的一大中心。

1902年,商务印书馆以日本明治时期使用的一种教科书为蓝本,开始编辑国文、历史、地理等小学教科书。当年,《最新国文教科书》第一册出版。未及数月,行销10万册。这样一炮打响,商务印书馆成为全国教科书出版之冠。

此后,商务印书馆出版了不少有影响的西方学术著作和西方文学著作以及各种工具书。其中严复翻译的《天演论》、《群己权界论》、《群学肄言》、《社会通诠》、《法意》等和林纾翻译的外国小说《巴黎茶花女遗事》、《黑奴吁天录》等,都在社会上产生了巨大影响。于是,商务印书馆终于成为全国首屈一指、实力雄厚的出版企业,在激烈的竞争中始终立于不败之地。商务印书馆之所以获得成功,首先在于它能合乎社会潮流,顺乎人心之所向,紧密地配合中国文化发展的势头,为其充当舆论工具。其次,商务印书馆敢于和善于引进西方先进印刷、出版技术,并不断进行技术改造,从而不断增强自己的实力。第三,有杰出的经营管理人才,实行先进的新型的管理制度。商务印书馆之所以成为出版界之翘楚,与其任用卓越的管理人才有直接的关系。而其中最突出的管理人才便是张元济。

张元济(1867—1959),字菊生,浙江海盐人,清光绪进士。

曾任刑部主事、总理各国事务衙门章京，因参加维新运动，戊戌政变后被革职。后南来上海，致力于文化出版事业。在张元济的主持下，商务印书馆的出版事业欣欣向荣，蒸蒸日上。他是中国近现代杰出的出版家、企业家，是近代中西文化传播的主将。他主持出版了大量重要的西方学术文化著作，编著出版了各类新式教科书和新式工具书。他主持下的这些工作，为五四以前出现的资产阶级新文化与封建旧文化的斗争，即学校与科举之争、新学与旧学之争、西学与中学之争，提供了充分的精神食粮和思想武器。

张元济先生，字菊生，浙江海盐人。历任商务印书馆经理、编译所所长及董事长

在商务印书馆的全盛时代，不但在上海设有制度完备的总务处、编译所、发行所、机械和技术相当完备的印刷总厂，还在北京、香港设有印刷分厂，在全国各省省会和重要商埠设有85处分馆，在海外的新加坡、吉隆坡也设有分馆。职工有3600余人。它的规模之大，职工人数之多，不但在国内罕见，就是在世界各国也属罕见。它堪称中国出版史上的一颗明珠。

除商务印书馆外，翻译出版机构还有强学书局、农务公会、大同译书局等。

1895年，康有为、陈炽、沈曾植等人在北京创立强学会，附设强学书局。该局翻译出版了一批政治、经济、科学、技术图书。后来强学会被迫解散，改设官书局，仍以翻译西书为主要任务。

1896年，罗振玉、徐树兰等人在上海创立农务公会。该会声称"翻译农书,并创刊农学报章,专译各国农务诸报"。该会先后翻译刊刻农业科学知识图书100余种。近代著名学者王国维早年曾是该会的主要编译人员。

1897年,梁启超在上海创办大同译书局。该局声称:"本局首译各国变法之书,及将来未变之际一切情况之书,以备今日取法。译章程书,以资办事之用。译商务书,以兴中国商学,挽回权利。"

1898年,孙家鼐奏准设立译书局,后来官书局和译书局合并,由梁启超主持工作。其开办章程云:"拟设刊书处译刻各国书籍,举凡律例、公法、商务、农务、制造、测算之学,及武备、工程诸书,凡有益于国计民生与交涉事件者,皆译成中国文字,广为流布。"

救亡图存、向西方寻求真理的渴望,极大地刺激了近代中国的西书翻译事业和出版事业,并使其在中西文化冲突和融合中迅速发展。

四、翻译出版的西书及其影响

翻译是两种不同语言文化交流的第一步,因此,译书是文化交流最常见、最普遍的形式之一。在近代中国,一个突出的现象是,翻译出版西书不仅成为西学东渐、中外文化交流的重要形式,而且与民族的存亡和国家的富强密切相关,因而得到政府的大力提倡和组织。这一现象在翻译史和文化史上是比较少见的。其原因在于近代中国特殊的历史条件。

洋务运动兴起后,在中外长期隔绝的情况下,洋务派只能借助于翻译出版西书来解决洋务企业所需要的知识和技术,于是学习西方语言和翻译出版西书大规模兴起。

最早认识到翻译出版西书重要性的是洋务派官僚曾国藩,而最深刻地认识到翻译出版西书重要性的是王国维。1898年,王国维在给友人的信中说:"若禁中国译西书,则生命已绝,将万世为奴矣。"[1] 王国维把近代中国翻译出版西书与中华民族的生死存亡联系起来，可谓一语中的。

晚清翻译出版的西书，大致分为三大类：

（一）科学技术书籍

据周寿昌《译刊科学书籍考略》中统计，1853年至1911年的58年中，共有468部西方科学技术书籍译成中文出版，而洋务运动时期（1860—1895）翻译出版的有300余种。[2] 又据统计，从1896年到1911年，中国人翻译日文书将近1000种（不包括教科书），大量译介日本近代思想家著作的文化交流活动，对当时中国的思想启蒙产生了很大影响。[3] 这些书籍，大致可分为六类：

总论及杂著：44部

天文气象：12部

数学：164部

理化：98部

博物：92部

地理：58部[4]

上述西方科学技术书籍的汉译出版，将西方近代自然科学的许多学科如数学、物理、化学、天文学、矿物学、地质学、医学等引进中国，为中国近代工业的建立提供了知识技术支撑。

（二）社会科学书籍

京师同文馆和广学会的西书翻译特色，体现在人文科学方面。以京师同文馆为例，30年间京师同文馆师生译著书籍近200部，内容侧重外交、政法、时事方面。

严复翻译《天演论》、《原富》、《法意》、《穆勒名学》等多种当时最先进的西学著作，为几代中国知识分子的启蒙，提供了精神食粮。特别是达尔文进化论的引进，对冲垮落后保守、故步自封的社会风气，有摧枯拉朽之功。多少先进的中国人就是在"物竞天择，适者生存"口号的影响下，投身救亡运动，探求救国真理，最后终于找到了马克思主义。可以说，严复译介的西方进化论一度在马克思主义传入中国之前，成为先进中国人的主要

---

[1] 王余光：《陈寅恪读书生涯》序，载王子舟：《陈寅恪读书生涯》，长江文艺出版社，1997年版。

[2] 潘田玉、陈永刚：《中西文献交流史》，北京图书馆出版社，1999年版，第145~146页。

[3] 戴文葆：《编辑工作的重要意义》，载中国出版科学研究所编：《出版科研论文选粹》，浙江教育出版社，1992年版，第327页。

[4] 杜石然等：《中国科学技术史稿》（下），科学出版社，1985年版，第250~251页。

世界观。他创立的翻译原则"信、达、雅",深刻影响着时人和后人,至今仍被奉为圭臬。如果把他比喻为近代中国的普罗米修斯(古希腊神话中从天上窃火给人间的人),当不为过。因为他用从西方窃来的"火"影响了中国,改变了中国,推动了中国。

(三)近代翻译文学作品

翻译文学在近代出现,是中外文化交流进入精神层面的必然趋势,也是中国知识界了解域外文学的需要。换言之,在中国向西方学习的热潮中兴起的近代翻译文学,是中外文化交流由物质层面向精神层面深化的标志和载体。

由中国人翻译的外国文学始于19世纪70年代。诗歌翻译以1871年王韬和张芝轩合译的法国的《马赛曲》和德国的《祖国颂》为开端;小说翻译以1873年蠡勺居士翻译的英国小说《昕夕闲谈》为标志。在翻译文学方面具有深远影响和里程碑意义的,是林纾和王寿昌合译的法国小仲马(Alexandre Dumasfils,1824—1895)的《巴黎茶花女遗事》。小说发表后"不胫走万本",一时有"洛阳纸贵"之誉,使中国人开始看到外国也有与《红楼梦》相类似的小说。《巴黎茶花女遗事》翻译的成功,促使林纾(1852—1924)又接连翻译了《黑奴吁天录》、《块肉余生述》等英、法、德、俄、美、日、比利时、挪威、希腊等外国小说160余种,大大推动了近代中国文学翻译事业的发展,使外国文学在19世纪末20世纪初呈现出十分繁荣的景象。据阿英《晚清戏曲小说目录》统计,从1875年到1911年近40年期间,翻译小说达600多部,约占当时出版小说总数的2/3。[1] 这些翻译小说,不仅数量多,而且类型全,有社会小说、爱情小说、历史小说、政治小说、教育小说、科幻小说、侦探小说等。后四种类型的小说,为中国传统小说所未有,是首次从西方和日本引进的,它们对中国近代小说的发展有相当大的影响。

近代翻译文学为中国读者打开了一个崭新的艺术天地,它向人们介绍了众多的外国作家。这些外国作家的诗歌、小说、戏剧的译入,大大拓宽了中国人的生活视野和艺术视野。中国读者不仅从中了解到世界各国的自然风光、风土人情及众多人物形象丰

---

[1] 陈玉刚主编:《中国翻译文学史稿》,中国对外翻译出版公司,1989年版,第7页。

富的内心世界，从而在思想上受到启示和教育，而且也从翻译文学中学到许多新的艺术方法和表现技巧，从而为中国小说创作的近代化提供了丰富的精神营养（如民主思想、平等观念、竞争进取精神等）和艺术借鉴，并为现代作家的脱颖而出奠定了良好的基础。五四时期一批著名的作家如鲁迅、周作人、郭沫若、郑振铎、冰心、庐隐、郁达夫、茅盾等，都不同程度地受到近代翻译作品的影响。

第九章
晚清四次留学潮

近代中国留学生对近代中国的发展具有特殊的意义。其特殊性不仅在于留学生是连接中国与世界发达国家、吸收外国先进思想和科学技术知识的最直接最重要的纽带，更在于留学生在域外吸收先进知识和思想后能产生的作用。留学生是域外先进文明的学习者、理解消化者、传播者，许多人同时也是实践者。由于对于外部世界的学习一开始就带有强烈的针对性，并以振兴本民族为终极目的，他们对外部知识的传输和运用效果明显，对近代中国的发展变化影响深刻。

19世纪后半期，处于落后和被侵略地位的近代中国开始向国外派遣留学生，以学习外国先进科技文化知识，探寻国家富强之路。晚清留学潮加速了晚清历史的演进并导致清王朝的崩溃，这是封建王朝与近代化的历史潮流相抵触的必然结果。

晚清时期出现过四次出洋留学潮。

一、百名幼童留美

在中外文化交流史上，近代中国留学生对域外文化尤其是西方文化在中国的传播起着重要作用。从19世纪中叶至20世纪中叶中华人民共和国诞生的100年中，中国留学生遍及欧美和日本许多国家，形成近代中国向西方学习的主要力量，其中尤以留美学生的影响与作用最大，因为中国与美国建立派遣学生留学的联系最早，后来的发展也最快，人数也最多。

中国最早在美国接受正规教育并获取学士学位的留学生是容闳。

容闳（1828—1912），字达萌，号纯甫，广东香山南屏镇（今属珠海市）人。1841年起，他就读于澳门教会学

中国近代留学运动的发起者容闳(1828—1912)

校马礼逊学堂。马礼逊学堂于1842年11月迁至香港。1847年，容闳与同学黄宽、黄胜3人随马礼逊学堂校长、美国传教士布朗（Samuel Robbins Brown, 1810—1880）赴美留学。容闳、黄宽、黄胜3人留学美国，开创中国近代留学史的先河。容闳先入马萨诸塞（Massachusetts）州的孟松学校（Monson Academy）就读，1850年考入著名的耶鲁大学（Yale University）学习，4年后以优异成绩毕业，获文学学士学位，成为近代中国最早留学美国的大学毕业生。

近代中国留学史的开端，既非国家政府有目的有计划的自觉行动，亦非国内社会组织的有目的的派遣，而是得力于外国传教士的提倡和资助。

出身寒微的容闳自幼接受西方近代教育，尤其是在美国的8年（1847—1854）时间里，得以广泛而系统地涉猎西方的自然科学和社会科学知识，更耳濡目染西方资本主义社会的政治制度和文教情况，由此回望祖国内忧外患的现实困境，使他痛感于故国

家园的落后和黑暗，自觉地意识到自己肩负的历史重任。正是这种强烈的历史责任感，驱使他在大学四年级时，"已预计将来应行之事，规画大略于胸中矣"。这就是他在自传中所明确表述的一段话："予意以为，予之一身既受此文明之教育，则当使后予之人，亦享此同等之利益，以西方之学术，灌输于中国，使中国日趋于文明富强之境。"[1]他希望有更多的中国青年能像自己一样出洋留学，获得先进的西方教育，从而以西学改造中学，使中国成为一个文明富强的国家。可以说，在容闳远赴重洋留学期间，便形成了他倡导中国留学运动的想法。

　　容闳毕业后立即回到中国。1860年，他曾到南京，会见了太平天国干王洪仁玕，向洪提出包括建立各类新学校、培养人才的七项建议，未被采纳。1868年，他通过好友、江苏巡抚丁日昌向清政府寄呈一个包含四条建议的条陈。四条建议中的第二条云："政府宜选派颖秀青年，送之出洋留学，以为国家储蓄人才。派遣之法，初次可先定一百二十名学额以试行之。此百二十人中，又分为四批，按年递派，第年派送三十人。留学期限定为十五年。学生年龄，须以十二岁至十四岁为度。视第一、第二批学生出洋留学著有成效，则以后即永定为例，每年派出此数。派出时并须以汉文教习同往，庶幼年学生在美，仍可兼习汉文。至学生在外国膳宿入学等事，当另设留学生监督二人以管理之。此项留学经费，可于上海关税项下，提拔数成以充之。"[2]容闳将派遣留学生的目的、人数、方法、管理、经费等一系列问题都考虑到了。但是，由于意外的耽搁，这个条陈没能上奏。1870年，他借为在天津处理教案的曾国藩当翻译的机会，通过丁日昌，向曾国藩提出派遣留学生赴美学习的教育计划。后经曾国藩、李鸿章会衔上奏，此事终于获得清政府批准。

　　按曾国藩、李鸿章奏定的章程，首批留美幼童定额为120人，分4批，每批30人，逐年分送美国。学生年龄定在13岁~15岁。必须身家清白，身体健康。考试及格后，先入预备学校。学习中、英文一年，然后正式派赴美国留学。

　　1871年初，清政府决定在美国设立"留洋事务所"，任命陈

---

[1] 容闳著，沈潜、杨增麒评注：《西学东渐记》，中州古籍出版社，1998年版，第89页。

[2] 容闳著，沈潜、杨增麒评注：《西学东渐记》，中州古籍出版社，1998年版，第148页。

1872年我国首批赴美留学幼童在上海轮船招商总局前合影

兰彬、容闳为正、副监督。陈负责留学生到美国后的中文学习，容负责联系住宿、入学和西学各科目的学习。同时，在上海设立一所预备学校，开始向全国招生。

1872年8月11日，第一批30名中国男童在留学生监督陈兰彬、容闳、汉文教习叶绪东、翻译曾兰生等清政府官员和父母的簇拥下，从上海黄浦江畔登上一艘美国邮轮，横渡太平洋赴美，开始了他们的留学生涯，揭开了中国近代史上清政府向国外正式派遣留学生的一页。

1872年~1875年，每年分别派遣30名，总共120人，先后抵达美国，开始留美学习生涯。他们到达康涅狄格州（Connecticut）哈德福德市（Hartford）以后，即三三两两被分别安置到当地居民家中，先补习英文，然后入美国中小学学习。

留学生在美期间亲眼看见科学技术的巨大威力，决心学好本领将来报效祖国。他们刻苦学习的精神和品德及才能，得到美国友人的赞扬。当时耶鲁大学校长朴德（President Porter）在写给清政府总理衙门的信中赞扬中国留学生说："贵国派遣之青年学生，自抵美以来，人人能善用其光阴，以研究学术。以故于各种科学之进步，成绩极佳。即文学、品行、技术，以及平日与美人往来一切之交际，亦咸能令人满意无间言。论其道德，尤无一人不优美高尚。其礼貌之周至，持躬之谦抑，尤为外人所乐道。职是之故，贵国学生无论在校内肄业，或赴乡村游历，所至之处，感受美人之欢迎，而引为良友。凡此诸生言行之尽善尽美，实不愧为大国国民之代表，足为贵国增荣誉也。"[1]

中国留学生由一个封建专制的国家，突然来到迅速发展中的资本主义美国，眼界大开。他们逐渐对中国封建守旧的礼教和习俗感到厌恶。他们开始进行跳掷驰骋等健康之运动，多数学生参与了美国人的社会活动，甚至入耶稣教做礼拜。他们要求脱下长袍，穿上西装，要求剪去长辫和废除三拜九叩之礼，不愿意背诵《圣谕广训》等。这一切，在顽固守旧的陈兰彬眼里都是大逆不道的行为，而容闳则多方替学生辩护，两人之间时有龃龉。

1874年，清政府在哈德福德市的克林街（Collins Street），建了一栋楼，作为中国留学事务所永久办公之地。容闳请清政府出资建这样一栋楼，原意是使清政府能将派遣留学生一事坚持下去，岂料由于守旧势力的反对和攻击，1881年清政府下令撤回全部留美学童，尽管当时所有的学生均未完成学业。于是容闳倡导的派遣学生留美计划半途而废，功亏一篑。

清政府作出如此举动，归结起来，原因有数端：

一、出国前，洋务派怕幼童年小，中学根基太浅，容易被西化，特规定：必须"兼讲中学，课以孝经、小学、五经及国朝律例等书，随资高下，循序前进。每遇房、虚、昴、星等日，正副二委员传集各童宣讲圣谕广训。示以尊君亲上之义，庶不至囿于异学"[2]。可幼童到美国之后，对新生活适应很快，迅速接受了美国的观念和理想，对旧教育不感兴趣。

[1] 容闳著，沈潜、杨增麟评注：《西学东渐记》，中州古籍出版社，1998年版，第166页。

[2] 《中国近代教育史资料汇编·留学教育》，上海教育出版社，1991年版，第91页。

二、清政府规定，学生即使在美国也必须着长袍，结辫子。因为长袍是中国士大夫的象征，辫子是忠君爱国的标志。可是，美国的同学经常见了就哄笑幼童，叫他们是"中国女孩"，双方常为此产生纠纷。中国幼童决定脱掉长袍，换穿西装。

三、留美幼童在美国，终日饱吸自由的空气，日久天长，言论行为逐渐与中国旧教育不合。

总之，中国幼童赴美以后，在短短的几年中，从内心思想到外表装束，从气质到行动，都发生了根本性变化。这一切，在保守势力看来，都是恶习，是不正当的、离经叛道的，其结果，只能是所谓"外洋之长技尚未周知，彼族之流风早经习染"，清政府花费百万两银子，造就的却不再是大清帝国的顺民。权衡利弊，清政府以幼童"荒废中学"、"囿于异学"为由，于1881年夏断然将留美幼童分三批全部撤回，致使首批留美学生被迫放弃学业，凄然回国。容闳奔走多年的留学教育事业毁于一旦，令人扼腕叹息。

二、海军生首次留欧

当留美归来的容闳向曾国藩建议派遣幼童去美国留学的时候，洋务派官员、船政大臣沈葆桢（1820—1879）已在考虑从福建船政学堂选派海军生赴欧留学。

1873年，船政大臣沈葆桢奏请清政府派遣海军生去英法两国学习。这时，洋务派官僚曾国藩已经去世（1872年3月病逝于南京），新任直隶总督兼北洋大臣李鸿章对此议甚为赞赏。经过一番蹉跎，终于在1875年派遣5名福建船政学堂的学生（魏瀚、陈兆翱、陈秀同、刘步蟾、林泰曾）随法国人日意格赴英法等国参观船坞及机器设备。

1876年1月，沈葆桢联合李鸿章奏请选送福建船政学堂前学堂学生14名、艺徒4名，赴法国学习机械制造；后学堂学生12名去英国学习轮船驾驶，期限3年。以三品衔候选道李凤苞充华监督，一品衔原造船厂监督日意格为洋监督。这是船政学堂海军生第一批留欧学生。实际人数为：机械制造专业学生连先期在法国的魏瀚、陈兆翱为14人，驾驶专业学生12人，艺徒7人，加上随员马建忠、文案陈季同、翻译罗丰禄，合计36名，于1877年3月31日，乘坐"济安号"轮船，离闽赴香港，4月5日，由香港搭轮分赴英、法两国。

到欧洲以后，前学堂学生不仅学造船，而且学矿务、格致（声、光、化、电等自然科学的总称）、化学、各国律例、各国史籍、辞章、交涉公法、制造枪炮等。进修国家也不只是法国一国，也有转至英国、德国的。随员马建忠、文案陈季同到法国后学习各国律例及交涉公法，后来在巴黎政治学堂学习各国史籍、辞章文学。罗丰禄专习公法律例，入英国泾士学堂学习格致化学。

后学堂学生到英国后，两监督指派刘步蟾、林泰曾、江懋祉等人分别上英、美、西班牙等国兵船学习。船课讲完后，请英国水师炮队教授炮垒、军火等各种知识。又请美国水雷官马格斐教授水雷电汽等知识。方伯谦、萨镇冰、林永升、叶祖珪等人，则先入格林尼次官学，学习航海原理，后来分别上兵船，周游地中海、大西洋、美洲、非洲、印度洋各处，研究行军布阵、战守之法。刘步蟾、林泰曾限满毕业回国。严宗光（后改名严复）是作为驾驶专业的海军生留英的。他先在抱士穆德学习，后入格林威治海军大学，考课数次优秀，赴法国游历后，他还研究数学、理化、驾驶、熔炼、枪炮、营垒等学问。

为了培养人才，满足海军建设的需要，沈葆桢又上奏朝廷，要求续派船政学堂学生出洋深造。经朝廷批准，1881年沈葆桢又选拔福建船政学堂学生10名赴欧留学。其中有前学堂制造专业学生王庆瑞、黄庭等8人，后学堂驾驶专业学生有李鼎新、陈兆艺2人。除李鼎新、陈兆艺转学英国学习驾驶外，其余8人分赴法、德学习制造。洋监督为日意格，华监督由李凤苞兼任。这是船政学堂海军第二批留欧学生。

1886年4月，清政府第三次派遣福建船政学堂学生34名赴欧留学。其中有前学堂学生郑守箴、林振峰等14人，后学堂学生黄鸣球、罗忠尧等10人；另有北洋舰队及天津水师学堂的刘冠雄、陈思涛、郑汝成等10人。以周懋琦为华监督，斯宾赛格为洋监督。

1897年，船政大臣裕禄亲自与洋监督杜业尔挑选福建船政学堂前学堂学生施恩孚等6人，赴法国学习制造。此为福建船政学堂第四批赴欧留学生。

船政学堂的上述四批留欧学生，只有第一、二批完成了学业，第三、四批皆因经费困难，没能学完。

赴欧学习军事的海军生，与稍早一些的赴美幼童相比，更好学，更有志向。因为他们出国时，都已是20岁左右的年轻人，思想上更显成熟。当时中国正处于被帝国主义列强欺辱的年代，他们怀着强烈的历史使命感踏上赴欧留学的途程。他们又都是国内正式学堂毕业、学有专长的学生，且有外语基础。他们对洋务派的自强思想能够理解。其中许多人抱着"发奋争雄"的目的和意志去学习，准备使自己成为世界一流的"良将"或"良工"。力使祖国的实力赶上海上强国英法。

洋监督斯宾赛格曾在报告里写到，第一届海军留学生中，以刘步蟾、林泰曾、严复和蒋超英的学习最为出色。刘步蟾和林泰曾二人胆大心细，不但能管理、驾驶大小各式军舰，测绘海图、布置水雷、防守海口，而且其能力足以与西洋水师管驾官相等，均堪重任。

李鸿章对赴欧海军生也颇为满意。他在报告里说，驾驶如刘步蟾、林泰曾、蒋超英、方伯谦、萨冰镇颇为优异，其余加以陶溶，均可成器。

留学是充满艰辛的。但为祖国学习，虽苦犹乐。以第一届制造专业留学生为例，魏瀚、陈兆翱、郑清濂等，除留学法国外，还曾到英、德、比等国学习。郑清濂除了学习轮机学之外，还学习枪炮制造法。吴德章、杨廉臣、李寿田、林永升等留学法国外，还到英国和比利时去学习。林日章的主课是矿务学，但他也学习了轮机学。

在新技术不断更新换代的欧洲，中国海军生只要听说哪里出现了新技术，就到哪里去参观学习；只要认为是中国"自强"所急需的技术，他们就努力学习。中国赴欧海军生拼命学习的精神，是值得称道的。

1880年之后，80余名留欧海军生陆续回国，为南北洋海军和各造船厂提供了一批难得的技术力量。北洋海军中主要舰只的管带（舰长）基本由留欧海军生担任。留欧海军生为北洋海军的建设起了决定性的作用。北洋海军右翼总兵兼旗舰"定远号"管带、代理提督刘步蟾，左翼总兵兼"镇远号"管带、后任提督的林泰曾，左翼左营副将兼铁甲舰"经远号"管带林永升，左翼左营参将兼快速巡洋舰"超勇号"管带黄建勋等人在1894~1895年中日甲午海战中壮烈殉国，表现了可歌可泣的爱国主义精神和保卫国家的英雄气概。

严复虽为海军留学生，但他并没有把自己局限在海军科目内，而是潜心研究西方哲学及社会科学。他终于悟出了一个道理：西方富强的原因，不在"船坚炮利"，而在于学术及行政措施的进步。这样的认识远比同时代的洋务派要深刻得多。他决定实行自己的救国计划——介绍西方先进的社会科学思想。1879年他在格林威治海军大学毕业后，即从事著述、翻译，成为中国"精通西学第一人"。1912年任北京大学首任校长。他首次把亚当·斯密的《原富》和赫胥黎的《天演论》等8种科学名著译成中文（古文体）出版，为在中国传播西方现代社会科学作出过重大贡献。

三、19世纪末20世纪初的留日潮

甲午海战中国人的惨败和日本人的胜利，极大地震撼了中国人。对中国人来说，惨败于日本比惨败于西方强国，在精神上的刺激更大、更沉重。如果说鸦片战争是在昏睡中被人打醒，而甲午战争却是在开始苏醒的状态下受人猛击。何况前者是素不相识的西洋人，而后者却是昔时一直俯首称臣的东洋弟子，在文化上中国还是它的文化母国。而今形势一朝逆转，对于中国士大夫来说，实在是愤羡交加，无以言说。愤的是其恩将仇报，羡的是其一跃而起。昔日学生超过了老师的铁的事实，不能不使人认识到，老大帝国身上的最后一块遮羞布也已被无情地扯去。"天朝上国"再无退路。中华民族要生存，就要变革，就要向列强学习先进的科学文化。考察日本致强之因，在于善于吸收西方文化。于是，朝野上下同感：通过日本学习西方文化，是中国的最佳出路；派遣留学生东渡日本，是富国强兵的捷径之一。

1896年，清政府第一次派遣留学生赴日本——清朝驻日公使裕庚在上海和苏州一带招募13名学生赴日本留学。日本外务大臣兼文部大臣西园寺公望把中国留学生事宜交给东京高等师范学校校长嘉纳治五郎代办。嘉纳治五郎即在东京高等师范学校内开设一个班，租赁东京神田区三崎町一丁目二番地的一所房屋作为留学生的校舍兼宿舍。课程有日语、数学、物理、化学和体育。这是中国近代留日潮的开端。屈指算来，距容闳留美晚了半个世纪，距幼童留美晚了近1/4世纪。

近代留日潮是在甲午战败中开端的。

1898年，张之洞著《劝学篇》，其目的在于抵制康梁提倡的变法维新，提出"中学为体，西学为用"的口号，书中"游学"篇极力主张派学生留学日本去学习西学，认为留学西洋不如日本，路近费省，且便于管理考核，日文与中文相近，易于通晓。西学的精华日本人都已吸取，中日情势风俗相近，仿效易行，事半功倍。

日本政府对中国留学生之事十分重视，认为教育中国学生是日本影响中国未来政治发展的一条重要途径。日本舆论界认为："支那既渴望教育，日本教育家苟趁此时机容喙于支那教育问题，握其实权，则日后之在支那，为教育上之主动者，为知识上之母国。种子一播则将来万种之权，皆由是而起。"[1]

1898年，日本驻华公使矢野文雄在致其外务大臣的信中，更加露骨地宣称："如果将在日本受感化的中国新人材散布于古老帝国，是为日后树立日本势力于东亚大陆的最佳策略。其习武

[1] 转引丁晓禾主编：《中国百年留学全纪录》（一），珠海出版社，1998年版，第163页。

备者,日后不仅将仿效日本兵制,军用器材亦必仰赖日本。清国之军事将成日本化。又因培养理科学生之结果,定将与日本发生密切关系。此系扩张日本工商业于中国的阶梯。至于专攻法政等学生,定以日本为楷模,为中国将来改革之准则。果真如此,不仅中国国民信赖日本之情,将增加二十倍,且可无限量的扩张势力于大陆。"[1]

同年,矢野文雄正式以日本政府的名义,邀请中国派遣留学生,并答应提供留学经费,促成此举。日本舆论亦主张日本帝国必须不惜金钱,教育中国留学生,名义上是"酬彼昔师导之恩义",实际上是希望早日达到其扩张之目的。

对中国来说,向日本求师问道,固然感到是一大耻辱,然而时运使然,只有忍辱卧薪。况且留日比留欧美便捷。一旦国家或家庭有事,可以立作归计。这符合"父母在,不远游"的中国传统观念。再则,留日学费和生活费比留学欧美便宜得多;且中日文化相近,留学日本不会像留学欧美那样因文化上的巨大差异而产生不适感。

对于中国的知识分子来说,日本可视作中西文化的缓冲地带,也是留学的理想国度。此时的中国知识分子还没有在心态上走出"中世纪",他们与西方近代文化正好处于这两者之间。故湖广总督张之洞在其《劝学篇》中说:"西学甚繁,凡西学不切要者,东人已删节而酌改之。"这种"删节"便是西方文化日本化,由此也就缩短了西方文化与中国知识分子之间的精神距离。因而,张之洞认定:"我取径于东洋,力省效速。"

其实,从留学境遇看,当时日本鄙视中国的心理远甚于欧美列强,但日本仍然成为中国留学生数量最多的国度。其中的原因除了地缘和文化渊源上中日两国较为亲近外,自然还有对日本实践、检验西方现代化理论的看重。在这样一种情境中,留日学生实际上兼有几度文化时空中的身份——在中国文化的时空中,他们是外来文化的传播者、启蒙者;在日本文化的时空中,他们是东方文明如何容纳、汲取西方文化的阅读者、见证者。

对于清政府来说,虽知大势所趋——已不能原封不动地统治

[1] 转引丁晓禾主编:《中国百年留学全纪录》(一),珠海出版社,1998年版,第163页。

下去，但何去何从，颇觉犹豫。清政府派出大臣去考察，发现欧美各国的民主共和体制，中国难以接受，相比之下，日本的君主立宪制比较适合中国的国情，既不动摇皇族统治，又可依靠专制的国家主义走入先进文明的行列，可谓两全其美。

鉴于上述原因，留学日本尽管比留学欧美晚了数十年，一旦兴起，留日人数直线上升。1896年，中国留日学生仅13人。此后逐年增多。据《日本留学中国学生题名录》统计，1898年旅日中国留学生为77人，1899年为143人，1900年为159人，1901年为266人，1902年达到727人，仅仅几年时间，留日人数便已超过同期留学欧美人数的总和。此后，留日人数更是成倍上升。1903年为1243人，1904年为2557人，1905年由于清政府废除科举制度及日本在日俄战争中获胜等因素，中国人留学日本达到高潮，人数猛增到8600余人。一年人数达8600之众，其盛况不仅在中国留学史上是空前的，也是到此为止世界史上最大规模的学生出洋运动。[1] 1906年以后，人数逐渐减少，但1909年尚有5000人左右。1901年开始有女留日学生，1902年有10余名，到1907年，东京一地的女留日学生将近百名。日本妇女教育家下田歌子（1854—1936）是负责教育最早的中国女留学生的教师。[2] 从1896年至1937年的42年间，中国留学生总数不下5万人。[3]

19世纪末20世纪初，大批中国学生留学日本，形成了中日历史上第二次文化交流的高潮。这次高潮与隋唐时期第一次高潮的不同之点，是因为日本学习西方有成效，所以中国学生到日本去，学习当时先进的西方自然科学和社会政治学说，来挽救长期处于半殖民地半封建社会的中国。中国留学生在日本的革命宣传活动，对辛亥革命起了积极的推动作用。1905年孙中山在东京成立同盟会。同盟会主要领导人和分会主盟人（孙中山、胡汉民、黄兴、邓家彦、汪精卫、宋教仁、秋瑾、蔡元培、廖仲恺、徐锡麟、吴玉章等）都是留日学者。两年内即有960多位留日学生加盟。他们回国后成了辛亥革命中推翻封建王朝的先锋队和中坚力量。在清末民主革命的进程中，归国留日学生起到了关键作用。

"中国文坛的大半，是由日本留学生建起来的。"[4] 郭沫若

[1] 丁晓禾主编：《中国百年留学全纪录》（一），珠海出版社，1998年版，第164~165页。

[2] 周一良：《中日文化关系史论》，江西人民出版社，1990年版，第142页。

[3] ［日］实藤惠秀著，谭汝谦、林启彦译：《中国人留学日本史》译序，生活·读书·新知三联书店，1983年版，第1页。

[4] 郭沫若：《桌子的跳舞》，又见黄万华：《中国和海外20世纪汉语文学史论》，百花文艺出版社，2006年版，第34页。

留日期间的鲁迅

的这句话大致反映了中国新文学跟留学日本浪潮间的关系。贾植芳先生更在《谈中国近现代留日学生与中国新文学运动》中述及了留学日本的五代作家：第一代是在戊戌变法后东渡日本的，包括王国维、鲁迅、周作人、陈独秀等；第二代是辛亥革命前后留学日本的，包括郭沫若、郁达夫、成仿吾等；第三代是在五四运动前后就读于日本的，包括夏衍、穆木天、丰子恺等；第四代则是在中国大革命失败后，漂泊于日本的，如胡风、周扬等；第五代是在20世纪30年代左翼文学运动中求学于日本的，如杜宣、叶以群、林林等。五代传承，留日作家大多出身平民，且平民程度逐代加深，又大多受日本歧视"支那"的社会心理刺激而选择了文学，之后大多倾向于"平民"文学，采取跟旧中国政体对立的姿态，极少留学欧美作家的文学贵族情趣，这些无疑都使得留日作家必然成为中国新文学的主体。[1]

四、庚款留美潮

19世纪末20世纪初，清政府已深感旧统治难以为继。在开展了并不成功的洋务运动之后，清政府被迫自1902年实行"新政"，1906年又派出大臣出洋考察宪政。在这些活动中，早期撤回的留美学生甚为得力，这使清政府感到，"美国学堂，结果甚佳"，对中国极为有利。另一方面，美国为了自身的利益，也大力吸收中国青年学子赴美留学。

八国联军根据1901年签订的《辛丑条约》向中国勒索的庚

[1] 黄万华：《中国和海外20世纪汉语文学史论》，百花文艺出版社，2006年版，第34页。

子赔款计白银 4.5 亿两。其中美国分得赔款总数的 7%，合美金 2444 万美元（按每两关银折合 0.742 美元计）。后来美国人自己也承认这笔勒索"实属太多"。中国驻美公使梁诚（早期百名留美学童之一）向美国国务卿海约翰提出减收赔款。1905 年至 1906 年，美国传教士明恩溥（Athur Henderson Smith）等人向美国总统罗斯福建议将尚余的庚子赔款退还中国，用于发展教育事业，事实上是把从中国抢去的赔款对中国进行教育再投资。这一建议的背景是：由于美国距中国远，留学费用昂贵，美国排华的移民法又对中国学生赴美造成障碍，出洋学生都大批涌向东邻日本留学，最多时几近万人。美国对此深感不安。1906 年初，美国伊利诺大学校长爱德蒙·詹姆士（Edmund J.James）致罗斯福总统一份备忘录，把对中国进行教育投资的好处讲得最为透彻。他写道："那一个国家能成功地教育这一代中国青年，那一个国家便将由于付出的努力而在精神上、知识上和商业的影响上获得最大可能的报偿。如果美国在 35 年前就成就这件事（有一度看来似乎有可能），把中国学生的留学潮引向美国，并不断扩大这股潮流，那么，我们今天通过对中国领袖们知识上、精神上的支配，就该在各方面精心的安排下最得心应手地控制中国的发展了。"[1]

罗斯福收到这份备忘录，以及听取传教士明恩溥的建议后，经与各方商议，给国会提出一个咨文，内称："我国宜实力援助中国厉行教育，使此巨数之国民能以渐融洽于近世之境地。援助之法，宜招导学生来美，入我国大学及其他高等学社，使修业成器，伟然成才，谅我国教育界必能体此美意，同力合德，赞助国家成斯盛举。"[2]

1908 年 5 月 25 日，美国国会通过罗斯福总统的咨文。同年 7 月 11 日，美国驻华公使柔克义（William Woodville Rockhill）向中国政府正式声明，将偿付美国庚子赔款的半数共计 1160 余万美元退还给中国，作为遣送留学生赴美之用并在北京开设一所预备学校，由美国派员监督庚款用途和制订培养学生标准。

中美双方议定了具体实施办法：一、从 1909 年开始，中国

---

[1] 顾长声：《传教士与近代中国》，上海人民出版社，1981 年版，第 340—341 页。

[2] 顾长声：《传教士与近代中国》，上海人民出版社，1981 年版，第 342 页。

1910年清华学校第二届留美学生合影。立者第四排右四为赵元任,第三排左一为胡适。

派一定数量的青年学生到美国各高等学校深造;二、创设清华学堂,作为中国学生赴美深造的预科学校;三、在美国华盛顿建立游美学生监督处,负责管理中国留学生。

1909年6月,清政府在北京成立游美学务处,周自齐为总办,范源濂、唐国安为会办。同时在美国设立游美学生监督处,由容揆负责。游美学务处先设于北京侯位胡同,后迁史家胡同。其首要任务是考选赴美留学生。原计划从1909年起的头四年每年派100名学生留美,自第五年起,每年至少续派50名留美生。具体落实时,1909年至1911年3年中,实际考选180名20岁以下男生(外加留美幼童12人)留美。这是继百名幼童赴美留学之后,中国又一批大宗派遣留美生的开始,即庚款留美潮的开始。

1911年4月，留美预备学校——清华学堂正式开学，学制8年，每年高等科学生毕业，全部资送留美。大约每隔一年，还招收一次女生和专科生（1916年始）直接资送美国。此外，一些留美的自费生也接受清华学堂的一部分津贴，称为津贴生。从1911年至1929年留美预备部结束，共计派遣留美学生1279人。此外还有庚款津贴自费生475名。〔1〕

自清华学堂建校以后，这个学校就成为中国派遣公费留学生留美的一条重要渠道。此外，还有其他渠道赴美留学：由教育部直接遣送；由各省公派；由教会学校资送；自费留学等。后来自费留美学生人数甚至大大超过各种公费留美生。据统计，1909年至1929年，清华学校派送留美预备部毕业学生967人；1929年至1937年，经四次招考，共派送104人；1938年至1945年招考两次，共录取39人。总计由清华学校选派庚款留美学生1971人。再加上大量自费留美生，从1909年至1945年自费留美学生总数远大于庚款留美生，达到三四千人。〔2〕

从幼童留美计划的夭折到清华学堂建立以来大批学生留美，中国跨越了一个巨变的时代。甲午战争失败后，特别是在八国联军侵华之后外患的逼迫下，在广大的平民知识分子中掀起了一个学习西方（包括日本）的热潮。留美学生正是在这一转变时期去美国求学的。这时美国本身也处在急剧变革的时代：美国人正在拼命追求工业主义；追求生产的合理化与科学化；实用主义成为美国新兴的、时髦的哲学；进步主义成为知识界奉行的教条。中国留学生前往美国不只是专心攻读西方科学技术，同时也大量熏染了现代西方物质文明与民主主义和自由主义思想。

胡适（1910～1917年第二批庚款留美生）在《胡适口述自传》中回忆他在美国留学时期发生的思想转变时，写道：

"当我于1910年初到美国的时候，我对美国的政治组织，政党、总统选举团，和整个选举的系统，可说一无所知。对美国宪法的真义和政府结构，也全属茫然。1911年10月，中国的辛亥革命突然爆发了……（1912年）是美国大选之年，大选之年也是美国最有趣和兴奋的年头。威尔逊是这年民主党的候选人，同

〔1〕 周一良主编：《中外文化交流史》，河南人民出版社，1987年版，第657页。

〔2〕 宋健：《百年接力留学潮》，《新华文摘》2003年第5期，第138页。

时共和党一分为二；当权的托虎托总统领导着保守派；前总统老罗斯福却领导了自共和党分裂出来的进步党，这是美国当时的第三大党。罗氏也就是该党的领袖和总统候选人。这一来，三党势均力敌，旗鼓相当，因而连外国学生都兴奋地不得了……

"我在1912年参加了许多政治集会……最激动的一次便是罗斯福被刺之后那一次集会。罗氏被刺客击中一枪，子弹始终留在身内未能取出。我参加了这次集会，好多教授也参加了。令我惊奇的却是此次大会的主席，竟是本校史密斯大楼（Coldwin Smith Hall）的管楼工人，这座大楼是康乃尔大学各系和艺术学院的办公中心！这种由工友所主持的大会的民主精神，实在令我神往之至……

"我对美国政治的兴趣和我对美国政制的研究，以及我学生时代所目睹的两次大选，对我后来对（中国）政治和政府的关心，都有着决定性的影响。"[1]

从容闳的自传《西学东渐记》到胡适的《胡适口述自传》，可以清楚地看到近代中国知识分子向西方寻找真理所走过的道路。在容闳的时代，即洋务运动时期，中国学习西方主要是通过传教士，关心的主要是兵工技艺。到严复的时代，即维新运动时期，学习西方是通过传教士和少数早期留学回来的了解西学的人。这时对西方的科技知识的介绍开始上升到理论层次。到胡适的时代，即清末民初，学习西方的主力转到大批出洋的留学生身上。他们在海外亲自接触到一个广阔的新世界后，才对祖国的落后状态有真切的认识，并怀着极大的热情探索域外的历史与文化，并与祖国相比较。这样，那几千年来的封建体制和儒学道统才在他们的眼前彻底动摇了，开始崩溃了。就是在这时，中国知识分子对西方的认识才提高到一个新水平。

庚子赔款留美毕业生归国后，对中国的教育、文化、工业和科学事业都作出了较大贡献。

在教育方面的贡献主要表现在：引进了西方进步的教育思想和教育方法；改革旧学制，建立新学制。我国所实行的"六·三·三·四"学制，就是模仿美国的"六·三·三"学制而来的。这个

[1] 唐德刚译注：《胡适口述自传》，台北，传记文学出版社，1981年3月版，第176～178页。

学制从 1922 年 11 月公布后，一直到现在还在实行。

对科学事业的影响，较文化教育方面的影响更为直接和深刻。民国时期的中国科学技术主要是接受西方的科学技术的影响，其中主要是接受美国的影响。

我国大学众多学科的创建人大部分是留美学生，如——

数学：江泽涵、朱文鑫、陈茂康、赵访熊；

物理学：周培源、叶企孙、朱杨华、黄子卿、吴有训；

化学：侯德榜、杨石先、朱子清、孙承谔、庄长恭；

生物学：秉志、邓叔群、钱崇澍、郑作新、高士其；

机械工程、建筑：茅以升、梁思成、庄前鼎；

天文气象学：张钰哲、竺可桢；

水电、地质：张光斗、孟宪民、王庞佑；

航空、飞机制造：周厚坤；

生理学：张锡钧、蔡翘。

此外，还有一些社会科学家，如语言学家赵元任、王力，文学家闻一多、梁实秋、李健吾、林庚、钱钟书、吴组缃，电影戏剧家洪深、曹禺、张骏祥、孙瑜，哲学家金岳霖，人口学家马寅初，著名新闻工作者杨杏佛、罗隆基，经济学家陈岱孙，历史学家陈翰笙等也都是留美学生。

留美学生在传播现代政治文化方面也起到了先锋桥梁作用。其突出例证就是新文化运动。主张中国向西方学习的知识分子，大都把美国视为现代社会的楷模。陈独秀向青年陈述的六义（1. 自主的而非奴隶的；2. 进步的而非保守的；3. 进取的而非退隐的；4. 世界的而非锁国的；5. 实利的而非虚文的；6. 科学的而非想象的）[1] 实际上是对美国价值观念、崇尚民主和科学的总结。由德、赛两"先生"（即民主、科学）构成的美国形象在相当多的中国知识分子的心目中经久不衰。[2]

---

[1] 陈独秀：《敬告青年》，《新青年》创刊号。

[2] 冯承柏：《中国与北美文化交流志》，上海人民出版社，1998 年版，第 124 页。

第 十 章
孙中山与中外文化交流

中国民主革命的先行者孙中山先生,是中国人民向西方寻求救国救民真理的杰出代表之一。

为了拯救祖国,孙中山先生站在世界的高度,顺应历史发展潮流,综观中外,会通中西,主张结合中国实际学习外国一切先进的东西。他把学习西方资产阶级民主革命的理论与解决中国遭受帝国主义、封建主义侵略压迫的实际结合起来,创立了中西合璧的三民主义学说。孙中山领导辛亥革命推翻清政府统治,结束了统治中国达两千多年的封建君主专制制度,同时仿效欧美国家的共和政体,建立了亚洲第一个资产阶级民主共和政体,奠定了民主中国的基础,具有划时代的意义。他对比中国与资本主义国家的政治条件后,吸取美国宪法的民主精神,结合中国实际进行改革,增设考试权和监察权,用"五权宪法"代替了"三权分立"。

孙中山先生在发动和领导中国民主革命的过程中,非常关心亚洲被压迫民族的解放斗争,特别是东南亚民族解放运动的发展。孙中山的革命思想,不但对中国人民革命斗争产生了巨大的影响,也对东南亚民族解放运动产生了广泛的、深远的影响。

孙中山先生是近代中外文化交流的积极推动者和勇敢实践者。

一、孙中山向西方寻找真理和三民主义的形成

毛泽东曾说:"灾难深重的中华民族,一百年来,其优秀人物奋斗牺牲,前仆后继,摸索救国救民的真理,是可歌可泣的。"[1]孙中山是在中国共产党诞生以前向西方寻找救国救民真理的先进代表。

孙中山(1866—1925),名文,幼名帝象,谱名德明,号日新,嗣号逸仙。旅居日本时,曾化名"中山樵","中山"之名由此而来。1866年11月12日出生于广东香山县(今中山市)翠亨村一个贫苦农民家庭。

[1] 毛泽东:《改造我们的学习》,《毛泽东选集》(合订一卷本),人民出版社,1964年版,第754页。

19世纪70年代初,孙中山全家有六口:父亲孙达成(1813—1888)、母亲杨氏(1828—1910)、哥哥孙眉(1854—1915)、姐姐孙妙茜(1863—1955)、妹妹孙秋绮(1871—1912)和孙中山。全家衣食,主要靠父亲佃耕六亩半地。为了贴补家庭生计,其父还在夜间兼当村中更夫。母亲杨氏虽系缠足,却也参加辅助性农业劳动。就是这样,这个家庭还是缺衣少粮,日子过得十分艰难,常把番薯当作主粮。到孙中山3岁那年,15岁的孙眉就给地主当长工。那时广东福建沿海劳动人民在家乡生活不下去,便到异国谋生,但也凶多吉

身着中山装的中华民国临时大总统孙中山(1866—1925)

少。孙中山的两位叔父孙学成、孙观成便因此客死异国他乡。可是，到1871年，哥哥孙眉受不了东家的欺压，还是背井离乡，到檀香山去另谋生计。

因家境贫苦，孙中山自幼参加农业辅助劳动，10岁始入塾。他的国学知识主要是长成后补习自修所得。

广东是一个富有革命传统的地方。鸦片战争时期林则徐、关天培领导爱国军民抗击英国侵略者的英勇事迹，一直在香山民间传颂；太平天国的革命狂飙，在香山有过热烈的反响。太平天国革命运动虽然失败了，但先烈们的光辉业绩及其未竟遗志，仍然深藏在人们心中。翠亨村有一个叫冯爽观的太平军老战士，常常给孩子们讲述太平天国领袖洪秀全的故事，孙中山听得十分出神。太平天国革命者的英雄形象、清朝统治者的狰狞面目，在孙中山幼小的心灵里留下了深刻的印象，埋下了革命思想的种子。

哥哥孙眉1871年赴檀香山后，先为雇工，数年后自营农场，孙家境况日趋改善。1878年，12岁的孙中山随母亲杨氏到檀香山投靠哥哥孙眉生活。第一次离家出国，开拓了他的眼界。他自己说："始见轮舟之奇，沧海之阔，自是有慕西学之心，穷天地之想。"[1]

孙中山远航的目的地檀香山，即夏威夷岛，位于太平洋之中，介于亚洲和美洲之间。那时，这里虽是一个君主国家，但资本主义正在这里茁壮成长，其中包括孙眉开办的华侨资本主义工商业和农垦业。随着欧风美雨的影响，这里已兴办了资产阶级学校。孙中山于这年六月到达檀香山后，起初被安排在孙眉开设的商店协理店务，学记账、珠算。孙眉很快发现自己的弟弟对这里的新鲜事物饶有兴趣，有强烈的求知欲和很好的领悟能力，便改变了要孙中山学生意的最初打算。第二年（1879年），孙中山被送入意奥兰尼（Iolani）学校（男子中学）读书3年。在这所学校，孙中山以十分刻苦的精神，在很短的时间内掌握了英语，且得了英文文法第二名。毕业后又于1882年秋升入檀香山的最高学府奥阿厚（Oahu）书院（相当于高级中学）。孙中山从这些英美教会所办、以英语授课的学校中接受西方科学文化知识的基础

[1]《孙中山全集》第一卷，第47页。

教育，开始受西方资产阶级民主主义思想的熏陶，并对西方教育制度留下了深刻的印象。他后来忆述："至檀香山，就傅西校，见其教法之善，远胜吾乡，故每课暇，辄与周围同学相谈衷曲，而改良祖国、拯救同群之愿，于是乎生。当时所怀，一若必使我国人人皆免苦难，皆享福乐而后快。"[1]

1883年夏，孙中山自檀香山归国。这时，他已是初步具有资产阶级政治观念和近代科学文化知识的17岁青年。他对祖国的贫穷落后颇感不满。同年秋，孙中山到了英国殖民统治下的香港。从这年11月到1886年，孙中山靠家庭的经济支持，先后进入香港的中等学校——拔萃书室（Dioceson Home）、中央书院（Central School），即后来的维多利亚书院（Victoria College）、域多利书院（Queen's College）读书。在此期间，孙中山更加刻苦攻读中外书籍，进一步学习西方资产阶级文化知识，并细心考察香港的市政建设。

1886年，20岁的孙中山经美国公理会传教士喜嘉理（C.R. Heger）介绍，进广州博济医院附属南华医学堂（今广州中山医学院附属第二医院旧址）学医。在这里，他结识了与反清秘密组织三合会有密切联系的同学郑士良，经常商讨救国大计。为了谋得更好的学习条件和言论自由，孙中山于1887年10月转学香港西医书院（College of Medicine for Chinese Hong Kong，即香港大学医学院前身）学医5年。学医之余，博览中国经史和西方的政治、军事、历史、农学等书籍，特别喜读达尔文的《物种起源》、《法国革命史》以及欧美资产阶级革命家传记。他接受了达尔文学说中的积极进化论和欧美资产阶级革命的天赋人权理论，向往着法、美的共和革命，在思想上逐渐积累着在中国实行反清革命的因素，期望从中找到解决中国社会问题的钥匙。1892年，孙中山26岁时，以全校之冠的优异成绩毕业，结束了他的学习生活。

从12岁到26岁（1878—1892），孙中山接受西方资本主义教育，共14年。在此期间，作为一个积极向西方学习、探求救国真理的青年，他学到了不少自然科学知识，也接触了一些资产

[1]《孙中山全集》第二卷，第359页。

阶级社会政治学说，使他向往西方资产阶级文明。与此同时，国内外人民反帝反封建斗争的生动事实，更给予他积极的影响。这些，对于他的资产阶级革命思想的形成，都起了重要作用。

1892年前，孙中山向西方学习，主要获得了以下几方面的进展：

第一，怀疑和厌弃中学、旧学、科举制度，热心接受西学、新学。

第二，通过实地观察，领悟到西方的先进和中国的落后，深感必须"发奋自雄"，尽快学习和赶超西方资本主义列强，以结束落后挨打局面。

第三，逐渐把对清政府的强烈不满同从西方学到的资产阶级民主革命思想相结合，孕育着以资产阶级民主政体取代封建专制政体的思想。

从1892年秋季起，孙中山在澳门和广州两地设立中西药局和东西药局，开业行医。不满两三个月，声名鹊起，成为一位擅长外科和治疗肺病的良医。

但是，孙中山不满足于做一名普通的医生，而是日益关心国家民族的安危。他"借医术为入世之谋"[1]，在行医中积极结识一些对清朝统治不满的爱国青年和会党分子，议论时政，寻找救国之路，开始了挽救民族危亡的政治活动。

尽管孙中山的反清革命思想日趋炽热，但当时他尚找不到可以实现革命抱负的力量，因而希望借助洋务派大官僚、直隶总督李鸿章那样的大官员，来实现自己改革时政的主张。1894年6月，孙中山偕好友陆皓东至天津上书直隶总督李鸿章。在由他起草的长达8000余字的长函中，主张引进先进的科学技术和管理制度，使"人能尽其才，地能尽其利，物能尽其用，货能畅其流"，即从发展教育事业、农业、工矿业、商业和交通运输业四个方面着手，作为中国"富强之大径，治国之大本"。[2]但孙中山对未受李鸿章接见、上书也未被理睬的情况，深感失望。当时，适逢日本发动侵华战争（即甲午战争），孙中山对清廷在战争初期的颟顸无能尤感愤慨。于是，他毅然抛弃了对清廷的幻想并摆

---

[1]《建国方略》，《孙中山选集》上卷，第168页。

[2]《上李鸿章书》，《孙中山全集》第一卷，第8~18页。

脱改良主义的羁绊，转而走上武力推翻清政府的民主革命道路。

1894年11月，孙中山重抵檀香山。20多名华侨爱国青年接受他的建议，成立兴中会。孙中山起草《兴中会章程》，强调帝国主义侵略中国所造成的民族危机的严重性，提出"驱除鞑虏，恢复中华，创立合众政府"的革命主张。这是中国第一个以建立新制度为目标的民主革命纲领。在孙中山的领导下，兴中会组织会员进行军事训练，向爱国侨胞募集资金，为反清武装起义作准备。

1895年初，孙中山回香港成立兴中会总机关，后又到广州建立兴中会组织，准备举行广州起义，为推翻清朝建立第一个据点。不料第一次反清起义未及发动即遭受失败，孙中山从广州出走，经澳门、香港逃亡日本，在海外继续组织推翻清朝的革命斗争。

1896年9月，孙中山横渡大西洋，来到英国伦敦，为清驻英公使馆绑架，面临被偷运回国处死的危险。旋得他的老师、香港西医书院前教务长康德黎等奔走营救，始获释放。伦敦蒙难13日，使孙中山驰名中外。此后他用半年多时间，在大英博物馆等处，继续苦苦探索救国真理，潜心研读欧美各种流派的著作，并就地考察英、德的社会状况，思索西方各国政治制度的得失。他后来自述：此期间"所见所闻，殊多心得，始知徒致国家富强、民权发达如欧洲列强者，犹未能登斯民于极乐之乡也，是以欧洲志士，犹有社会革命之运动也。予欲为一劳永逸之计，乃采取民生主义，以与民族、民权问题同时解决"[1]。30岁的孙中山在理论上的探索导致了日后三民主义学说的形成。

从1897年8月起，孙中山侨居日本历4年余。他一方面注意结交日本朝野人士，与部分旅日华侨和留学生建立联系，支持菲律宾、越南、缅甸的民族解放运动，一方面加紧筹备国内起义。后来，这些国内起义大多失败。

1903年秋，孙中山再抵檀香山，在改建兴中会的基础上建立名为"中华革命军"组织，并在入会誓词中提出了"驱除鞑虏，恢复中华，创立民国，平均地权"的16字纲领。与原来兴

[1]《建国方略·孙文学说》，《孙中山全集》第六卷，中华书局，1985年版，第232页。

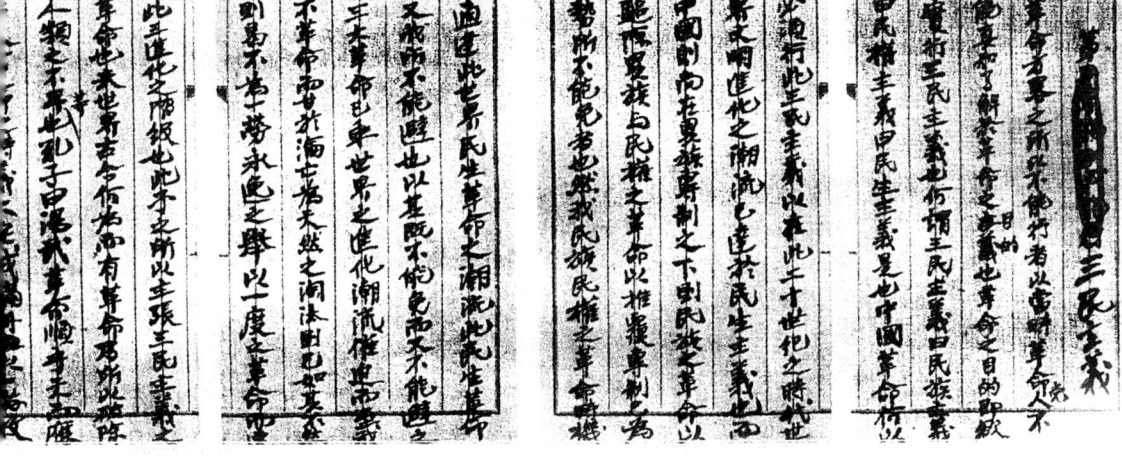

孙中山先生手著《三民主义》原稿（部分）

中会的主张相比，这个新纲领的民主共和要求更为明确。

1905年8月20日，孙中山在留学生和革命流亡者的集中地日本东京，组建中国同盟会，并以他提出的上述16字纲领作为中国同盟会宗旨。孙中山被推举为同盟会总理。

中国同盟会是中国近代第一个资产阶级政党。它的诞生使中国民主革命运动终于有了一个指导中心。数年之内，海内外纷纷成立同盟会支部和分会，会员激增至数万人。

同年11月，同盟会机关报《民报》在东京创刊。孙中山在发刊词中，把自己从西方资产阶级革命时代的武器库中学来的进化论、天赋人权论、资产阶级共和国等三项思想武器，结合当时中国面临的民族解放、民主革命和社会改革三大历史任务，参照美国总统林肯关于民有、民享、民治的思想主张，第一次提出了"民族、民权、民生"三民主义思想理论体系。他把三民主义定义为"使中国永久适存与世界"的"救国主义"，本质上是一种建设近代国家和近代社会的理论。按照三民主义的理论逻辑，推翻清王朝是实现民族主义的前提，对外争取平等、建立独立自主的民族国家是实现民族主义的目标；对内建立人人平等的民主共和政体是确立近代国家的根本保障；消灭贫富不均、建立以中产阶层为主体的近代社会是奠定近代国家的坚实基础。三民主义就像一面富有号召力的资产阶级民主主义的革命旗帜，把散居各地的广大革命者集结成为具有共同理想基础的伟大的战斗力量。

孙中山革命理论的创建，贯穿着"学以致用"、"洋为中用"、与时俱进的原则精神。他自己曾说："余之谋中国革命，

孙中山先生手书黄埔军校训词

其所持主义，有因袭吾国之固有思想者，有规抚欧洲之学说事迹者，有吾所独见而创获者。"这句话有两层意思，一层是说他研讨中西学问，是为了谋求中国革命，实行他的主义；一层是说他的学说或主义，是由因袭中国固有、规抚西方事理和自己创获三部分组成。那么，这三部分在孙中山思想中各自的位置怎样？以他和康有为、章太炎比，他规抚西方的东西远比康、章多，因袭中国固有的东西则比他们少，这正是他的思想"适乎世界潮流"之处。但是，孙中山对中国固有文化是尊重的，其间有因袭，有发扬；更重要的是他能面对中国实际，广泛地借鉴和吸收西方文化，从而产生他的创获。[1]

孙中山早年在檀香山、香港、广州等地接受过长期的、正规的西方科学文化的教育，真正做到了精通西学。同时长年累月在海外居住，了解世界大势，熟悉欧美国家政治、经济等情况。据统计，孙中山一生有31年是在异国他乡度过的。其中檀香山7年，美国近2年，加拿大3个月，英、法、比、德等欧洲国家1年零10个月，日本7年零10个月，南洋3年零10个月，另在

[1] 张启承、郭志坤《孙中山社会科学思想研究》陈旭麓序言，安徽人民出版社，1985年版，第2页。

香港8年零9个月，澳门5个月。同时代的中国人中，没有哪一个能够像孙中山那样，既深刻地了解自己的国家，又深刻地了解世界的情势和潮流。孙中山在海外及港澳的经历、见闻，以及对各国、各地所作的考察、探索，使他在创立三民主义时多所凭借，能够站在世界潮流的前面，成为当时先进的中国人的代表。

与时俱进的孙中山先生，晚年在俄国十月社会主义革命的影响下和中国共产党的帮助下，采取联俄、联共、扶助农工三大革命政策，把三民主义发展为新三民主义，完成了自己一生中最伟大的转变，从而促成了第一次国共两党的合作，推动了第一次国内革命战争的发展，促使中国革命走向新的高潮。

为了拯救中国，孙中山先生献出了毕生的精力，对中国人民的革命事业作出了杰出的贡献。毛泽东对孙中山一生的战斗业绩作了崇高的评价："孙中山先生之所以伟大，不但因为他领导了伟大的辛亥革命（虽然是旧时期的民主革命），而且因为他能够'适乎世界之潮流，合乎人群之需要'，提出了联俄、联共、扶助农工三大革命政策，对三民主义作了新的解释，树立了三大政策的新三民主义。"[1] "他全心全意地为了改造中国而耗费了毕生的精力，真是鞠躬尽瘁，死而后已。"[2]

二、孙中山借鉴西方代议民主共和制

人类自从进入有国家的社会以来，为了寻求一个较为理想的治理国家的形式，自觉或不自觉地，有意识或无意识地，不断地进行探索，致使国家统治形式多样化。资产阶级在推翻封建君主专制统治、建立资产阶级国家过程中，把代议[3]运用到国家政治生活领域，形成了代议制度。它最早形成于英国，出现于17世纪末18世纪初。代议制度在英、美、法等国家确立后，欧美其他国家也先后把它作为国家政治制度。

马克思主义经典作家在指出资产阶级国家的代议制度是为资产阶级统治服务的同时，对于代议制民主一直给予充分的肯定和

---

[1] 《新民主主义论》，《毛泽东选集》（合订一卷本），人民出版社，1964年版，第661页。

[2] 《纪念孙中山先生》，《毛泽东选集》第五卷，第312页。

[3] "代议"就其词义而言就是"代表商议"、"代表议事"，是指由某一个人代表某一特定的群体，同另一些代表其他群体的人，就彼此共同面临的问题（或事务）进行商议、讨论，必要时共同作出决定，以便他们所代表的群体能采取相互一致的行动。它是人类群体处理共同事务的一种制度化程序。在当代社会，公司的董事会、政党的代表大会……都是代议程序在不同领域运用和表现的具体形态。

重视。

代议制度作为人类治理国家的一种手段、一种工具，是人类智慧在政治生活领域中结出来的一个文明果实，而不是只适合某个特定阶级的专用品。[1] 300年来人类社会在各方面的发展和进步表明，代议制度作为一种政治统治工具，是迄今为止人类治理国家的一个较为理想的形式。

1840年爆发的鸦片战争，对中国社会产生了两个结果：一、鸦片战争后，资本主义经济文化渐次侵入，历时两千余年的地主—小农经济逐渐趋向解体，动摇着以此为经济基础的专制君主政体；二、伴随着资本主义经济文化的侵入，那为中国人闻所未闻的包括民主、共和、代议这类与资本主义政治文化相应的政治制度等知识被介绍到中国来。当时少数具有改良思想的旧式官僚与爱国知识分子把它作为挽救民族和国家存亡危机的良方加以接受和宣扬，随后被中国民族资产阶级所接受。从此，西方资产阶级代议民主制，成为中国民族资产阶级追求实现的用以取代君主专制政体的政治目标。于是，中国政体的转轨变型，开始了艰难的起步。

1898年的戊戌变法，是中国民族资产阶级改良派为在中国建立资本主义代议制政体进行的最初尝试。戊戌变法中维新派所设想的基本内容是立宪法、开国会，实行以皇帝为首的三权分立的政治体制，亦即二元君主立宪制。由于地主阶级的力量强大和民族资产阶级的力量过于弱小，导致戊戌变法失败。中国民族资产阶级所进行的代议制政体的最初尝试自然付诸东流。

在清政府灭亡前的最后十年，清政府在内外强大的压力下不得不发动了一场"清末立宪"运动，企图效法英、德和日本，通过改革君主专制为君主立宪，实现王朝的自我挽救。然而，清末君主立宪改革在以孙中山为代表的资产阶级民主派发动的武装革命的打击下，而告夭折，成为历史的陈迹。随着辛亥革命的爆发和胜利，以孙中山为代表的中国资产阶级揭开了创立资本主义代议民主制新的一页。

1910年10月10日，在以孙中山为首的中国同盟会的领导

[1] 田穗生等：《中外代议制度比较》，商务印书馆，2001年版，第12~13页。

下，武昌起义成功。10月12日，革命党人在汉口成立中华民国军政府湖北都督府。10月28日，中国同盟会中部总会负责人宋教仁到达武昌后，便与居正等人集议，决定制定一个临时约法，由宋教仁执笔起草。不久宋教仁拟订出临时约法草案，即《中华民国鄂州约法》，11月9日由湖北军政府颁布。

《中华民国鄂州约法》是革命党人以资产阶级自由、平等、博爱和"天赋人权论"为思想基础，以三权分立为理论基础，制订颁布的第一个带有宪法性质的重要文件，初步拟订了代议民主制度政体的框架，成为后来南京临时政府制定的《中华民国临时约法》的蓝本。这部约法虽然由于形势的变化，没有得到全面实施，但在当时对于动员人民推翻清王朝的专制统治起着巨大的促进作用。许多独立省份即以它为蓝本组建政府，如《江西临时约法》从形式到内容几乎完全与它相同。

湖北军政府在戎马倥偬之时，除制定主要法律文献《中华民国鄂州约法》外，还进行了一系列立法活动，开中国资产阶级法律制度正规建设之先河，标志着古老中华法系的崩溃与中国近代资产阶级法制体系的诞生。

武昌起义的烽火迅速从武汉三镇燃遍全国各地。在一个多月的时间里，有14个省、市相继宣告独立。在这样的情况下，组成一个统一的中央政府以最后取代清王朝的专制统治，成为当时革命党人和独立各省的当务之急。1911年11月9日、11日，湖北都督黎元洪和上海都督陈其美分别通电各省，邀请各省派代表商讨组织中央政府的问题。经过频繁的电报、书信往返和激烈争论，几经磋商，最后决定：各省代表会议在武汉召开。

11月21日，各省都督府代表在汉口开会，并于12月2日通过《中华民国临时政府组织大纲》，首次用法律形式确认共和国政体的诞生和专制君主政体的灭亡。

在汉口会议举行期间，形势发生了变化：一是汉阳失陷，武昌陷于清军威胁之下，二是江浙联军于12月2日攻克南京。因此，会议决议临时政府设于南京，各省代表到南京开会。

12月14日，各省代表在南京继续开会。围绕黄兴和黎元洪谁应当选临时大总统问题，展开激烈争论，直到12月下旬临时中央政府还未能组成。正在这时，全国公认、世界瞩目的革命领袖孙中山先生于12月25日从国外回到上海，僵局才被打开。许多革命团体纷纷致电南京各省代表，"请举孙中山先生为总统，以救国民。兆众一致，全体欢迎"。至此，临时大总统的人选，已是众望所归，非孙莫属。12月29日，17省代表召开选举会，选举孙中山为中华民国临时大总统。这一系列活动为创立近代中国资产阶级代议共和制政体，进行了必要的准备。

1912年1月1日，孙中山自沪抵宁，正式就任中华民国首任临时大总统，宣告中华民国正式成立。中国历史上第一个资产阶级共和政体诞生，昭示着历时两千多年的封建君主专制政体的终结。

南京临时政府成立以后，在同企图篡夺辛亥革命胜利果实的以袁世凯为代表的大地主、大官僚买办资产阶级势力的激烈斗争中，极为艰辛地创立了资产阶级代议民主共和政治制度。其中两项重大活动斗争尤为激烈。

其一是《中华民国临时政府组织大纲》（以下简称《大纲》）

孙中山临时大总统办公室（南京）

的修订和修订后《大纲》所规定的政体体制的实施。

《大纲》是临时政府成立之前，由谭人凤为议长的湖北军政府代行中央政府职权，制定并由各省代表签名公布的。它不是由人民代表制定，且对于人民的权利和义务没有明确规定。孙中山就任临时大总统后，各省都督府代表会议修订了《大纲》。在孙中山的坚持之下，修订后的《大纲》规定，南京

> 大總統誓詞
>
> 傾覆滿洲專制政府，鞏固中華民國，圖謀民生幸福，此國民之公意，文實遵之，以忠於國，為眾服務。至專制政府既倒，國內無變亂，民國卓立於世界，為列邦公認，斯時文當解臨時大總統之職。謹以此誓於國民。
>
> 中華民國元年元旦 孫文

孙中山宣誓就任中华民国临时大总统时宣读之誓词

临时政府实行总统共和制政体。据此，临时大总统在国家政权中承担实际的政治责任，权力极大，对于若干职权的行使，诸如行政权、复议权、统军权、宣战权、议和权等等，虽按规定要取得临时参议院的同意，但又并不对其负责；同时根据《大纲》第六条之规定，临时大总统以国家首脑的地位，并有设立司法机关之权。根据《大纲》规定设立的南京临时政府体制，并不全面具有西方国家政府三权分立的特色。这是中国当时的局势所决定的。然而，南京临时政府还是力图按照西方资本主义国家三权分立的原则来建设政府体制，这突出地表现在代议机关的创立方面。按照《大纲》的规定，国家立法权由临时参议院行使。1912年1月28日，由各省都督派遣的参议员（每省3人）组成的参议院，在南京召开成立大会。参议院成立后，议员们以记名投票方式选举了议长、副议长和全院委员长。参议院依据《大纲》的规定，

行使立法、财政、任免、外交和顾问等五项职权。参议院议决决议案，须有半数以上议员同意；宣战、议和、缔约及大总统交令复议的事件，必须有到会议员2/3以上的同意方可成立。这些，同总统共和制国家的议会大体相仿。从参议院所公布的各项政策法令来看，它对于维护中国资产阶级民主共和制度与健全资产阶级政权体系，付出了相当大的努力并取得了一定的成果。总体来说，孙中山领导的南京临时政府经过努力，基本上引进了西方的带有总统制特色的资产阶级性质的代议民主共和政体，这是历史的进步，在当时的情况下，是十分不易的。

其二是制定了第一部资产阶级宪法性质的《中华民国临时约法》（以下简称《临时约法》），为进一步在中国建立资产阶级代议民主共和政体绘制了蓝图。

上文提到的《中华民国临时政府组织大纲》只是一个政府组织法，且存在许多片面性。按其规定付诸实施后，资产阶级革命派便看到它的种种不完善。于是，他们在参议院成立后，便着手完善代议民主共和制度，开始制定宪法。与此同时，清帝在南方革命势力的压力和袁世凯的逼迫下宣布退位。根据南北和约条款的规定，清帝退位实现后，袁世凯将取代孙中山出任大总统。为了防止袁世凯掌权后改变乃至废除代议民主共和政体，临时大总统孙中山加快了制宪的步伐。1912年3月11日，南京临时政府正式颁布3月8日由参议院议决通过的中国历史上第一部资产阶级的宪法性法律《中华民国临时约法》（以下简称《临时约法》）。

《临时约法》共7章（总纲、人民、参议院、临时大总统、副总统、国务员、法院、附则）56条。其基本内容如下：

（一）确立近代中国资产阶级代议民主共和制

南京临时政府成立之时，根据《中华民国临时政府组织大纲》和《修正中华民国临时政府组织大纲》，革命党采用美国式共和政体组织了政府。《临时约法》中虽然将总统制改为责任内阁制，但共和政体的形式仍然如故。

其一，《临时约法》规定统治权的组成部分——"中华民国以参议院，临时大总统，国务员，法院，行使其统治权"（第一章第四条)。这样，统治权同西方资本主义国家一样，被分为立法权（参议院）、行政权（总统、国务员）、司法权（法院）三部分。

其二，明确划分了各机关的权限，使其各司其职又相互制约。参议院由各省选派之代表组成，议决一切法律案，选举临时大总统。临时大总统代表政府总揽政务、公布法律，统率全国海陆军队；经参议院之同样制定官制官规，任免文武官员、国务员、外交使节，宣战媾和、缔结条约，宣告大赦、特赦、减刑；依法律发布命令，宣告戒严；代表国家接受外国使节等等。国务总理及各总长，均称为国务员，辅佐临时大总统负其责任。法院由临时大总统及司法总长分别任命之法官组成，依法审判民刑诉讼案件。由此，立法、行政、司法三权分立，相互监督，彼此制约，一个西方代议民主共和制用根本大法的形式确立下来。

（二）确立国民在国家中的地位

《临时约法》否定"朕即国家"、"万世一尊"的封建君主专制政体，规定："中华民国，由中华人民组织之"；"中华民国之主权，属于国民全体"，并具体规定了国民的权利和义务。

孙中山主持制定的《临时约法》，用国家根本大法的形式，废除了两千多年的封建君主专制制度，借鉴西方代议民主共和制，初步确立了中国资产阶级代议民主共和制，揭示了近代中国发展的方向。它是中国法制史上的一座重要里程碑。

《临时约法》在亚洲19世纪末20世纪初资产阶级宪政运动史上有重要的历史地位。当时，菲律宾、伊朗、印度、土耳其等国的资产阶级为争取民族独立和民主立宪作了长期艰苦的斗争，也都制定过宪法，但无论从形式还是内容，都无法同《临时约法》相比。它堪称是当时亚洲一部最优秀的资产阶级民权宪章。

三、孙中山学说在东南亚的传播和影响

孙中山先生是中国民主革命的先行者，同时也是亚洲民族运

动的杰出代表。他在发动和领导中国民主革命的过程中，非常关心亚洲被压迫民族的解放斗争，特别是东南亚民族解放运动的发展。孙中山先生的革命思想，不但对中国人民革命斗争产生巨大的影响，也对东南亚民族解放运动产生广泛而深远的影响。

从1900年到1911年的11年间，孙中山先生曾先后8次到东南亚各国宣传和开展革命活动。越南、新加坡、马来亚和泰国等地都留下了他的足迹。每次到东南亚，他总是首先向华侨宣传革命思想，然后华侨又把这些思想传播给当地人民，并与当地人民一起反抗殖民主义统治。孙中山先生的三民主义、反帝反封建、民主共和的思想，成为东南亚人民争取民族解放的强大思想武器，并直接影响了东南亚一些领袖人物的成长。

越南近代卓越的爱国者和革命先驱潘佩珠（1867—1940）便是深受孙中山革命思想影响的越南领袖人物。

1905年，孙中山先生在日本横滨致和堂两次会见潘佩珠。孙潘横滨会晤是潘氏思想发展的转折点。这一转折点使他由拥戴阮氏王室反抗法国殖民者的志士变成一个民主共和主义者。在会见孙中山之前，潘佩珠受我国康有为、梁启超思想的影响，主张恢复越南阮氏封建王朝的统治，不懂反帝必反封建的道理。因此，在此之前他的革命指导思想是，"驱逐法贼，恢复越南，建立君主立宪国"。孙潘会晤时，孙针对潘氏以上思想，痛斥君主立宪制的虚伪，主张推翻君主制，实现民主共和。虽然，囿于当时形势，潘不能立即见诸行动，但孙中山的话对他触动很大，使他深受启发。从此，潘佩珠"因多与中国同志相周旋，民主主义思想日益浓厚，虽阻于原有之计划，未能大肆其词，然胸中含有一番改弦易辙之动机，则自此始"[1]。由于这次会晤的重大意义，1925年孙中山逝世时，潘佩珠写了这样一副挽联：

  道在三民，志在三民，忆横滨致和堂两度握谈，卓有真神贻后世；
  忧以天下，乐以天下，被帝国主义者多年压迫，痛分余泪泣先生。[2]

[1]《潘佩珠年表》。

[2] 潘佩珠：《自我批判》，第78页。

这副挽联不仅表达了潘佩珠对孙中山的崇敬和悼念之情，也说明横滨致和堂晤谈孙中山对潘佩珠思想发展的巨大影响。

1911年辛亥革命推翻了清政府的统治，不但为中国人民的革命事业开辟了前进的道路，而且也给越南人民以巨大鼓舞。越南人民把中国人民的胜利看作自己的胜利，许多人家悬挂孙中山的照片以示崇敬，还编写书籍传颂孙中山的革命事迹。

潘佩珠在泰国获悉辛亥革命胜利的喜讯后，非常兴奋，立即撰写《联亚刍言》一书，阐明亚洲各民族联合起来打败帝国主义的道理，并且殷切希望重返中国进行革命活动。辛亥革命的胜利大大鼓舞了潘佩珠的斗志，1912年1月1日中华民国临时政府成立，孙中山在南京就任临时大总统。2月上旬，潘佩珠等一批越南革命者云集广州，在沙河刘氏祠堂（刘永福旧居）召开会议，决议取消维新会，成立越南光复会。其宗旨是："驱逐法贼，恢复越南，建立越南共和国。"这表明潘佩珠在思想上完成了从主张立宪到提倡民主共和的转变。从此，越南的革命运动把反帝反封建结合起来了。这标志着越南的民族解放运动进入了一个新阶段。

同年2月底，潘佩珠专程到南京会晤孙中山，并参加了第一次国会，备受礼遇。孙中山日理万机，应接不暇，百忙中与潘会谈仅数分钟，即嘱黄兴与潘会谈。黄还写信介绍潘赴广东会见胡汉民，请求照料侨居广州的越南留学生。潘离南京后，转赴上海，会见沪督陈其美。陈慨赠银元4000枚及弹药。此后，一批批越南青年先后进入北京士官学校、广西陆军学堂、广东军官学校等处学习，为越南革命输送了新鲜血液。

1917年，十月革命一声炮响，给中国送来了马克思主义，也给越南送来了马克思主义。十月革命的光辉照亮了中越两国人民胜利前进的道路。

20世纪20年代，世界和中国的形势发生了巨大的变化。在中国共产党和共产国际的帮助下，1923年孙中山重新解释三民主义，实行"联俄、联共、扶助农工"的三大革命政策，改组中国国民党，实现了国共第一次合作。这不仅推动了我国革命的发展，而且对潘佩珠思想的发展也产生了深刻影响：一、他认识到革命形势变了，赞同孙中山重新解释的三民主义和实行的三大政策。他仿效孙中山改组中国国民党的做法，把越南光复会改组为越南国民党。这明显地看出他受孙中山思想的影响。二、潘佩珠对革命的依靠力量的认识有了很大进步。孙中山认为，要革命就要发动和依靠农民，并提出"耕者有其田"的主张。这对发动农民参加反帝反封建的民主革命起了重大的作用。潘佩珠原来在光复会提出的"要同心"的10种人中，还没有把农民列入。直到1924年，潘佩珠才认识到农民的力量，主张发动农民。这显然也是受了孙中山思想的影响。

印度尼西亚的苏加诺（Sukarno, 1901—1970），是东南亚民族解放运动的著名领袖，是印度尼西亚独立后的第一位总统。苏加诺是深受孙中山革命学说影响的印尼领袖之一。

苏加诺接受孙中山思想的影响，早在其青年时代就开始了。他说："作为一个青年，贫苦的青年，我深深受到你们的父亲孙逸仙博士的鼓舞。在青年时代，我阅读过三民主义，我不是一次，而是两次、三次、四次，从头到尾地详细阅读三民主义。作为一个青年，我受到孙逸仙博士所提出的三民主义的鼓舞。三民主义，即民族、民权、民生鼓舞了我年轻的灵魂。"[1] 他在中国清华大学的演说中，公然承认："使苏加诺成为今日的加诺兄的，孙中山就是其中之一。"[2]

对苏加诺产生最大影响的是孙中山的民族主义思想。苏加诺在泗水荷兰中学读书时，曾受世界主义的影响，后来他回忆说："在1918年，感谢真主！另外一个人提醒了我，这就是孙逸仙博士！在他的著作《三民主义》中，我受到了教育，揭破了巴尔斯教给我的世界主义。我的心，就从那个时候起，在《三民主义》的影响下，深深地树立民族主义的思想。因此，如果说中华民族把孙逸仙博士当作他们的领导者，那末，我苏加诺作为一个印度尼西亚人，也衷心地感谢孙逸仙博士，直到我进坟墓的那一天。"[3] 可见孙中山民族主义思想对他影响之深。在《印尼控诉》一文中，苏加诺引用孙中山关于"民族主义这个东西，是国家图发达

[1]《苏加诺在清华大学的演说》，载《人民日报》1956年10月5日第2版。

[2]《苏加诺在清华大学的演说》，载《人民日报》1956年10月5日第2版。

[3]《苏加诺演讲集》：《建国五原则的诞生》，世界知识出版社，1956年版，第14页。

和种族图生存的宝贝"的话，认为没有民族主义就没有进步，没有民族主义就没有民族；他还大段引用孙中山关于"要使中华民族认识痛苦的现状，并提倡民族主义而且自觉行动起来"的言论，然后指出："这就是这位伟大的领袖的教言。这就是我们所要实行的。"[1]

1945年6月，苏加诺发表题为《建国五原则的诞生》的重要讲话，提出了印度尼西亚建国的五项原则。这五项原则，体现了苏加诺的整个思想体系。其中心思想就是坚持友谊、维护民族独立和民族团结。这个思想体系的形成，在很大程度上是受了孙中山思想的影响。对于这种影响，苏加诺自己做过很好的说明。他说："后来，我年纪大了，变得更成熟了，我把孙逸仙博士的民族主义、民权主义和民生主义加以综合，我把三民主义同我在精神世界里所接触到的伟大人物的理论结合起来。在这里，我放进了马克思的理论，恩格斯的理论，加米尔帕夏的理论……最后形成我在1945年呈献给印度尼西亚的礼品。它不是三民主义，而是'五民主义'，或者是潘查希拉（印度尼西亚建国五基）。"[2]苏加诺自己的这一结论，说明了孙中山对他的巨大影响。孙中山的思想不仅最早把他引上了民族主义的道路，而且三民主义奠定了他的民族主义的理论基础。在苏加诺的演说中还多次提到"天下为公"和"亚洲是一家"的思想，显然也是受孙中山思想的影响。正如他本人所说："亚洲是一家的思想，第一次是从孙中山那里知道的。"[3]

孙中山的革命思想深深影响了印尼领袖苏加诺的思想，也深深影响了印尼人民的觉悟。[4]

菲律宾人民争取民族独立、反抗美帝国主义的斗争，曾得到孙中山先生的关怀和支持。1898年6月，菲宣布独立不久，孙中山便在东京会晤菲律宾革命政府的代表彭西，积极协助他们购买军火。第二年7月，孙中山租海轮把采购到的军械弹药运往菲律宾，不幸海轮中途沉没，前功尽弃。1900年7月，孙中山又以7.5万比索购置第二批军火，却遭日本政府暗中阻挠未能运出。菲律宾革命政府也向孙中山送过10万日元，作为同盟会的

[1]《苏加诺演讲集》，世界知识出版社，1956年版，第426~427页。

[2]《苏加诺在清华大学的演说》，载《人民日报》1956年10月5日第2版。

[3] 宋庆龄：《访问印度尼西亚的报告》，《人民日报》，1956年9月27日。

[4]《1956年11月11日印尼中国友好协会副主席拉苏娜·赛依德夫人在北京各界人民纪念孙中山诞生90周年纪念大会上讲话说："我敢说印度尼西亚人民的觉悟是受到孙博士的启发的。"见《人民日报》，1956年11月12日第3版。

经费,为援助中国的民主革命尽了力量。彭西十分赞赏孙中山的联合亚洲被压迫民族共同奋斗的思想:"对孙逸仙来说,远东各国的问题是可以放在一起来研究的。这些问题有着共同的特点。因此孙是朝鲜、中国、日本、印度、暹罗和菲律宾青年学生的热心赞助者之一。"[1]

缅甸民族运动的领袖、爱国僧侣吴欧德玛(1879—1939)1907年为寻求革命真理东渡日本,后经中国留日学生的介绍,会见了孙中山。两位政治家一见如故,侃侃而谈,坦率地交换了各自的政治主张,以及对东方各国民族解放运动的看法,观点基本一致,从而结下了深厚的革命友谊。

1911年,吴欧德玛自日本回国后,立即投身于反对英国殖民统治的缅甸民族解放运动的洪流之中。他以宗教名义组织了缅甸佛教团体总会,公开提出"克拉多克(Craddock,1918年~1922年任英属缅甸副总督)滚回去"等反帝口号。他还发起"温达努"(缅语意为"爱国的民族精神")运动,以及反对殖民当局的奴化教育,提倡爱国的民族教育,以激发青年学生的民族自豪感。吴欧德玛提倡的"温达努"爱国运动,显然是把孙中山三民主义中的民族主义,结合缅甸的具体情况提出来的。这种民族主义精神还体现在1930年成立的"缅甸德钦党"的名称中。所谓"德钦",缅语意即"主人",寓意为"缅甸人是缅甸的主人"。它同孙中山的"亚洲人是亚洲的主人"的思想,如出一辙。

1925年3月,孙中山先生不幸病逝。在中国人民举国哀悼时,吴欧德玛远涉重洋,代表全印回民大会和缅甸佛教团体总会理事会参加在广州举行的孙中山先生葬礼,表达他对孙中山先生的崇高敬意和痛悼缅怀之情。

为了推动缅甸民族解放运动的深入,德钦党领导人德钦巴东主编的《书苑》杂志,曾连续发表《孙中山——中国革命的领袖》、《三民主义》、《民族主义》等文章。1937年成立的红龙书社曾翻译出版孙中山先生的《三民主义》一书。孙中山先生的著作以及介绍孙中山先生的文章,引得当时一批批的缅甸青年学生走上民族解放斗争之路。诚如缅甸第一任总理吴努所言:"在

[1] 詹逊:《日本人与孙中山》,哈佛大学,1954年版,第70页。

我们的国家里,他的名字是人们所熟悉的,而且受着深切的敬重。"[1]

1928年成立的泰国资产阶级性质的政党——民党的左派领袖比里·帕侬荣,深受孙中山学说的影响,"他的理论中有明显的孙文主义印记"[2]。比里·帕侬荣被誉为"暹罗资产阶级民主革命的先行者",主张在政治上推翻君主立宪政体,在经济上实行改革。但是他们不是依靠群众力量起来推翻帝制,而是寄希望于军人政变。结果,右派军人利用他们的口号和纲领,于1932年6月24日发动政变,并出卖了比里·帕侬荣,使他不得不流亡国外。第二天,泰国又恢复了君主专制政体。

孙中山先生发起和领导的辛亥革命以及反帝反封建的革命斗争,曾极大地鼓舞了东南亚人民的革命斗志。他对东南亚各国民族解放运动的深厚同情和有力支持,进一步加深了中国人民与东南亚人民的传统友谊。他的民族主义、反对帝国主义的思想和民主思想,曾在东南亚国家广为传播。他的民主革命思想,对东南亚人民摆脱殖民统治、推翻君主专制制度和争取民族独立的伟大斗争,产生了极其深远的历史影响。

孙中山先生领导的中国同盟会有不少成员在奔走呼号推翻清朝帝制的革命活动中曾涉足东南亚。所到之处,一方面固然为倒清活动增蓄了实力,另一方面也为东南亚华人社会撒播了文化和教育的种子。这就为其后现代东南亚华文文学的出现奠定了最初的文化基础。[3]

---

[1]《各国领导人祝贺孙中山诞生90周年》,载《人民日报》1956年11月14日第4版。

[2] [苏]尼·瓦·烈勃里科娃:《泰国现代史纲》(中译本),商务印书馆,1973年版,第57页。

[3] 原甸:《马华新诗史初稿》(1920年—1965年)导论,三联书店香港分店、新加坡文学书屋联合出版,1987年初版,第1页。

第十一章
民国四次留学潮

辛亥革命推翻了闭关锁国的清王朝,建立了中华民国,排除了中外文化交流的最大人为障碍。中华民族为了尽快摆脱经济文化的落后状态,缩小与西方发达国家的差距,比晚清更大规模地派遣莘莘学子赴国外留学,由此形成了4次留学潮。出洋留学生们为探寻国家富强之路,刻苦学习国外先进科学技术,积极主动吸取域外文化的精华。

留学生和留学潮,就其源头而言,是西学东渐的产物;就其本质而论,又是向西方学习的一种形式;从文化交流的视角来审视,则是中外交流的主要代表和重要组成部分;从传播学的角度看,留学生应是晚清以来西学东渐的桥梁和中介;从其结果来看,不仅形成了清末民初世界文化史上空前的中外文化交流大潮,更由于包括马克思主义在内的西学的大量引进,中国传统的文化形态和社会形态都在不知不觉中发生了巨变,从而加速了中国现代化的进程。

一、留法勤工俭学潮

留法勤工俭学运动是五四新文化运动和反帝爱国斗争的组成部分,又是我国近代留学教育在新的历史条件下的进一步发展。它在传播西方文化、反对封建旧文化,特别是对马克思主义在中国的传播以及中国共产党的早期建设,都起过重要作用。

最早倡导勤工俭学的,是20世纪初在法国和英国留学的李石曾、张静江、吴稚晖等人。辛亥革命后,他们抱着教育兴国的思想从法国和英国回到国内。1912年初,他们在北京组织留法俭学会,并成立留法预备学堂。当时担任临时政府教育总长的蔡元培对此大力支持。1912年5月,留法预备学堂正式开学,招收第一批学生60多人入学。至11月底,这些学生完成预备学业如期毕业,取道西伯利亚乘火车赴法留学。1913年6月,第二批学生20余人又完成预备学业,同样取道西伯利亚乘火车赴法留学。在留法俭学会的组织下,短短几年,留法人数就达120人。

正当留法俭学会计划5年内将3000多名学生分批送往法国留学时,孙中山领导的讨伐袁世凯的二次革命遭到失败,袁世凯的专制独裁统治致使留法俭学会完全停止活动。

1914年第一次世界大战爆发后,战争中的法国急需大量从事生产劳动和后方勤务的工人,于是法国方面提出在中国招募华工,北洋军阀政府答应了这一要求。于是先后从中国招募了穷苦华工15万人到法国工厂做工。他们白天做工,工余学习法语和科学知识。这样,华工既有了经济收入,又提高了工艺水平,尤其是了解了当时世界上一些先进的科学知识和各种社会思潮,这是在国内所不能达到的。旅法华工们把"俭学"和"以工兼学"结合起来,提出了"勤工俭学"口号,并在1915年6月发起成立留法勤工俭学会,以"勤于工作,俭以求学,以增进劳动者之知识"为宗旨。此会一成立,入会者很踊跃,最多时达近千人。勤工俭学会广泛开展宣传和华工教育运动。在宣传方面,他们出版《勤工俭学传》,每月一期,用中文和法文刊出,内容为介绍艰苦劳动自学成才的名人事迹,宣传勤工俭学的意义。在华工教育方面,开设华工学校,学习中文、法文及机械知识,教师大都由留法的中国俭学生担任。1916年6月,中法两国文化教育界人士共同发起以发展中法两国之间的友谊,更加重视法国科学与精神的教育,力图发展以中国的道德、知识、经济为宗旨的华法教育会在巴黎成立。它除主持俭学会、勤工俭学会、华工学校等项事务外，还编辑出版《旅欧杂志》（半月刊），其目的是交换旅欧同人的知识，传播西方文化。

1916年袁世凯死后，蔡元培、吴玉章、李石曾等返回祖国，在北京恢复了留法俭学会和留法预备学校的活动，并成立华法教育会和留法勤工俭学会，作为经办全国赴法勤工俭学的总机关。1917年至1918年，华法教育会在北京和保定开办3所留法勤工俭学预备学校。

在1917年俄国十月革命的影响和1919年五四运动的推动下，留法勤工俭学运动进入了它辉煌的高潮。"1912年开始的赴法俭学及后来的勤工俭学，到五四运动前后，性质发生了变化。这时的赴法勤工俭学运动，是毛泽东、周恩来、赵世炎、蔡和森、吴玉章等同志为了认识世界，改造中国，学习俄国革命经验，寻找马克思列宁主义真理而积极提倡和发动的。它是五四新文化运动的重要组成部分。"[1]大批接受五四新思潮的先进青年积极加入留法勤工俭学的行列，使这个活动具有与它当时的倡导者明显不同的政治思想倾向。这些青年向往的，已不仅仅是法兰西的文明，不再是只想去学习一些西方科学技术文化知识，而是借此机会到欧洲这个社会主义发源地去学习新思想，寻求改造黑暗社会、改造中国的方法。1919年至1920年，留法勤工俭学运动风靡全国，不仅沿海的广东、福建、浙江、江苏、山东、直隶等省，连内地的山西、陕西、贵州、云南等省的青年学生都报名参加，掀起了我国现代又一次出国留学的热潮。据华法教育会1921年名册记载，1919年、1920年两年中赴法的勤工俭学学生，总计来自18个省，达到1600多人。其中多系中学生，也有小学生、师范生、大专学校学生、留日学生、教师、工人、农场工作者、商人、各业职员、店员、医生、记者、南阳等地的华侨师生以及任职政界的人士和退伍军人等。[2]邓小平也于1920年离开四川广安到法国勤工俭学。勤工俭学学生赴法后，都由华法教育会接待和安排工作或学习。一般白天打工，晚上学习，有一定积蓄后就专心致志地上一阵子学。法国接纳他们就读的学校有

[1] 清华大学中共党史教研组编：《赴法勤工俭学运动史料》（第一册），北京出版社，1979年版，第1页。

[2] 转引自陈辛仁主编：《现代中外文化交流史略》，中国书籍出版社，1997年版，第156页。

1919年寰球中国学生会送别留法学生

30多所,以枫丹白露、蒙塔尔纪、沙多居里、刚恩、德勒、默伦、暮岚等公学入学人数最多。女生集中在蒙塔尔纪女校。他们在校主要补习法文。法国各地约有70多家工厂企业接纳勤工俭学学生。以雷诺汽车工厂、圣太田列夫汽车工厂、勒阿弗尔·施乃德钢铁分厂、圣夏门沙丸冶炼制造厂、圣夏门炼钢厂、克鲁邹·施乃德钢铁总厂人数最多。

  在留法勤工俭学学生中,有一批学生是国内五四运动中的领导骨干和先进分子。他们到法国后,便在勤工俭学学生和旅法华工中组织各种社团,进行革命的宣传和组织活动。成立较早、影响较大的社团,有李维汉、李富春等组织的工学世界社和赵世炎、李立三等组织的劳动学会。工学世界社和劳动学会的成立,为中国共产党旅欧组织的建立奠定了思想和组织基础。

  勤工俭学运动最辉煌的成果,就是勤工俭学学生中的先进分子终于在资本主义世界找到了马克思主义这个救国救民的真理。1922年6月,统一的旅欧中国共产党和共青团组织诞生。他们的最初领导人是赵世炎、周恩来和李维汉。统一的中国旅欧党组

赵世炎、周恩来、李维汉等在旅欧勤工俭学学生和华工中组织了旅欧中国共产主义青年团

织和共青团组织先后出版《少年》月刊和《赤光》半月刊,在勤工俭学学生和华工中大力宣传马克思主义,扩大了马克思主义的影响。

由于国内革命形势发展的需要,从1923年起,旅欧党团组织有计划地分批选送骨干成员去莫斯科东方大学学习。到1925年"五卅"运动后,国内革命形势高涨,旅法党团组织大批成员经海路或经苏联回国参加国内的革命斗争。1926年底,留法勤工俭学运动基本结束。

留法勤工俭学的学生们从西方取来马克思主义真理,在为寻找从根本上解决中国问题的奋斗历程中作出了巨大贡献。

留法勤工俭学活动为中国革命事业培养和造就了一大批人才。周恩来、邓小平、陈毅、聂荣臻、李富春、蔡畅、赵世炎、王若飞、蔡和森、李维汉等是他们中的代表。他们回国后,纷纷投入轰轰烈烈的工农革命运动,在与工农相结合的道路上,迈开了更大的步伐,成为革命的中坚力量。

二、留苏潮

十月革命胜利后,人们开始把目光投向苏联。

在苏联,列宁领导的共产国际十分重视培养各国的革命干部,以推动世界革命运动的开展。

1921年春，苏联首都莫斯科成立东方大学（全称为莫斯科东方劳动者共产主义大学），设有中国班、日本班、朝鲜班等。学生的衣、食、住、行等费用由第三（共产）国际东方部提供。东方大学成立后，即1921年春天，瞿秋白、刘少奇、任弼时、萧劲光、柯庆施、彭述之、罗亦农等20多人在共产国际代表维金斯基的帮助下，经过化装前往莫斯科，组成东方大学中国班，由罗亦农任班长。1923年3月至1924年9月，在共产国际和苏联政府的同意和协助下，在巴黎的中共旅欧支部成员先后有三批赴东方大学学习，其中有赵世炎、王若飞、刘伯坚、陈延年、陈乔年、聂荣臻、李富春、蔡畅等人。

在中国，第一次国共合作实现后，革命形势迅速发展，东方大学中国班及国内的黄埔军校所培养的干部已不能满足实际的需要。1925年3月12日，伟大的民主革命先行者孙中山先生不幸与世长辞。为了给国共合作的中国大革命培养政治骨干，为了纪念这位为联俄联共作出突出贡献的伟人，苏联政府决定将东方大学中国部改名为孙逸仙大学，又叫中山大学。这一消息由当时担任国民党首席政治顾问的共产国际驻中国代表米哈依尔·鲍罗廷在1925年10月7日国民党中央政治会议第六十六次会议上宣布。根据鲍的阐述，中山大学归第三国际东亚部领导，实际上隶属于苏联共产党中央委员会。莫斯科中山大学招生的消息一经公布，各地向往革命的青年纷纷报名参考。

莫斯科中山大学的成立和招生，为渴望奔赴人类历史上第一个社会主义国家去学习的有志青年提供了时机，因此，去苏联学习成为一种时尚。不但广大青年踊跃报名，积极争取去苏联留学，一些国民党要人也纷纷把自己的子女送往苏联。如蒋介石的儿子蒋经国、冯玉祥的儿子冯洪国、邵力子的儿子邵志刚、叶楚伧的儿子叶楠、于右任的女儿于秀芝，以及谷正纲、谷正鼎、康泽、汪少伦、邓文仪等青年到中山大学学习。中国共产党方面从国内选派张闻天、王稼祥、乌兰夫、伍修权、沈泽民、左权等党团员和进步青年赴中山大学学习。此外，留学西欧的勤工俭学学生中的党团员，如朱德、邓小平、赵世炎、王若飞、陈延年、聂荣臻、李富春、傅钟、杨品荪等被通知直接从法国赴莫斯科中山大学学习。

校址设在莫斯科沃尔洪卡大街 16 号的中山大学自 1925 年 9 月成立，到 1930 年停办，5 年时间共招收 4 期学生，培养约 1000 多名毕业生。在国共合作时期招收两期。1927 年 4 月蒋介石叛变革命，并于同年 7 月声明断绝与中山大学的关系后，第三、四两期的学生实际上由中国共产党选派。

中山大学的第一期学生总人数为 300 人，其中有邓小平、张闻天、乌兰夫、伍修权、孙冶方、左权、周小舟、傅钟、沈志远、王明（陈绍禹）、蒋经国、冯洪国、叶楠、于秀芝、谷正纲、谷正鼎、郑介民、屈武、徐君虎、邓文仪等。

第二期学生中有秦邦宪（博古）、杨尚昆、李伯钊、张仲实、盛忠亮（盛岳）、李竹声等。

第三期学生中有一大批是旅法的华工。这期学生中有章汉夫、钱瑛、陈伯达、帅孟奇、陈昌浩等。

第四期学生中有来自莫斯科东方劳动者共产主义大学的近 100 名学生。从国内去的有中国共产党的一些领导干部，如董必武、林伯渠、徐特立、吴玉章、叶剑英、何叔衡、夏曦、杨之华（瞿秋白夫人）、杨子烈（张国焘夫人）等。

中山大学前期主要开设中国革命运动史、俄国革命史、东方革命运动史、社会发展史、哲学（辩证唯物主义和历史唯物主义）、政治经济学、经济地理学、列宁主义（主要学习《论列宁主义基础》）、俄语、军事学等课程。

中山大学后期随着办学宗旨的改变，教学计划和课程设置也相应做了一些改动。后期更注意用中国革命斗争的实际经验充实教学内容。考虑到很多学生回国后要做秘密工作，学校还帮助学生学习纺纱、织布、木工、电工等专业。

中山大学学生的生活条件比较优越。在苏联人民生活还很困难的时期，苏联政府对中国学生给予了特殊照顾。

中山大学培养的 1000 多名毕业生中，有很多人回国后成为中国共产党的重要干部。他们为马克思主义在中国的进一步传播、为中国人民革命事业作出了不同程度的贡献。

三、二三十年代的留学欧美潮

20世纪20年代中期到30年代末，中国社会在经过百年的战乱之后，终于进入了一个相对平稳的时期。北伐的成功，奠定了国民政府的权力基础，各地军阀不得不暂时同意"统一"在南京中央政府的领导之下。政治上的稳定，使中国的民族经济赢得了短暂的喘息时间而得以迅速发展；在思想文化领域，经过五四新文化运动狂风暴雨般的冲击之后，知识分子们开始试图在新的基础上重建中国文化。

在这样的历史背景下，中国又一次恢复有计划地向海外派遣留学生。

1927年国民政府定都南京后，中央和省市地方政府继续向美、英和西欧各国派遣官费留学生，每年不少于100人，最多时每年达千人。

1929年4月在南京召开的第二次全国教育会议就曾决议："以后选派国外留学生，应注重自然科学及应用科学，以应国内建设的需要，并储备专科学校及大学理农工医等学院的师资。公费留学生应视国家建设上的特殊需要，斟酌派遣，每次属于理农工医的，至少应占全额十分之七。自费留学生得以本人自愿，肄习任何学科，但学理农工医者，应尽量先叙补公费或津贴；学文哲政治艺术等科者，非至大学毕业入研究院时，不得受公家补助。"[1] 此后，南京国民政府在公派留学生时，将理工科列为重点。

对于留学生的管理，1933年4月国民政府颁布的《国外留学规程》（46条），分别就公费、自费生的资格、考选、管理、服务义务等项做了详尽规定。《国外留学规程》是中国留学教育管理经验的总结与发展。它将清末以来处于无序状态的留学教

---

[1] 转引自卫道治主编：《中外教育交流史》，湖南教育出版社，1998年版，第289页。

育，纳入有序的管理体系之中。由于方方面面都有明确规定，办理诸事有章可循，因而形成一个中央抓总则、重心在省市的留学教育管理体系。按照《国外留学规程》，凡符合留学资格的自费和公费学生均须领取留学证书，然后凭留学证书发给出国护照；公费生必须指定所学专业和留学国家，不得随意变更，留学年限至少2年，至多不得超过6年；回国后，必须将毕业证书送交教育部审查登记。

1937年以前，中国人到欧洲留学的较多，大多数集中在英、法、德、比等国。据统计，1929年至1932年，国民政府共派赴欧洲留学生1126名，其中德国300人，英国146人，法国522人，比利时134人，丹麦2人，荷兰1人，意大利4人，瑞典3人，瑞士1人，奥地利13人。仅在1932年，赴欧留学的学生就有241人，其中法国108人，德国64人，英国56人，比利时10人，奥地利3人。[1]

20世纪30年代初，随着中德友好关系的发展，中国留德人数不断增多。1929年留德学生仅为153人，1932年则增加到300人，到1936年竟达到500人，1937年更增加到700人。[2] 留德学生的快速增长有几方面的原因，主要有：一、德国的理工医科在世界上占据学术领先地位，吸引了大批中国留学生，加上国民政府派遣留学生时特别注重理工科，因而不少学生到德国留学。据统计，1937年留德的700名学生中，有50%学习化学、机械和电机，40%学习医学和陆军，只有10%学习文科。[3] 二、德国军事力量强大，军事技术首屈一指。加之蒋介石非常推崇希特勒的法西斯统治，希望中国也走德国之路。所以国民政府聘请大批德国顾问训练国民党军队，在军校中也聘用了不少德军教官，并选派陆军军官赴德各兵种和参谋大学深造。此外，还派海军生赴德学习鱼雷快艇技术。国民政府海军部在1929年至1938年派出20人留学德国，学习海军。三、德国重视对中国的教育施加影响。1936年2月，德国驻华大使陶德曼曾亲自在国民党中央电台发表了讲话，介绍德国大学情况，欢迎中国学生赴德留学。

---

[1] 转引自卫道治主编：《中外教育交流史》，湖南教育出版社，1998年版，第290页。

[2] 王奇生：《中国留学生的历史轨迹》，湖北教育出版社，1992年版，第84页。

[3] 王奇生：《中国留学生的历史轨迹》，湖北教育出版社，1992年版，第85页。

英国是中国海军留学的主要国家。1929年至1938年，中国派遣55人赴英学习海军。

自20世纪30年代中期开始，国民党的留学教育转向以地方留学为重心。从1934年起，江苏、山东、安徽、江西、湖南、湖北、河南、广西、山西、河北、广东等省相继举办自费留学考试，多数派往欧美。

这一时期，英、法、比、日等国仿照美国做法，自1922年开始将庚子赔款充作中国留学费用，有利于中国留学潮保持不衰。如，1934年至1936年，中国留英的学生竟达500多人。据统计：抗日战争全面爆发前，中国历年派出的留学生，1932年为576人，1933年为621人，1934年为859人，1935年为1033人，1936年为1002人，1937年为226人。[1] 20世纪20年代末30年代初，自费留学生达到高峰。据国民政府教育部统计，1929年至1935年的7年间，在国外的留学生达6000余人，其中自费生占5000人。[2]

1937年7月7日抗日战争全面爆发，留学事业受到极大冲击。国民政府颁布《限制留学生暂行办法》，规定留学生资格为：在公立、私立大学毕业后，继续研究完成或服务两年以上，留学科目一律暂以军、工、理、医各科为限。同时，当局要求在国外的留学生，满3年以上者，一律限期回国。

一时间，留学生纷纷辍学归国，尤以留日学生为多。抗战前夕，中国留日学生多达6000人。抗战开始后，留日学生不到两个月就有近4000人回国，到10月下旬，留日学生几乎全部返国。这次集体退学归国，使中国近代留日潮基本结束。

留学欧美的中国学生也纷纷回国共赴国难。抗战前夕，在欧美各国留学的中国学生共约4000人，到1938年5月，回国者几乎占了总人数的一半。据不完全统计，在抗日战争爆发的第一年，归国效力的中国留学生总数达8000余人。[3]

在归国留学生中，不仅有许多出国不久、学业未竟的学生，就是那些早年滞留未归，已在国外成家立业的海外学子，也不惜放弃自己的事业和安逸的生活，别妇抛稚，回到祖国，其中还有

---

[1] 李华兴：《民国教育史》，上海教育出版社，1997年版，第567页。

[2] 丁晓禾主编：《中国百年留学全纪录》（三），珠海出版社，1998年版，第890页。

[3] 丁晓禾主编：《中国百年留学全纪录》（三），珠海出版社，1998年版，第891页。

华侨留学生。

抗战初期回国高潮的形成，固然有留日学生不堪迫害、欧美留学生经济来源中断、国民政府教育部勒令回国等原因，但强烈的忧患意识和共赴国难的使命感，无疑是起决定性作用的内在原因。

军、工、理、医等专业的归国留学生在抗战时期尤为各方所急需。在科研设备和原材料奇缺的情况下，仍然作出了突出贡献。现代著名光学家龚祖同1934年公费留德，攻读博士学位，在博士论文即将完成尚未答辩时，抗战爆发。他毅然回国投入战时的光学事业，为制造前线急需的光学仪器而努力攻关。经过千辛万苦，终于在1938年试制成功我国第一台军用望远镜和机枪瞄准镜。

回国留学生中进入教育界的为数居多，这正好充实了抗战时期的高校师资队伍，使战时的高等教育反而比战前有所发展。

抗战时期归国的留学生，大部分前往大后方，也有不少转赴延安。1939年，中共中央在延安创办自然科学院。刚从德国留学归来的有机化工博士陈康白担任自然科学院副院长，后任院长。陈康白1932年留德，1937年回国，次年加入中国共产党。他亲自主讲有机化学等课程。延安自然科学院是解放区的第一所理工科高等学校。

由于战时交通不便，一些欧美留学生滞留海外，生活异常艰苦，其中以留欧学生最甚。许多出洋国外的留学生毕业后只得在国外长期工作，战后回国时已是卓有成就的科学家和熟悉现代产业技术的工程师。他们为中国科学研究体系的初步确立和工业基础的建立发挥了不可替代的重要作用。

四、40年代的欧美留学潮

1937年抗日战争爆发后，国民政府对留学政策做了较大调整。

1938年6月,国民政府行政院公布《限制留学暂行办法》4条,对留学科目和留学资格均予以限制。规定公、自费留学生的资格均须为大学毕业后继续研究服务2年以上,或专科毕业后继续研究服务4年以上,方为合格;留学科目一律以军、工、理、医等与军事、国防有关的科目为限。为了节约战时外汇,1939年4月,国民政府又公布《修正限制留学暂行办法》,规定:在抗战期内,公费留学非经特准,一律暂缓派遣;自费留学生除有国外奖学金或其他外汇补助费,无须请购外汇外,一律暂缓出国;已在国外的公费留学生,所学科目非军、工、理、医而出国满3年者,应立即回国;已在国外的自费留学生,除成绩特别优良外,无论学习何种科目,一律不核给外汇。因此,抗战8年期间,出国留学人数仅1500多人,不及战前一年出国留学的人多。

1939年第二次世界大战爆发后,滞留欧洲大陆的中国留学生陷入困境,大多辗转至北欧一带谋生。

1941年太平洋战争爆发后,中国与同盟国之间的文化联系进一步加强。1942年,英国文化委员会在英国各大学设置中国研究生奖学金名额10余名,研究期限2年。英国工业协会亦资助我国工科毕业生31名入工厂实习,期限1年。中国政府乃于1943年选派研究生9名、实习生31名赴英。由于中国研究生、实习生成绩优良,中英双方商定自1943年起,将实习期限由1年延长至2年。1944年12月,国民政府教育部又举办英国奖学金研究生及实习生考试,共录取195名,其中赴英研究生65名(含英国文化委员会赠送各种奖学金研究生名额60名及英国5家公司提供的药剂奖学金名额5名),英国工业协会赠送的理工科奖学金实习生69名。

抗战胜利后,全国上下渴望进行和平建设和加速国家工业化进程,加之因痛感战争时期中国武器装备的落后,激发了新的留学热潮。国民政府公布《自费留学生派遣办法》,并于1946年7月举办第二届全国公费留学考试和自费留学考试,录取公费留学生148名,自费留学生1216人。

1946年,法国同意与中国交换留学生50名,后录取40名,其中24名于1947年秋赴法,余于次年成行。

《自费留学生派遣办法》的公布,为大批学生和学者到欧美学习和工作创造了较有利的条件。1946年,蒋介石找吴大猷、曾昭抡和华罗庚三位科学家,问他们为什么中国不能造原子弹。答曰:中国缺少人才。于是,蒋委托这三位科学家立即选派最优秀青年赴美学习原子弹制造技术。蒋介石亲自决定李政道(物理)、朱光亚(物理)、唐敖庆(化学)、孙本旺(数学)、王瑞骁(化学)5人赴美,回来制造原子弹。[1] 5人于1946年9月从上海启程赴美国。美国政府以原子技术对外国保密为由,拒绝接受。吴大猷和华罗庚不得不宣布解散"五人小组",请各自寻找出路。

1946年730人出国留学,其中554人前往美国,占总人数的75.89%。[2]

1947年,蒋介石政权同美国签订《中美文化协定》,成立美国在华教育基金委员会,利用美国剩余战时财产售与国民党政府所得的2000万美元充作在中国各大学推进英文教育、协助美籍教授来华讲学、派遣留学生及其他教育活动之用。

于是,留学潮头渐趋美国,出现了辛亥革命后第二次留美热潮。

据华美协进社统计,1948年在美国的中国留学生总计达2710人,分布于全美15个州。[3]

随着内战的深入,国统区经济陷入崩溃状态,留学生请购外汇日趋困难。1948年1月,国民政府因外汇支绌,宣布停止公费留学考试。此后,除少数能获得国外奖学金和自备外汇者出国外,国民政府大规模派遣公费出国留学就此终结。

抗日战争胜利后不久,中国共产党就开始为新中国的建设部署人才培养。毛泽东给在苏联国际儿童院学习的中国孩子的信中说:"新中国需要很多的学者及技术人员,你们向这个方面努力是很适当的。望你们努力学习,将来回国服务。"[4] 解放战争胜利前夕的1948年8月,中国共产党中央批准由东北局选派21

[1] 宋健:《百年接力留学潮》,《新华文摘》2003年第5期。

[2] 丁晓禾主编:《中国百年留学全纪录》(三),珠海出版社,1998年版,第896页。

[3] 丁晓禾主编:《中国百年留学全纪录》(三),珠海出版社,1998年版,第896页。

[4] 宋健:《百年接力留学潮》,《新华文摘》2003年第5期。

名青年去苏联学习科学技术。他们20世纪50年代都回国工作。

据中华人民共和国高教部统计，到1950年，滞留在世界各地的中国留学生和学者有5000人。其中美国3500人，日本1200人，英国443人，法国197人，德国50人，丹麦和加拿大各20人等等，大多数是抗战前后出国留学或工作的。[1]

1949年中华人民共和国成立后，留学海外的中国学生和在海外工作的中国学者看到了国家的希望，纷纷回国报效。在欧洲的许多国家，成立了中国学生会或科学技术协会分会，开展活动，号召留学生们回祖国参加建设。中华人民共和国政府和老一代科学家们召唤海外学子回国工作。许多海外学子历尽艰险，辗转回国，如物理学家钱三强、何泽慧夫妇，数学家吴文俊，画家吴冠中等，从法国归国；著名地质学家李四光、物理学家彭恒武、光学家王大珩、半导体专家黄昆、物理冶金专家张沛霖、理论物理学家程开甲、金属物理学家柯俊等，从英国归国；矿物工程专家佘兴远从荷兰归国。1949年至1954年，经过坎坷挫折和不屈不挠的斗争而回到祖国的1424人，多数是从美国（937人）、英国（193人）、日本（119人）和法国（85人）回来的。到20世纪50年代末，回国人数增至2500名。[2] 著名科学家钱学森、赵忠尧、郭永怀、李恒德、师昌绪、陈能宽、侯祥麟等，是朝鲜战争后，经过中美多次谈判才迫使美国停止扣留而回到祖国的。他们为开拓和发展新中国的教育、科技、国防事业作出了卓越贡献。

---

[1] 宋健：《百年接力留学潮》，《新华文摘》2003年第5期。

[2] 宋健：《百年接力留学潮》，《新华文摘》2003年第5期。

第十二章
近代中外教育交流

　　1900年八国联军侵华战争后，帝国主义势力全面入侵，清王朝彻底屈服。1901年清政府被迫签订《辛丑条约》，中国对西方的文化防线全面崩溃。国内的政治经济形势发生巨变：一方面清政府反动、虚弱的本质暴露无遗，被视为"洋人的朝廷"，封建统治阶级与广大人民群众的矛盾空前激化。先前的改良维新思潮迅速被以推翻清政府为宗旨的革命思潮所替代。清政府的反动统治摇摇欲坠。另一方面，中日甲午战争以后，受失败的刺激，"实业救国"、"设厂自救"的口号，导致国内出现了第一次投资资本主义企业的热潮，民族资本粗具实力，民族资产阶级登上历史舞台崭露头角。迫于形势，清廷于1901年在流亡之地西安宣布变法，实行"新政"。自此，学习西方成为中国社会的一种潮流，这种潮流由初期试探性的、全盘西化式的学习，逐渐发展到选择性的、批判性的学习。新的社会潮流在政治、经济、文化、教育等各个领域产生了巨大影响。

　　教育是推动社会进步的伟大的无形的手。"兴学育才，实为当今急务"——教育改革成为"新政"的主要内容。20世纪初，一股教育革新潮流在中国兴起。各地废除科举，兴办学堂蔚然成风。中国知识分子喊出了"教育救国"的口号。在中国教育历史上的这次重大变革中，模仿日本的新式学制应运而生。

　　进入民国以后，仿日近代新学制的缺失越来越明显。19世纪20年代后，由于归国留美学生的积极提倡，美国的教育体制模式终于得以在中国全面替代了日本模式。

一、教会学校向教会大学的升级与发展

19世纪70年代后，中国国内形势发生了较大变化。它主要表现为中国对西方"坚船利炮"的向往和西学价值的上升。由于洋务派官僚自19世纪60年代开始打破中华文明自明代中叶以来自我封闭的格局，引进西方的器物文明，使封建落后的中国增添了资本主义的先进生产力，导致了社会生产关系的新变革。中国国内形势的这一变化，使一部分西方传教士感到空前兴奋。他们以西学的掌握者自居，试图通过巩固和扩大教会学校的势力和派遣传教士直接打入官办的新式学堂两种手法，垄断中国的教育改革。[1]

19世纪后期，传教士陆续在中国开办一大批教会学校。

1877年5月，在华基督教传教士在上海举行第一次大会。这次会议是教会学校历史的一个重要转折点。从这次会议到1890年5月在华基督教传教士第二次大会，传教士对于教会学校的性质、地位、作用等问题的看法有了根本的转变，达成了共识。

第一，传教士认识到：不管中国愿意与否，西方文明进步潮流正向中国涌来；基督教要利用这一天赐良机，通过开办学校、教授科学、培养人才来驾驭中国改革，"使之具有基督教的倾向和意义"；基督教会应把教育作为它们工作的一个重要组成部分。

第二，教会学校的办学目的，不在求毕业生直接加入布道行列人数的多寡，而在于整个中国受基督教影响的程度及整个意识形态、社会结构、观念人心的变化。

第三，教会学校的招生对象，重点是上等阶级。

第四，教会教育要增强自己的竞争力和吸引力，使它的学生面向一生事业的成功，面向易得的职业，面向家长和朋友称心的职业。为此，必须实施英语、数学和西方科学及基督教精神的全

---

[1] 顾长声：《传教士与近代中国》，上海人民出版社，1981年版，第242页。

面教育。这样才会使中国上等阶级送子女来教会学校就读。

第五，关于教会学校的培养目标，应是培养学生既有中国经典知识，又掌握西方自然科学知识，使之成为未来中国社会的领袖和指挥者。

随着传教士对教会学校指导思想和方针政策的彻底转变，他们开始把办学目光从初等教育转向中等教育，尤其是高等教育。19世纪80年代以后，中国土地上陆续出现了一些教会中学。其中著名者有：1881年开办的上海中西书院、1892年开办的上海中西女塾、1895年改制的北京贝满女子中学、1891年增设的北京崇实中学，以及上海圣约翰书院、华西协会中学、杭州育英书院、武昌博文书院等等。19世纪90年代前后，一些著名教会中学开始延长学习年限，增设大专课程，附设大专班，在此基础上，升格为教会大学；也有少数是直接创办为大学的。如：

山东登州文会馆。该馆前身为1864年美国长老会传教士狄考文（Calvin W. Mateer）在山东登州创办的蒙养学堂。1873年起设置中学课程。1876年改名登州文会馆。1882年延长学制为6年，增设大专课程。后再改名为山东广文大学、齐鲁大学。

华北协和学院。该院前身为1868年美国基督教公理会创办于通州的潞河书院。1886~1887年改为潞河中学。1889年升格为大学，称为华北协和学院。后由传教士谢卫楼（Devello Zelotos Sheffield）任校长，再改名为华北协和大学、燕京大学。

北京汇文书院。该院前身为1882~1884年以美国美以美会传教士贾腓力（F.D. GameWell）创办的蒙学馆。1885年，内设四馆，程度分别同蒙学、小学、中学、高等学校。1890年成立大学，更名为北京汇文书院。后来与华北协和学院合并，再改名为汇文大学、燕京大学。

上海圣约翰书院。该院由美国圣公会传教士施约翰（S.T. Joseph Scherechewsky）于1879年将培雅、度恩两书院合并而成。1888年后，传教士卜舫济（Francis Lister HawksPott）任校长。1890年起增设大学课程。1895年首届大专学生3人毕业。1905年改名为上海圣约翰大学。

经过近半个世纪的实践,在华传教士终于将教会学校升格为教会大学。

进入20世纪以后,在华传教士不断调整他们的教育政策,倾全力办教会大学,使教会大学日益发展,不断完善。

1901年《辛丑条约》签订后,中国彻底沦为半殖民地半封建社会。慈禧太后迫于形势,不得不实行"新政"。教育改革是清末"新政"的主要内容。清政府颁布仿日近代学制,并大量派遣留日学生和政府官员赴日学习考察,聘请大批日本教习来华任教。中国政府对日本教育的全盘模仿和日本对中国教育的全方位影响,使在华西方传教士顿感冷遇,忧虑不已。他们感到自己企图垄断和影响近代中国教育的梦想有可能成为泡影,于是想办法应对局面。

1905年,中国政府废除科举制度。这使新式教育摆脱了沉重的枷锁,迅速发展起来。中国恢复京师大学堂,在各省兴办高等学堂、实业学堂、师范学堂、法政学堂等等。这些学堂为中国学生接受新知识提供了较多的场所。然而教会学校在中国新学制中毫无地位,教会学校毕业的学生既不能升入高一级的政府开办的学校,也进不了官场。传教士们感到空前的压力和挑战。他们分析了中国国内的形势后,又达成共识:教会学校还是有价值、有竞争力的。教会学校应该抓住目前的机会,迅速发展自己:一方面,建立一套由教会小学、中学、大学相互衔接的独特的教育系统,以保证教会学校的生源;另一方面,重点发展教会大学,趁目前中国官办大学资金匮乏、师资不足、设备缺乏、水平低下之机,抢先垄断中国的高等教育,通过培养有文化、有社会影响的中国籍教会人物,来征服中国。

把教会大学办成中国的"西点军校"——美国教会所办上海圣约翰书院美籍英文教师卜舫济(Francis Lister Hawks Pott, 1864—约1946)提出的这一目标,大大鼓起了传教士发展教会大学的热情。他们四处活动,多方努力,采取了一系列措施,终于使教会大学在20世纪初的20年内进入其发展的鼎盛期。他们的措施,主要有以下几个方面:

第一，联合各差会的力量，加快组建教会大学的步伐。传教士认为，要想使教会大学有较强的竞争力，必须使教会大学规模庞大、课程完善、拥有完备的实验室和图书馆、师资学术水平高。为达此目的，唯一的办法就是联合多个差会的力量，集中有限的人力、物力，合并办学，办若干所一流的教会大学。

第二，提高师资质量。一方面，采取措施提高现有教师质量；另一方面，向国外的差会求援。截至1926年，教会大学465名教师中，获博士学位者70人。[1]

第三，扩大生源，提高入学条件，完善课程体系。教会大学一改原来不招收异教徒及其子女的旧规定，向全国招生，基督教徒和非基督教徒一律招收。后来，渐渐变成教会大学的学生主要来自商人、官僚、学者等经济富裕的家庭。

第四，直接在国外大学注册。为了抬高身价，吸引学生，教会大学使出了绝招——直接在国外大学立案注册。

第五，创办重点专业，展现学科优势。教会大学针对中国社会的需要和自身的教学、科研特长，逐步形成自己的专业特色和学科优势，为教会大学赢得了极大声誉，并同国立大学进行了竞争。

通过上述诸方面的努力，中国的教会大学到20世纪20年代中期，进入其发展的鼎盛期。其中最重要的有：苏州东吴大学（1901年）、山东联合大学（1902年）、武昌文华大学（1903年）、广州岭南大学（1903年）、上海圣约翰大学（1905年）、华北协和女子大学（1904年）、上海沪江学院（1906年）、南京金陵大学（1910年）、杭州之江大学（1910年）、成都华西协和大学（1910年）、武昌华中大学（1910年）、长沙湘雅医学院（1914年）、福州华南女子文理学院（1914年）、南京金陵女子大学（1915年）、福州协和大学（1918年）、燕京大学（1919年）、北京协和医学院（1920年）等等。这些大学遍布中国沿海各大城市并深入中国内陆武昌、长沙、成都等地。当时中国的国立大学只有3所（北京大学、山西大学、北洋大学），新建立的私立大学也为数不多，而美国教会大学比中国自己办的大学还多，几乎

---

[1] [美]杰西·格·卢茨著，曾钜生译：《中国教会大学史（1850—1950）》，浙江教育出版社，1987年版，第182页。

苏州东吴大学校门

占外国人在中国办的大学的十之八九,即便中国人自己办的大学最初也多是聘请美国人主其事。无怪乎英国传教士李提摩太(1845—1919)提醒人们:差不多中国全部大学都是由美国人创办与美国人主持。

教会大学的教学体制、院系设置、课程安排、教学方法、教学工具、参考书等,都是直接从美国移植到中国来的。有些大学与美国著名大学如哈佛大学、耶鲁大学、普林斯顿大学、康乃尔大学等都有联系。更重要的是,他们把一系列西方的新学科介绍到中国教会大学,并建立新学科的研究基地。例如,金陵大学和岭南大学创立的农学院对现代农业科学技术的推广与对水稻、小麦等品种的研究;湘雅医学院、齐鲁大学和华西协和大学的医学院对西医学人才的培养;北京协和医学院在第二次世界大战前一直是亚洲最大最完备的医学教育中心;一些教会医学院还首先在中国讲授护士学并培养护士;燕京大学是社会学和新闻学领域的先驱;武昌华中大学首先开设图书馆学课程,并在中国小型图书馆中推广杜威分类法;还有商业、工商管理、西方历史、西方文学、拉丁文等课程,大都是教会学校首先设置或具有特色的。燕京大学与美国哈佛大学挂钩建立的"哈佛燕京学社",在研究中国传统文化方面也具有一定的特色和贡献。教会学校提倡妇女拥有平等受教育的权利、打破封建门第观念等,起了以洋风易旧俗的作用。

在20世纪头20年中,教会大学规模日宏、声誉日隆,学生人数逐渐增多。经过不断地合并联合,最后在华教会大学共16所,其中天主教差会设立者3所:震旦大学、辅仁大学、天津津沽大学;基督教新教各差会设立者13所:齐鲁大学、福建协和大学、金陵大学、金陵女子大学、之江大学、华中大学、华南女

上海圣约翰大学内景

1919年,金陵女子大学生在学生会的组织下,积极参加五四爱国学生运动。前排右二为当时学生会主席吴贻芳。

子文理学院、岭南大学、圣约翰大学、沪江大学、东吴大学、华西协和大学和燕京大学。据统计,1922年,教会学校学生和中国学校学生的比例是:初等教育4∶100,中等教育11∶100,高等教育(含专门学校)80∶100 [1] 可见教会大学在20年代不仅进入其发展的鼎盛期,而且成为中国境内大学教育的重头戏。

通过以上所述,人们可以看到,外来的美国教育思想对中国近代教育的起步起了多大的示范作用。

教会大学是移植到中国文化躯体上的外国异物,这种移植是在帝国主义不平等条约的保护下进行的。因此,这是对中国的一种文化侵略。但是,文化不同于政治,文化包含民族智慧的结晶,它的这一部分应成为人类共享的精神财富。而外来文化的强制输入,并不排斥本土文化的吸收和借鉴。中国文化在西方力量的冲击下面临严重挑战,本身处在破旧立新的转变时期。从这个角度看,美国和其他西方国家输入的教会教育,可以说是近代中西文化交流的一种特殊方式。[2]

教会大学的积极意义就在于它对中国的变革起了推波助澜的作用,它鼓励一个民族吸收另一种更现代的文明。中国的现代高等教育就是从西方高等教育蜕变而来的,它以现代科学为基础,

[1] 霍益萍:《近代中国的高等教育》,华东师范大学出版社,1999年版,第184~185页。

[2] 罗荣渠:《美国与西方资产阶级新文化输入中国》,周一良主编:《中外文化交流史》,河南人民出版社,1987年版,第646页。

彻底改变了传统教育的形式和内容。这不能不说是教会大学对中国高等教育作出的特殊贡献。

1925年以后,教会大学根据中国政府的法令先后向政府注册备案,并进行内部改组,由中国人担任正校长。从1925年到1937年抗日战争爆发,是中国教会大学发展到成熟的时期,系科设置、课程设置渐趋完备,科学研究取得丰硕成果。

抗日战争爆发后,中国东部和中部地区的教会大学大部分迁往西南地区的成都、重庆等地继续办学,在十分艰难的条件下,培养了大批人才,为抗日战争作出了一定贡献,给相对落后的中国西南地区带去了先进文化,促进了西南地区的经济文化发展。1945年抗日战争胜利后,教会大学又迁回原址继续办学和发展。

二、清末仿日新式教育制度的确立

甲午战争中国大败后,中国人更深切地体会到落后就要挨打的滋味,从而产生尽快使中华民族摆脱落后局面的强烈愿望。然而怎样才能迅速摆脱落后局面,大多数人并不清楚。幸而,向来受中国文化影响、不久前还同处积弱地位,而现在已跃居强国之林的日本,就在近邻。一批想急速摆脱落后局面的先进的中国人选择日本作为效法的范本,提出向日本学习。他们之所以选择日本,固然有路近、费省、文字风俗相似等理由,但也不乏出于对日本的羡慕。因此,中国人想从日本的经验中,学习怎样才能富国强兵的办法。当时中国人懂得,要使国家做到富国强兵,必须从教育这一根本着手,所以他们把向日本学习的重点,首先放在教育上。

1902年8月15日,管学大臣张百熙(1847—1907)受命拟具全国新学堂章程。张奉命后,悉心筹划。由于私塾书院的教育旧规早已遭人谴责,张乃仿照日本制式,拟成《钦定学堂章程》。这是中国近代第一部学制,因1902年旧历纪年称壬寅年,故又称"壬寅学制"。《钦定学堂章程》共含6件,即《钦定京师大学堂章程》、《考选入学章程》、《钦定高等学堂章程》、《钦定中学堂章程》、《钦定小学堂章程》和《钦定蒙学堂章程》。

"壬寅学制"的颁布，旨在使中国建立新式教育制度。它仿照日本学制，分三段六级。三段即初等教育、中等教育和高等教育。六级依次为蒙学堂、初等小学堂、中学堂、高等学堂、大学堂、通儒院。

"壬寅学制"虽经皇帝批准颁布，但由于统治阶层内部新旧思想不统一而未能切实实施。第二年（1903年旧历称癸卯年），光绪帝又命张之洞、张百熙、荣庆重新厘定学堂章程。1904年1月13日《奏定学堂章程》批准颁布，人称"癸卯学制"。"癸卯学制"是中国近代第一个在全国范围内付诸实施的学制，是1904年至1911年整个清末教育的法律规范。

"癸卯学制"分三段七级：初等教育段设蒙养院、初等小学堂和高等小学堂；中等教育段设中学堂一级；高等教育段设高等学堂及大学预科、分科大学和通儒院三级。另设初等、中等、高等实业学堂，程度分别同高小、中学和高等学堂。全部学习时间长达26年以上。

"癸卯学制"比"壬寅学制"更为周密完备。它以钦定的合法形式，引进了以日本为楷模的西方近代学制，加速了中国传统教育向近代教育的转变。它的颁布实施，标志着中国近代新教育制度开始确立。

"癸卯学制"完全模仿日本通行学制而制定，与"壬寅学制"相比所不同的，只是相关名词不同。按照这一学制要求编出的教材，大多译自日本教科书。如光绪三十年（1904年）上海文明书局初版、光绪三十三年（1907年）再版的《小学高等理科教科书》（一套四本），系著名翻译家王季烈由日本教科书翻译过来的。这套教材是目前所知道的我国最早引进的中学理科课本（"小学高等"相当于我国现在的中学）。这套书的彩色插图、昆虫的结构、人体血液循环图，无不非常细致准确，表明当时的印刷工艺水平已经相当高。这套教材每本书的最后都印有光绪二十八年十二月袁世凯的一个通告。这则通告的大意是：在京城设立文明书局，要求各地为这些书豁免水脚，轮船装运免半价，并请各地保护版权，禁翻印。袁世凯告诫大家："现在兴学为自强之本。"据此可以推测，袁世凯最早引进理科课本。[1] 除翻译日本教科书外，国人开始尝试编写教科书。1904年，文明书局的创办者、江苏无锡人俞复、丁宝书等编写，文明书局出版的《蒙学读本全书》（7编），仿照日本寻常小学堂教材，自成体系，门类齐全，虽算不上完善，但在中国教育史上已是了不起的成就，具有开创之功。数年以后，两名江苏武进人蒋维乔、庄俞编写的《高等小学最新国文教科书》（由商务印书馆出版发行），内容更为广泛，自然科学、社会科学均有涉及。这套教科书，包括国文、修身、笔算等科。在1906年清政府学部公布审定的教科书目中，它名列其中。这意味着民间编写的教科书得到了政府的认可。于是这套教材后来迅速为全国各地的学校所采用，被誉称为"成功的教科书"。清末小学教科书中，已有修身教科书。这种修身教科书内容，涉及学堂、敬师、容体、整洁、恪守时刻、勤学、讲堂与体操场、游戏、父母、孝顺、兄弟、家庭之乐、交友、戒争论、戒讳过、戒恶言、礼仪、戒搅扰人、体育、儿童等方面。[2]

其后，一系列具体的教育规章制度更是模仿日本，如清末师范学堂的学制和课程设置，即以当时日本的高等师范学校和寻常师范学校规程为蓝本。

清末新学制之所以取法日本，一是因为日本教育体制既采自西洋，又保持着浓厚的"忠君"色彩，为清廷所乐效。二是受到留日学生的影响。1872年，清廷就已开始派遣学生留学欧美，但欧美留学生多学习军事、机械等专业，归国后亦多从事与洋务有关的工作。留日学生的派遣虽然较晚（始于1896年），但人数逐年激增，很快超过欧美留学生，而且多攻读法政和师范专业，归国后多进入政界和教育界，因而对清末教育政策的制定影响较大。张百熙的幕僚中即不乏留日归国生，他们自然会给张百熙制定教育政策施加影响。

从1905年起，在中国通行1300多年的科举制度被完全废止，代之以近代日式"癸卯学制"。1906年，清政府设立学部，

[1] 宗新：《长沙收藏者发现：袁世凯最早引进理科课本》，《扬子晚报》2003年6月30日A10版。

[2] 前龙：《清末小学课本现身》，《金陵晚报》2005年3月20日A12版。此报道称，2005年3月，北京门头沟区民俗协会在爨底下村发现了清光绪三十二年（1906年）出版的小学修身教科书。

作为全国教育系统的最高行政机关。

"癸卯学制"的颁行，标志着旧的教育制度的彻底废止，以及新的由西方移植的近代教育制度的开始建立。它自然促进了西方文化在中国的传播。在新学制的倡导下，晚清新式教育迅速发展。据学部统计，1903年至1909年的7年间，全国各省新式学堂总数由769所增加到52 348所，增长了68倍；1902年至1909年的8年间，全国各省学生总数由6943人增加到1 560 270人，增长了近225倍。[1]

民国初年，中国的教育制度沿袭清末"癸卯学制"。民国元年颁布的普通教育暂行办法，不过将清末"癸卯学制"稍加改变而已，如改"学堂"为"学校"，改"监督"、"堂长"为"校长"，初等小学可以男女同校等。然而，清末仿日学制进入民国时期以后，其缺点逐渐暴露出来。因此，五四运动以后，我国教育界在留美归国学生的影响下，乃转而模仿美国的教育制度。

三、日本对中国教育的影响

近代以来，中国比日本先输入西方文化。但中国输入西方文化之后，并没有认真吸收消化，汲取营养，改变其面目。而日本则不然，尽管其和西方文化接触比中国晚，并且还以汉译西方文化书物为媒介而间接输入，但日本人输入一些吸收一些，进而消化，以此为营养创造了新的日本文化。大致到明治二十年（1887年），日本已完全不必再依赖汉译本来吸收西方文化，与中国文化也完全告别。于是从19世纪90年代起，中日两国间的文化地位发生逆转。西洋文化，过去一向是先流向中国，再通过中国而传到日本；此时却先往日本流，而由日本吸收消化后，再传到中国。

师法日本，并通过日本学习西方近代文化，成了近代中日间文化交流的显著特点。

近代中日之间留学的方向发生了逆转，中国从留学生接受国

---

[1] 李华兴：《民国教育史》，上海教育出版社，1997年版，第96页。

变成了派出国。

19世纪末20世纪初，出现了大批中国学生涌向日本留学的热潮。当时一位日本学者青柳笃美曾生动描述了这股"留日热"的盛况："学子互相约集，一声'向右转'，齐步辞别国内学堂，买舟东去，不远千里，北自天津，南自上海，如潮涌来。每遇赴日便船，必制先机搭船，船船满座……总之分秒必争，务求早日抵达东京，此乃热衷留学之实情也。"[1]在蜂拥前往日本留学的中国人中多数是青年学生，也有王公子弟、秀才举人、在职官员，甚至缠足女子、白发老翁。有的夫妇同往，有的父子、兄弟相随，还有全家、全族留学的情况。留学生或官费派遣，或自筹经费，纷纷东渡，络绎不绝。他们来自中国各地，既有沿海省市，也有偏僻内地。这就形成了一幅世界留学史上罕见的盛极一时的"留日热"奇观。

出现留日热潮的根本动力，乃是处于严重民族危机之下的中国知识分子，要求向日本学习以挽救民族危亡，振兴中国。自从1895年甲午战争中国败于日本后，广大中国知识分子看到日本经过明治维新，向西方学习，富国强兵，卓有成效，因此纷纷主张以效法日本作为中国学习西方救亡图存的一条捷径。亲身到日本留学，直接了解日本改革富强的经验，并吸收经过日本引进消化了的西方文化，自然成了中国许多爱国有志者向往之路。

清政府向日本派遣成批留学生，始自1896年。20世纪初，中国留日学生人数逐年激增。1905年至1906年，中国人留学日本达到高潮，留日学生人数猛增到8000多人。在20世纪初的十几年中，中国留日学生人数总计有几万人，其数量之多，规模之大，学习专业之广泛，开展活动之频繁，在世界各国留学史上都是罕见的。20世纪初的留日热潮不仅有力地促进了中日文化交流，而且对于近现代中国的革命运动和政治、经济、军事、文化、思想、科学的发展产生了重大影响。在留日学生中还涌现了一大批著名的政治家、军事家、文学家和科学家。

在众多的留日学生中，许多人受到康梁维新思想的影响，以为要救中国，根本之处只有办学堂、兴教育、育人才。因而晚清

[1] 实藤惠秀：《中国人留学日本史》（谭汝谦、林启彦译），三联书店，1983年版，第37页。

留日学生中，读师范、学教育的占相当的比重。他们学成回国后，迅速被充实到师资队伍中，成为一支新的生力军。再加之，1907年5月7日，清政府作出规定，凡官费留学生归国后，皆须充当教员5年，以尽义务。在义务期未满之前，不得调用派充其他差使。这就使得大部分留日学生归国后都首先从事教育工作。于是，全国各类各级学校中，形成一个留日归国生师资队伍。这支活跃的有生气的师资队伍的心目中，都有一个参照系，即在日本期间所闻所见的日本教育。他们从各个不同的层面，以不同的方式，为晚清教育传输着"日本型"的资产阶级教育新鲜血液。于是，近代日本教育部分地通过留日归国生被移植到中国。

20世纪初，在大批中国留日学生归国任教的同时，也有不少日本教师西行来华，或直接开设学校，或受聘于中国学校。受聘于中国学校的日本教师一般称之为"日本教习"。

日本人在中国开设的最初一批学校有：福州的东文学社（1898年，以后改名为全闽师范学堂）、泉州的彰化学堂（1899年）、漳州的中正学堂（1899年）、厦门的东亚书院（1900年）、南京的同文书院（1900年，1901年迁往上海，改名东亚同文书院）、北京的东文学社（1901年）、天津的中日学院（1901年）、汉口的江汉中学（1902年）、上海的留东高等预备学堂（1905年）等。这些学校里，除以中国学生为对象的校长由中国人担任以外，其他各职概有日本教习担任。

更多的日本教习直接受聘于中国学校任教。1901年，由日本人开设的北京东文学社日本总教习中岛裁之经中国著名学者吴汝纶介绍见到北洋大臣李鸿章，向他游说延聘日本教习的好处。李鸿章答应可以聘用2000名日本教习来中国执教，并请中岛裁之从中斡旋。1902年吴汝纶赴日本考察期间，也一再与日本教育界人士商谈此事，并委托他们代为遴选和招聘。1903年，日本教习陆续来华，至1905～1906年达五六百人之多，成为聘请日本教习的全盛期。

日本教习来华执教热潮的出现，主要是由于清政府教育制度和留日政策的变化所致。20世纪初中国各地陆续开办新式学堂，1905年清政府正式宣布废除科举制以后，各省更竞相开办新式学堂。这些新式学堂急需大批新式师资。很多新式的课程如物理、化学以至体操、音乐等国内师资缺乏。虽然各省派出不少留日师范速成生，然去日本仅学习数月，一部分人仍难以胜任。而且留日学生中的革命倾向日益强烈，清政府担心派出去的留学生都成为"革命党"，便逐步采取各种限制留日的措施。为此，清政府认为聘请日本教习到中国学校任教，更为有利和"安全"，既可以通过日本教习引进新知识，满足新式学校师资的需要，也可以有效地控制学校和学生，以免革命思想的传播；还能节省派遣留学生的开支，所以决定大量聘请日本教习来华。而日本政府从控制中国的文化教育、培养亲日势力、对中国进行实地情报调查等目的出发，也鼓励和支持日本教习赴中国任教，并指定由帝国教育会出面负责此事。

据1909年日本外务省编的《清国雇聘本邦人名表》，可以看出日本教习在中国各省的分布情况、执教学校性质和担任课程的情况。

20世纪初日本教习的分布几乎遍及全中国，其中以直隶（包括北京、河北）最多，文化教育较发达的江苏、湖北、四川、浙江等省次之。许多边远省份以至少数民族地区如云南、新疆地区也有日本教习的活动。日本教习在各省任教的人数如下：直隶114人，江苏50人，四川40人，湖北38人，广东33人，浙江20人，盛京19人，湖南19人，福建12人，广西11人，山西10人，陕西7人，安徽7人，吉林3人，江西3人，贵州3人，云南3人，河南2人，新疆1人，共计395人。[1]

日本教习任教学校的类型，以师范学堂为多，其次是传授科学技术知识的实业学堂和专门学堂。当时中国的各级学校上至最高学府京师大学堂，下至最低的幼稚园都有日本教习。具体而言，日本教习任教的学校类型及人数如下：幼稚园7人，小学堂26人，中学堂15人，高等学堂及专门学堂47人，大学堂4人，师范学堂105人，实业学堂53人，警务学堂13人，医学堂18

---

[1] 王晓秋、大庭修主编：《中日文化交流史大系》（历史卷），浙江人民出版社，1996年版，第338页。

人，方言学堂5人，女学堂5人，其他24人。[1]

日本教习担任的课程，主要是日语和与中国传统之学不同的西学课程，如理科、实业、法政，有的学校甚至连图画、手工、体育、音乐等课程也请日本教习担任。有些日本教习还担任总教习（教务长），掌握学校的教学大权。很多学校的教科书也由日本教习编写，或直接用日本学校的教科书。具体来说，日本教习担任的课目如下：总教习14人，日本语16人，理科34人，实业39人，法政19人，军事10人，数学8人，历史地理5人，教育学5人，图画手工8人，体操、音乐11人，医学8人，保育5人，警察3人，工艺2人，心理学、伦理学2人，普通学15人，科目不详者241人。[2]

应聘来华执教的日本教习，有些是从东京大学、东京高等师范学校学生中选拔的，大多数则是从日本各地师范学校和专科职业学校毕业生中募集，再经过"清国派遣教员养成所"等机构加以半年左右短期训练后派来的，因此水平素质参差不齐。日本教习中确有不少具有真才实学的学者，如回国后出任东京帝国大学教授的服部宇之吉、吉野作造、冈田朝太郎，出任京都帝国大学教授的严谷孙藏、矢野仁一、织田万、藤田丰八，出任早稻田大学教授的中岛半次郎、松平康国等。还有后来任司法大臣的岛田俊雄、任帝室博物馆长的杉荣三郎、任东亚高等预备学校校长的松本龟次郎、著名作家二叶亭四迷（原名长谷川辰之助）、著名实业家三岛海云等，都是其中的佼佼者。然而，在日本教习中也有一些水平不高、素质较差的。他们应聘来华，或视作生财之道，或怀有其他企图，因此在担任教习期间，不仅不能胜任，而且还因行为失控，举止不规，受到学校、地方政府或学生的责难。这些日本教习给中国人留下的不良印象直接影响到中日两国人民的友谊。

20世纪晚清政府大量招聘日本教习来华任教，以1906年为最高潮，以后逐年下降，到1911年后人数锐减。其原因从中国方面而言，由于大批留日学生陆续学成回国，很多人致力于教育事业，缓和了师资不足的困难，有些原来只能依靠日本教习承担

---

[1] 王晓秋、大庭修主编：《中日文化交流史大系》（历史卷），浙江人民出版社，1996年版，第338页。

[2] 王晓秋、大庭修主编：《中日文化交流史大系》（历史卷），浙江人民出版社，1996年版，第338页。

的课程，逐步由归国留学生接替。另外，辛亥革命前后中国人民掀起收回利权运动，某些被日本教习把持的教育权也在收回之列。加上为减少经费开支和鉴于有些日本教习水平不高或品行不端，在聘约期满后，中国校方不再续聘。从日本方面而言，由于日本政府的对华政策从"保全中国"转向赤裸裸的"大陆政策"，因此对吸引中国留学生和派遣日本教习兴趣下降。再加上此时欧美国家在中国广泛设立教会学校，欧美籍教师大量来华，很快就排挤了日本教习的地位。

20世纪初，大批日本教习来华任教，推动了中国近代教育事业的改革和发展，构成近代中日教育交流史的灿烂篇章。

四、仿美新学制"壬戌学制"的制定

民国初年政治的乌烟瘴气与袁世凯的封建复辟，使先进的中国人逐步醒悟到，社会变革不仅是政治制度的革新，更必须进行深层的文化改造。1915年9月，在尊孔读经、帝制丑剧最为喧闹的时候，以陈独秀（1879—1942）等人为代表的激进民主主义者，创办《青年杂志》（次年改名《新青年》），发动了一场提倡民主，反对专制；提倡科学，反对迷信；提倡新道德，反对旧道德；提倡新文学，反对旧文学；提倡白话文，反对文言文的新文化运动。

陈独秀强调："中国教育必须取法西洋。"[1] 取法什么？陈说："法律之平等人权，伦理上之独立人格，学术上之破除迷信、思想自由，此三者为欧美文明进化之根本原因。"[2]

新文化运动高举民主与科学两面旗帜，在社会各个方面尤其在教育界引起巨大反响。1916年6月袁世凯垮台后，新上任的教育总长范源濂当即表示，要废除袁氏所颁"爱国、尚武、崇实、法孔孟、重自治、戒贪争、戒躁进"的教育要旨，并删去小学教育中的读经内容。1917年5月，宪法审议会议否决"定孔教为国教"的提案，并撤销天坛宪章中"国民教育以孔子之道为

[1] 陈独秀：《近代西洋教育——在天津南开学校演讲》，《新青年》第3卷第5号，1917年7月1日。

[2] 陈独秀：《袁世凯复活》，《新青年》第2卷第4号，1916年12月1日。

修身大本"的相关条文。1919年4月，由范源濂、蔡元培、陈宝泉等19人组成的教育调查会，通过了沈恩孚、蒋梦麟两人的提案，决议民国教育应以"养成健全人格，发展共和精神"为宗旨。同年10月，此案作为第五届全国教育会联合会之决议，呈教育部采择施行。此外，同学校教育发生密切关系并进而影响学制改革的另一个呼声——胡适等人倡导的用白话文取代文言文，获得社会广泛的响应。1920年1月12日，教育部批准全国教育联合会的建议，"提倡国语教育"。

新文化运动迎来了中国思想界空前活跃的新时代。有关西方教育理论、教育方法、教育制度、教育模式被大量引进；军国民教育、实利主义教育、国民教育、美感教育、科学教育、平民教育等各种教育思潮此起彼伏。多元并争的教育思潮，拓展了中国教育界的视野，促进了近代中国新教育的实践和经验的积累，使民主主义教育力量迅速凝聚和组织起来。各省倡导新教育的民间教育社团、教育研究会纷纷成立。在此基础上，促成了全国性的教育社团——全国教育会联合会1915年成立，中华平民教育促进会1923年成立。

新文化运动时期，中国教育界出现了一股学习西方教育的热潮。取法的重心，从日本转向美国。这一转变的形成，原因有：一、日本以君主立宪为政体，其教育精神倾向于纪律、服从和无条件忠诚的熏陶，学制高度划一；而在新文化运动反对封建专制、培养共和国民的思想氛围中，中国知识分子更倾向于以个性解放、人格独立为主体的自由主义、民主主义教育。二、美国式教育更注重教育的实用性，与生产领域、社会生活的结合较为密切，因而美式学制更易为中国人所接受。三、美国最早以"庚款"创办清华留美预备学校，资助中国学生赴美留学。留美归国人员逐渐成为中国学术界、教育界的精英。四、新文化运动中，一批美国教育家如杜威、孟禄等联袂访华，在中国宣传他们的主张，产生了深远的社会影响。新文化运动的思想解放和民主科学的精神感召，新型知识分子的增加和新式教育的经验积累，留美学生的学成归国和美国学制及教育思想的深入介绍，尤其是代表世界进步教育运动思潮的杜威实用主义教育理论在中国的宣传,加之第一次世界大战期间中国近代工业的发展和对普及教育的企求,这一切,都成了学制改革、建立现代教育制度的动力。"以美为师",成为教育界的迫切呼声。

新学制从酝酿到制定经历了一个较长的时期。

1915年4月,由各省教育会及特别行政区教育会摊派代表组成全国性的教育团体——全国教育联合会。该会每年集会一次,讨论重大教育事宜。在联合会的成立大会暨第一届年会上,湖南教育会提出了改革学制系统案,开了新学制酝酿的先河。在以后几届的年会上,不少省的代表也提出了新学制改革议案。鉴于学制改革是一个重大问题,全国教育联合会在1920年的第六届年会上,一方面将历届大会收到的有关学制改革的各种意见汇编成书,印发各省区教育会研究讨论;另一方面,要求各省区教育会组织教育界各方面人士组成学制系统研究会,酝酿制订具体的改革方案。1921年10月,在广州召开第七届年会,有17个省区的35名代表与会。会议收到广东、黑龙江、甘肃、浙江、湖南、江西、山西、辽宁、福建、云南10省区教育会分别提交的学制系统改革案,因其中广东省教育会提交的学制系统改革提案最为充实、详备,故会议决定以广东省提案为会议讨论蓝本。在第七届年会上,经过认真的审查和讨论,通过了新的《学制系统草案》。在这种情况下,政府当局感到学制改革乃大势所趋,于是赶在第八届年会之前,1922年9月教育部于北京召开全国学制会议,出席会议的有各省区教育会代表、省教育代表、大专院校校长及部聘专家,共78人。会议对上届年会提出的改革草案稍加修改后,于同年11月1日,以《学校系统改革案》的名义颁布,这便是1922年的"壬戌学制"。

"壬戌学制"提出七项标准为改革学制的指导思想:

一、适应社会进化之需要;

二、发挥平民教育精神;

三、谋个性之发展;

四、注意国民经济力;

五、注意生活教育；

六、使教育易于普及；

七、多留各地方伸缩余地。

"壬戌学制"大致以儿童身心发育时段为根据，分为3段，即借鉴美国"六、三、三、四"学制——小学6年（其中初小4年，高小2年）；初中3年，高中3年（与中学平行的有师范学校和职业学校）；大学4至6年。

新学制的主要内容有：

一、蒙养院改称幼稚园，收6岁以下儿童。

二、初等教育阶段为6年，分为初等小学、高等小学两级。其中初小4年，高小2年。

三、规定以4年为义务教育年限，但各地可视情延长。

四、中学修业年限为6年，分为初中、高中两阶段，各3年。

五、师范教育除在高中设立师范科外，以前的5年制师范改为6年。

六、实业学校改称职业学校。

七、大学修业年限为4～6年，废止预科。

新学制的主要特点是：

一、教育段年限划分较为科学，"六、三、三"年限分段恰好与我国儿童身心发展的阶段性相符合。缩短了小学教育年限，也有利于初等教育的普及。而取消大学预科，使大学不再担负普通教育的任务，有利于大学集中精力进行专业教育和科学研究。

二、以加强中等教育为核心，延长中学教育年限，不仅有利于提高中学生的知识水平，而且也有利于中学生完成升学和就业双重准备。

三、注重职业教育，在小学高年级便要求各地视情况增置职业准备的学科。在中等教育阶段除继续设立专门的职业学校以外，连普通中学也设职业课。此外，还注意职业学校教师的培养。

四、注重个性发展。在中学开始实行选科制和学分制，力求适应不同发展水平学生的需要。

五、给各地更大的灵活性,如在初等教育的两个时段和中等教育的两个时段,各地可以合设,也可以单独设立。

六、注重普及教育,规定以4年为义务教育年限。

1922年的"壬戌学制",是借鉴美国学制的合理部分,结合中国国情制定出来的。它实际上是中外文化交流的产物。"壬戌学制"继承发展了20世纪头20年来晚清和民初教育改革的成果,总结了五四新文化运动教育改革的企求与经验,就总体格局而言,比较科学合理,具有一定的超时空性,与中国走向现代化的趋势基本吻合,因而具有许多优点,如缩短小学年限,单独设立三年制初中,取消大学预科,中学三三分段,大中学校采用学分制与选科制,设课无男女区别,职业教育单成系统,师范教育水平提高等等。它的颁行,不仅基本稳定与统一了全国的教学秩序与教学内容,而且对其后的民国教育产生了深远的影响。国民党政府时期(1927~1949)基本沿用"壬戌学制"。中华人民共和国成立后,它成为设计新学制的重要参考。

第十三章
近代西方科学技术的引进

公元1600年至1900年这3个世纪里，中国儒家保守思想所产生的文化和知识方面的惯性抗拒了西方近代科学的引进。其中最后的60年里，先是英国，继而是其他欧洲列强，然后是日本和美国都以现代武器欺凌落后的中国人。除割地赔款之外，更给中国人留下了灵魂深处的心理创伤。直到最后忍无可忍的关头，中国才真正开始引进西方近代科学。

标志中国真正开始引进西方近代科学的有三个事件：一、1898年京师大学堂（北京大学的前身）的成立；二、1905年科举制度的废止；三、1896年至1898年开始派遣学生东渡日本留学。[1]

此后对西方科学技术的引进却是惊人的神速，以致到20世纪的后半叶，可以说近代科学已在中国"本土化"了。

中国近代西方科学技术的引进，呈现出以下特点：一、引进活动经历了从军事工业到民用工业技术的转变；二、经历了从盲目引进到理性引进的转变；三、经历了从只管引进不问原因到引进与研制开发相结合的转变。

西方科学技术的引进必然带动科学技术的创新，必然带动思想观念的更新，进而推动政治社会制度的变革，从而加速中国现代化的历史进程。

---

[1] 杨振宁：《近代科学进入中国的回顾与前瞻》，载张劲夫主编：《海外学者论中国》，华夏出版社，1994年版，第100~101页。

一、军事工业技术的引进

中国传统手工业并没有发展到使用机器生产的程度,也就没有产生机器制造业,更谈不上产生近代的生产技术,所以中国近代工业的建立无法从本国获得机器设备与生产技术,只能从外国引进。

面对西方军事力量的威逼,自鸦片战争以来,晚清朝野有识之士,无不视仿效西法、练兵自强为急务。在清政府与外国列强联合镇压太平天国起义的过程中,一些地方督抚看到"西洋火器之精",使用洋枪洋炮攻打太平军功效明显,于是在镇压太平天国起义中发迹的那些洋务派官僚,如曾国藩、李鸿章、左宗棠等人热衷于购置和仿造洋枪洋炮,以加强军队的实力。在这一思想指导下,从19世纪60年代开始,洋务派官僚通过军事工业技术的引进,先后创办了一些近代军事企业:

江南制造总局(1865~1894),技术来源:美国、英国、德国;

金陵制造总局(1865~1894),技术来源:美国、德国、瑞士;

福建船政局(1866~1894),技术来源:法国;

天津机器局(1866~1894),技术来源:英国;

山东机器局(1875~1894),技术来源:美国、德国;

湖北枪炮局(1890~1897),技术来源:德国。

清政府投资最多、生产能力最强的企业是江南制造总局。1863年,曾国藩从上海道和广东藩司两处筹银68万两,派美国耶鲁大学毕业生容闳赴美购买机器,准备建立新式机器制造厂。同年,李鸿章也在上海设立韩殿甲制造局、丁日昌制造局,还雇用英国人马格里建立松江枪炮局。此三局称"炸弹三局",规模小,仿照西法生产炸炮、炸弹。1864年春,李鸿章派丁日昌在上海寻购外国工厂机器,准备在试办"炸弹三局"的基础上,兴办一座大型的军火工厂。1865年6月,丁日昌在上海虹口购得美国人科尔开设的旗记铁厂,由革职审讯中的海关通事唐国华等3人出资4万两买下,作为赎罪的代价,该厂被李鸿章定名为江南制造总局。随后,李鸿章将丁日昌制造局、韩殿甲制造局并入,后又接受容闳从美国买回的100余台机器,并委派丁日昌、韩殿甲等5人共同管理局务。1865年9月,清廷批准江南制造总局(简称江南制造局)成立。

江南制造总局成立后,仍不断从国外引进技术,改进生产工艺,以提高产品性能。于是,它成为我国近代兴办的第一个机械化军工厂局。它用当时较为先进的机器设备,制造了一定数量的枪炮弹药和蒸汽舰船,是我国军工产品从手工制造转向机器制造的一个具有代表性的军工厂局,它不但对我国军事工业的近代化起了开端起步的作用,而且在我国工业近代化中起了带头和促进作用。

它的产品主要有:

火炮

1867年至1877年,以生产铜、铁前膛小口径炮为主,品种有12磅子、16磅子、32磅子生铁炮,12磅子田鸡炮,12磅子、24磅子铜炮等。1869年建立汽锤厂。当时所铸炮身经技术加工,炮身外光如镜,内滑如脂,所造大炮与外洋所造者足相匹敌。1878年汽锤厂改为炮厂,聘用英人技师监造熟铁前膛大炮。1893年后试制后膛式大炮。1897年至1898年,先后仿造出2磅子、3磅子、6磅子、12磅子等小快炮和380磅子升降大口径钢炮。1904年,张之洞提出江南制造局以造150毫米口径船台炮和75毫米口径陆炮为主。1905年,仿造成功德国克虏伯(Krupp)式14倍横闩75毫米口径移动式管退山炮。1907年又仿造成功德国克虏伯式15倍螺闩、横闩式75毫米管退山炮。1867年至1911年,江南制造局共生产各种火炮1075门。[1]

枪械

江南制造局是中国最早采用机器生产步枪、马枪的工厂之一,初以生产单响前膛枪和后膛枪为主。1867年仿造德国11毫

---

[1] 丁长清等编著:《中外经济关系史纲要》,科学出版社,2003年版,第121页。

米口径单响毛瑟前膛枪。1871年开始试制美国13毫米林明敦单响边针后膛枪。1883年仿造11毫米单响毛瑟后膛枪和美国11毫米单响黎意后膛枪。1890年,将黎意枪口径改为8毫米,称黎意新枪。1891年,综合奥地利曼利夏连珠快枪、英国新利枪、南夏枪三枪的优点,研制出8毫米5响快利连珠后膛枪(简称快利枪)。1867年至1894年,江南制造局共造各种枪支51285支,最高的一年1875年的产量曾达3558支。[1] 1898年,开始仿造德国1888年式7.9毫米毛瑟枪。1907年试造6.8毫米口径毛瑟枪,但仍以生产7.9毫米毛瑟枪为主。1867年至1911年,江南制造局共生产各种枪支76414万支。[2]

火药

江南制造局在制造枪炮的同时,还设立火药厂、炮弹厂、水雷厂,专门制造各种枪炮使用的弹药,其种类规格不仅仅局限在用于本局制造的各种枪炮,也有一部分供给从国外购进的枪炮使用。火药厂创办于1874年。1874年开始批量生产黑色火药,至1904年共生产233.15万公斤。1893年开始生产栗色火药,至1904年共生产52.38万公斤。1895年开始生产无烟火药,至1911年共生产17.44万公斤。[3]

钢材

江南制造局早期制造新式枪炮所需之钢管、钢材,全赖外洋购进,价格昂贵,运费也不合算。洋务派考虑到,一旦外洋战事发生,海运受阻,所需钢材无法运到,局务生产势必停工待料。如果贻误军需时机,将会产生严重后果。于是,为了解决军火生产所需钢材,非自行炼钢不可。1890年开始筹办炼钢厂,先后购买英式3吨、15吨炼钢炉各1座。1891年建成投产,炼出了中国近代第一炉钢水。此年钢产量为10吨,1892年为63吨,1893年为37吨,1894年增至342吨。至1911年,共生产钢材8000余吨,品种有炮管钢、枪管钢、枪炮机械钢、炮架器具钢等。[4]

轮船

1867年,江南制造局迁至高昌庙新址后,经曾国藩奏请,拨下一笔造船专款,设立一个轮船厂,新建一个船坞。1868年8

[1] 徐新吾、黄汉民主编:《上海近代工业史》,上海社会科学院出版社,1998年版,第32页。

[2] 丁长清等编著:《中外经济关系史纲要》,科学出版社,2003年版,第121页。

[3] 丁长清等编著:《中外经济关系史纲要》,科学出版社,2003年版,第121页。

[4] 丁长清等编著:《中外经济关系史纲要》,科学出版社,2003年版,第121页。

月，江南制造局自制的第一艘轮船"恬吉号"（后改名"惠吉号"）下水。"恬吉号"轮船，木壳明轮，长59.2米，宽8.7米，吃水2.56米，载重600吨，主机马力392匹，航速9节，装配火枪18门。主机为购买外国的旧机器改装。1868年9月15日，"恬吉号"轮船自高昌庙试航，出吴淞口入海，由铜沙直出大洋，至舟山群岛返回，虽途中风逆浪大，但船行甚稳。当时报纸报道说，观看试航的"上海军民无不欣喜"，轰动一时。9月28日，"恬吉号"驶往南京，曾国藩自下关登轮至采石矶下的翠螺山返回，试航获得圆满成功。他喜不自胜，在当天的日记中写道："中国初造第一号轮船，而速且稳如此，殊可喜也。"[1] 并上奏同治皇帝云该船"坚致灵便，可以涉历重洋"。他相信"中国自强之道或基于此"。[2]

江南制造局1868年至1885年，共造船15艘（"恬吉号"、"操江号"、"测海号"、"威靖号"、"海安号"、"驭远号"、"金瓯号"、"保民号"，加小型号船只7艘）。这些轮船的造出，标志着中国工业和军事历史进入了一个新时期。

曾国藩在世的最后7年，倡导造船不遗余力，致使江南制造局的造船活动进入盛期。到1891年，江南制造局计有14座工厂（车间），其中有9座是在曾国藩时期设立的。在曾国藩生前的1869年，江南制造局职工总数已达1326人。美国传教士丁韪良所编《中西闻见录》云："曾督两江，于局（指江南制造总局）务事事讲求，且遣人往西国购买机器多件，于是局中制造灿然可观。其于富强之道不甚伟哉！"[3] 可见江南制造局在曾国藩在世时奠定了基础。

江南制造局还是中国近代第一个制造机器设备的"母厂"。1867年至1904年，共制造各种机器692台（座），其中车、刨、钻、锯等机床249台。

清政府通过引进技术设备建立的第二大军工企业是福建船政局。福建船政局所需的机器设备及主要材料皆来自法国。首批引进的机器设备、材料，包括机床、蒸汽机、铁条、水泥等，大约重1000吨，分4批运输，花了5个月时间，于1868年8月才从

[1] 《曾国藩全集·日记二》第2卷，岳麓书社，1982年版，第1543页。

[2] 转引自辛元欧：《中国近代船舶工业史》，上海古籍出版社，1997年版，第110页。

[3] 孙毓棠：《中国近代工业史资料》第1辑上，科学出版社，1957年版，第290页。

法国运抵福州。

福建船政局初期的生产活动是在众多洋技师、洋工匠的指导下进行的。1869年制成第一艘蒸汽船"万年青号"。这是一艘木壳暗轮、单缸往复机的蒸汽运输船。此后6年，福建船政局在洋工匠的指导下造船15艘，皆为木质轮船。1876年福建船政局购置钻床、火炉等制造铁胁船的机器设备。1877年制成第一艘铁胁船"威远号"。但此船的铁胁是在法国订制的，两汽缸复式蒸汽机是从英国引进的。

在中法战争失败后，福建船政局引进鱼雷生产技术，建立鱼雷厂。19世纪80年代后期，船政局为了能制造钢甲船，又从外国引进大量机器设备。1888年，船政局制成第一艘钢甲船"龙威号"，该船以法国1885年生产的双机钢甲舰"柯袭德号"、"士迪克士号"、"飞礼则唐号"为蓝本仿制而成。其所需钢板、轮机、水缸钢料亦来自外国。

1918年2月，北洋政府海军部在福建船政局开设中国第一所正规的飞机制造工厂——海军飞机工程处。留英留美学生巴玉藻（1892—1929）任处长。该处的任务是研制水上飞机。1919年8月，该处成功制造了中国第一架水上飞机——"甲型1号"。甲型1号为双翼双桴式水上飞机，即以双桴为支持体在水面滑行继而升空的飞机。发动机功率为100马力，飞机总重量1055公斤，最大时速120公里，配有双座双操纵系统，供飞行教练用。

随后的10多年里，海军飞机工程处不断试制新机种，先后制造14架飞机，其中大部分是等翼展双翼双桴式水上飞机，包括教练、侦察、轰炸等机型。但由于经费困难，始终未能批量生产。然而该处所制许多飞机的性能不次于同期欧美各国制造的飞机。如1931年制成的"江鸿号"双翼双桴水上教练兼侦察机，曾由马尾起飞至汉口，在长途飞行中经受住了考验，显示了中国当时具有较高的飞机制作水平。[1]

[1] 姚峻主编：《中国航空史》，大象出版社，1998年版，第33页。

二、交通技术的引进

人力车

人力车，中国人称之为黄包车，19世纪后半叶，住在日本横滨的基督教传教士美国人果伯(Jonathan Goble)设计了这种车。1874年，一位叫米拉的法国人将此车投入生产，并从日本引进到中国300辆，开办了上海最早的一家洋车行。由于人力车从日本引进，所以也被中国人称为"东洋车"。洋车比中国人原来乘坐的轿子和独轮车快捷、安稳、舒适，因此轿子、独轮车很快被洋车取代。到19世纪末，上海的洋车已经十分流行，"上海英美租界中中外人士使用的人力车为2500辆"。在北京，最初只有东交民巷的洋人才能坐这种车，到20世纪初，北京坐洋车的人日渐增多。

19世纪80年代由日本引进的人力车

20世纪初的青岛人力车行

20世纪二三十年代,洋车的使用在中国已很普遍。那时各大城市的洋车,不仅数量多,而且分成了不同等级。有钱人家里置备的私人车又叫"包车",包车成为有钱有身份者的一种标志。抗日战争时期,由于汽油供不应求,民用汽车无法上路,于是脚蹬三轮车应运而生。此后,脚蹬三轮车渐渐取代洋车的地位。

洋车传入后,在中国风靡了近大半个世纪,成为城市人外出的重要交通工具。几十万辆洋车和生活在社会底层的几十万洋车夫也成为中国现代文学作品的描述对象。其中老舍先生的作品《骆驼祥子》中的祥子和鲁迅先生的作品《一件小事》中的车夫,已成为现代文学作品中闪光的艺术形象。

自行车

大约在19世纪20年代欧洲人就发明了可驾驶的自行车。1885年,英国人斯塔利在前人发明的基础上,发明了脚踏车链条,1888年,邓禄普又在车轮上装上了充气轮胎,于是结构与今日相仿的自行车便诞生了。不久,这种自行车传入中国。因为自行车需用双脚踩踏,所以中国人称自行车为"脚踏车";由于该车单人骑行,所以又称之为"单车"。

最早骑自行车的是一些上海的外国侨民。1897年,上海租界为庆祝英国女王维多利亚登基60周年,在赛马场举行过一次骑自行车比赛。中国第一个拥有自行车的人是宋氏三姐妹的父亲宋耀如。1900年,宋耀如在他长女宋霭龄10岁生日时,赠送给她一辆自行车作为生日礼物。宋霭龄成为当时中国第一个拥有自行车的小女孩。1901年,在英租界出现了第一家由中国人开的自行车行"同昌车行"。

20世纪初,中国市场上出售的自行车主要从美国、英国进口,继而德国货、日本货挤进中国市场。1930年,上海"同昌车行"在安远路办起一家自行车装配小厂,生产出第一批国产自行车。自行车的引进,为人口众多的中国解决了交通问题,也增加了一项新的体育运动项目。

电车

有轨电车的发明者是德国人西门子。1880年,柏林始有有

1908年上海的有轨电车

轨电车。第一次世界大战之前，电车已经在许多国家的大中城市里通行。

在中国，最先通行电车的是英国人统治下的香港。1902年，香港成立电车公司。1905年，香港正式通电车。1906年，天津通电车。1908年，上海也通了电车。铺设上海第一条电车轨道的是中英合办的上海电车公司，后由于公司业务不景气，由英国人一家独办。上海除了英商电车公司外，还有法商电车公司，电车线路近10条。虽然电车稳当快速，但初时市民不敢乘坐，害怕触电。继香港、上海之后，中国其他一些大城市也先后通了电车。到1949年之前，北京、天津、长春、沈阳、本溪、哈尔滨、大连等城市都曾有过有轨电车。

无轨电车是1910年由美国人发明的。中国在1949年之前，只有上海一地行驶过无轨电车。

铁路

铁路这一先进的交通运输工具，1825年始创于英国。它是19世纪工业文明的象征。10多年后，大约在1840年鸦片战争之前，铁路信息开始传入中国。

尽管当时已有许多国家修建了铁路，火车的笛声已响彻世界许多地方，但愚昧无知的清王朝却禁闭宫门，充耳不闻，对铁路采取盲目排斥的态度。与这种态度相反，中国的爱国有识之士对此则极为关注。林则徐、魏源、徐继畬等人，在他们先后编纂的各国史地书籍中，均赫然介绍各国铁路修建和使用情况。尤其是太平天国干王洪仁玕在1859年所著的《资政新篇》中,十分重视现代交通运输在巩固政权和国家建设中的作用,主张制造"如外邦火轮车"。遗憾的是,这一主张由于太平天国的失败而未能实现。

1840年英国侵略者发动鸦片战争后,西方列强通过不平等条约不仅霸占许多通商口岸,控制中国沿海和内河运输,还纷纷谋求在中国修建铁路,但都遭到清政府的拒绝而没能得逞。

1876年,中国出现第一条铁路——英商擅筑的吴淞铁路。铁路全长14.5公里,单线,轨距0.762米,钢轨每米重13公斤,机车为"先导号"蒸汽机车,自重15吨,牵引小型客货车,时速为24~32公里。

由于清政府的坚决反对,最后竟以28万两白银买下吴淞铁路后拆除,殊为可惜。

吴淞铁路虽未能保存下来,但它毕竟是古老中华大地上出现的首条铁路,因而产生了轰动效应。反对者不少,好奇者也大有人在。从1876年12月至1877年8月25日,共运客16万人次,平均每英里每周可赚27英镑,与英国国内铁路日利润相当。速度快赢利多——中国人开始实际感受到铁路之益。

1881年11月8日举行中国第一条铁路——唐胥铁路通车典礼

5年后，即1881年，在清朝洋务派官僚李鸿章的主持下，建成唐胥铁路（唐山—胥各庄）。轨距1.435米（国际标准轨距）。开平煤矿矿方组织工人利用进口的卷扬机上所用的锅炉、进口的竖井架铁槽等旧材料，试制成"龙号"轻型机车。这是近代技术史上中国制造的第一辆机车，牵引力约为100吨。从此，揭开了中国自建铁路的序幕。又过了5年后，1886年对唐胥铁路进行展筑。截至1894年中日甲午战争爆发，共筑路348公里。台湾省于1891年至1893年，先后建成基隆至台北、台北至新竹两段铁路，共长107公里。此外，还修了长28公里的大冶铁路。这就是甲午战争前中国修建的几条铁路。

1894年中日甲午战争后四五年间，帝国主义侵略势力有如狂潮恶浪般涌进中国，争先恐后地攫取中国的铁路权益。他们或强行擅筑，或假借名义"合办"，更多的是通过贷款控制，导致1万多公里中国铁路权被瓜分，形成帝国主义掠夺中国路权的第一次高潮。随即在20世纪初，又加紧使其掠夺的路权变为事实，终使铁路这一先进的交通工具引入中国后，成为帝国主义压榨中国财富的吸血管、奴役中国人民的铁锁链。

1900年以后，中国人民纷纷要求自修铁路，迫使清政府不得不成立铁路矿务总局，并颁布《矿务铁路公共章程》，承认商人可以兴办铁路。20世纪初掀起的收回路权运动和商办铁路高潮，是中国人民抵制帝国主义掠夺路权的一次声势浩大的爱国行动。帝国主义侵略者假手清政府扼杀了这一爱国行动。然而，中国人民的斗争没有终止，随之爆发的反帝爱国的保路运动，更以波涛汹涌的气势席卷全国，给予帝国主义侵略者及其帮凶清政府以沉重打击，并为最后埋葬清王朝立下历史功勋。

历史证明，文化的交流融合并不尽在温情脉脉的牧歌声中进行。它经常伴随着刀光剑影、血与火的斗争。

可以引为自豪的是，在晚清末期，中国创建了著名的京张铁路——第一条完全由中国自己筹资，不用外国技术人员，完全由中国自己的工程技术力量，自行勘测、设计和施工建造的铁路。这条铁路是由中国杰出的爱国工程师詹天佑（1861—1919）主持修建的。詹天佑在设计中,为了减少线路的坡度和山洞长度,在青龙桥东沟采取了"人"字形爬坡路线,并且用两台大马力机车调头互相推挽的方法,解决了坡度大、机车牵引力不足的问题。这是詹天佑铁路工程设计中取得的独创性成果。京张铁路工程于1905年10月动工,1906年9月第一段工程完工;1908年9月,第二段工程完工;1909年8月,第三段工程完工。詹天佑提出的"花钱少,质量好,完工快"三个要求,都做到了。没有依靠外力,没有外国插手。当时,一些外国报刊和曾在中国筑路的外国工程师放出冷讽讥语,那些拜倒在洋人脚下的封建官僚也纷纷嘲笑,认为中国不靠洋人就建不成铁路。京张铁路的胜利建成,给了他们一记响亮的耳光,为深受侮辱的中国人民争了一口气。

为近代中国铁路事业作出重要贡献的爱国工程师詹天佑(1861—1919)

孙中山1912年考察京张铁路时乘坐的皇家客车

晚清1876年至1911年的35年间，共修筑铁路9100公里。其中，帝国主义强行擅筑和直接经营的实为殖民地铁路，如东三省、胶济、滇越和安奉等线，约计3700公里，占41%；帝国主义通过贷款控制的实为半殖民地铁路，如正太、汴洛、关内外（京奉）、沪宁、津浦、广九和道清等线，约计3550公里，占39%；国有铁路，包括京张铁路和商办铁路及赎回的京汉、广三等线，约计1850公里，占20%。而且铁路的分布极不平衡，东北三省占3400公里，关内各省有5700公里，大部分集中在华北。长江以南广大地区仅有一些短线，西南只有滇越线，西北则是一张白纸。[1] 这种情况表明，晚清铁路的引进和修建，是同帝国主义侵略政策紧密联系在一起的，是屈从于帝国主义在华利益的。

清末的火车只在白天行驶，夜晚停止。民国初年于右任担任交通部次长时，中国铁路始有夜行列车。

进入民国，中国铁路虽有发展，但控制在外国经济势力手中的铁路占相当比重。据民国十八年（1929年）的统计，中国境内通车的铁路里程计有13 224.91公里，而在外国经济势力控制下的铁路却有11 667.31公里之多。[2]

汽车

汽车是人类征服自然的一种力量，是跨越时空的一种速度，也是现代文明的一种载体。汽车在德国的发明，改变了人类的工作方式和生活方式。

1886年，德国人卡尔·本茨（Carl Benz，1844—1929）发明了世界上第一辆以内燃机为动力的现代汽车，人类因此结束了使用原始交通工具和人拉肩扛的历史。1886年1月29日被认为是世界汽车诞生日。

20世纪初，汽车由外商输入中国。最早出现在中国内地的汽车，是1901年匈牙利人黎恩斯（Leinz）输入并于次年在上海租界行驶的两辆轿车，均为美国福特汽车公司的产品。这两辆轿车的外形与当时西方的敞篷马车相似，一辆装有凉篷式车顶，另一辆装有折叠式软篷。车的前排为单人式驾驶座，后排为双人客

[1] 高镕:《中国铁路史画（1876—1995）》，中国铁道出版社，1996年版，第2页。

[2] 周谷城:《中国通史》（下册），上海人民出版社，1957年版，第490页。

座；车轮用木制轮辐、橡胶轮胎。1903年，上海的汽车只有5辆，两年后则增至31辆。这些汽车多为外国驻华外交官员、外商和中国豪绅所有。可以说，汽车最早在中国出现当在1901年，由租界的外国商人引进、使用并推广。

约于1902年，清政府进口一辆专供慈禧太后在颐和园游玩时乘坐的汽车。该车系德国奔驰汽车公司1898年生产的奔驰第二代产品，现保存在北京颐和园内。[1]

中国汽车营业运输出现于1907年。在汽车输入后不久，汽车在中国也开始成为客货运输的工具，汽车运输随之成为一个新兴的行业。1907年，德商经营的"费理查德号"商行在山东青岛开办了由市区到崂山柳村台的短途汽车客运，为近代中国汽车运输之始。1908年，美商环球供应公司在上海市内开始了汽车出租业务，为近代中国汽车出租之始。

1906年天津开通有轨电车。继之，1908年上海也开通有轨电车。

清末，汽车运输行业引起中国商人的注意。1911年，新疆羊毛公司商人沙懿德从波兰购进两辆客车，在惠远和宁远（伊宁）间经营起短途汽车客运业务。1917年11月，商人景学铃组建大成汽车公司（拥有汽车12辆），经营河北张家口至库伦1100公里路程之客货运输。

民国以后，随着工商业的发展，各地相继开发公路客货运输，汽车进口量增大，汽车修理行业随之出现。外商率先在中国设立汽车修理洋行。1935年建立的江西南昌机械修理厂成为中国最早的专门的汽车配件制造厂，生产的产品有汽缸盖、活塞、活塞环，并试制汽缸。

20世纪20年代前后，由于民国各届政府确立工商兴国的政策，振兴实业在中国蔚然成风，民族资本主义经济在动荡局势中不断发展。其中商贸运输的扩展使得新型运输工具——汽车扮演重要角色成为可能。面对世界范围的"汽车潮"，北洋政府一方面倡导，一方面加强管理。1918年，北洋政府交通部颁布《长途汽车公司条例》、《长途汽车公司营业规则》、《长途汽车发给执

[1] 黄余平：《百年汽车图集》，人民交通出版社，1986年版，第9页。

照规则》。这些条例规则成为中国最早的有关汽车运输的管理规定。

1919年，北洋政府内务部颁布《修治道路十五条》，鼓励公路修筑。伴随修路热潮而来的是汽车公司如雨后春笋般的建立。20年代，中国的汽车拥有量逐年增加：1922年为8150辆，1925年为14 930辆，1932年为44 462辆。[1]

20世纪二三十年代，中国的科技人员开始试制汽车，力图发展自己的汽车工业。

1929年，沈阳的民生厂用一辆"万国牌"载重汽车为样本，首次试制75型汽车，并于1931年5月制成第一辆"民生牌"载货汽车。这辆汽车的发动机、后轴、电气附件、轮胎等是进口的，其余零件为自制。发动机为6缸汽油发动机，功率为65马力，最高时速64公里。这是近代中国生产的第一辆汽车。工厂原计划依据此车成批生产，并预定首批生产45辆，后因日军占领沈阳而被迫取消生产计划。

山西省汽车修理厂于1933年生产出3辆载货汽车。这种货车，除一些电气设备、轮胎及滚动轴承等部件以外，大部分零件系自行生产。对第一辆车所做的长途行车试验表明，该车性能良好。1934年，中华全国道路建设协会曾为此函请国民政府实业部通令全国兵工厂及各省建设厅派技师前往山西考察，以便仿制。然而，终因整体工业基础薄弱，未获成果。

抗战时期，为了满足战时的军工和民生的需要，国民政府曾制订一些计划来发展工业，其中包括建立汽车制造厂。1939年9月，资源委员会所属的中央机器厂在昆明正式成立，下设包括汽车制造厂在内的5个分厂和4个处。汽车制造厂厂长史久荣在当年6月已代表资源委员会买下了美国斯蒂瓦特（Stewart）汽车装配厂的全部旧设备，并设计4吨载货汽车图纸，以便在国内生产。1941年5月，运至越南海防的1600余吨美国汽车厂的部分设备和其他材料遭日军劫夺；7月，部分设备运到云南畹町镇，因难以继续运往昆明，故将汽车分厂设在龙陵县。龙陵汽车分厂在组装了2辆"资源牌"4吨载货汽车后，便于1942年春落入

[1] 彤新春：《汽车入埠与20年代中国汽车业》，《民国春秋》2001年第5期。

日军手中。中央机器厂设立汽车制造厂的计划也就被破坏了。

抗战胜利后的1945年10月,国民政府交通部将日本人经营的华北自动车株式会社及17个汽车修配单位合并改组为平津区汽车修配总厂,下设天津汽车制配厂、天津汽车修理厂、北平汽车修理厂、青岛汽车修理厂、济南汽车修理厂、石家庄汽车修理厂等。除承担修理任务外,平津区汽车修配总厂还仿制进口配件和日本"大发牌"三轮汽车。"大发牌"三轮汽车分客、货两种,先后生产60辆。1946年国民党军队发动全面内战,和平建设已无可能。中国汽车工业体系的建立则有待于新的历史时期的到来。

20世纪初近代汽车输入中国后,虽然逐步成为中国交通运输的重要工具,但中国汽车业的发展由于受到综合国力、机械制造能力以及与汽车相关的学科水平的限制,长期以来,只是建立一些以修配为主的汽车修理厂。此外,中国科技人员通过仿制外国的汽车发动机等汽车零部件逐步掌握了一些汽车制造技术。然而,总的来说,近代中国的汽车工业还处于发展的初始阶段。

飞机

1840年鸦片战争后,帝国主义对中国进行军事、政治、经济侵略的同时,西方近代航空知识、航空器械也相继传入中国。1855年,上海墨海书馆刻版印刷英国传教士医生合信(Benjamin Hobson)著的《博物新编》中就有《轻气球图》和《巨伞图》。该书介绍,西方国家的气球原来也和中国的孔明灯一样是利用热空气上升的原理制作的。1881年创刊的上海《点石斋画报》发表过清末著名画家吴友如(?—约1893)的时事画,其中《履险如夷》画的就是气球升空的场面;《天上行舟》画的是美国发明家爱迪生在1880年的一种航空设想。最早介绍飞机的文章,则始于1901年上海慎记书店出版的《皇朝经世文编》中的《飞机论》。

1903年12月17日,美国人威尔伯·莱特和奥维尔·莱特兄弟发明的"飞行者1号"飞机腾空而起,开启了人类航空飞行的新纪元,给人类的进步与发展插上了腾飞的翅膀。

近代中国最早的飞行家和飞机设计师冯如（1883—1912，前坐者）与他制造的飞机

继美国莱特兄弟实现人类驾机升空之后的第六年——1909年9月21日，旅美华侨青年、广东恩平人冯如（1883—1912）驾驶自己设计制造的飞机飞上蓝天，为中国近代航空的发展迈出了具有历史意义的一步。随后，冯如本着"壮国体，挽利权"的宗旨，于1909年10月在美国集资创办"广东机器制造公司"（后改名为"广东飞行器公司"）制造飞机。

1911年1月，冯如制成一架液冷式发动机的双翼飞机，在美国奥克兰市郊上空进行表演获得成功。孙中山先生现场观看了表演，并称赞"我们中国有杰出的人才"。1911年2月，冯如偕同几名助手准备在国内制造飞机。由于清政府对此采取消极态度，冯如在中国制造飞机的愿望未能实现。

辛亥革命爆发后，1911年11月9日，广东军政府成立，随后成立了飞机队，准备随同广东北伐军北上作战。冯如同年11月参加广东革命军后被任命为广东飞机队飞机长。

1912年8月25日，冯如在广州燕塘临时机场驾驶自己制造的飞机在中国领土上进行第一次飞行表演，由于操纵系统失灵，飞机飞至百余米时失速下坠，冯如不幸牺牲，成为中国第一位驾机失事牺牲的飞行员。冯如遗体安葬在黄花岗烈士陵园，并立碑纪念，被尊为"中国始创飞行大家"。

1904年，湖北官费生秦国镛留学法国，先进预备学校学习法文，后到部队实习。1907年奉清政府命令改学飞行。学成归国时，带回一架法国高德隆单座教练机。1911年4月6日，他在北京南苑机场表演飞行。秦国镛起飞后绕场3周，平安落地。这是中国人引进法国航空技术在自己领空上首次驾机飞行。

选派航空留学生，引进西方航空技术，使中国航空发展进入了一个新时期。最早正式派赴国外学习航空工程的有留学生巴玉藻、王助、曾诒经和王孝丰等。巴玉藻和王助为中国近代航空工业的开创作出了重大贡献。

民国初年，巴玉藻和王助赴美进入麻省理工学院学习航空工程学，获航空工程硕士学位。1918年，巴玉藻和王助回国后，即筹备成立海军飞机工程处（即马尾海军制造飞机厂）。巴任主任。这是中国第一个正规的飞机工厂。

马尾海军制造飞机厂在巴玉藻的主持下于1919年8月设计制造的第一架水上教练机，取名"甲型1号"，所用的金属材料均从外国进口，发动机也是外国制造，其他木质材料、蒙皮材料和油漆则使用本国货。1922年又完成甲型2号、甲型3号、乙型1号等初级教练机的设计制造。1924年到1925年，又完成丙型1号、丙型2号水上轰炸机的设计制造。到1929年，共制造出6种型号的水上飞机12架。

20世纪20年代后期，海军制造飞机厂在继续设计生产教练机的同时，研制了几种侦察机和鱼雷轰炸机。

1931年，海军制造飞机厂迁至上海。这个时期，飞机设计和制造技术有了一些进步，如改善飞机机身流线型、支架采用了焊接技术。除继续研制水上飞机外，也开始生产陆上飞机和仿制外国飞机。抗战前夕的1936年，该厂以很快的速度为军方仿制18架美式飞机。抗战爆发后，该厂被迫迁到成都改组为第八修理厂。

1920年在广州建立的广东飞机制造厂是中国第二个正规的飞机制造厂。1918年立志航空救国的美国华侨杨仙逸（1891—

1923)应孙中山之召回国,任援闽粤军飞机队总指挥,在福建漳州组建我国革命军队中第一支空军。1922年,杨仙逸被派出国,到日本、美国、墨西哥等地招募一批爱国华侨子弟携带4架寇蒂斯"珍尼"式飞机回国参加革命,孙中山委任他为大元帅府航空局长兼广东飞机制造厂厂长。他在广州大沙头设立飞机场和飞机制造厂,并培训了一批飞行人员。他以这种飞机为基础,与美国工程师一道,研制成双翼教练机。孙中山和夫人宋庆龄亲自主持了试飞典礼。试飞成功后,孙中山以宋庆龄的英文名为这架飞机命名"乐士文一号"。为了鼓励中国人自己研制飞机,孙中山特别题写"航空救国"4个字。

从1928年起,广东飞机制造厂研制成功由广东人梅安龙设计的第一架"羊城51号"飞机,并亲自试飞成功。接着又研制成功"羊城52号"。1929年又研制成功"羊城54号"、"羊城55号"、"羊城56号"等飞机。1933年又造出"羊城57号",其时速达到220多公里。据统计,广东飞机制造厂在1936年前共研制成功"羊城"系列的教练机、驱逐机、轰炸机达60多架,成为当时中国在飞机研制方面成就最大的飞机工厂。[1]

1934年,国民政府和美国合作建立中央杭州飞机制造厂。该厂先是修理外国飞机,后逐步过渡到组装、仿制美国飞机。后来制造的美国诺斯普罗式轰炸机为全金属应力蒙皮结构,共造25架。这表明中国具备了水平较高的技术人员和飞机制造技术。

抗日战争爆发后,中央杭州飞机制造厂于1938年12月迁到云南西南部瑞丽江边的雷允。1939年7月投入生产。同时在雷武(地名)建南山飞行场。修、造(组装)结合,原料由美国提供,组装霍克式、莱茵式战斗机,并负责检修陈纳德"飞虎队"及英国驻缅皇家空军战斗机。该厂员工多时达2929人,是抗战期间我国规模最大的飞机制造厂。1942年3月日军从缅甸犯我滇西,该厂被迫撤离。在近三年中,虽屡遭日机轰炸,该厂仍组装飞机112架,检修战斗机(包括蒋介石座机)多架次,为抗日战争作出重大贡献,也是中美两国联合抗敌之见证。[2]

中央杭州飞机制造厂在杭州和雷允的8年里,检修和组装各

[1] 白寿彝总主编:《中国通史》第12卷(上),上海人民出版社,1999年版,第450页。

[2] 见云南德宏州政协、瑞丽市政协2001年3月立《雷允飞机制造厂简介》碑刻。

式飞机两三百架，成绩斐然。从生产的飞机性能看，该厂具备了设计制造新飞机的能力。

1935年，意大利人来中国与国民政府在南昌合办中央南昌飞机制造厂。

1936年，中央南昌飞机制造厂首先修理"美龄号"飞机和两架意制菲亚特式飞机。1937年开始，该厂按计划制造20架教练机和6架大型S-18双发动机轰炸机。尽管中国只承担约20%的生产任务，但设计制造这种双发动机大型飞机在中国还是第一次。

抗战开始后，该厂迁到四川的南川，改组为空军第二飞机制造厂。

1940年到1942年，空军第二飞机制造厂试制两种滑翔机，共生产30多架。该厂还曾在缅甸装配过当时最先进的战斗机之一——美国的P-40"战鹰"式飞机99架。此外，该厂在抗战期间成就最大的工作是自行研制中国第一种中型运输机"中运一号"以及它的改进型"中运二号"、"中运三号"。

1941年底，滇缅公路被日军封锁，外国援华军用物资进入中国相当困难。中国对于飞机的需要十分迫切，于是，航空委员会又筹建空军第三飞机制造厂，地点设在成都。目的是训练设计飞机制造的技术人员，利用国内材料，自行设计制造飞机。这个厂逐步发展为成都飞机制造厂。

1942年到1943年，成都飞机制造厂仿制15架美国教练机、15架"研教一"系列双翼教练机和30架"大公报号"滑翔机。1942年到1944年，该厂根据苏联的SB-3轰炸机资料，设计制造了"研轰三"式轰炸机。除功率达600千瓦的发动机、金属螺旋桨和可收放起落架是苏联制造的外，其他部件和材料都是国产的。全机总重量达13 200千克，可谓当时中国生产的最大的飞机。

1949年以前的40多年间，中国人生产的各种飞机约600~700架，大部分是组装或仿制的。中国没有飞机发动机厂。飞机制造所用的发动机全部依赖进口，就连铝皮、起落架、仪器等也靠进口。

三、农业技术的引进

鸦片战争后，特别是19世纪70年代后，外资在我国东南沿海城市和长江下游中心城市开办一大批以农产品为原料的加工企业。这些加工企业，对传统的中国手工业起了瓦解作用，并最终导致西方农业机械和农业技术的引进。

1883年美国人班塞克设计发明了先进的卷烟机，每小时可生产卷烟15 000支。美国人本杰明·杜克和詹姆士·杜克两兄弟采用这一卷烟机，使得卷烟工业迅速发展。到1890年，美国人杜克兄弟成了美国烟草工业大王。

1890年，美国商人将纸烟（又称洋烟）输入中国。促使1902年在天津出现了官商合办的北洋军阀烟草公司，揭开了中国机制纸烟工业的第一页。1906年直隶农务总局农事试验场也开始仿制纸烟。在中国东部沿海地区，从此纸烟逐渐和民间习用的旱烟、水烟并行。

1902年英美烟草公司在伦敦成立，其分支机构遍布世界各大洲。1919年，在上海设立驻华英美烟草公司总部。随后，在香港、天津、青岛、上海、汉口、沈阳等地开设卷烟厂，就地生产卷烟，1937年的产量占到中国卷烟产量的2/3强。中国各地卷烟产销业务和山东、河南、安徽的烟草种植、加工，都受到它的控制。于是，20世纪20年代，中国城市中商界、学界和社会各阶层吸纸烟成为时尚。

1934年，国民政府在河南许昌市组建全国美种烟叶改良委员会，其宗旨是改良和推广美种烟叶的生产。同年秋，在许昌北郊姐庄，购买土地43亩，雇烟工9人，盖烤房2座，办公室兼实验室3间，派英美烟草公司职员许玉贤为领班，聘美籍烟叶专家牛森（G.H.Newsome）为技术指导，建立许昌烟叶试验场。这是我国自己创建的最早的烟草专业科研机构。它为我国烟草科研事业的发展作出了努力。

我国近代耕作机具的引进，始于19世纪80年代。1880年，在距天津150公里的一个地方，移民租荒地5万亩，使用西方近代农机耕作，事半功倍。这是迄今最早记载试用近代农机进行耕作的事例。所谓机器并非拖拉机，系指改良农具。

晚清时期，我国各地从国外引进了灌溉、耕垦、除草、粮食加工、缫丝、纺织、制茶等各类农业机械及一些教学设备。如1897年浙江温州、福建福州等地从国外购进制茶机，采用新法制茶；浙江镇海引进外国抽水机进行机器灌溉；1898年，湖南、福建一些地方也引进抽水机，并成立灌溉公司；同年江苏江宁县地方官张是保开风气之先，"购买美犁，导农深耕"；苏州士绅范祎等也招股"购买外国机器，开垦九邑荒田"。[1]

进入20世纪后，各地购买外国农用机具者更多。1904年，因饲养军马需要大量干草，东北兴安岭以西地区引进国外割草机，工效显著。1906年，山东农事实验场从美国购进20余种先进农具，从日本购进数十种新颖农具，两者混合使用，效果明显。1907年，黑龙江兴东公司、瑞丰农务公司从国外购进拖拉机从事荒地开垦，效果也很明显。1908年，东北奉天农业实验场从日本及欧美国家引进的农具有头曳犁、头曳再垦犁、杆犁、方式马耙、铁制弹齿马耙、刈麦器、刈草器、玉蜀黍自束器、玉蜀黍播种器、玉蜀黍脱粒器等等。1909年，美国芝加哥万国农具公司在海参崴设立支店，以后又设支店于哈尔滨。至此，从海参崴及欧俄运入西伯利亚的农业机械，便源源不断地运入黑龙江省。这对促进东北地区的农业机械化均有积极意义。

据不完全统计，1899年至1909年，全国14个省共创立农垦企业51处，其中部分企业已采用由外国引进的近代农业机械进行开垦试验。[2]

我国原有的榨油作业多系手工操作，设备简陋，工效低微，且产品质量不合乎出口标准。1895年，外商在辽宁营口设厂采用新式机械榨油。由于它的示范作用，致使营口老式油坊于1899年纷纷改用蒸汽动力将大豆压碎，以手推螺旋式铁榨榨油，

[1]《江苏文史资料》编辑部：《民国时期的农业》，《江苏文史资料》编辑部出版，1993年版，第19页。

[2] 丁长清等：《中外经济关系史纲要》，科学出版社，2003年版，第136页。

以后又进一步采用冷气榨油。不久，新式榨油法在大连、安东、哈尔滨等地陆续推广。20世纪初，山东、江苏等地相继效仿。1908年中国豆油进入欧洲市场后，新式榨油法在东北地区迅速发展起来。以哈尔滨为例，1912年采用近代加工技术从事生产的大榨油厂只有2家，10年以后的1921年，大榨油厂则增加到40家以上。

20世纪20年代，由于受到国内市场刺激，江苏的苏州、武进、兴化、阜宁，浙江嘉兴，湖北沙市等地油坊，相继采用近代加工技术从事生产。由于加工技术的改进、新式榨油机的推广，使大豆加工业成为近代中国最重要的外贸工业之一。

我国碾米多属农村家庭手工作业。19世纪末20世纪初，引进外国碾米机器和技术，机器碾米才逐步发展起来。早期碾米机均以蒸汽机为动力。因蒸汽机大多是外国货，价格昂贵，用者寥寥。自从引进内燃机之后，特别是民族机器工业逐步发展后，内燃机价格低廉，上海、苏南地区以国产内燃机带动碾米机加工稻米者日渐增多。无锡地区的一些"机船"常在秋后用内燃机带动碾米机流动为农民碾米。后来电动机兴起，价格比内燃机更便宜，使用更方便，因此以电动机为动力的碾米业逐渐取代了以内燃机为动力的碾米业。

抽水机是近代农业机械中在我国应用推广比较成功的一种。它在部分地区的广泛使用是在20世纪20年代前后开始的。1912年，江苏常州奚九如先生试验以内燃机为动力的抽水机灌溉成功。翌年，常州厚生机器厂建厂并开始抽水机的制造及提倡。1924年至1925年江浙地区连年遭遇干旱，原有的龙骨车已无法应付大面积的旱灾，在这样的情况下，一些富裕农民采用抽水机灌溉，成效显著。而电力灌溉则始于1924年。1924年，常州戚墅堰震华电厂进行电力灌溉试验，第一年灌田2000亩，之后逐年扩大。据统计，1914年到1931年，国内用于灌溉的内燃机总马力约为18 700匹左右，其中国产内燃机约为73.3%，进口内燃机约占26.7%。1931年，江苏省使用内燃机灌溉的农田面积占全省农田面积的1.38%。[1]

[1] 丁长清等：《中外经济关系史纲要》，科学出版社，2003年版，第137页。

近代农业机具的引进、试用，也激发了我国能工巧匠的积极性。他们仿制、改良和创造了一批新式农具，促进了我国农业的近代化。

1898年戊戌变法时，在"兼采中西各法"的谕旨下，开始由政府公开推广新式农业技术。1901年张謇在江苏南通创办通海垦牧公司，引种美洲陆地棉成功。外国葡萄、洋葱在江苏淮安由孙骏生先生引入试种，获得成功。

创办于1902年的直隶农事试验场在保定府西关外霍家大院置地4顷，分桑蚕、森林、园艺、工艺4科，也引种美棉、美麦、德麦、日本玉蜀黍，同样获得成功。

1906年，清政府向美国采购大批棉籽，在江苏、浙江、山东、河北、河南、陕西等省引种，加以推广。

美棉在华引种的成功，加之中棉的改良成功，使中国棉产量大为增加。近邻日本的棉纺织工业所需原料相当程度上依赖运费低廉的中国棉花。棉花在1888年后，已从入超货物变成出超货物。作为中国重要的出口货物，棉花出口量在1910年已达1 247 304担（相当于623 652吨）。1895年到1920年，棉花的商品量增加60%以上。[1]

1915年，农林部在华北、华东和华中，先后成立三大植棉试验场，引种和推广美棉。1917年，穆藕初、聂云台、黄首民、郁屏翰、尤惜阴、吴善庆等先生发起组织中华植棉改良社，提倡植棉改良。山东作为主要产棉区，从1918年起成为大规模推广美棉的重要基地。

美国教会办的南京金陵大学、东南大学对改良棉种，引进美棉，都曾出过大力。这首先要归功于留美归国学生、中国现代农学先驱过探先先生（1887—1929）。过探先1910年入选第二批庚款留美学生，在美国康乃尔大学农学院师从院长、作物遗传育种学家贝莱（L.H.Bailey，1858—1954），主修作物育种学，与导师合作进行棉花育种的课题研究，于1914年底提前获得农学硕士学位。1919年春，过探先应荣宗敬、穆藕初主持的上海华商纱厂联合会邀请，主持该会主办的4省棉花育种工作。华商纱厂联

[1] 沈福伟：《西方文化与中国（1793—2000）》上海教育出版社，2003年版，第810页。

合会植棉改良社在上海宝山、河北唐山和南京等地设有试验场，以南京为总场，聘过探先为场长。该会1919年向美国农业部购进8个早熟、大铃、细绒的优良棉种，由过探先与美国棉花专家顾克（G.F.Cook）博士合作进行"全国美棉品种试验"。1920年，该会又从美国购买脱字棉、郎字棉10吨种子，运到河南、陕西，分发给农民种植，向中国中西部地区推广美棉。他们花费3年时间，在黄河、长江流域26个不同的地区引种美棉新种，从中选出脱字棉（Trice）、爱字棉（Acala）两种，为最适合中国的优良品种。

1921年至1925年，邹秉文聘请过探先和他一起主持南京东南大学农科（后改成中央大学农学院），于是，过探先又兼南京东南大学农艺系主任。1925年过探先从东南大学转入金陵大学，担任农林科首任中方科长（系主任）。而美方科长是他在康乃尔大学的同学、美籍农艺教师芮思娄（J.h.Reisner）中美两位科长引进美国高等农业教育的教学、科研、推广三结合的体制，"使金陵大学农科从办学宗旨到专业设置，课程配置以至教学、行政管理方面都按美国高等农业教育模式办理，并将金陵大学农科直接在美国纽约州立大学立案，使金陵大学农科毕业生可直接升入美国农业大学进修学位"[1]。

1944年后，经中华农学会理事长邹秉文先生接洽，美国万国农机公司派出该公司顾问J.B.Davidson和A.A.Stone到中央大学短期工作，并将多种新式农业机械、工厂设备及工具等（约值15 000美元）赠送给中央大学农学院。1946年后，陆续运到。此外，美国联合叉锄公司（The Union Fork and Hoe Co.）捐赠全套手用工具。其他美国公司如杜邦公司等均有捐助。以后，教育部、农林部、善后救济总署机械农垦处配送4台中小型轮式拖拉机、6台手摇拖拉机、1台联合收割机、30多部美国机引和畜力农具，使机械设备方面达到美国一般农业工程系的水平，在当时中国农业大学农业工程系中，成为仪器设备最完备的系。邹秉文先生还在美国取得20名农业工程进修名额。1946年在全国工科大学和农业大学中选拔一批青年助教到美国明尼苏达和衣阿华大学学习农业工程。他们回国后，成为我国农业工程学界的开拓性人物。[2]

[1] 费旭、周邦任编撰：《南京农业大学史志（1914—1988）》，南京农业大学农业教育信息中心印，1994年，第3页。

[2] 费旭、周邦任编撰，《南京农业大学史志（1914—1988）》，南京农业大学农业教育信息中心印，1994年，第178~179页。

中国第一代近代园艺专家在南京东南大学农科园艺系开展大量研究工作。1921~1927年，吴耕民等先生相继从国外引进甜柿、梨、苹果、葡萄、李、杏、核桃等多种果树的大量品种，以及蔬菜和花卉品种进行引种试验，在全国有重要影响。章守玉、毛宗良对南京中山陵园绿化作出了重要贡献：1923年，他们自旅居中国上海的法国人卓索姆（Juseaum）处引入法国梧桐，始植于南京四牌楼与鼓楼公园，进而辐射推广，几乎遍及全国。1948年，郑万钧、胡步联合发表的学术论文《活化石——水杉》，受到国内外植物学界的重视和高度评价，被誉为一个世纪以来最大的科学贡献之一。

我国在引入外国植物品种方面，曾有深刻教训。如凤眼莲（又名水葫芦），原产南美洲，于1901年作为花卉引入，并曾作为饲料和净化水质的植物推广种植，后逸为野生，广泛分布于华北、华东、华中和华南的大部分省地的主要河流、湖泊和水塘中。后来它蔓延成灾，成为"中国外来入侵种"之一。

四、棉纺织技术的引进

中国近代棉纺织业是在外国势力对手工棉纺织业的侵蚀和破坏过程中产生的。

鸦片战争后，除印度向中国输出棉花外，西方国家还向中国输出洋纱、洋布。这对中国的棉花市场、棉纱市场和棉布市场产生了冲击。洋务派官僚为"求富"创办了两家棉纺织企业：一是1876年筹建、1890年投产的上海机器织布局，一是1888年筹建、1898年投产的湖北织布局。上海机器织布局拥有纱锭35 000枚、布机530台，均从美国引进；湖北织布局拥有纱锭30 000枚、布机1 000台，以及发电机2台、电灯1 140盏，皆从英国引进。

中国棉纺织业在1895年后开始有所发展。在短短的几年内设立了众多纱厂，造成棉花价格和劳动力价格大幅上涨；加之自

1899年起，棉纱进口量激增，致使纱价受抑。因此，全国棉纺织业从1899年开始进入低潮。

1904年，中国市场受日俄战争的刺激，纱、布销量大增。1915年，中国人民掀起了抵制美货运动，使占中国进口粗布半数以上的美国棉布大受影响。于是，各纱厂处境大为好转。在此刺激下，中国又一次掀起投资兴建纱厂的热潮。到1911年，全国共建纱厂11家，其中江苏新建裕泰、济泰、振新、大生二厂、利用等5家纱厂，约占全国新建纱厂总数的一半。江苏5家新建纱厂的锭数为74 124枚，占全国新建纱厂纱锭总数176 408枚的42%。[1]

1911年，全国华商纱厂计有22家，纱锭总数为510 008枚。其中江苏有纱厂8家，纱锭数为153 508枚，分别是全国总数的36.4%和30.1%。[2] 可见，此时江苏棉纺业已在全国占有重要地位。江苏纱厂的设备，多从英国购进。

1914年第一次世界大战爆发，战火弥漫世界各地，政治经济混乱，危机重重。这给中国民族工业的发展提供了机遇。江苏无锡荣氏兄弟（荣宗敬、荣德生）的实业，正是在这场灾难中迅速崛起，技术引进十分活跃。第一次世界大战爆发前一年，即1913年，荣氏兄弟从德商爱益奇那里以分期付款的方式购进18 000锭带独用小马达的细纱机，开办振兴纱厂。1915年，向上海英商安利洋行订购英制细纱机12 960锭，开办申新第一纺织厂。1917年，申新一厂增设布厂，向日商三井洋行购进英制布机350台，第二年申新二厂技术更新，又向日商洋行购进英制布机250台。1920年建立的申新三厂设备为美制纱机，20 000锭。荣氏企业舍得下本引进欧美最新设备用以扩充和完善各厂设备。1919年，荣氏企业派族兄荣月泉赴欧美考察，学习纺织、面粉的最新生产技术和工厂管理的先进经验，并探索越过驻华洋行、直接从国外厂家订购设备的渠道。

1919年3月，荣月泉搭乘日本"春阳丸号"轮船离沪，先期到达美国明尼阿波利斯、印地安那、马萨诸塞州等地，然后转赴巴黎，以中国工商界、劳工界的身份，面见北洋政府出使法国

[1] 严中平：《中国棉纺织史稿》，科学出版社，1955年版，第139页。

[2] 孙宅巍等：《江苏近代民族工业史》，南京师范大学出版社，1999年版，第105页。

的陆征祥，要求在巴黎和会上谋求废除不平等税制。这一目标虽然没能达到，但此举提高了中国民族工业的声望，扩大了国际影响。此后，他取道英国，在工业城市曼彻斯特等地考察纺织工业，然后经加拿大温哥华和美国旧金山回国。一路上，他通过比较优劣，详究设备的性能，订购3万锭英国"好华特"新式纺机和2万锭美国"萨克威"细纱机，还购进2组1600千瓦电机，用于装备申新三厂，使该厂成为当时国内棉纺织业中规模最大、设备最先进的工厂。更重要的是，荣月泉此行改变了通过洋行中间商引进外国机器和技术的路子，开辟了向国外厂家直接引进的路子。

在这以后，荣氏企业的技术设备引进，越来越多地注意掌握世界信息动态，尽可能越过洋行中间商直接向国外订购，在引进和采用国外先进技术上，开辟出一个自主、高效的新天地。

1921年，荣氏企业在汉口筹建申新四厂，以158万元投资引进和装备美制纱机14 720锭，年产棉纱近万件。1925年收买由穆藕初创办的上海德大纱厂，筹建申新五厂，先后几次添置进口新机，在扩大规模的同时，显著提高了装备技术水平。相比之下更为突出的，当推1929年创办的申新八厂。其新厂房为两层钢筋混凝土结构，一次从英国购进勃拉特厂1930年生产的最新细纱机4万锭，仅购机一项就投入资本234万元。这批设备技术先进，所有机械传动均用钢珠轴承，每24小时产量可达20支纱1.1磅，16支纱1.35磅，生产效率和产品质量均逼近日商在华纱厂中的佼佼者，被誉为"全上海全中国最新式的纱厂"。1937年10月27日，日军飞机空袭上海，最主要目标即为申新八厂及与之毗邻的申新一厂。一阵狂轰滥炸之后，这座中国民族工业中以"新厂房、新机器、新产品"著称，而被日商视为竞争对手的先进工厂，顷刻之间化为废墟。日军占领上海之后，日商丰田纱厂还纠集一批日本浪人冲入申新八厂，将被炸坏炸残的机器，再用重磅榔头逐一砸毁，这是在抗战胜利后申新系统唯一一家无法加以修复的纱厂。

荣氏企业在引进国外先进机器设备的同时，还注重引进国外的成熟技术。20世纪20年代，国外纺织业正在进行通过纺机改造、采用"大牵伸"技术，实现纺纱的技术革命。所谓"大牵伸"，是1923年由西班牙纺织专家首先试验成功的棉纺新技术。它通过改变纺机构造，提高转速，使棉纱拉长倍数增加，相应减去粗纺工序，直接纺出细纱。这不仅大幅度增加了纱锭出纱量，而且提高出纱的支数和质量。申新纱厂率先于1928年引进12台美国新式道白生大牵伸纺织机，组织技术人员对照普通纺机进行解剖、分析，详细比较其异同，钻研其原理，仿照进行改造。经过反复琢磨，终于掌握这一新技术，使细纱机前罗拉转速由原来的每分钟110转提高到220转。他们还根据国产棉花的品质特点，改进配套设备，使之适应新工艺、新技术。不久，这项"大牵伸"技术逐步在申新各厂得到推广，原有老式道白生、勃拉特等非大牵伸纺机，经过改造成为大牵伸机。这一先进技术的引进和应用，改造了荣氏企业的部分老设备，使产品从以16支纱为主转向以20支纱为主，并由此推动了国内棉纺织业整体生产技术水平的提高。

荣氏企业的辉煌，成就了"实业救国"的梦想。毛泽东对荣氏家族做过这样的评价："荣家是中国民族资本家的首户。中国在世界上真正称得上是'财团'的，就只有他们一家。"[1]

1986年6月8日，邓小平在北京人民大会堂亲切接见荣氏亲属回国观光的部分成员时，对荣氏家族做过高度评价："从历史上讲，你们荣家在发展我国民族工业上是有功的，对中华民族作出了贡献。民族工业的发展是推动历史前进的。"[2]

---

[1] 马克锋：《荣氏家族》，广州出版社，1997年版，第200~201页。

[2] 夏莉娜、吴跃农：《荣毅仁与共产党半个世纪的深情》，《扬子晚报》2005年10月28日A4版；又见马克锋：《荣氏家族》，广州出版社，1997年版，封面。

第十四章
近代西方科学文化的传入与中国近代学科的建立

引进西方近代科学在中国是一个争辩了几百年才达到的决心。近代中国经过洋务运动、维新变法之后,直到1900年前后才真正下决心开始引进西方近代科学。下了决心以后,进度却是惊人的快速。致用与务实,是中西实现对接的切入点,这既是因西学本身的特性所致,也是中国传统经世实学的必然选择。中国经世实学积极追随时代的变化,在"求变"、"图新"的追求中,吸纳传入的西方文化,更新知识体系,导致学科分类的出现。它既是西学输入的必然结果,也是中国经世实学主动回应西潮的文化创造。

如果说19世纪中国人的学问依然自成系统,那么,"自20世纪初,特别是'五四'的'整理国故'运动以来,中国原有经、史、子、集四部系统已全面崩解,代之而起的正是西方的学科分类系统"[1]。

一、天文学

植根于生产实践的天文学,是人类文明中萌发较早的学科之一。远在上古三代,我国就有了观测天象的专职官员和机构。在我国悠久的历史中,天文学曾经有过辉煌的发展,张衡、祖冲

[1] 刘正:《图说汉学史》余英时先生序,广西师范大学出版社,2005年版,第2页。

之、僧一行、郭守敬等历代天文巨匠作出了卓越的贡献，至今仍受到世界人民的纪念和敬仰。

到了近代，由于资本主义大生产的需求，天文学在西方各国有了蓬勃的发展。恩格斯说过，自从哥白尼的不朽著作《天体运行论》（1543年5月24日于纽伦堡出版）出版以来，"从此自然科学便开始从神学中解放出来……科学的发展从此便大踏步地前进……"[1]

牛顿于1687年发现万有引力定律以后，哥白尼的日心地动说也日渐深入人心。随之，一系列新的天文发现接踵而至，展现了一个天文学的新天地。

可是，在中国，由于清王朝自1723年雍正皇帝登基以后百余年所推行的闭关锁国政策，堵塞了近代西方天文学的最新信息传入中国的渠道，从而大大延迟了近代西方天文学在中国传播的历史进程。

1840年鸦片战争失败后，一批有识之士才从长达百余年的茫然无知的迷梦中清醒过来，发现那建立在大量观测事实和坚实理论基础上的近代西方天文学，不但已经使中国传统的天文历法相形见绌，而且成为人类认识世界和认识自身的知识宝库。只是在这时，中国才真正掀起了认真学习近代西方天文学知识的热潮。

1842年，魏源编成《海国图志》一书。书中对西方各国的政治、经济、军事和科学技术等做了全面介绍。此外，还译载了有关西方天文学方面的知识，如《地球天文合论》5卷（卷九十六、卷九十七、卷九十八、卷九十九、卷一百）介绍哥白尼的日心说、日食与月食的成因以及彗星、银河、风云雷电、潮汐、火山、地震等有关天文学方面的知识，并附地球沿椭圆形轨道绕太阳运行的插图。这是中国近代第一批公开宣扬和首先肯定哥白尼学说和开普勒定律（行星运动所遵循的定律）的中文文字。

1859年，中国学者李善兰（1811—1882）和英国传教士伟烈亚力通力合作翻译英国天文学家侯失勒（J.Herschel 1792—1871）的名著《天文学纲要》（第4版，1851年），以"谭天"为名出

[1] 《马克思恩格斯选集》第3卷，人民出版社，1975年版，第446页。

版。《谈天》全面地介绍了当时西方已取得的天文学知识。如对太阳系结构和行星运动理论的较详细的叙述，对万有引力定律、光行差、太阳黑子理论、行星摄动理论以及彗星轨道理论的论述，对恒星系——变星、双星、星团、星云等的讨论，等等。这些丰富多彩的天文学知识，在中国却是人们闻所未闻的，它们为中国广大读者展示了一幅震撼人心的令人眼花缭乱的天文学画卷。

李善兰为《谈天》写了一篇极其精彩的序言。在序言中，李善兰极力宣扬哥白尼学说、开普勒三大定律和牛顿万有引力定律的正确性，说近代西方天文学成果"定论如山，不可疑矣"，针锋相对地批评当时一些中国学者对哥白尼学说的歪曲和攻击，为近代西方天文学在中国的顺利传播，起了排除障碍、廓清道路的作用。《谈天》出版后，受到广大读者的欢迎。

1874年，中国学者徐建寅（1845—1901）把到1871年为止的近代西方天文学的最新进展补充进去，出版《谈天》增订本，又一次扩展了广大读者的天文学视野。经由李善兰、徐建寅等人的努力，从哥白尼开始到牛顿完成的、建立在牛顿经典力学体系之上的近代西方天文学知识，才得以在中国站稳脚跟。随后，中国出现了研习近代西方天文学的热潮。

1885年，康有为撰著《诸天讲》一书，其后屡经修改，到1930年康有为去世以后3年才正式发表。与《谈天》相比较，该书增添了许多西方天文学内容：如恒星光谱型、太阳的化学元素组成、太阳上的核反应，以及康德—拉普拉斯的星云假说、张伯伦和摩尔顿提出的太阳系形成的半碰撞假说，等等。这一著作再次比较系统地展现了近代西方天文学的进展。

康有为、严复、谭嗣同、孙中山等，都是哥白尼学说和牛顿理论的信奉者，又都十分重视对宇宙演化学说的学习、研究和引申。在他们的著作或言谈中，这些理论又都曾是他们批判封建主义和进行变法革新的思想武器。他们对近代西方天文学在中国的传播都曾起到推动作用。

天文台的建立是这一时期天文学的重要实践。1873年上海徐家汇观象台、1894年台湾台北测候所、1900年上海佘山天文

始建于1934年的南京紫金山天文台全景

台和同年的青岛观象台相继建立。这些天文台最初虽为西人建造和把持，但不久便不同程度地融入中国的天文学研究中。

1912年，北京中央观象台建立。中央观象台随即以中国天文学会的名义出版《观象丛报》，既介绍天文理论、气象知识，也有若干地学内容的文章。

制定历书是天文学学科的内容之一。洋务运动时期，因办实业，修订历书尚未提到议事日程；维新变法时期短暂，也未能施行。1912年孙中山成为中华民国临时大总统后，发出《改用旧历令》，采用民国纪年，通用世界公历。不久，编出《二年历书》，稍后又编出《三年历书》；再后编出的《天文年历》，已具有近代天文学的性质，是传统、引进和研究的集合体。

我国自己建立的第一座现代天文台——紫金山天文台的筹建，始于1927年11月。1927年4月，国民政府由广州迁都南京后，蔡元培先生按照民主主义革命家孙中山先生的遗嘱，考虑建立国立中央研究院。同年11月的一次研究院筹备委员会会议上，决定建天文台于紫金山，并随即进行勘测、设计。1928年春，成立天文研究所，任命高鲁为所长，继续筹备。1929年，余青松先生接任所长后，亲自勘测设计，主持天文台的兴建工作。经过5年的艰苦施工，1934年9月1日，我国自己建立的第一座现代天文台在南京紫金山建成。

紫金山天文台建成时已拥有4座观测室，配备引进的60厘米反射望远镜、海尔单色光观测镜和20厘米折射望远镜、135毫米超人差自动子午环、10厘米变星摄影机等现代仪器。这在当时是较先进的。

紫金山天文台的建立，标志着中国近代天文观测与科学研究相结合的起步，[1]具有重大的学术意义。

紫金山天文台建成后，我国现代天文工作者的先驱高鲁、余青松、张钰哲、李珩、高平子、陈遵妫、戴文赛等先生，相继来所工作，用他们的双手翻开了我国近代天文研究的扉页。我国的天文学会也在1934年成立。高平子先生于1935年出席国际天文学会会议。我国天文学会正式加入了该会，以后曾数度派员与会，加强了与世界各国天文工作者的交流。

1937年抗日战争爆发，紫金山天文研究所辗转内迁到云南昆明。就在那种艰苦的条件下，余青松在昆明市郊凤凰山兴建又一座天文台，继续从事天文观测。1941年，余青松先生离任，由张钰哲先生继任所长，并立即着手组织当年日全食观测工作。1941年9月21日的甘肃临洮日食观测取得成功，他发表了题为《在日本轰炸机阴影下的中国日食观测》的论文。

抗战胜利后，天文研究所重返南京。留在紫金山天文台上的主要仪器都已损坏，无法使用。国民党政府热衷内战，不管科技工作。这一状况一直持续到中华人民共和国成立。虽然如此，当时的天文工作者仍然开展了编历，经纬度测定，报时，日食观测，变星、彗星、太阳黑子的观测和一些基础理论的研究，力所能及地加强中国天文学学科建设。

20世纪30年代，江苏昆山人朱文鑫（1883—1938）在深入研究的基础上，出版了《历法通志》（商务印书馆1934年版）等多本中国天文学史著作。在抗日战争时期艰苦的条件下，陈遵妫

[1] 周培源：《全国科协主席周培源在紫金山天文台成立50周年纪念会上的讲话》，载中国科学院紫金山天文台编：《紫金山天文台五十年》，南京大学出版社，1985年版，第7页。

(1901—1991）致力于中国天文学史的研究。中华人民共和国成立后不久，他就出版了《中国古代天文学简史》。此书深受国内外学者的注目，在日本被译成日文出版。这些学术成果表明：南京紫金山天文台是我国近代天文学的发源地。

二、数学

数学研究事物的数量关系和空间形式，是最基础的科学。它是人类理性思维的基本形式，涉及世界上一切事物。最抽象的数学会催生出人类文明的绚烂花朵。

数学是炎黄子孙擅长的学科。从公元前3世纪到14世纪，中国人对数学作出过不少重大贡献，其中有些成就先于阿拉伯、印度与欧洲的同样成果达几个世纪。但从14世纪起中国数学基本停步不前，直到17世纪，一些传教士才将西方的科学与数学传入中国，紧随着有一个较活跃的发展，但仍脱离西方数学发展的主流。

中国的近代数学是在自主研究、辅以引进中确立的。

如上所述，中国的传统数学有其精深的基础，即使在19世纪，也比其他学科活跃、有声色。鸦片战争之后，"科学救国"之风刮进数学领域，数学家们以此为动力在传统数学的基础上，切磋求索，自主研究，掀起了一次数学研究小高潮，取得了传统数学难以包容的成果。

著名的近代数学家李善兰，在算术、几何、应用数学方面，著作达13种24卷。其数学研究成果集中体现在他自己编辑刊刻的《则古昔斋算学》中。其中《方圆阐幽》、《弧矢启秘》、《对数探源》3种，是关于幂级数展开式方面的研究。李善兰创造了一种用尖锥术求圆面积的具体算法。虽然他在创造"尖锥术"的时候还没有接触微积分，但他实际上得出了有关定积分公式。李善兰的研究说明，即使没有西方传入的微积分，中国数学家也将会通过自己的独特途径，运用独特的思想方式发现微积分，从而完成由初等数学到高等数学的转变。实际上在西方，牛顿和莱布尼兹也是在相互隔绝的情况下，通过各自不同的途径，几乎同时达到微积分的思想的。

李善兰在数论方面还证明了著名的费尔玛定理（1640年法国数学家费尔玛提出）。这一成果发表在他的《考数根法》（1872年）之中。

李善兰是中国微积分学的先驱，是开展近代数学研究的第一位中国数学家。从此以后，中国数学汇入了世界近代数学的潮流之中。

除李善兰外，数学家项名达（1789—1850）立足于三角、几何，著有《勾股六术》，对"方圆互通"尤有研究。戴煦（1805—1860）著有《对数简法》、《外切密率》等书，对正弦、正矢与弧之间的幂级数展开式研究颇多。丁取忠（1810—1877）自著书4种，在弧、弦、矢互取术，高次方程领域造诣较深。这些数学家的研究成果虽然水平远不如当时西方数学家，但在远远落后的中国科学各学科之中，数学一科相对来讲还是有成绩的。

鸦片战争之后中国数学界的主要任务是全面、准确地翻译、引进西方数学名著，以促进中国近代数学的发展。据周昌寿《译刊科技书籍考略》统计，自1853年至1911年近60年间，共译468部西方著作，而数学占164部，1/3还强，居各科之首。[1] 译者中，李善兰、华蘅芳成绩最著。

著名数学家李善兰与英国传教士伟烈亚力于19世纪50年代合作翻译的欧几里得《几何原本》后9卷、《代数学》、《代微积拾级》等书，使明末清初传入我国前6卷的古希腊数学名著《几何原本》有了较为完整的中文译本，并且使西方近代的符号代数学以及解析几何和微积分第一次传入我国。

李善兰还创造了不少数学名词和术语，例如"代数"、"微分"、"积分"等等，一直沿用到今天，而且也传到日本被沿用到现在。他还直接引用了西方的不少数学符号，例如=、÷、$\sqrt{}$、（）、>、<等等，也一直沿用到现在。

另一位著名翻译家华蘅芳（1833—1902），与英国传教士傅

[1] 杨德才等：《二十世纪中国科学技术史稿》，武汉大学出版社，1998年版，第15页。

兰雅合作翻译西方数学著作《代数术》(1873年)、《三角数理》(1877年)、《微积溯源》(1878年)、《代数难题》(1883年)、《决疑数学》(1880年)、《合数术》(1888年)等等。华蘅芳所译各书，内容比李善兰等人所译丰富，译文也通畅易懂，影响比较大。

晚清时期翻译引进的西方数学著作兼收了代数、几何、分析各领域的西方优秀成果，使之与基础本来就雄厚的中国传统数学相汇合，完成了近代数学的转型。

20世纪初学制改革后，小学生始习初等代数、简单的平面几何和笔算。教材如《心算初学》、《西算启蒙》、《代数须知》等。中学生则学习初等代数、平面几何、立体几何等，流行的教材有：《代数备旨》、《形学备旨》、《代形合参》等。这些教材基本由翻译而来，故初、中等数学教育中，除珠算外，基本西化。[1]

19世纪末20世纪初，出国留学生中出现专习数学者，如留美生郑之藩（1887—1963）、胡明复（1891—1927）、姜立夫（1890—1978）、江泽涵（1902—1994）；留比（比利时）生熊庆来（1893—1969）；留日生陈建功（1893—1971）、苏步青（1902—2003）等。这些专学数学的留学生，为中国近代数学的发展发挥了支柱性作用。1929年与1931年，陈建功与苏步青先后去浙江大学任教，浙江大学数学系遂成为中国数学研究与教学的中心之一。那时虽然人数寥寥，但以一当百。这表明，中国现代数学研究是从20世纪30年代才真正开始的。

1932年至1935年，我国数学界学术空气空前活跃，知名数学家的流动较快，信息传递也快。至1934年，全国设有数学系的高校近30所。1934年，就我国数学界的总体来看，地域上无论南北或东西，专业上无论高层次的学术研究，或是普及性的中等数学教育，学术思想活跃，各自以不同的形式组织起来，互相交流切磋。于是，进一步成立全国性的数学学会，提到了议事日程。

中国数学界积聚力量，经过反复联络，终于1935年7月在上海交通大学成立中国数学家自己的团体——中国数学会。中国

---

[1] 杨德才等：《二十世纪中国科学技术史稿》，武汉大学出版社，1998年版，第16页。

数学会下设董事会、理事会与评议会。胡敦复被指定为董事会主席。中国数学会决定创办专门的与普及的两种数学杂志：《中国数学会学报》和《数学杂志》。它们分别由苏步青、顾澄担任总编辑。25岁的华罗庚担任学报助理编辑。中国数学会的成立与学报的出版，是我国数学开始走向成熟学科的里程碑。

1937年"七七事变"后，大片国土沦陷在日军铁蹄之下。刚成立两年的中国数学会被迫停止活动。1940年，在四川、云南、贵州等地的数学家又组织起自己的团体——新中国数学会（以区别于原来的中国数学会），公推姜立夫为会长，继续举行年会，刊行数学学报。数学家们凭着强烈的爱国热忱和艰苦的钻研精神，坚忍不拔地继续他们的数学研究工作。其中成就卓著者有华罗庚、陈建功、苏步青、许宝禄、陈省身等人。

1941年，西南联大理学院教授华罗庚荣获自然科学类第一个国家学术奖励金一等奖。其获奖评语为："华氏对于数学方面之成就，世界科学研究之士，类知其名，其于分析的数论，造诣甚深，而于堆垒数论 Additive number theory 尤有甚大贡献，在质与量两方面，均引起国际学者之重视。苏联数论名家 Vinogradow 教授，曾于1941年函商华氏，将近年所得关于堆垒数论之结果，汇集成书，代于莫斯科出版，嗣以时局影响，不果实现，是稿即系本届获奖之件。关于堆垒数论之研究，熊庆来先生曾略分析其内容，兹录于此，以当介绍。其言曰：'堆垒数论之研究，始于英国之大数学家 Hordy 与 Littlewood 二氏，其说咸基于未经证明之 Riemann 假定。舍该假定而立论，以期得根本正确结果之工作，则苏联大数学家 Vinogradow 氏实开其端，而华君集其成。所研究主要问题中素数变数之联立方程式的讨论，则始于华君，进而为精深之研究者，亦惟华君。所论三角函数和中之一著名问题，乃堆垒数论之重要工具，当代大数学家 Weyl, Hardy, Littlewood, Vinogradow 及 Mordell 诸氏，均有甚深之研究，而华君所得结果，较诸氏为优，且据称为至佳者云。又华君关于著名 Goldbach 问题及为堆垒数论之基础之 Mean-Value theorem 定理，均有超卓之结果。此其贡献之荦荦大者，其他创获之结果甚多。

书末提出甚为有趣之问题,可为致力于此者之导线,亦属可贵',云云。由此可知华氏对于数学研究上之成就,而堆垒数论一著作之伟大价值,盖可知矣。"[1]

抗日战争期间,全国各主要高等学校迁至西南大后方。在极其艰难困苦的环境中,数学家们丝毫没有放松数学研究工作,每年至少组织一次学术交流年会,促进数学学科的繁荣发展。

抗日战争胜利后,新中国数学会成员随各大学复员,后于1947年在南京开会,议决恢复原名——中国数学会。

1949年7月10日,各地到北京参加中华全国自然科学工作者代表会议正式筹备会议的数学工作者与北京的数学工作者,在北平师范大学数学系开会,作出决议:中国数学会正式恢复活动。

三、物理

中国古代积累的物理知识,比起中国古代的天文学、数学来,逊色不少;比起近代的西方物理学,差距尤大,即使到20世纪初期,中国物理学尚未形成学科体系。所幸的是,鸦片战争后,主要通过引进,辅以实用中的积累,尤其是出洋攻读物理学的留学生回归后的不懈努力,才使物理学从"格致"中走出来,向近代物理学迈进。

就力学方面的引进而言,当推中国近代科学的先驱李善兰与英国传教士艾约瑟(J.Edkins,1823—1905)合作翻译英国著名物理学家胡威立(W.Whewell,1795—1866)的物理学著作《重学》(原书名 *Mechanics*)20卷(内附凹线说3卷)。1852年在上海开始翻译,1859年译毕付印,1866年重刊。前7卷介绍静力学,中间7卷是动力学,最后7卷是流体力学。将牛顿力学三大定律第一次介绍到中国的这本《重学》,是中国近代科学史上第一部包括运动学和动力学、刚体力学和流体力学在内的力学译著,也是当时最重要、影响最大的一部物理学著作。[2]

[1] 任南衡、张友余:《中国数学会史料》,江苏教育出版社,1995年版,第74~75页。

[2] 王渝生:《中国近代科学的先驱——李善兰》,科学出版社,2000年版,第37页。

稍后，京师同文馆出版美国传教士丁韪良编著的《力学测算》，用微积分来阐述落体、求重心等各种力学问题，可补上述李艾合译《重学》之不足。

声学方面，英国传教士傅兰雅与徐建寅（1845—1901）合作翻译英国著名物理学家丁铎尔（John Tyndall，1820—1893）所著《声学》（Sound）的中译本《声学》于1874年出版。此书阐述声学的原理和实验。直到20世纪初为止，所介绍到我国的声学知识，大都没有超过此书介绍的范围。

光学方面，美国传教士金楷理（Carl T.Kreyer）与赵元益（1840—1902）合作翻译英国物理学家丁铎尔著的《光学》（Light，1870年），中译本于1876年出版。该书系统介绍光的粒子、波动二重性，以太说（书中译为"传光气"），光与色，光谱及其应用，光的衍射、干涉、偏振等等。光的衍射、干涉、偏振的原理，实验方法及其应用等，是首次传入我国。

电学方面，英国传教士傅兰雅与徐建寅合作翻译西方科学家瑙埃德（Henry M.Noad）1867年所著《电学教科书》10卷，中译本于1879年出版。该书系统介绍静电学、磁学、生物电流、电化学、电热、电磁、电报等方面的知识，是关于19世纪中期以前西方电学知识的全面介绍。

综上所述，西方近代物理学的各方面知识，如力学、声学、光学、电学等方面的知识，大都在洋务运动期间已比较全面地引进。但19世纪60年代到90年代中国知识界对上述物理学知识关注不多。因为当时整个教育制度还是循延科举考试，关心西方近代物理学者寥寥无几。然而，西方物理学的最新成果却很快传入中国。例如X射线和镭的发现，都是在发现后不久便传入中国的。德国科学家伦琴（Rontgen，1845—1923）于1895年发现X射线有较强的穿透能力。X射线被发现两年后（1897年）就传入我国，江南制造总局以"通物电光"为题给予报道介绍。1898年波兰科学家居里夫人（Marie Curie，1867—1934）发现放射性元素镭，两年之后（1900年）在我国的《亚泉杂志》（第3期）上便有介绍。1903年鲁迅所写《说钼（按即镭）》一文，对居里夫妇1902年提取纯镭成功进行了报道。

清末民初，我国已有不少留学生去欧美学习物理学。如詹天佑（1861—1919）便是其中之一。他1878年7月考入美国耶鲁大学土木工程系，学位论文题目是"码头起重机的研究"，1881年毕业回国。

1900年以后，中国人民纷纷要求自修铁路，因而清政府成立了铁路矿务总局。1905年，清政府成立京（北京）张（张家口）铁路总局，任命詹天佑为总工程师兼会办。京张铁路全长仅200多公里，但要穿过崇山峻岭——居庸关、八达岭等几乎是悬崖峭壁。詹天佑克服了既无开山机又无抽水机、通风机的困难，创造了"竖井施工法"以加快施工进度；又发明了两台大马力机车调头互相推挽法，以解决火车爬坡牵引力不足的问题；构筑"人"字形线路，以解决火车爬坡的问题。施工完毕，验收报告称：这"实为绝技"，成为铁路工程建设中土洋结合的杰作。

京张铁路的建成，一方面提高了中国人自办铁路的信心，使帝国主义分子不敢轻视中国科学技术人员，为中国的科学技术人员树立了荣誉；另一方面，证明科学技术能够战胜迷信和保守思想，对当时社会风气的转变产生了一定的影响。同时在具体应用中积累了中国物理知识，加强了中国物理学科建设。

洋务运动开始后，中国引进了许多西方实用技术。技术上的推广应用，刺激了学科理论的发展。所以，近代实用技术的引进，促进了中国近代物理学的发展。

五四运动前后，在国外攻读物理的归国留学生开始在近现代物理学的若干领域内从事研究并取得成果；各高等院校相继创建物理科系。至此，物理学在中国步入近代阶段。

中国近代物理学的开创者是叶企孙（1898—1977）。[1] 叶企孙于1918年赴美国留学，入芝加哥大学物理系。插班三年级，学了两年，于1920年毕业，即入哈佛大学研究院，师从后来获诺贝尔物理奖的布里奇曼（Percy Williams Bridgman，1882—1961）。1922年至1923年，他在布里奇曼指导下，完成博士论文《流体静压力对铁、钴、镍磁导率的影响》。叶企孙的这一研究，

[1] 1998年，李政道在纪念老师叶企孙百岁诞辰的大会上指出，叶企孙是我国近代物理学的开创者。见《物理通报》1998年第10期。又见虞昊、黄延复：《中国科技的基石——叶企孙和科学大师们》，复旦大学出版社，2000年版，第92页。

受到当时欧美科学界的重视。1923年他获得博士学位后，于10月赴欧考察，先后参观德国、法国、荷兰和英国的一些大学的物理研究所。1925年被聘至清华学校大学部物理科任副教授。从此，实际上是清华物理系主任的叶企孙把创建清华物理系作为他的终生事业。他深信："没有自然科学的民族，决不能在现代立脚得住！"〔1〕1928年，叶企孙聘吴有训到清华物理系任教。1929年，吴有训建起我国最早的近代物理实验室，开创国内X射线的研究。1932年，清华物理系的发展规模基本定型，成为全国物理学科的主要学术中心之一。可以说，中国近代物理学是20世纪20年代开始萌发的。归国留学生叶企孙、吴有训、赵忠尧、萨本栋、王淦昌、施士元、彭桓武、钱三强等人都为之作出重要贡献，都是其奠基人。

抗日战争时期，内迁昆明的清华大学、北京大学、南开大学三校合并为西南联合大学。西南联合大学物理系的教授阵容十分可观，主要有清华的叶企孙、吴有训、周培源、赵忠尧、任之恭、霍秉权、孟昭英、范绪筠、王竹溪；北大的饶毓泰、郑华炽、朱物华、吴大猷、马士俊；南开大学的张文裕等。他们学术造诣深，了解当时世界物理学发展的前沿情况，并具有开创精神，从而使中国近代物理学水平达到了与世界物理学水平不相上下的水平。美籍华人科学家杨振宁教授著文说，首批的中国物理学博士大多是在美国取得学位的。最早四位中国实验物理学博士是李复几（1885—?）、李耀邦（1884—?）、胡刚复（1892—1966）、颜任光（1888—1968）。"最早三位中国理论物理学博士（王守竞、周培源、吴大猷）都是我父亲杨武之（1896—1973）的同代人。他们这一代在取得学位后都回国担任教职。其中周培源和吴大猷两位先生是我在昆明上大学和上研究院时（1938—1944）的老师。那几年我在昆明学到的物理已能达到当时世界水平。譬如说：我那时念的场论比后来我在芝加哥大学念的场论要高深，而当时美国最好的物理系就在芝加哥大学。可见两代先辈引进了足够的近代科学知识，令我这代人可以在出国前便进入了研究的前沿！"〔2〕

〔1〕这是叶企孙1929年11月22日在清华大学校刊上发表的《中国科学界之过去现在及将来》一文中的话。见虞昊、黄延复：《中国科技的基石——叶企孙和科学大师们》，复旦大学出版社，2000年版，第227页。

〔2〕杨振宁：《近代科学进入中国的回顾与前瞻》，载张劲夫主编：《海外学者论中国》，华夏出版社（北京），1994年版，第101~102页。

抗日战争胜利初期（1945年至1947年），蒋介石曾延聘著名科学家吴大猷、郑华炽、曾昭抡、华罗庚等10余人成立"原子能研究委员会"，复又筹组"中央原子物理研究所"，积极部署原子弹研究。这是中国人第一次尝试研制原子弹。[1]

当代美国波士顿大学客座研究员姚蜀平教授1993年论及中国近代物理时说："1923年获哈佛大学博士学位的叶企孙被公认为中国近代物理的奠基人之一。他回国后在清华大学先后担任物理系教授、系主任和理学院院长。他在培养物理人才的同时还注意到中国尚有许多空白学科，他鼓励他的学生选择那些空白或薄弱学科到国外去深造。如叶笃正选择了气象学，傅承义选择了地球物理学，后来他们都成为这些学科的开拓者和奠基人，他们和许多科学家至今仍怀念这位'中国科技大厦'的设计师。"[2]

四、化学

化学在西方也是发展较迟的一门学科。西方化学知识传入中国，也比天文学和数学迟。绝大部分西方近代化学知识的传入是在鸦片战争之后。

近代西方化学知识传入中国，当以19世纪50年代英国医学传教士合信（B.Hobson）所编的《博物新编》（1855年上海墨海书馆出版）为最早。《博物新编》内容包括天文、气象、物理、化学、动物等各种西方近代科学知识。第一集里即介绍化学知识，说"天下之物，元质（即元素）五十有六，万类皆由之而生"。元素总数仅为56种，这大概反映了19世纪初期西方化学知识的水平。1871年，美国医学传教士嘉约翰（J.G.kerr，1824—1901）在广州与何了然合作翻译出版《化学初阶》。同年，徐寿、傅兰雅合作翻译的《化学鉴原》出版。《化学鉴原》中的《中西名元素对照表》是我国刊出的第一张元素表。

徐寿的译著中，以化学类最多最系统，且内容丰富，实用性强。他翻译的化学类重要著作有《化学鉴原》（6卷）、《化学鉴

---

[1] 唐人：《蒋介石曾令秘密研制原子弹》，《扬子晚报》2007年9月19日B7版。

[2] 虞昊、黄延复：《中国科技的基石——叶企孙和科学大师们》，复旦大学出版社，2000年版，第324页。

原续编》(24卷)、《化学鉴原补编》(7卷)、《化学考质》(8卷)、《化学求数》(8卷)、《宝藏兴焉》(12卷)等6部。徐寿的儿子徐建寅（1845—1901）译有《化学分原》（内容为分析化学）一部。

徐寿父子翻译的上述第一批近代化学著作7部，将西方近代化学中的各个分支，如无机化学、有机化学、定性分析化学、定量分析化学、物理化学以及化学实验方法、化学仪器使用方法，完整、系统地介绍来中国，填补了国内这一学科的空白，也为我国日后近代化学学科建设奠定了基础。

徐寿父子翻译西方化学著作时，不仅对原著版本挑选严格，而且译笔也十分严谨。梁启超看过徐氏译著多种，认为"译出之化学书最有条理"。徐氏译著不仅字斟句酌，而且遇到难题，常动手做实验，以求内容的精确。徐寿创造性提出的化学元素译名原则——取元素西名的第一个音节，以一个汉字谐音（按元素西名的第一音节），加偏旁别类。这种译名法至今仍被继承和采用。他提出的上述译名原则，实乃中西文化的巧妙融合。他按照这个原则，译出了所有化学元素的汉译名。并编制出《中西名元素对照表》，使西方近代化学知识得以容易地在中国传播。他创造性地提出的化学元素译名原则，已为我国化学界所公认。

徐寿除翻译多部化学书籍外，据《清史稿》载，他"自制强水棉花，药汞爆药"。这应是硝酸纤维素和发爆的雷酸汞，都是重要的新式火药原料。

徐寿还热心于化学教育和化学知识交流。1875年，他与爱好科学的朋友创办了格致书院。格致书院是一所带有化学学会性质的学校，不时公开演讲化学等自然科学问题，有时还进行"课堂示教"实验。这些实验，虽然水平只相当于现代初中程度的制造氧气、氢气等的课堂演示，但在当时却引起了不少听众的兴趣。1876年他创办《格致汇编》。这是一种月刊，1890年改为季刊。刊物主要介绍当时欧洲的科学知识，虽然名义上是傅兰雅主编，但主要执笔还是徐寿。徐寿创办格致书院和编纂《格致汇编》二事，对传播西方近代化学知识，建设中国的近代化学学科，功不可没。

徐寿的儿子徐建寅初在江南制造总局翻译馆帮助父亲译书，后在我国驻德使馆当过参赞。1901年在武汉试验无烟火药，因火药偶然爆炸而以身殉职。

鉴于徐寿为引进近代西方化学知识和推动中国近代化学学科建设所做的巨大贡献，后人将他誉之为"中国近代化学之父"、"中国近代化学之先驱"。

中日甲午战争后，形势迫使一些爱国青年向科学寻求救国之道。清末秀才赵承煆、丁绪贤、张子高和任鸿隽等毅然剪去辫子，留学国外，专修化学专业。他们回国后，在高校创办化学系，培养化学人才，组织学术团体，并继续化学研究，为20世纪中国化学学科的发展贡献了力量。

在近代中国化学工业发展史上，出现了两位成绩卓著的人物：范旭东、侯德榜。

范旭东（1883—1945），化工实业家。1901年他东渡日本，目睹日本明治维新给日本带来的繁荣，更加愤恨清政府的腐败无能。1909年，他考入东京帝国大学理学部理论化学系。1911年，他学成回国，踏上了以科学和实业振兴中华的征程。1914年，他与景本白、李烛尘在天津塘沽创办我国近代化学工业史上第一家食盐化工企业——久大精盐公司，决心改良国盐，抵制洋盐倾销。他亲任公司经理兼技师，用钢板锅做蒸发器，用瓦缸做化盐桶，采用溶盐、蒸发、冷却、再结晶等工序，终于制造出纯度高、色泽好的精盐。以后又经

我国著名化学家范旭东（1883—1945）半身塑像

改进，产量逐年提高，质量稳步上升。

1920年，范旭东与我国化学家侯德榜（1890—1974）在天津塘沽创办我国第一座制碱企业——永利碱厂（天津碱厂的前身）。他们历时6年，终于攻克由少数西方国家垄断和严密封锁的"苏尔味法"制碱技术，成功地生产出质量合格的"红三角牌"纯碱，荣获1926年美国费城"万国博览会金质奖章"，被誉为中国近代工业进步的象征。1929年，日产100吨。1931年，最高日产达180吨，产品畅销国内，远销日本和东南亚各国，在国际市场上与英国帝国化学公司和日本三菱公司同类产品相抗衡。这一巨大成就标志着我国近代民族化学工业的崛起，从而结束了帝国主义者以一盎司黄金一磅碱的不等价交换来掠夺中国人民血汗的历史。

我国著名化学家侯德榜（1890—1974）半身塑像

20世纪30年代初，欧美各国及日本的硫酸铵大量涌入我国市场。范旭东面对这一状况，心急如焚。他认为需要急起直追，迎头赶上。1934年，由他担任总经理，侯德榜任总工程师，创建我国民族化学工业史上第一座合成氨氮肥企业——南京永利宁厂。经过两年奋战，一座以硫酸铵为主要产品，以硝酸、硝铵、硫酸为辅助产品的远东第一流的大型现代化联合企业，终于在扬子江畔建立起来，并一次试机成功。范旭东高兴地说："中国基本化工两翼——酸与碱已经成长，听凭中国化工翱翔，再也不担心基本原料缺乏了。"[1] 南京永利宁厂的建造，是中国化工向现代化工业发展的转折点和里程碑。因此，范旭东和侯德榜是我国现代合成氨工业的先驱者和奠基人。

被毛泽东称赞为"我国人民不可忘记的四大实业家之一"[2]的范旭东于1945年10月4日病故于重庆沙洲坝，终年62岁。毛泽东敬挽："化工先导，功在中华"。周恩来和王若飞敬挽："奋斗垂卅载，独创永利久大，遗恨渤海留残业；和平正开始，方期协力建设，深痛中国失先生"。

著名化学家侯德榜（1890—1974）从1932年起，用英文撰写《纯碱制造》一书，将氨碱法制碱技术公之于世，为中外化工学者所共仰。1937年他主持建成具有世界先进水平的南京硫酸铵厂，开创了我国化学工业的新纪元。1944年，美国哥伦比亚大学授予他荣誉科学博士学位。

近代中国化学界的先驱们，为创造自己的学术团体，历尽艰辛。我国著名化学家和化学教育家曾昭抡作为主要发起人之一，于1932年8月2日在南京创建中国化学会。中国化学会首任会长为陈裕光（1893—1989）。中国化学会成立初期，自筹经费，创办学术刊物《中国化学会会志》（《化学学报》的前身），积极开展学术交流，促进化学研究、化学教育的发展。通过学术活动，团结广大化学工作者，1948年会员人数发展到3000人。20世纪初归国留学生吴宪（1893—1959）、庄长恭（1894—1962）、王琎（1888—1966）、刘树杞（1890—1935）、杨石先（1896—1985）、黄鸣龙（1898—1979）、曾昭抡（1899—1967）、纪育沣（1899—1982）、郑贞文（1891—1969）等，为中国近代化学学科的创建和繁荣作出了重大贡献。[3]

[1] 郭保章：《中国现代化学史略》，广西教育出版社，1995年版，第51页。

[2] 郭保章：《中国现代化学史略》，广西教育出版社，1995年版，第51页。

[3] 郭保章：《中国现代化学史略》，广西教育出版社，1995年版，第26~47页。

第十五章
中外文化交融下的中国文学艺术

近代中国的大门被西方的坚船利炮轰开后，中国人"开眼看世界"，不仅见识了西方的科学技术、政治体制、社会思潮，而且也看到了与中国文艺不同的西方文艺，包括从古希腊、古罗马的文艺，直到19世纪末20世纪初的各种现代文艺流派。这一切，对于中国人来说，都是非常新鲜的。有了这新的参照物，便发觉固有的中国文艺从思想内容到文艺形式的落后性，并产生向西方文艺学习、创造中国新文学艺术的强烈愿望。鲁迅说过，文学革命的产生，一方面是由于社会发展的要求，另一方面则是受了西洋文学的影响。五四新文学，是中国传统文学与外国文学相结合的产物，从思想、内容、语言到形式，都是崭新的。它既是对传统文学的继承，又是对传统文学的革新；既是对世界各国文学的借鉴，又是对世界各国文学的融合。

五四新文学先驱者勇敢地担负起谋求世界上两大文化调和的重大责任，莫不把输入外国文学作为自己的首要任务。他们的口号是"拿来主义"。因为他们从历史和现实的经验教训中懂得了一个真理：外来文艺影响将成为促进本民族文艺发展的强大动力。在这样的背景下，大部分五四新文学先驱者都从译介外国文学开始自己的文学生涯，都曾广泛地接受过人道主义、现实主义、象征主义、新古典主义等外国文学的影响。译介外国文学，既是他们"放眼以观世界"之所得，又是他们观照"世界关系"的一种举措。在译介外国文学的过程中，诸多外国文学家如泰戈尔、夏目漱石、歌德、易卜生、拜伦、雪莱、托尔斯泰、契诃夫、惠特曼、都德……都深深地影响过五四新文学先驱者。

五四新文学向外国文学学习、借鉴，大致可分三种情况：一、向对手国学习，如英、美、法、德诸国文学；二、向昔日的学生学习，如日本文学；三、向朋友学习，如印度文学。

对西方文学的借重，构成了20世纪上半叶中外文化交流的重要特征之一。中国文学艺术从西方文学艺术中汲取了许多有用的东西，大大丰富了自身。

一、五四新文学与外国文学

五四新文学是在外国文学影响下诞生的，又是在外国文学影响下成长发展的。

五四新文学广泛吸收外国文学的养料，是由于彻底的反帝反封建斗争的需要。说到底，是时代的需求。五四文学革命所吸收的主要是包括批判现实主义、积极浪漫主义在内的19世纪欧洲人文主义文学，特别是俄罗斯的批判现实主义文学。到了20世纪20年代末，五四新文学更是深刻地受到无产阶级文学理论与苏联文学的影响。

（一）五四新文学与俄苏文学

俄国文学比起中国文学，乃至欧洲许多国家的文学来，是很年轻的。在李白、杜甫创造中国文学的黄金时代，俄国文学还处在原始状态。当英国的莎士比亚轰动全球时，俄国文学尚在胚胎时期。当法国的笛卡儿主宰思想界，支配全欧文学的时候，俄国最初的诗人普希金、莱蒙托夫尚在襁褓之中。然而，俄国文学凭借民治主义的思想，为平民呼吁，为人道主义鼓吹，紧密联系人民大众，紧密联系现实生活，迅速发展起来。文学与现实的熔铸成了俄国文学进化的指南针。

中俄文字之交始于19世纪末，俄国文学介绍到中国，则是在20世纪初。1903年，我国留日学生、翻译家戢翼翚（？—1908），根据日本高须治助的译本转译普希金的中篇小说《上尉的女儿》，中译本的全称是《俄国情史——斯密干玛丽传》，又名《花心蝶梦录》。这部普希金的名作，是俄国文学作品的第一个中译本（上海大宣书局出版）。1907年，鲁迅在《摩罗诗力说》一文中，介绍并赞扬普希金、莱蒙托夫、果戈理三位伟大的俄国作家。同年，德国叶道胜牧师与中国人麦梅生根据英国尼斯比特·贝恩翻译的《托尔斯泰小说集》转译成中文，并更名为《托氏宗教小说》在我国出版。同年，吴祷根据日本薄田斩云的日译本，将契诃夫的《黑衣教士》转译成中文出版；将高尔基的《忧患余生》，从日译本转译成中文发表。1909年，鲁迅、周作人出版了他们两人翻译的《域外小说集》一、二册，其中有契诃夫的《戚施》、《塞外》两篇小说，还有俄国作家迦尔洵、梭罗古勃、安特来夫的重要作品《四日》、《谩》、《默》等。从此以后，俄苏文学源源不断地介绍到中国，到五四前后形成高潮。

"十月革命帮助了全世界的也帮助了中国的先进分子，用无产阶级的宇宙观作为观察国家命运的工具，重新考虑自己的问题。走俄国人的路——这就是结论。"[1]

"俄国文学是我们的导师和朋友。"[2]

这是毛泽东和鲁迅先后得出的结论，也是千百万寻找救国救民的中国知识分子、文学工作者的共同信念。十月革命后，中国人对苏联产生极大的兴趣，把译介俄苏文学当作"盗天火给人类"的神圣事业。俄苏文学翻译的数量激增，在我国外国文学的翻译中，其比重急剧上升，并占据首位。据《中国新文学大系·史料索引（1919—1927）》中《翻译总目》的统计，五四运动以后8年内翻译外国文学著作共187部，其中俄国为65部，占1/3强；其他依次为法国31部、德国24部、英国21部、印度14部、日本12部……均大大低于俄国。65部俄国文学作品中，又以托尔斯泰（12部）、契诃夫（10部）、屠格涅夫（9部）为最多。这一阶段，涌现出一批翻译家，其中主要有鲁迅、瞿秋白、郭沫若、沈雁冰、郑振铎、耿济之等。

五四新文学的先驱者们对俄国文学的浓厚兴趣，诚如郑振铎

[1] 毛泽东：《论人民民主专政》，《毛泽东选集》（合订一卷本），1964年版，第1360页。

[2] 鲁迅：《南腔北调集·祝中俄文字之交》，《鲁迅全集》第4卷，人民出版社，1957年版。

回忆的那样:"我们特别对俄罗斯文学有很深的喜爱。秋白、济之是在俄文专修馆读书的。在那个学校里,用的俄文课本就是普希金、托尔斯泰、屠格涅夫、契诃夫等的作品。济之偶然翻译出一二篇托尔斯泰的短篇小说出来,大家都很喜悦它们。""我们那时候对于俄国文学是那么热烈的向往着,崇拜着,而且是有着那么热烈的介绍翻译的热忱啊!"〔1〕俄国文学之所以引起五四新文学先驱者的巨大兴趣和热烈向往,诚如鲁迅所说:"中俄两国间好像有一种不期然的关系,他们的文化和经验好像有一种共同的关系。柴可夫(契诃夫)是我顶喜欢的作者。此外如哥可尔(果戈理)、屠格涅夫、多斯托夫斯基、高尔基、托尔斯泰、安特列夫、辛克微支、尼采和希列等,我也特别高兴。俄国文学作品已经译成中文的,比任何其他外国作品都多,并且对于现代中国的影响最大。中国现时社会的奋斗,正是以前俄国小说家所遇着的奋斗……"〔2〕

鲁迅一向主张借鉴外国优秀文学的创作经验为中国的现实服务。他和周作人合译的《域外小说集》开了中国新文学运动翻译文学的先河。他毕生译作的数量很大,在《鲁迅全集》20卷中,译文占了一半(10卷)。其中属于俄苏文学的约占1/3。

瞿秋白是我国最早从俄文原作翻译俄苏文学的新文学运动先驱。他利用《晨报》驻苏记者的便利条件,对苏联早期文学界做了全面深入的考察,很早就写出《俄国文学史》,并且最早把马列主义文艺理论著作译介到中国来。

促成俄苏文学翻译成为热潮的,有早期三个文学团体——文学研究会、创造社和未名社。

文学研究会成立于1921年1月,发起人有沈雁冰、叶圣陶、郑振铎、王统照、周作人、耿济之、郭绍虞、孙伏园、许地山等12人。文学研究会以改革后的《小说月报》为自己的主要阵地。他们除了努力创作,也重视译介外国文学,尤重俄苏文学,出版过《俄国文学研究》等专刊。

创造社成立于1921年7月,发起人有郭沫若、郁达夫、成仿吾、张资平等,重要成员还有田汉、郑伯奇等,他们都是留日

---

〔1〕 郑振铎:《回忆早年的瞿秋白》,《郑振铎文集》第3卷,人民文学出版社,1983年版。

〔2〕 [美]P.M.Bartlett 著,石孚译:《新中国的思想界领袖鲁迅》,载1927年10月《当代》第1卷第1编。

学生。1922年5月，他们出版《创造季刊》，发表了不少俄苏文学作品。

1925年成立的未名社，其成员有直接从俄文翻译的译者，如韦素园、曹靖华等。

俄国的一些著名剧作大都在这个时期译介过来。郑振铎1921年主编的《俄国戏剧集》收有果戈理、托尔斯泰、奥斯特洛夫斯基、契诃夫等人的剧本10部。至1923年，俄国著名剧作都已译成中文，如果戈理的《钦差大臣》，奥斯特洛夫斯基的《贫非罪》，托尔斯泰的《教育的果实》、《活尸》，契诃夫的5个剧本《海鸥》、《樱桃园》、《万尼亚舅舅》、《伊凡诺夫》和《三姐妹》(《三姐妹》1925年由曹靖华翻译)。

在这个时期，正值中国新文学运动方兴未艾，人们急需新的文艺理论来指导新文学运动。于是，译介俄苏文艺理论的著作骤然多了起来。举重要者，有耿济之译托尔斯泰的《艺术论》，张邦绍、郑阳译《托尔斯泰传》，郭绍虞著《俄国美论及其文艺》，郑振铎著《俄国文学史略》，蒋光慈著《俄罗斯文学》，沈泽民著《克鲁泡特金的俄国文学论》，周作人著《文学上的俄国与中国》等，均在1921年前后问世。译介的重点在别林斯基、车尔尼雪夫斯基、杜勃罗留波夫、托尔斯泰、高尔基以及十月革命胜利初年的文艺理论。从当时我国对外国文艺理论的译介情况看，译介俄国文艺理论的书籍文章数量最多而且系统。

可惜这个阶段的热潮仅维持了10年（1917—1927）。由于1927年"四一二政变"后政治局势突变，国共两党分裂，12月中苏断绝邦交（直到1932年12月复交），致使译介俄苏文学的潮流低落。

在低潮时期，苏联文艺理论的译介仍相当活跃。由于国内"革命文学"口号的论争激起了1929年前后对俄苏各种文艺主张的介绍，普列汉诺夫、波格丹诺夫、托洛茨基、卢那察尔斯基、弗里契等都被争论各方各取所需地引进。当时在苏联文坛居统治地位的"无产阶级文化派"和其后的"拉普"（俄罗斯无产阶级作家联合会）的理论也被中国文艺界所移植。1930年11月国际革命作家联盟在苏联哈尔科夫召开代表大会,公开提出"唯物辩证法创作方法"。这一创作方法被与会的"左联"代表萧三及时传达过来。萧三的来信被"左联"执委会1931年11月的决议《中国无产阶级革命文学的新任务》采纳,形成这样的提法:"在方法上,作家必须从无产阶级的观点,从无产阶级的世界观,来观察,来描写。作家必须成为一个唯物的辩证法论者。"

1933年初,苏联文学界的"社会主义现实主义"口号引入中国。同年11月,周扬的文章《社会主义现实主义与革命的浪漫主义》系统地介绍了"社会主义现实主义"的理论。

总之,这一时期,俄国文学的译介和研究出现了一个前所未有的高潮。鲁迅、瞿秋白、耿济之、郭沫若、蒋光慈……一大批五四新文学的先驱者主动接受俄国文学的影响,创作了如《狂人日记》、《女神》、《无穷的路》等爱憎分明、有时代特色的革命文学作品。可以说,俄苏文学始终是影响我国现代文学的一股强大力量。

(二)五四新文学与日本文学

1868年明治维新后,日本由原来的"向中华一边倒",转变为"向西洋一边倒"。

明治维新十年(1877年)以后,日本的翻译文学开始盛行起来。英、法、德、俄等国名家名著陆续被译出。随后,这些名家的全集也相继被译出,如托尔斯泰全集、陀思妥耶夫斯基全集、易卜生全集、王尔德全集、莫泊桑全集、罗曼·罗兰全集等。此外,日本还翻译了许多欧美剧本。莎士比亚的名剧,不止一个被译出,如《哈姆雷特》就有7种版本。《罗密欧与朱丽叶》有4种版本。《威尼斯商人》、《李尔王》、《凯撒大帝》、《麦克佩斯》等都不止一个版本。19世纪90年代后,日本翻译界的注意力由莎士比亚转向易卜生,将易卜生的许多剧作译出。

日本人不仅以翻译外国文学迅速著称于世,而且还特别善于模仿,在模仿中选择、融会、吸收、消化、创造。他们通过"模仿"迅速使西洋文学大众化、民族化、日本化,创造了日本近代文学的辉煌。郭沫若在其翻译的日本短篇小说的序文中称赞日本文学:"日本的现代的文艺作品,特别是短篇小说,的确很有些巧妙的成果。日本人自己有的在夸奖着业已超过了欧美文坛,但让我们公平地说一句话,日本的短篇小说有好些的确是达到了欧美的,特别是帝制时代的俄国或法国的大作家的作品的水准。"[1] 周作人在分析日本近30年小说发达的原因时指出:"到了维新以后,西洋思想占了优势,文学也发生了一个极大变化。明治四十五年中,差不多将欧洲文艺复兴以来的思想,逐层通过;一直到了现在,就已赶上了现代世界的思潮,在'生活的河'中一同游泳。……日本文学界,因为有自觉,肯服善,能有诚意的去'模仿',所以能生出许多独创的著作,造成20世纪的新文学。"[2]

日本人向西方学习有成效,中国人便向日本人学习。1898年戊戌变法之后,有志青年赴日留学一时成为风尚。中国学生的留日,最初以学军事、法律为主,学文学的极少。然而,富于文学素质的中国留日学生,被日本新文学的隆盛所刺激,抛弃原来研究的科目,转向文学研究者不乏其人。举其显著者,如学医的鲁迅、郭沫若,学海军的周作人,学矿物的张资平,学兵器制造的成仿吾,学法制经济的郁达夫等,归国后都成了五四新文学运动的骨干。

留日学生曾孝谷、李叔同、欧阳予倩等从日本兴起的剧浪中受到启示,于1906年冬,团结一批热爱戏剧艺术的留日学生,组成了中国第一个话剧团体——春柳社,明确规定"以研究各种文艺为目的",以"开通知识,鼓舞精神"。1907年,春柳社在中国留学生组织的青年会举行的赈灾游艺会上演出了赶排的法国名剧《巴黎茶花女遗事》(小仲马原著),获得成功,引起极大反响。接着又演出具有强烈民族意识的《黑奴吁天录》、反对专制的《热血》,宣扬自由民主……成为我国话剧事业的开创者。话剧从日本引进后,在我国引起了极大的反响。田汉从此立志做一个"东方的易卜生"。郭沫若从日本出现的泰戈尔热、惠特曼热中,开始新诗的写作。1908年,鲁迅、周作人由日文翻译域外小说37篇,1909年结集《域外小说集》在上海出版。《域外小说集》是中日文学交流史上的一件盛事,它在我国译介外国文

[1] 郭沫若:《日本短篇小说集·序》,《郭沫若集外序跋集》,四川人民出版社,1982年版。

[2] 周作人:《艺术与生活·日本近三十年小说之发达》,上海群益书社,1931年2月版。

学，特别是弱小国家和民族的文学方面，起了拓荒者的作用。

日本的新文学理论及批评，多是理解吸收欧美文学理论，以谋本国文学的革新而创立的。因此，当年的留学生，一方面直接学习欧美文学，一方面则间接译读日本研究介绍欧美文学的理论及批评。这些，同样给五四新文学以莫大影响，如文学研究会"为人生而艺术"的主张，多半是通过日文或英文的翻译而接触到俄国19世纪文学后而提出的。创造社高涨的"为艺术而艺术"的浪漫主义思潮，是从日本移植的。后来的普罗文艺思潮几乎全是从日本贩来的。就文学创作的内容和形式而言，从夏目漱石作品的诙诡讽刺里，人们可知鲁迅所追求和仿效的创伤风格。郁达夫所憧憬的，是志贺直哉的清丽骏逸。张资平则明白地承认他的长篇小说《飞絮》是模仿《朝日新闻》所载的《归日》。从以上事实，可见日本文学对中国五四新文学影响之巨。中国五四新文学的先驱者，如鲁迅、郭沫若、郁达夫等，都曾留学日本受过日本文学的熏陶。即使不是日本学校出身的人，在成名之后，也一定要游日本一遭，如蒋光慈、长虹、谢冰莹、巴金、沉樱、梁宗岱等。[1]诚如胡秋原先生所说："中国近年汹涌澎湃的革命文学潮流，那源流并不是从北方俄罗斯来的，而是从同文的日本来的……在中国突然勃兴的革命文艺，那模特儿完全是日本，所以实际说起来，可以看做是日本无产文学的一个支流。"[2]

以上事实说明，20世纪初，日本文学是我国通向世界文学的一座桥梁。它所移植的欧美文艺理论、文学作品，对我国接受并运用来建立五四新文学，是起了很好的媒介作用的。而中国留日学生，为近代中日文学交流，为推动我国五四新文学运动，起了重大作用。中日关系研究专家梁容若先生指出："新文学运动，虽然由留美学生胡适发端，而辅翼和完成这种运动的，大半是留日学生。""中国新文坛的大半，是日本留学生建立起来的。"[3]

（三）五四新文学与印度文学

中国文学曾两度受过外来文化的影响，第一次是佛教带来的印度文化的影响，第二次是基督教带来的欧美文化的影响。

---

[1] 梁容若：《中日文化交流史论》，商务印书馆，1985年版，第30页。

[2] 转引自梁容若：《中日文化交流史论》，商务印书馆，1985年版，第30页。

[3] 梁容若：《中日文化交流史论》，商务印书馆，1985年版，第28~29页。

佛教带来的印度文化的影响，可以在魏晋南北朝文学，特别是在诗歌与散文中找到。但真正大量地吸收是在唐代，如长篇佛曲、变文与民间长篇叙事诗。而在后来的《西游记》、《红楼梦》等著名长篇小说中，也受到印度文化的影响。

近代以来，中印两国的文化交流，在形式上曾经由于帝国主义的侵略而中断，但在实质上，潜移默化的影响始终存在。中印两国人民和有远见的政治家、文学家，一刻也没有放松过促进两国的文化交流。五四时期中印文学的交流，实际上是围绕泰戈尔而进行的。

泰戈尔是印度人民反对帝国主义，争取国家独立、民族解放的英雄，在世界范围内为印度人民赢得了巨大的荣誉。1913年，他以自己的伟大诗篇《吉檀迦利》获得诺贝尔文学奖。不久，欧洲便掀起一个盛况空前的"泰戈尔热"。这股"泰戈尔热"于1915年传到日本，不久又从日本传到中国。《青年杂志》（即《新青年》1卷2号）就发表陈独秀翻译的达噶尔（即泰戈尔）的《赞歌》4首，并对泰戈尔做了简略介绍。当时连一般的中学生都以能背诵几首泰戈尔的英文诗为荣。

"泰戈尔热"在中国的兴起，固然受到世界性"泰戈尔热"的影响，但更主要的是中国的内因。泰戈尔作品体现的思想内涵宏富深邃，甚至复杂神秘。这就给五四前后的中国文坛各派作家各取所需的机会。他那些表现自我、歌颂自由、弥漫着神秘主义泛神论的作品，被中国的浪漫主义作家引为榜样；他那些清新纯真、批判社会不平等的作品，被中国追求现实主义的作家视为楷模；他那些宣扬"信爱"，充满"童心"、"母爱"的作品，更为大批小资产阶级和青年学生视为知音；他那追求正义、光明的理想，博大仁义的胸怀，独具魅力的人格，更是赢得了无数中国读者的敬仰。[1]

泰戈尔是中国人民的朋友。他始终关心中国，热爱中国人民和中国文化。1916年，泰戈尔在出访日本途中经过香港，看到码头工人的健壮身体和熟练动作，认为其中显示出中国人民的巨大力量，这种力量一旦能够掌握现代科学，走上现代化的轨道，

---

[1] 郁龙余：《中国印度文学比较》，中国社会科学出版社，2001年版，第84~85页。

就会迅速向前迈进，没有任何势力可以阻挡。也就是在这次访问日本期间，泰戈尔曾发表谈话，严厉谴责日本军国主义侵略中国山东的罪恶行径。

泰戈尔迫切希望访问中国。1924年四五月间，经过中国文化界诸多人士的努力，这个愿望终于实现。3月21日，泰戈尔从印度启程，乘轮船途经缅甸、马来亚，4月12日抵达上海。在其后的一个半月内，他先后在上海、杭州、南京、济南、北京、太原、武汉等地访问并做了13次讲演。泰戈尔的访华使中国的"泰戈尔热"达到高潮。

泰戈尔在华访问期间所作的讲演，其主要内容是：回顾印中两国长达数千年的友好交往历史，盛赞中华民族的伟大贡献和中国文化的光辉成就，呼吁印中两国人民做朋友；对酿成第一次世界大战惨剧的西方帝国主义国家感到失望，号召印度、中国以及亚洲各国发扬东方固有的精神文明，用以对抗西方的物质主义；应中国听众的要求，简要介绍自己的生活、思想、创作和体会。

泰戈尔的访问，使中国人民加深了对泰戈尔及印度文学的认识。泰戈尔诗歌的创作风格给五四新文学作家以深刻的启迪。诚如沈从文先生所说："印度诗人泰戈尔先生《新月集》的介绍，和他本人一再莅临中国作客，意义大，影响深，中国的两个现代诗人的成就，都反映出泰戈尔先生作品的点滴光辉：一个是谢冰心女士，作品取用的形式，以及在作品中表示对于自然与人生的纯洁感情，即完全由泰翁作品启迪而来。另一个是徐志摩先生，人格中综合了永远天真和无私热忱，重现于他的诗歌与散文之中时，作成新中国文学一注丰饶收成，更是泰翁思想人格在中国最有活力的一株接枝果树。"[1] 除谢冰心、徐志摩之外，郭沫若、王统照、郑振铎等人，无不受到泰戈尔人格和创作思想的影响。

（四）五四新文学与欧美文学

1. 五四新文学与欧洲文学

五四新文学是在不断吸取外国文学营养的过程中逐渐形成的。在这个过程中，翻译起了举足轻重的作用。近代翻译文学的正式兴起始于19世纪70年代。最早翻译到中国来的欧美文学作

---

[1] 沈从文：《印译〈中国小说〉序》，1948年4月，《世纪评论》第16期。

品是美国诗人朗费罗（Longfellow，1807—1882）的诗《人生颂》，1864年，英国著名汉学家、外交官威妥玛先以汉文译出，由总理各国事务衙门的官员董恂润色，成为一组七绝，共9首。1871年，王韬与张芝轩合译法国国歌《马赛曲》与德国的《祖国歌》。这两种译作分别由梁启超录入《饮冰室诗话》，奋翮生（蔡锷）收入《军国民篇》（《新民丛报》11号），产生了一定的影响。在小说的翻译方面，1873年初，蠡勺居士译出英国小说《昕夕闲谈》。这是近代中国翻译界的第一篇完整的小说。

在近代翻译文学中，数量最多的是小说。阿英《晚清戏曲小说目》收翻译小说608种，仅1905年成书的即有154种。从译者来说，成就最高的首推林纾。

林纾（1852—1924），字琴南，号畏庐，生于福建福州。1898年，林纾译刻小仲马的《茶花女》（当时名为《巴黎茶花女遗事》），是中国近代文学史公认的外国文学翻译的开篇之作（指以书的形式印行）。它的行世，影响了整整一代中国作家。鲁迅、郭沫若、沈雁冰、胡适、周作人、钱钟书等著名作家无一例外都受过它的影响。小仲马的名字，也随着《茶花女》，成为20世纪初中国读者最熟悉的法国作家。

林纾一生翻译外国文学作品达180余种（其中绝大部分是小说），1200余万字。除《巴黎茶花女遗事》外，较著名的还有《黑奴吁天录》、《块肉余生述》、《王子复仇记》等。所译作品涉及英、美、法、俄、希腊、比利时、瑞士、挪威、西班牙等10多个国家。在这些作品中，有40余种属世界名著，涉及诸多世界一流作家，如英国的莎士比亚、狄更斯、司各特，法国的雨果、巴尔扎克、仲马父子及俄国的托尔斯泰等。"林译小说"为衰朽的封建文学敲响了丧钟，也为新文学的诞生做了极好的准备。他使中国人意识到西方除船坚炮利之外，竟还有如此优美的文学。诚如阿英所说："他使中国知识阶级，接近了外国文学，认识了不少的第一流作家，使他们从外国文学里去学习，以促进本国文学发展。"[1] 无疑，"林译小说"对中国不少现代作家产生了深远影响，从而促进了五四新文学的诞生。

[1] 阿英：《晚清小说史》，人民文学出版社，1980年版，第182页。

另一位在翻译方面作出重大贡献的是严复。严复（1853—1921），福建闽侯人。他自1898年至1911年的13年中，潜心翻译，所译作品多系西方政治学说。其中重要的有：赫胥黎的《天演论》、亚当·斯密的《原富》、孟德斯鸠的《法意》、斯宾塞尔的《群学肄言》、约翰·穆勒的《群己权界论》、甄克思的《社会通诠》等。

上述几部译作中，《天演论》对中国文学产生的影响最大。宣扬进化论的《天演论》一书，实际上冲击了中国的各个领域，一时"进化之语，几成常言"（鲁迅语），成为马列主义传入中国之前的主导理论，文学也毫不例外地受到这一理论的影响。

五四以前翻译的欧洲文学作品还有：英国哈葛德的《长生述》，曾广诠释，1899年出版；英国笛福的《鲁滨逊漂流记》，跛少年译，题名《绝岛漂流记》，1902年出版；斯威夫特的《格列佛游记》，佚名译，题为《汗漫游》。

为了社会改革和"新民"的需要，配合思想启蒙，这时期出现了科学小说和科幻小说。著名的有包天笑译的《铁世界》，法国迦尔威尼（今译为凡尔纳）著，于1903年出版。凡尔纳的科幻小说，以其新奇、怪诞，颇受当时市民阶层的欢迎。即使是中国的知识阶层，也对这些小说所宣扬的奇幻世界，由敬畏到向往，产生了浓厚的兴趣。

1902年，梁启超译出凡尔纳的《海底旅行》，在他主办的《新小说》上刊出。这是梁启超以"开发民智"为宗旨的西洋科学小说翻译的代表之作。这部小说后译为《海底两万里》。

鲁迅受梁启超的影响，首次将凡尔纳的《月界旅行》用文白夹叙的笔法译出，由进化社出版。鲁迅在小说前言中称："欲弥今日译界之缺点，异中国人群以进行，必自科学小说始。"

早在1896年至1897年，梁启超主编的《时务报》上就连续发表了英国柯南道尔的4篇侦探小说，即《英包探勘盗密约集》、《记伛者复仇事》等。柯南道尔的侦探小说于1901年至1905年译出不下40多篇，中译名为《福尔摩斯侦探案的故事》，颇受读者欢迎。

清末民初，有两个来自西方的文学典型领尽文坛风骚：一个是茶花女，一个是福尔摩斯。前者为中国文坛增添了一个凄艳的爱情故事；后者给中国文坛带来了一种新的小说类型。侦探小说曲折离奇、惊心动魄的故事和引人入胜、悬念重重的情节征服了中国读者。柯南道尔的作品在清末民初翻译界迅速占据了重要地位。据统计："1896年至1916年出版的翻译小说中，数量第一的是柯南道尔，32种；第二是哈葛德，25种；并列第三的是凡尔纳和大仲马，都是17种；第五种是押川春浪，10种。"[1]

在近代文学中，鲁迅的外国文学活动有着十分重要的意义。1908年，鲁迅发表《摩罗诗力说》。《摩罗诗力说》是鲁迅文学活动的宣言。在中外文化交流史上，它第一次真正向中国读者介绍了欧洲近代的文艺思潮，系统地介绍了积极浪漫主义诗派，包括英国的拜伦、雪莱，俄国的普希金、莱蒙托夫，匈牙利的裴多菲，波兰的密茨凯维支、斯罗伐支奇。鲁迅认为他们都是"立意在反抗，指归在动作"的诗人。作者的目的在于，借外国文学向本国文学的固有传统挑战，期望出现精神界的战士，开创新的文学局面。在同年发表的《文化偏至论》中，鲁迅提倡个性主义，主张"取今复古，另立新宗"。所谓"今"，当指西方近代的进步文化。所谓"古"，当指中国文化的精华。在1908年至1909年，鲁迅主持编译了《域外小说集》一、二两册，着重介绍19世纪东欧、北欧被压迫民族的文学。鲁迅在《序言》中说，翻译这些外国文学作品，是为了移入"异域文术新宗"。鲁迅在这一时期的外国文学活动中所表现的文学见解，实际上是五四文学革命的先声。

如果说林纾译介的英国文学带有极大的盲目性，那么，五四新文学工作者则注意了选择，当时选择的重点：一是富于反抗精神的作品，一是富于艺术性的作品。

英国文学方面——

诗歌有：拜伦的长诗《多惹情歌》（1930年上海世界书局出版），雪莱的《雪莱诗选》（1926年上海泰东图书局出版），道生的《装饰集》（1927年上海光华书局出版），弥尔顿的《失乐园》

---

[1] 陈平原：《二十世纪中国小说史》第1卷，第43页。

（1934年上海第一出版社出版），乔叟的《屈罗勒斯与克丽西德》（1943年重庆古今出版社出版），奥邓的十四行联体诗《在战时》（1941年上海诗歌书店出版）等。

戏剧有：莎士比亚的《哈姆雷特》（1922年上海中华书局出版）、《罗密欧与朱丽叶》（1924年上海中华书局出版），《如愿》、《威尼斯商人》、《马克白》、《奥赛罗》、《暴风雨》（1936年上海商务印书馆出版），康各瑞夫的《如此社会》（1937年重庆商务印书馆出版），戈德史密斯的《诡姻缘》（1929年上海新月书店出版），谢里登的《造谣学校》（1929年上海新月书店出版），雪莱的《沈茜》和《解放了的普罗米修斯》（1944年分别由重庆新地出版社、桂林雅典书屋出版），王尔德的《同名异娶》（1921年上海泰东图书局出版）、《沙乐美》（1923年上海中华书局出版），萧伯纳的《不快意的戏剧》等15个剧本（1923~1947年出版），巴里的《可敬的克莱登》（1930年上海版）等。

小说有：本仁约翰的《圣游记》（1935年上海广学会出版），笛福的《鲁滨逊漂流记》（1947年上海建文书店出版），斯威夫特的《格列佛游记》（1928年北平未名社出版），戈德史密斯的《双鸳侣》（1931年上海商务印书馆出版），奥斯汀的《傲慢与偏见》（1935年北平大学出版社出版），杜·莫里亚的《蝴蝶梦》（1943年桂林开新书店出版）等。

法国文学方面——

诗歌有：虞赛的《虞赛的情诗》（1936年上海商务印书馆出版），波德莱尔的《波德莱尔散文诗》（1930年上海中华书局出版），莫泊桑的《莫泊桑的诗》（1926年北京海音书局出版）等。

戏剧有：高乃依的《熙德》（1936年上海商务印书馆出版），莫里哀的《夫人学堂》（1927年版）、《悭吝人》（1930年版），小仲马的《茶花女》（1926年北京北新书局出版），罗曼·罗兰的《爱与死之角逐》（1928年版）等。

小说有：伏尔泰的《赣第德》（1927年上海北新书局出版），卢梭的《爱弥尔》（1923年上海版），森彼得的《离恨天》（1913

年上海商务印书馆出版），巴尔扎克的《哀吹录》（1915年上海商务印书馆出版），大仲马的《几度山恩仇记》（1906年版），雨果的《巴黎圣母院》（1923年上海商务印书馆出版，当时名为《活冤孽》），《悲惨世界》（1903年《浙江潮》月刊发表，鲁迅译），左拉的《娜娜》（1934年版），法朗士的《黛丝》（1928年版），莫泊桑的《莫泊桑短篇小说集》一、二、三集（1923年、1924年、1926年上海商务印书馆陆续出版），罗曼·罗兰的《彼得与露西》、《约翰·克利斯朵夫》（1926年载《小说月报》）等。

德国文学方面——

诗歌有：《德国诗选》（1927年上海创造社出版），《歌德名诗选》（1933年上海现代书局出版），海涅的《新诗集》（1928年上海世纪书局出版），蒂奥·蓉的《爱底高歌》（1943年成都莽原出版社出版）。

戏剧有：雷兴的著名喜剧《弥娜封巴伦赫尔穆》（1927年北京朴社出版），歌德诗剧《浮士德》（郭沫若1928年译，上海创造社出版），席勒的悲剧《威廉退尔》（1925年上海中华书局出版），霍普特曼的四幕剧《织工》（1924年上海商务印书馆出版）、《火焰》（1926年译出），五幕诗剧《沉钟》（1932年上海出版）等。

小说有：步耳革的长篇讽刺小说《闵豪生奇游记》（1930上海华通书局出版），歌德的著名书信体长篇小说《少年维特之烦恼》（郭沫若1922年译，上海泰东图书局出版），霍夫曼的中篇小说《史姑娘》（1935年上海中华书局出版），施托姆的《施托姆短篇小说集》（1939年长沙出版）、《茵梦湖》（郭沫若、钱君胥译，1921年上海泰东图书局出版）等。

挪威文学方面——

著名戏剧家易卜生的剧作在中国影响又广又深。他的三幕剧《娜拉》及《傀儡家庭》，享誉中国大江南北。中译本《易卜生集》由潘家洵译，1931年上海商务印书馆出版。《娜拉》约有25种译本，其中胡适、罗家伦译本，于1936年上海一心书店初版。《傀儡家庭》第一个单行中文本于1931年上海商务印书馆初版。

丹麦文学方面——

著名作家安徒生的童话，20世纪初就被译介到中国，有30余种译本问世。安徒生童话作品《卖火柴的小女孩》、《丑小鸭》、《看门人的儿子》、《皇帝的新装》、《海的女儿》等，影响了中国几代读者。剧作家贺尔伯的剧作《诡辩家》，最早由穆俊、严珏译出，1940年上海书局出版。

波兰文学方面——

戏剧家廖抗夫的三幕剧《夜未央》，1908年广州革新书局初版。小说家显克微支的小说20世纪上半叶就有10多种译本问世，如王鲁彦译《显克微支小说集》，1928年在上海出版。

瑞典文学方面——

著名文学家史特林堡的戏剧集，1922年首次由张毓桂译出。史特林堡的短篇小说集《结婚集》（1929年上海光华书局出版），挪格洛孚的中篇小说《狂人与死女》（1934年上海中华书局出版）。

意大利文学方面——

著名文学家但丁的长诗《神曲》，20世纪以来在中国影响巨大。但丁的抒情诗集《新生》，由王独清译出，1934年于上海光明书局出版。

著名小说家薄伽丘的《十日谈》，20世纪20年代有5种译本。小说家梅安尼的长篇小说和中篇小说共有10种被译介到中国，如《月亮的儿子们》、《古城巨窃》等。

儿童文学作家亚米契斯的日记体小说《爱的教育》，共有10多种中译本。最早的一种《爱的故事》，由夏丏尊译，1926年上海开明书店出版。科洛迪的童话名著《木偶奇遇记》，20世纪上半叶共有7种译本，最早的译本于1928年上海开明书店出版。

西班牙文学方面——

著名小说家塞万提斯的长篇名著《堂·吉诃德》，最早由林纾、陈家麟译出，书名《魔侠传》，1922年上海商务印书馆出版。

从上面简介的情况可以看出，五四新文学工作者们在欧洲文学的译介方面，作出了明显的成绩。他们译介欧洲文学的目的，既是为了引进新的文学艺术形式，也是为了引进欧洲现代新的思想。

上述欧洲各国文学译介到中国后，对中国五四新文学产生过强烈的影响。闻一多曾号召诗人们像拜伦一样，以自己的血和生命去写"最完美，最伟大的一首诗"。[1] 邓中夏以拜伦为榜样，号召新诗人投身实际斗争。

五四期间及稍后，模仿外国文学一时成为风尚。如莎士比亚的戏剧、诗歌就有不少人模仿。如莎士比亚十四行诗即是当时诗人喜欢模仿的一种诗的体裁，闻一多、朱湘等人都曾尝试过。到20年代中期，当中国十四行诗有了较多创作以后，不少作家便对十四行诗体进行理论方面的探讨，并发表了一批重要的专题论文。如，胡适的《谈十四行体的形式》，闻一多的《谈商籁体》，梁实秋的《谈十四行诗》，王力的《商籁》（上、中、下），郭沫若、陈明远的《论十四行诗》，唐湜的《迷人的十四行》，冯至的《我和十四行诗的因缘》，雁翼的《十四行诗与我》。这些诗论，在当时不失为一种思想解放，也为十四行诗体移植到中国起了重要的中介作用和指导作用。中国诗人完成了十四行体由欧洲向中国的移植，这是中外文化交流的卓越成果。

英国文学被大量译介到中国后，对五四新文学的文学观念、文学体裁、文艺理论等方面均产生了重大影响。

2.五四新文学与美国文学

最早被译介到中国的美国文学作品，是1901年林纾译的美国作家斯托夫人的《黑奴吁天录》（今译《汤姆叔叔的小屋》）。译著问世后，思想界反响强烈，流传很广。1907年，中国在日本的留学生不满清廷的腐败，在东京组织春柳社，宣传民族自强，曾把《黑奴吁天录》改编为五幕剧，在东京公演。该剧后来在上海及中央苏区瑞金演出过。[2]《黑奴吁天录》的中译本对推动中国民主革命起过积极的作用。

其后，林纾还译过美国作家华盛顿·欧文的《旅行述异》、

---

[1] 闻一多：《文艺与爱国》，1926年4月1日《晨报副刊》。

[2] 施咸荣：《美国文学在中国》，《翻译通讯》1983年第12期，第12页。

《拊掌寻》和《大食故宫余载》，先后于1906年、1907年出版。从此，美国文学作品不断地被译介到中国。

1906年，鲁迅与周作人翻译出版的《域外小说集》第二册里，收有美国作家爱伦·坡的小说《黄金甲虫》。

1912年到1922年，美国出现过意象派新诗运动。其时，正是中国再度掀起留美浪潮的时候，一批又一批中国青年奔赴美国学习。留美学生胡适受美国意象派诗歌运动的启发，酝酿写成后来学界公认为中国新文学运动信号的《文学改良刍议》一文。该文被《新青年》（1917年1月1日刊的第2卷第5期）刊载。该文的刊载发出了文学革命的信号，揭开了中国文学革命的序幕。由此可见，中美两国文学的相互影响是多么巨大。

接着，美国诗人惠特曼的作品也被译介到中国。青年时期的郭沫若在日本留学时期接触到美国诗人惠特曼的诗歌《草叶集》，立即触发了他对惠特曼的深爱。据他回忆说："……尤其是惠特曼的那种把一切的旧套摆脱干净了的诗风和五四时代的狂飙突进的精神十分合拍，我是彻底地为他那雄浑的豪放的宏朗的调子所动荡了。"[1]正是惠特曼诗歌中自由奔放热情的风格打动了郭沫若，而充溢在惠特曼诗行中的歌唱民主、自由、正义的激情，启迪了郭沫若的新诗创作。

1935年至1936年，郑振铎主编大型文学丛书《世界文库》，摘译收集了世界各国的许多著名小说作品，全书共12册，其中7册收集了美国小说家的中、短篇小说14部，其中不乏名篇，有欧文的《妻子》、《鬼新郎》，霍桑的《步福罗格太太》、《牧师的黑面纱》，爱伦·坡的《亚西尔之家的衰亡》、《发人隐私的心》，马克·吐温的《败坏哈德兰堡的人》，亨利·詹姆士的《四次会晤》，欧·亨利的《东方博士的礼物》、《一位忙经纪人的情史》等。[2]《世界文库》对美国小说的介绍确如编者所期待的让中国读者领略到了美国小说的风采。

以惠特曼的诗为代表的美国文学从精神上给予五四新文学以强烈而深刻的影响。这种影响比较集中地体现在郭沫若的诗和田汉的文中。郭沫若的许多重要诗作，是在惠特曼的《草叶集》的

---

[1] 《郭沫若文集》第11卷，第143页。

[2] 郑振铎：《世界文库》，上海生活书店1935~1936年版，第二、三、四、七、八、九、十一册。

影响下写成的。郭沫若曾说："他（惠特曼）那豪放的自由诗使我开了闸的作诗欲又受了一阵暴风般的煽动。我的《凤凰涅槃》、《晨安》、《地球，我的母亲》、《匪徒颂》等，便是在他的影响下做成的。"[1] 田汉于1919年在《少年中国》创刊号发表长篇论文《平民诗人惠特曼的百年祭》。该论文将惠特曼视作美国精神的化身，要以惠特曼为榜样，高唱民主主义的战歌，夺取民主在中国的胜利。

另外，美国小说的写作风格给五四新文学作家的创作以深刻影响。如王统照1935年创作的长篇小说《春花》，就明显受到美国作家爱伦·坡的影响；施蛰存1928年出版的短篇小说集《上元灯》中的诸篇，也明显受到美国作家爱伦·坡的影响；艾芜20世纪30年代创作的《南行记》，就受到美国作家杰克·伦敦、舍威德、安德森的影响。

在中美文学交流中，美国著名女作家赛珍珠（1892—1973）所作的贡献是不能抹杀的。她曾先后在中国镇江、南京等地生活36年，深受中国文化的熏陶，对中国人民怀有深情厚谊。1928年至1931年，她用4年时间将中国古典名著《水浒传》译成英文，取名《四海之内皆兄弟》，在欧美风靡一时，使西方更多的人了解中国文化。1938年，"由于赛珍珠对中国农民生活史诗般的描绘，这描绘是真切而取材丰富的，以及她传记方面的杰作"（得奖评语），荣获诺贝尔文学奖。赛珍珠所著中国题材的7部获奖作品是：《大地》（1931年出版）、《儿子们》（1932年出版）、《分家》（1933年出版）（这三部著作亦称《大地上的房子》三部曲）、《母亲》（1934年出版）、《东风·西风》（1926年出版）、《流放》（1936年出版）和《战斗的天使》（1936年出版）。其中三部曲之首《大地》，1932年被改编成剧本在纽约上演，1936年美国又将之拍成电影，受到观众好评。赛珍珠的获奖作品，先后被译成多种文字，长期畅销于东西方，产生了广泛深远的世界性影响。赛珍珠将中国文化介绍给美国，介绍给世界，并为此作出了努力，堪称中美文化交流之友。

五四新文学不是一个封闭体内的自生物，而是在开放的世界

[1] 郭沫若：《创造十年》，上海现代出版局，1932年版。

体系中,从内在的社会要求与外来影响的相互撞击中产生的。它从诞生之日起,便与世界文学潮流发生不可分割的联系,从本质上说,它是开放的。五四新文学之汇入世界文学潮流,并不是由它的"西化"来实现的,恰恰相反,它仍然以一种民族文学的身份,加入世界文学的大家庭。作为一个伟大民族的新文学,不但具有无以取代的民族独特性,而且对现代世界文学产生其应有的影响,令世界不能不对它刮目相看。

写中国题材获诺贝尔文学奖的美国女作家赛珍珠(1892—1973)

二、新音乐舞蹈

(一)新音乐

鸦片战争后,随着西方列强军事、政治、经济、文化的全面侵入中国,基督教的传教活动迅速地深入中国各地城镇,西方基督教音乐也随之加速在中国传播。

西方传教士为让基督教的圣咏能为中国百姓所接受,先将外文的歌词译成中文的古体诗词,后又改为较口语化的歌词,填入外国曲谱之中进行圣咏。西方基督教通过这样的译唱活动,不仅使中国基督徒熟悉了西方的圣咏曲调及其集体歌唱的方式,还使这种西方音乐给一部分中国群众留下了深刻印象。

另外，在当时的一些教会学校中，通过开设音乐课，设立琴科，以及举办各种音乐活动，将西方音乐传入中国。如上海的中西女塾（1893年）、浙江湖州的湖群女校（1914年）、江苏苏州的景海女子学校（1917年）等，都先后开设传授钢琴演奏的"琴科"。这就给当时我国一部分爱好音乐的青少年留下了印象，开阔了他们对西方音乐的视野。

20世纪初，随着新式学堂的普遍建立和乐歌课的逐步开设，一种不同于中国传统的普通音乐教育和音乐艺术形式——学堂乐歌渐渐得以发展。当时，以梁启超为代表的改良派学者十分重视通过编写学堂乐歌和开设乐歌课向青少年学生灌输救国救民的新思想。中国最早一批从事学堂乐歌编写的教育家都是留日学生，他们仿照日本的学校歌曲来编写我国的学堂乐歌。此外，当时我国有些新学堂还聘请不少日本教师来就任乐歌课的教师。由此可见，日本明治维新以来所产生的日本国民音乐教育，对我国普通音乐教育和学堂乐歌的发展有直接的影响。

当时编写的学堂乐歌基本上以现成的日本、欧美的通俗曲调，填入新词而成。例如学堂乐歌《中国男儿》，就是引用日本学生歌曲《宿舍里的旧吊桶》的曲调编写的；学堂乐歌《送别》（李叔同作词），就是用美国歌曲《梦见家和母亲》的曲调编写的。

当时的学堂乐歌，主要供新学堂中小学生集体咏唱所用。其谱，采自西方通用的五线谱，或采用源自西方后一度盛行于日本的"简谱"，而不再沿用中国传统的工尺谱。从而使涉及有关读谱的音乐理论，也都效法于西方。因此，可以认为学堂乐歌这一音乐艺术形式，是中西两种音乐文化相互融合的成果。

五四新文化运动的发展，对中国新音乐文化的建设有着直接的推动和深远的影响。中小学音乐教育的普遍发展、专业音乐教育的建立，吸引着赴国外学习的音乐家回国投入中国新音乐文化的建设。为了满足国内各方面对学习音乐的需求，他们首先在沿海地区一些大城市陆续组建音乐社团。其中影响较大的有：北京大学音乐研究会（1919年）、中华美育会（1919年）、北京爱美乐社（1927年）、国乐改进社（1927年）等。这些社团的活动内容主要是组织有关中西音乐的学习，组织各种音乐演出活动，传播中外音乐方面的知识等。

之后不久，在各种音乐社团的基础上又逐步建立起培养音乐专门人才（主要是音乐教师）的专业音乐教育机构。其中影响较大的有：私立上海专科师范学校音乐科（1919年）、北京女子高等师范学校音乐科（1920年）、北京大学附属音乐传习所（1922年）、私立上海美术专科学校音乐系（1923年）、国立中央大学教育学院音乐系（1926年）、私立燕京大学音乐系（1926年）、北京艺术专科学校音乐系（1926年）等。

上述音乐社团和音乐教育机构接受蔡元培的"兼收并蓄"的方针，为西方音乐的传入提供了条件。

在五四新文化运动的影响下，中国的普通中小学音乐教育逐步在全国范围内展开，同时随着音乐教育事业的发展，促使音乐创作、音乐演出、音乐出版以及音乐理论的发展的活动得以在全国范围内展开。

五四运动后，学校（包括大、中、小学）是我国新型音乐活动开展的中心。学校师生则成为我国新音乐创作的最初的主体。以萧友梅为代表的一批音乐家，吸取西方音乐创作的经验，使之同中国的歌词内容相结合，创作出《问》、《南飞之雁语》、《新雪》、《国土》、《晚歌》、《星空》等歌曲，以表达对现实生活的种种感受，受到广大师生的喜爱。这种创作方法比过去"选曲填词"的学堂乐歌前进了一大步，开始在较高层次上实现两种音乐文化的相互交融。

随着学校音乐教育的不断发展和提高，人们渐渐不满足于一般的集体咏唱学校歌曲，而需求具有更高审美价值、适合个人演唱的艺术性独唱歌曲和艺术表现力更丰富的合唱歌曲。最先在这方面作出突出贡献的是语言学家、作曲家赵元任。他在五四新文化运动的影响下率先以中国的新诗为歌词，精心创作了一批思想性和艺术性皆优的艺术歌曲，并以《新诗歌集》为名于1928年出版。其中有《卖布谣》、《听雨》、《过印度洋》、《教我如何不想她》等。

五四运动后，群众性的爱国运动和工农革命运动逐渐高涨。在这样的情势下，群众歌曲应运而生。如在北伐战争中广泛流传的革命歌曲《打倒列强》，在工农红军的革命斗争中产生的《少年先锋队歌》、《共产儿童团歌》等。在这一时期，也产生了少量创作的群众歌曲，如萧友梅创作的《五四爱国纪念歌》、《国民革命歌》、《国耻》，黎锦晖创作的《总理纪念歌》等。

黎锦晖还结合五四时期新文化运动推广国语、提倡白话文的要求，创作了一批儿童歌舞音乐作品。这些儿童歌舞音乐作品，进入当时中国广大大、中、小学生最喜爱的音乐作品之列，在当时的社会音乐生活中产生了前所未有的巨大影响。

著名二胡作曲家、演奏家刘天华

五四运动后，由城市市民组织的各种业余民族器乐社团不断涌现。他们定期进行练习及传授技艺，培养新的演奏人才，以及通过不定期的演出扩大其社会影响。其中重要的有：国乐研究社（1919年）、大同乐会（1920年）、霄霓国乐社（1925年）、国乐改进社（1927年）。这些社团的活动内容包括古琴、琵琶、笛、箫、筝、二胡、月琴、扬琴等乐器的习奏。

在这些新的民族器乐社团中，以刘天华（1895—1932）领导的国乐改进社最有成绩。刘天华本着"一方面采取本国固有的

民族音乐家刘天华于1931年创作的著名二胡独奏曲《光明行》曲谱

精粹，一方面容纳外来的潮流，从东西方的调和与合作之中，打出一条新路来"[1]，将西方现代音乐创作和西方乐器小提琴的演奏经验移用于中国大众化的民间乐器——二胡，成功创作10首二胡曲（即《病中吟》、《良宵》、《光明行》、《空山鸟语》、《烛影摇红》、《月夜》、《苦闷之讴》、《悲歌》、《独弦操》、《闲

[1]《国乐改进社缘起》一文，载《新乐潮》1卷1期，1927年。

居吟》),是这一时期民族器乐有意识地将中西方两种不同的音乐文化加以融合的最成功的尝试。具体来说,他借鉴小提琴的跳弓、颤弓、换把等演奏方法,来扩大二胡的表现力。其次,在音调上,吸取了西洋音乐的一些因素,丰富了民族乐器二胡的乐汇。如《光明行》中就吸取接近军乐的音调,使整首作品具有一种进取向上的特点。此外,他还在《光明行》中运用转调的手法,在《悲歌》中运用变化音,在《烛影摇红》中运用西洋变奏曲式的结构原则等等。他的这些尝试大部分取得了较好的效果,并为后人积累了丰富的经验。他创作的10首二胡曲,一经演奏,即为人们所喜爱。刘天华的努力,使一件原来只作为民间自娱的、比较粗俗的伴奏乐器二胡提高到可以与其他中西乐器并列、可以独奏表演的高雅乐器。刘天华的努力大大提高了当时人们对吸取西方音乐文化来改进我国国乐的信心。

30年代初,大同乐会的柳尧章以传统琵琶曲《夕阳箫鼓》为基础,吸取民间丝竹乐的风格特点,借鉴西洋配器技法的经验,成功地改编成民乐合奏曲《春江花月夜》,为我国新型的民乐合奏艺术的发展开了先河。

五四时期,我国的西洋器乐创作和演奏才刚起步,经验不多,作品数量少。其中仅以赵元任的钢琴曲《偶成》、萧友梅的管弦乐《新霓裳羽衣舞》(该曲后来以钢琴曲的形式出版)和大提琴《秋思》等影响较大。

20世纪三、四十年代,中国新音乐文化的建设由于与当时中国人民的政治、军事斗争取得了更为紧密的联系,它的发展也显现出一片新的景象。特别在不断促进中西两种音乐文化的融合中发展我国的新音乐文化方面,大大超越了过去的水平。

20世纪20年代末30年代初,中国大部分城市的文化生活有了新的发展。一批赴国外学习音乐的留学生先后归国参与祖国音乐文化的建设。之后,随着左翼文化运动的展开和九一八事变后不断高涨的抗日救亡斗争的深入,我国新音乐文化的发展从以学校为中心的范围分化出一支面向广大革命群众的、以抗日救亡为主要内容的革命音乐运动。在这两条战线中,都创作出各具特色的音乐作品。它们之间的关系是既保持各自独立存在，又彼此吸引和影响。

30年代初，在中国共产党的直接领导下，一部分音乐工作者在社会革命斗争中致力于革命群众歌曲的创作。最先作出贡献的是聂耳。聂耳（1912—1935）为左翼电影和戏剧所写的配乐和插曲《开路先锋》、《大路歌》、《塞外村女》、《毕业歌》、《新女性》、《义勇军进行曲》、《铁蹄下的歌女》、《码头工人》、《前进歌》、《告别南洋》、《梅娘曲》、《慰劳歌》等，在后来的救亡歌咏运动中大多得到广泛的流传。聂耳英年早逝后，又有任光、张曙、吕骥、冼星海、贺绿汀、孙慎、麦新等人，继续为当时风起云涌的抗日救亡斗争的需要创作群众歌曲。其中最为群众喜唱的歌曲有：冼星海的《救国军歌》、《到敌人后方去》，张曙的《保卫国土》、《洪波曲》，吕骥的《中华民族不会亡》、《保卫马德里》、《毕业上前线》，孙慎的《救亡进行曲》，麦新的《大刀进行曲》，贺绿汀的《游击队歌》、《干一场》，向隅的《红缨枪》，郑律成的《八路军进行曲》，何士德的《新四军军歌》，卢肃的《团结就是力量》，马可的《我们是民主青年》，李焕之的《民主救国进行曲》等等。这些作品，在音乐语言上具有以大调主三和弦作为基干的号角式的音调，在节奏上具有适合行进的特点。这些特点，溯其源，与西方革命歌曲和进行曲音乐的影响分不开。我国作曲家大多善于将西洋号角的调式与我国五声调式融合，从而使这些歌曲的音乐风格透发出源于西方音乐而又不同于西方的民族特色。

20年代末，随着美国歌舞电影的大量输入，以上海为中心的中国歌舞音乐和中国电影音乐也迅速发展起来。在整个三、四十年代，这一类音乐在中国大中城市的部分市民群众中有较大的影响。这也可以说是西方通俗文艺传入中国后最先产生明显社会影响的一个领域。中国城市歌舞音乐的发展，后来与中国电影音乐(特别是电影歌曲）的发展合流成一体，成为中国娱乐性通俗音乐的主体。

随着学校音乐教育的普及和群众歌咏运动的开展，中国的合唱音乐创作得到明显发展。成功的合唱歌曲，有运用二声部合唱形式的冼星海的《到敌人后方去》（赵启海词）、《游击军》（先词词），向隅的《红缨枪》（金浪词），何士德的《新四军军歌》（陈毅等集体词）等。

这一时期，具有抒情性和史诗性相结合的大型声乐套曲也出现了。这类作品大多参照西方的模式，运用各种不同的艺术表现方式（如各种形式的合唱、独唱、童唱、乐队的伴奏和间奏，有时还加上诗歌朗诵等）来表现现实生活中的各种题材。冼星海的《黄河大合唱》（光未然词）是这类作品的典范。

三、四十年代，中国的器乐创作也取得了明显的成绩。钢琴曲方面，主要成果有贺绿汀的《牧童短笛》、《晚会》、《摇篮曲》，俞便民的《C小调变奏曲》，老志诚的《牧童之乐》，陈田鹤的《序曲》，江定仙的《摇篮曲》，刘雪庵的《中国组曲》，江文也的《小奏鸣曲》、《第三奏鸣曲"江南风光"》、《钢琴叙事诗"浔阳夜月"》、《第四奏鸣曲"狂欢日"》、《钢琴奏鸣曲"典乐"》，丁善德的《春之旅》、《中国民歌主题变奏曲》、《序曲三首》等。小提琴方面，主要成果有马思聪的《G大调奏鸣曲》、《摇篮曲》，冼星海的《D小调奏鸣曲》。这些作品，大多参照西方小提琴的音乐模式，整首作品的

著名作曲家、小提琴演奏家和音乐教育家马思聪

马思聪创作的《思乡曲》曲谱

音乐思维还没有摆脱西方的影响。

交响音乐是中国音乐家较早瞩目的一种西方大型器乐体裁。萧友梅（1884—1940）曾为筹建我国自己的管弦乐队，发展中国的交响音乐创作，做了最早的努力。他于1916年创作弦乐四重奏《小夜曲》。1922年他主持北京大学附设音乐传习所，邀请北京的西洋乐器乐手，组织了小型管弦乐队，亲任指挥，定期排练演出，以正式的音乐会形式演奏了巴赫、海顿、贝多芬、莫扎特、舒伯特、柴可夫斯基、莫什科夫斯基和其他西方作曲家的交响曲、管弦乐作品。他于1923年写就管弦乐《新霓裳羽衣舞》。同年12月17日，萧友梅指挥军乐队在音乐会上首演了他创作的《新霓裳羽衣舞》。这是中国人创作的第一首西式管弦乐作品。1929年，黄自（1904—1940）在美国创作管弦乐曲《怀旧》，首演于美国耶鲁大学，1930年在上海再次演出。这部作品的成功，表明中国作曲家有能力掌握这种被认为是西方最高的音乐体裁。1941年，冼星海（1905—1945）完成《第一交响曲"民族解放"》

马思聪在演奏小提琴（钢琴伴奏王慕理）

的创作。其后4年，又完成《第二交响曲"神圣之战"》、交响诗《阿曼盖尔达》、《中国狂想曲》等。

冼星海在中西两种音乐文化的融合中，为我国民族音乐的发展作出了可贵的探索。

（二）新舞蹈

1894年，晚清一品官裕庚的女儿裕容龄（1882—1973），随父出使日本，并学习日本舞蹈。数年后，她随父移使法国，进巴黎音乐舞蹈学院学习芭蕾舞，成为中国近代学习外国舞蹈的第一人。

然而，当时西方舞蹈文化向中国社会的渗透并不是通过她这唯一的渠道，而是随着中外文化交流的增多，多元地从几个方面传进来的：

冼星海（1905—1945）

1.留洋海外的留学生和出使各国的清廷官员，目睹19世纪盛行于欧美的交际舞、芭蕾舞、外国民间舞惊叹不止，便笔录下来，传入国内。当时出版的一套丛书《星绍笔》，就有关于洋舞的记载。随着这套丛书的流传，当时国人对西方舞蹈开始有所了解。

2.西方舞蹈团、马戏团的来华访问，使中国人得以目睹西洋舞蹈的风采。1886年，最早的西方马戏团——车尼利马戏团到上海演出。进入20世纪后，西方舞蹈团来华演出呈上升趋势，到20年代达到高峰，内容涉及芭蕾舞、现代舞和外国民间舞蹈。

3.西方舞蹈通过外国电影这一媒介在中国广为流传。电影刚问世时，还处于无声期。这时的电影比较适合拍摄以形体动作为主的内容，因而舞蹈成为表现人物思想感情的主要手段之一。1920年在北平前门福寿堂内放映的外国电影中就有外国舞蹈场面。在其他电影片中，先后有长蛇舞、西班牙舞、印度人执棍舞等舞蹈场面。有声电影出现后，外国歌舞场面更真实地呈现在中国观众面前，从而得以广泛地在华传播。

4.旅华外侨和留洋归国人员，成为传播西方舞蹈的主力军。会跳西方舞蹈的他们来到中国，很自然地把外国舞蹈传入中国。如交际舞传入中国各大城市后，学舞者明显增多。于是，各类以教舞为主要内容的机构应运而生。起初，这类机构主要由外国人开办，教学上沿用西方的教学程序。比如，俄国侨民司达纳基芙就先后在哈尔滨、青岛、上海等地开办舞蹈学校，教授当时风靡世界的各种交际舞，如探戈、华尔兹、查尔斯顿舞等等。此外，也有一些中国人开办这类学校，如留法归来的唐槐秋就是其中一位。他曾在上海开设由中国人创办的第一所舞蹈教学机构——交际跳舞学社，后改名为南国高等交际舞跳舞学社，专门教授西洋交际舞。

19世纪末20世纪初，西方舞蹈文化通过上述途径终于在艺术舞蹈尚嫌薄弱的中国大地上找到立足之地。从而使中国的舞蹈工作者接触到了迥异于传统舞蹈的新的舞蹈形式和语汇，扩大了他们的视野，开始了融合中西舞蹈文化的现代舞蹈的探索。

20世纪初，许多新式学堂在开设乐歌课的同时，也把舞蹈列为体育课的一项内容。最初这类舞蹈课的内容，主要是外国传入的交谊舞和土风舞。1907年，上海商务印书馆出版的《舞蹈游戏》一书曾作为小学体育课教材。该书中有群舞、对舞等舞蹈内容。时隔不久，上海均益图书公司翻译出版日本人长原政二郎编的《舞蹈大观》。该书介绍欧美流行的方舞、园舞、列舞、环舞四大类交谊舞，每类舞蹈介绍20余种舞目。崭新的舞蹈动作使许多教育工作者认为洋舞蹈是一种"最高尚最优美的运动"，它能使人们"养成高尚的品格，优美的姿势，规矩的动止，且能使人身体健康"。基于这样的认识，当时许多教育工作者都将新式舞蹈作为健全中小学生体魄的教育手段之一。从而使新舞蹈在一部分中小学校中得以流行。

在探索新舞蹈的过程中，黎锦晖的儿童歌舞功不可没。20年代，黎锦晖（1894—1967）先后创作12部儿童歌舞剧，如

《麻雀与小孩》、《葡萄仙子》、《月明之夜》、《小小画家》等和24首儿童歌舞曲，如《可怜的秋香》、《寒衣曲》、《努力》、《春深了》等。他的儿童歌舞剧、曲，以浓厚的儿童情趣、积极向上的进取心理、形象化的舞蹈动作，占领了学校的歌舞阵地。这种兼有启蒙与美育双重目的的儿童歌舞活动成为中国现代舞蹈史上引人注目的一页。

在中国人民求取民族解放、抗击外敌的伟大斗争中，舞蹈工作者创作了一大批紧密配合当时斗争形势需要的革命舞蹈。

1927年至1934年，苏区歌舞伴着中国人民革命的脚步，从无到有，从小到大，在苏区人民的爱护之下得到迅速发展，起到了鼓舞士气、灭敌人威风的积极作用。

1931年九一八事变后，中国的革命文艺工作者纷纷投入救亡爱国的斗争中。在以鲁迅为旗手的左翼文化运动的影响下，他们借鉴西方舞蹈，展开民族化、群众化的新舞蹈艺术的探索。新舞蹈艺术伴随着中国人民的革命斗争而蓬勃发展，成为这一时代中国舞蹈的主流。

抗日战争爆发后，被誉为"点燃新舞蹈艺术火种"的吴晓邦（1906—1995），怀着一腔热血，先后创作了100多个舞蹈作品。其中最有代表性的有：《义勇军进行曲》、《游击队员之歌》、《大刀进行曲》、《丑表功》、《流亡三部曲》、《传递情报者》、《饥火》、《春的消息》等。

《义勇军进行曲》作于1937年9月，舞蹈讴歌一位爱国战士的英雄形象。他从奴隶挣脱枷锁开始，到参加抗日义勇军行列与敌人拼搏，反映出中华儿女为保卫祖国不惜牺牲的大无畏气概。《游击队员之歌》是1938年为慰问新四军创作的，舞蹈以紧张而神秘的气氛将游击队员神出鬼没地打击敌人的情景形象地表现出来。每次演出这两个舞蹈时，观众都十分激动，总是情不自禁地为其鼓掌伴唱。这两个舞蹈作品，成为抗战初期中国新舞蹈艺术的典范。

被誉为"新舞蹈先锋"之一的戴爱莲（1916—2006），创作演出的舞蹈作品有：《警醒》、《前进》、《东江》、《游击队的故事》、《思乡曲》、《朱大嫂送鸡蛋》、《空袭》以及芭蕾舞《森林女神》和现代舞《拾穗女》等。

《东江》是戴爱莲于1941年根据一篇真实的报道创作的，舞蹈反映广东东江渔民正在劳作时，突然遭敌机袭击，在船破人亡的悲惨遭遇下，渔民们流离失所，但他们决心复仇。戴爱莲运用现代舞的表现技巧，以力和情充分表现了中国人民对日本侵略者的仇恨。《朱大嫂送鸡蛋》是戴爱莲于1945年1月在重庆参加《新华日报》创刊7周年庆祝会后创作的。该舞蹈表现人民与抗日将士的鱼水深情，幽默诙谐的歌词、传神的舞蹈动作，充满了浓郁的生活气息。当时，该作品不仅在重庆广为流传，后又传到昆明、上海等地，是青年学生及业余文艺团体最喜爱的舞蹈作品之一。

抗日战争中，八路军、新四军中的许多剧团和宣传队，创作表演了大量富于战斗气息、形式活泼多样的歌舞节目，受到抗日军民的热烈欢迎，产生了积极的影响。

中华人民共和国诞生前夕，《进军舞》、《胜利渡江舞》、《秧歌舞》、《青春舞曲》等进步舞蹈伴随着进步事业，为中国人民带来健康向上的力量。它以一种独特的方式鼓舞着人们勇敢地向旧势力宣战，支撑着人们走向美好的明天。

三、话剧

话剧，近代中国引进的一种西方剧种。经过数代中国人不断改造、充实，话剧这一外来的艺术形式已转化为具有现代性和民族特色的中国剧种之一，成为近代中国文艺的一个组成部分。

19世纪末20世纪初，当被中国人称为"文明戏"的西方戏剧涌入中国之时，中国传统戏剧也正经历着变革思潮的冲击。当时，一些戏剧界人士对古旧的剧目不足以反映中国社会现实的状况甚为不满，因此掀起了戏曲改良的热潮。戏曲改良的参照物便是西方写实戏剧。

改革戏剧的另一支力量来自新式学堂。当时一些新式学堂效仿西方学生的演剧活动，开始模仿以对白和动作表情达意的西方戏剧。学生演剧活动的开展，打破了中国传统意识中视演戏为贱业的局限，为后来的留学生演剧以及文人演剧活动奠定了基础。

西方戏剧主要通过日本新剧的中介传入中国。

1906年冬，一个旨在研究日本文艺的留日学生团体——春柳社在东京成立。开始只设演艺部，由李叔同主持。主要成员还有欧阳予倩、吴我尊、马降士、曾孝谷等。春柳社员，多为戏剧爱好者，他们推崇日本"新派"，即新剧，并以研究和仿效新派演剧为己任。

日本近代戏剧的变革，是在西方戏剧的影响下进行的。开始有所谓"新派剧"的兴起，颇似中国的"时事新戏"。其演之剧是日本传统的歌舞伎形式中加以宣传性的演讲，后来逐渐形成由角藤定宪倡导的"壮士芝居"和川上音二郎发起的"书生芝居"。稍后，又以西方现实主义戏剧为摹本，形成"新剧"，也即中国的所谓话剧。

受到日本新剧影响的春柳社，于1907年2月在东京演出法国小仲马的名剧《茶花女》的第三幕，获得东京中外人士的称赞。他们的演出，全部用的是口语对话，没有朗诵，没有加唱，没有独白、旁白。不久，又演出根据林琴南翻译的19世纪美国进步作家皮丘·斯托夫人的长篇小说《汤姆叔叔的小屋》改编的《黑奴吁天录》。演出又获得成功，再次轰动东京戏剧界。

继春柳社之后，国内文明戏社团纷纷成立，如通鉴学校、春阳社、进化团等等。上海通鉴学校是由马相伯、沈仲礼发起组建的。马相伯、沈仲礼受过较系统的西方教育，又致力于教育事业，希望办一所戏剧学校来传播新剧。通鉴学校由王钟声实际负责。1907年9月，经过3个月不很正规的教学和排练，用"春阳社"的名义在上海兰心戏院举行首次公演，剧目也是《黑奴吁天录》。兰心戏院第一次向普通中国观众开放，华美的剧场、井然的秩序与杂乱无章的旧戏院形成鲜明的对照，给中国观众留下了深刻的印象。

1908年春,王钟声据清末义士张汶祥刺杀贪官马新贻的史实,编演《张汶祥刺马》,影响广泛。1908年5月,王钟声率领春阳社北上北京、天津演出,以图打开新的局面。后因王钟声演剧激进被捕入狱,致使成立不到一年的春阳社宣告解散。

1910年底,任天知在上海发起组织职业性新剧团体——进化团,自任团长,招收一批颇有经验的新剧演员,赶排一些新剧剧目。1911年初,旧历新年过后,进化团在南京举行首演,演出《血蓑衣》。这出戏是日本新派剧改译过来的。接着,演出《东亚风云》(内容为朝鲜爱国者安重根刺杀日本首相伊藤博文的故事)、《新茶花》(知识分子投笔从戎的故事)等剧目,紧密配合革命思潮,演出形式新颖独特,南京观众反映强烈。进化团头炮打响,连续演了3个月,创下空前的纪录。

进化团的足迹遍及上海、南京、宁波、镇江、芜湖、扬州、武汉、开封、长沙等6省的10多个城市,演出了大批革命色彩鲜明的剧目,培养了众多的优秀演员,为各地的新剧运动做了示范。"天知派新剧"成为文明戏的一面旗帜。

辛亥革命前后,在革命浪潮的推动下,中国话剧发展很快,从上海、广州、天津、香港等沿海城市向内地扩散开去。此时,它已不是一个地方性、区域性的剧种,而是具有全国性影响的剧种了。

值得一提的是,广州陈铁军、陈少白于1908年组织"振天声"白话剧社编演《熊飞起义》、《搏浪椎击秦》等剧目,还到南洋各埠巡回演出,在新加坡时被孙中山接见,全体成员乃加入同盟会。1911年,陈少白又在香港恢复"振天声"剧社,请著名画家关惠侬绘制新的布景,一时观众趋之若鹜。

附丽于辛亥革命的早期话剧,因辛亥革命的失败而逐渐衰落。

正当中国南方早期话剧不景气时,中国北方一支学校演剧队伍却异军突起。天津南开学校是一座民办的新式学校。校长张伯苓(1876—1951)受西方教育影响,把学生演剧活动纳入学校教育之中。1914年南开新剧团成立。被张伯苓誉为"南开最好的学生"的周恩来，成为话剧团的置景部长。周恩来在1914年至1917年，是南开新剧的积极分子之一。他以善演旦角著称，也参与编剧、布景、报道等工作。

1916年，张伯苓的胞弟张彭春（1892—1957）自美国学成归来，他将在美国学到的西方戏剧知识用于指导南开新剧团。南开新剧团的演出坚持按照剧本排练，演出风格力求真实，为当时的剧坛带来一股清新的空气。而且培养了包括曹禺在内的不少优秀的戏剧人才，为中国话剧的发展创造了生机。

20年代的现代话剧，是五四新文化运动批判旧文化、批判旧戏剧，引进和学习西方文化和戏剧的直接产物。正是在五四新思潮的鼓舞之下，一批有志于话剧事业的活动家、剧作家、导演、演员脱颖而出，完成了创建中国现代话剧的奠基工程。

五四前后中国戏剧工作者以极大的热情倡导现实主义的戏剧观念，达成以西方戏剧为模式创造中国现代戏剧的共识，由此引出了对于西方戏剧理论和西方戏剧作品大规模的翻译和介绍。这种广为吸收、博采众长的心态，十分有利于中国现代话剧的创立。

五四新剧的倡导者们特别钟情于挪威剧作家易卜生的戏剧。不仅《新青年》曾出版"易卜生专号"，胡适推崇并介绍过"易卜生主义"，甚至一些有志于创造中国现代戏剧的青年，如洪深、田汉等均把"做中国之易卜生"当作自己的人生理想。

挪威剧作家易卜生（1828—1906）早年的戏剧带有浪漫主义倾向，中年则以创作反映社会问题的戏剧著称，其中《玩偶之家》、《国民公敌》等于五四时期传入中国，被一部分中国人当作现实主义戏剧的范本。后期剧作转向象征主义，对欧洲乃至世界的现代主义戏剧影响深远。

当时最能打动中国人特别是年轻人的心的是易卜生《玩偶之家》的主人公娜拉。娜拉在一场家庭变故之后，终于认清了丈夫的真面目和自己在家中扮演的"玩偶"角色，于是，在庄严地声称"我是一个人"之后，毅然走出了家门。此剧对于处于封建包办婚姻制度下的中国青年影响很大，娜拉成了他们崇拜的偶像。

在易卜生《玩偶之家》的影响下，胡适创作《终身大事》，欧阳予倩创作《泼妇》，熊佛西创作《新人的生活》，郭沫若创作《卓文君》，白薇创作《打出幽灵塔》等，均塑造了一批出走者的形象。这些剧被称为"娜拉剧"。这批娜拉剧目，不但张扬了人格独立和个性解放的思想，而且显现出五四话剧最初的现实主义特色。

西方戏剧这个"舶来品"，在中国经过文明戏阶段的过渡，经过五四新文化运动的培育，终于在中国大地上站稳了脚跟。其标志是：新的戏剧文学建立起来了，有了一支从事话剧的队伍，有了专门的戏剧教育，"爱美的"剧团（"爱美的"来自英文 Amateur 的音译，意即"非专业的"）包括校园剧团的活跃，话剧导演制的初设等。

上海民众戏剧社，是五四运动之后兴办的第一个话剧团体。其成立宣言称："当看戏是消闲之时代现在是已经过去了，戏院在现代社会中确是占着重要地位，是推动社会前进的轮子，又是搜寻社会病根的 X 光镜。"

此后，北京大学、清华大学、燕京大学、南开大学以及一些中学也都踊跃开展"爱美的"戏剧运动。全国校园剧团如雨后春笋般纷纷出现。这一切，构成了五四戏剧的一道风景线。

上海民众戏剧社势衰之后，由洪深担纲的上海戏剧协社崭露头角。洪深（1894—1955）对话剧的贡献是：一、推出排演制度，规范演员表现；二、废除"男扮女角"的旧习；三、确立现代导演制度；四、1928年提议将主要以对话和动作表情达意的戏剧样式定名为"话剧"。从此，这个由西方传入中国的剧种，才有了一个大家认可的名分。

在西方戏剧理论和作品的影响下，20年代出现了丁西林、田汉、熊佛西、欧阳予倩、陈大悲、汪优游、蒲伯英、洪深、余上沅、郭沫若、白薇、李健吾等一批现代话剧文学的作家群，形成了20年代中国话剧题材广泛、内容丰富、手法多变、风格多样的创作格局，初步奠定了现代话剧的文学基础。田汉（1898—

1930年左右"北京小剧院"活动照

1968)是这方面的杰出代表。他的剧作具有多方面的探索,成为中国话剧诗化现实主义的开拓者。他领导的南国社是中国南方推动话剧发展的先锋。

　　西方的小剧场运动不仅启发了中国的"爱美的"戏剧运动,还以其忠实于艺术、献身于艺术的宝贵精神,影响了中国戏剧教育事业的萌生和发展。1922年,蒲伯英和陈大悲在北京创办"人艺"戏剧专门学校。1925年,余上沅、赵太侔、闻一多等人多方努力,在北京国立艺术专门学校增设戏剧系。1928年,田汉在上海创建南国艺术学院。1929年,欧阳予倩在广东戏剧研究所附设戏剧学校。尽管这些学校由于政治经济及其他方面的原因先后停办,却为下一个十年中国现代话剧进一步发展和成熟提供了相当可观的包括编剧、导演、演员、舞美、戏剧教育诸多方面的人才储备。

　　20世纪30年代,在时局的推动下,中国话剧一扫既往的浪漫、感伤的基调,转向悲愤、抗争,更主动地承担起唤醒民众、拯救国家的重任。这一时期,中国话剧经过20多年的摸索,终于找到了自己的发展道路,并开始走向成熟。其主要特点是:将话剧同中国人民大众的需要紧密结合在一起;借鉴西方话剧的艺术形式,结合中国传统艺术精神,创造出为中国民众所喜爱的戏剧新品种；涌现了曹禺、夏衍等一批杰出的剧作家和一批杰出的剧作；职业剧团开始出现，演剧艺术接近和达到世界水准。

曹禺（1910—1996）在30年代完成了三部曲——《雷雨》（1933年）、《日出》（1936年）、《原野》（1937年）的创作。曹禺的三部曲以其深邃的内涵、圆熟的技巧，成为诗化现实主义的经典作品。搬上舞台后，盛演不衰，为世人称颂。

30年代出现了话剧演出的职业团体，其中以中国旅行剧团最为著名。

被誉为"话剧皇帝"的著名话剧演员金山(1911—1982)

中国旅行剧团1933年成立于上海，团长唐槐秋曾为南国社成员，有丰富的演剧经验。他带领剧团辗转于上海、南京、北平、天津、香港等地，既演出根据外国名著改编的话剧如《梅萝香》、《茶花女》等，也演出中国剧作家创作的名剧，如《雷雨》、《日出》、《文天祥》等。在长达十几年的演出活动中，既扩大了话剧在全国的影响，也提高了话剧的表演艺术水平，造就了话剧表演人才和一代话剧观众。

这一时期，中国有了自己的优秀导演，如洪深、张彭春、应云卫、唐槐秋、章泯等，涌现了一大批优秀的话剧演员，如金山、赵丹、金焰、白杨、唐若青等。

在抗日战争的烽火中，中国话剧界人士同仇敌忾，以话剧为武器，投入全民抗敌的历史洪流中。中国话剧队伍在抗战中空前壮大。以重庆、延安、沦陷区上海（也称"孤岛"）为中心，形成了三大区域性格局。在整个抗日战争期间,话剧成为中国诸多艺术种类中最活跃、最繁荣,最具现实性、战斗性和民众性的艺术。其发展特点是,现实主义的深化,历史剧的兴盛,讽刺剧的崛起,并由此形成了浓郁的民族风格和民族气派。

七七事变后,一向关注国家命运的话剧界人士群情激奋。仅仅一个月,一部集体创作、导演,上百人参与演出的大型话剧《保卫卢沟桥》即被搬上舞台。它以宏大的场面、昂扬的气势,传达了人民誓死抗敌的心声,显示了中华民族不屈不挠的意志。

上海沦陷后,戏剧界人士迅速组成了13个抗日救亡演剧队,奔赴祖国各地宣传抗日。

1937年12月13日,中华全国戏剧界抗敌协会在汉口成立。在周恩来的领导下,由郭沫若主持的政治部第三厅大力推动戏剧运动,以上海救亡演剧队为基础,组成10个演剧队、4个宣传队和一个孩子剧团。他们不但成为抗战戏剧的骨干,后来也成为中国话剧的支柱。

抗战伊始,中国话剧工作者创作出许多短小而通俗的演剧形式,如街头剧、茶馆剧、游行剧、活报剧、傀儡剧等,使话剧同广大民众结合在一起。其中《放下你的鞭子》最为著名。因其直面观众,演到动情时,演员与观众情感交融,群情激奋,共同发出抗日救国的怒吼。

抗战期间,绝大多数戏剧界人士来到陪都重庆。1938年10月,在此举行第一届戏剧节,组织25个演出队到街头乡镇演出,并连续7个晚上公演抗敌戏剧。戏剧节的最后一天,

1937年金山在话剧《放下你的鞭子》中饰演一位穷困潦倒的老汉

演出由曹禺、宋之的编剧的话剧《全民总动员》，阵容强大，轰动山城，反映了话剧界人士的团结，被誉为中国话剧史上的空前盛举。

这一时期，剧作家的创作热情空前高涨，创作出一批迅速反映现实的话剧剧作：《卢沟桥》（田汉）、《卢沟桥之战》（陈白尘）、《血洒卢沟桥》（张秀纯）、《台儿庄》（罗荪、锡金等）、《台儿庄之战》（韩北屏）、《八百壮士》（崔嵬、王震之）、《塞上风云》（阳翰笙）、《国家至上》（宋之的、老舍）、《凤凰城》（吴祖光）、《一年间》（夏衍）等。这些剧目的演出，极大地鼓舞了抗日军民。

面对日军的侵略，剧作家从历史人物和历史事件中发掘有用的素材，为抗战服务，促成了抗战时期历史剧的兴盛。在众多的历史剧中，以郭沫若的五幕话剧《屈原》最为著名，1942年首演于重庆，轰动山城。

40年代初，话剧又涌现出一批高水平的剧作。如曹禺的《北京人》、夏衍的《法西斯细菌》、吴祖光的《风雪夜归人》、陈白尘的政治讽刺剧《升官图》等。

在中国共产党领导的晋察冀敌后抗日根据地，话剧事业如火如荼。1938年前后，陆续成立抗敌剧社和各军分区的诸多剧社。这些剧社在敌后战争的艰苦环境下，提出"战斗化、现实化、大众化"的口号，创作演出许多宣传抗日、富有战斗气息的话剧，大大鼓舞了敌后抗日根据地军民的斗志。1940年11月，晋察冀边区举办第一届艺术节，话剧演出盛况空前。

陕北解放区的戏剧工作者在毛泽东《在延安文艺座谈会上的讲话》精神的感召下，深入民众，吸取民间艺术营养，摹写现实斗争生活，取得瞩目成绩。1943年冬，延安青年艺术剧院演出的吴雪等人编剧的《抓壮丁》，深受观众喜爱。1944年演出的姚仲明、陈波儿的四幕话剧《同志，你走错了路》，是延安整风运动后出现的一个优秀剧目。

中国共产党领导的抗日根据地、解放区的话剧运动，由于它的政治环境、战斗任务和观众对象的不同，走着一条同国统区别样的道路：继承红军的革命传统，接受左翼戏剧运动的影响，自觉地成为党的宣传工具,直接服务于战争,突出地发挥着戏剧艺术的宣传教育功能。它以强烈的爱国激情和高度的社会责任感参与现实斗争,成为根据地、解放区政治、文化生活中不可或缺的部分。

20世纪三、四十年代,中国话剧的足迹不仅遍及中国,而且远涉东南亚,在南洋华侨中有一定的影响。

1939年9月,即抗日战争的第3个年头,以金山(1911—1982)为团长、王莹为副团长的新中国剧社(原为上海救亡演剧二队)到新加坡演出。剧社带去《人约黄昏》、《民族魂》、《塞上风光》、《保卫卢沟桥》等十几个剧目。这些剧目都激起人们对日本帝国主义的仇恨和强烈的爱国热情,而最能感动观众的是街头剧《放下你的鞭子》。当这出震撼人心的街头剧在新加坡演出时,适逢中国著名美术家徐悲鸿为抗日捐献来新加坡举行个人画展。徐悲鸿看了这出街头剧深受感染,便创作了不朽名画《放下你的鞭子》。并对扮演香姐的演员王莹大加赞扬:"你的成就和影响已超出祖国而遍传海内外了……"[1]

1946年,由武汉抗敌演剧队第5队和第7队组成的中国歌舞剧艺社(简称"中艺",丁波任社长)赴南洋泰国、马来亚、新加坡等地演出。1947年7月,在新加坡演出时受到当地华侨观众的热烈欢迎。影响颇大的剧目为《海外寻夫》和《风雨牛车水》。《海外寻夫》反映南洋潮人社会的悲剧。中艺到南洋后创作的《风雨牛车水》,反映20世纪20年代牛车水(新加坡唐人街)低层居民含辛茹苦、为生活而搏斗的社会现实。并聘用本地演员苏文扮演包租婆,用不同的方言向不同籍贯的房客索讨房租,增加了该剧的真实感。平时很少看话剧的陈嘉庚曾观看中艺在新加坡的演出,散场后还到后台祝贺演出成功。中艺在新、马等地演出话剧历时4个月,轰动南洋侨界。

中国留日学生1907年引进的外国"舶来品"话剧,经过几代艺术家辛勤改造、培育,到40年代末,终而成为普及于全国、为中国广大群众所喜闻乐见的一种戏剧艺术形式。它始终贴近时代,贴近人民,在20世纪各个历史时期以自己独特的艺术魅力

---

[1] 杨作清、王震:《徐悲鸿在南洋》,新疆人民出版社,1992年版,第51页。

发挥着战斗号角的作用。上海、南京、天津、北京、武汉等地是中国话剧最早的发祥地。中国话剧是典型的中外文化交流的产物。它的成功引进，丰富了中国的戏剧文化，并成为中国近代新文化的一个组成部分。

四、电影

1895年12月28日，法国卢米埃兄弟在巴黎一家咖啡馆的营业性放映，宣告电影诞生。从此，一门可以连续拍摄和连续放映的光影艺术——电影，就这样走入了现代人的生活。电影改变了人类文化的构成，成为继印刷术之后的又一场革命。

由于清朝的没落与腐败，导致中国文化落后于西方文化，中国人与电影的发明无缘。

既然中国人与电影的发明无缘，那么中国电影只能从外国影片的传入开始起步。电影是1896年1月由法国商人传入香港的。法国人要进入中国领土，必须先经香港，才能转入中国内地和台湾，因此，电影传入中国，香港最早，上海次之，台湾又次之。外国的电影传入中国后，当时国人称之为"西洋影戏"。中国人真正看到"西洋影戏"，当在1896年8月2日夜晚上海徐园"又一村"的游艺活动上。从此次游艺活动开始，游客只需花二角小洋便可观赏"西洋影戏"。此后，电影的放映逐渐在上海、北京、广州、天津等大城市多了起来。从1896年电影传入中国至1911年辛亥革命的这15年中，外国发明的电影逐渐为中国人所熟悉、接受，尽管当时的西方电影尚处于萌芽状态，艺术上、技术上都很不成熟。

中国人自己摄制的第一部影片，是1905年秋由北京丰泰照相馆主人任庆泰（1850—1932）拍摄的京剧名角谭鑫培主演的《定军山》片段，它标志着中国电影的诞生。

中国电影的真正起步是在民国建立以后。中国的第一部故事片《难夫难妻》就是由美国电影商人布拉斯基（Brasky）投资在上海建立的亚细亚影戏公司于1913年摄制完成的。是年9月,《难夫难妻》首映于上海新新舞台。

1914年第一次世界大战爆发,原先依靠从德国进口的胶片断绝了来源,中国人自己的拍片活动被迫中断。1916年开始,美国胶片推销来华,摄制电影又有了可能。这样,就有了张石川、管海峰等人以幻仙影片公司名义集资拍摄的《黑籍冤魂》(郑正秋编剧,张石川导演)。这是一部根据轰动一时的同名新剧改编的影片。它的问世,为故事片的创作提供了经验。

但是,力量尚显薄弱的民族资本并没有立即促成中国电影转向常规长度故事片的拍摄。幻仙影片公司因资金周转不灵而告歇业。从1919年到1922年数年间,新成立的制片公司中国影片制造公司、明星影片公司、商务印书馆影戏部3家,共拍摄15部左右的短故事片。其中明星影片公司摄制的《劳工之爱情》(1922年),堪称这一时期中国短故事片创作的集大成者。然而,短故事片毕竟不能作为独立的节目在影院中放映,《劳工之爱情》也便成了中国短故事片创作基本终结的标志。此后,短故事片的主体地位开始被长故事片所取代。

1922年至1923年两年间,有《海誓》(1922年,上海影戏公司)、《红粉骷髅》(1922年,新亚影戏公司)、《孝妇羹》(1923年,商务印书馆影戏部)、《张欣生》(1923年,明星影片公司)等8部长故事片陆续问世。其中1923年底由明星影片公司摄制的《孤儿救祖记》是中国第一部在艺术上和商业上都获得巨大成功的国产片。它的成功,标志着民族电影草创阶段的结束和初盛时期的到来。

20年代的中国电影创作人员,主要来自两个源头:一是接受过较长期的旧文化熏陶,但同时又倾向资产阶级民主革命的新剧艺人和小说作家;二是受过西方高等教育或受过五四新文化运动影响和洗礼的归国留学生。这两部分人尽管在文化渊源、艺术修养、思想境界诸方面存在着差异,但在不满社会体制、要求社会进步这一点上却是相似甚至相通的。这使他们不约而同地确信"艺术即教育"的艺术功能观,因而"改造社会"、"指导民众",

往往成为他们理解电影艺术价值的出发点。正是由于拥有这样一个出发点，使得 20 年代的电影创作与时代的发展产生积极的对应，导致充满爱国良心的现实批判意识和富于正义情怀的人道主义精神，成了这一时期电影创作的主流。

在无声片时代的编导人员中，张石川和郑正秋为中国早期电影建立了筚路蓝缕的拓荒之功。

从 1926 年下半年到 1930 年，中国影坛相继形成"古装片"、"武侠片"、"神怪片"三股商业电影创作热潮。

1929 年，美国有声片开始输入中国。

1931 年 1 月，明星影片公司和上海百代唱片公司以"民众影片公司"的名义，合作摄制完成中国第一部有声片《歌女红牡丹》（洪深编剧，张石川导演）。

声音进入电影，是电影技术发展的一个必然趋势，但由于摄制有声片需要昂贵的成本，因此，中国电影制片业并没有在短时间内放弃无声片的拍摄。在此后大约 5 年时间，无声片与有声片并存和交替过程中，无声片在总数上依然相当可观，直到1936 年，有声片基本取无声片而代之。

1931 年的九一八事变和 1932 年的"一二·八"事变，把中华民族逼到了生死存亡的危险关头。民族危机激发了全民性的爱国意识和救国愿望，观众对银幕上的神怪魅影和老套的言情故事表现出日益厌恶的情绪，强烈要求制片公司积极拍摄反映社会斗争现实、富于时代气息的影片。在这种情势下，《十九路军血战抗日》等一批在硝烟中诞生的新闻纪录片，获得观众的普遍欢迎。在时代的感召和左翼文化人的带动下，1933 年 2 月，中国电影文化协会宣告成立。这个由郑正秋、孙瑜、洪深、田汉、夏衍等 32 人任执行或候补执行委员的群众性组织，团结电影界人士，以"认清过去的错误"、"探讨未来的光明"、"建设新的银色世界"为指导思想；给其后的电影创作提出"和整个社会文化运动协力前进"的明确目标。它的成立，标志着"新兴电影运动"正式全面展开。

"新兴电影运动"经历了 1933 年的崛起，1934~1935 年的曲折绵延和 1936~1937 年重新高涨三个阶段。

对于 30 年代的中国电影来说，1933 年是个重要的年头。这一年，"新兴电影运动"取得了势头颇猛的实质性发展。首先，由田汉编剧、卜万苍导演的《三个摩登女性》问世。该片 1933 年元旦前夕开映后，立刻引起强烈的社会反响，成为"新兴电影运动"的第一只报春之燕。

此后两个月公映的《狂流》（夏衍编剧，程步高导演），以鲜明的时代特色，受到观众的如潮好评，被誉为"中国电影新的路线的开始"。

《三个摩登女性》和《狂流》的出现，为"新兴电影运动"开创了良好的起点。此后，《城市之夜》（贺孟斧、冯紫墀编剧，费穆导演）、《都会的早晨》（蔡楚生编导）、《脂粉市场》（夏衍编剧，张石川导演）、《母性之光》（田汉编剧，卜万苍导演）、《压迫》（夏衍编剧，程步高导演）、《挣扎》（于定勋编剧，裘芑香导演）、《春蚕》（夏衍编剧，程步高导演）、《小玩意》（孙瑜编导）、《铁板红泪录》（阳翰笙编剧，洪深导演）、《香草美人》（马文源、洪深编剧，陈铿然导演）、《恶邻》（李法西编剧，任彭年导演）等一批新兴电影的主要影片，在 1933 年接踵问世。这些从不同侧面暴露和批判现实的黑暗、传达鲜明的反帝反封建的时代主题的影片，受到观众普遍赞许。这一年被称为"中国电影年"。

1933 年底，一群暴徒以"上海影界铲共同志会"的名义，对创办不久便拍摄数部进步影片的艺华公司进行法西斯式的破坏。以此为标志，"新兴电影运动"进入一个曲折绵延阶段。

尽管如此，新兴电影依然以顽强的姿态生长着，发展着。1934 年初到 1935 年底的两年间，进步影人又陆续向观众奉献《中国海的怒潮》（阳翰笙编剧，岳枫导演）、《女人》（史东山编导）、《上海二十四小时》（夏衍编剧，沈西苓导演）、《神女》（吴永刚编导）、《桃李劫》（袁牧之编剧，应云卫导演）、《大路》（孙瑜编导）、《新女性》（孙施毅编剧，蔡楚生导演）、《风云儿女》（田汉编剧，许幸之导演）、《乡愁》（沈西苓编导）、《都市风光》（袁牧之编导）、《渔光曲》（蔡楚生编导）、《马路天使》（袁牧之编导)、《姐妹花》(郑正秋编导)等一批优秀作品。《桃李劫》的问世，标志着国产片开始掌握了有声电影的基本制作规律。1934年蔡楚生编导的《渔光曲》，在1935年2月举行的莫斯科国际电影展览会上获得荣誉奖，成为中国电影在国际电影节上第一个获奖作品。

随着华北事变和1935年"一二·九"爱国学生运动的高涨，"新兴电影运动"进入了一个新阶段。1936年1月，由欧阳予倩、蔡楚生、周剑云等人发起的上海电影救国会宣告成立。此后，电影界展开了"国际电影"的讨论。"国际电影"有两种含义：一是广义的，即通过宽泛的取材，反映帝国主义军事侵略和经济侵略下的各种现实问题的影片；一是狭义的，专指直接反映抗敌斗争、号召大众团结御侮的影片。前者，促成了《新旧上海》(洪深编剧，程步高导演)、《迷途的羔羊》(蔡楚生编导)、《小玲子》(欧阳予倩编剧，程步高导演)、《压岁钱》(夏衍编剧，张石川导演)、《十字街头》(沈西苓编导)、《马路天使》(袁牧之编导)、《天作之合》(沈浮编导)等一批富有批判意义的影片问世；后者，促成了《狼山喋血记》(沈浮、费穆编剧，费穆导演)、《壮志凌云》(吴永刚编导)、《联华交响曲》(贺孟斧、费穆、孙瑜等编导)、《青年进行曲》(史东山编导)、《夜奔》(阳翰笙编剧，程步高导演)等优秀影片。

从1933年初中国电影文化协会成立到1937年7月抗日战争全面爆发，"新兴电影运动"虽然只存在4年多，但它以一种清醒自觉、富于建设性的姿态，高扬了电影的文化创造精神，为以后的电影创作提供了一个非同寻常的起跳高度。

抗日战争的全面爆发，结束了中国电影在30年代的艺术创新局面，形成了国统区、租界区、沦陷区和中国共产党领导的抗日根据地4种区域的电影创作格局。

国统区的"大后方电影"主要发生于武汉、重庆和成都。1937年底1938年初，为数众多的进步影人随救亡演剧队抵达临时政治文化中心武汉，很快成立了中华全国电影界抗敌协会。与此同时，中国电影制片厂以相当快捷的速度拍摄完成战时第一部故事片《保卫我们的土地》(史东山编导)。而随着由周恩来出任副部长的国民党政府军事委员会政治部的成立和中国电影制片厂归由政治部第三厅直接领导,抗战电影运动在理论上和实践上都呈现出更加蓬勃的气象。在8年抗战期间,大后方的抗战影人拍摄21部故事片和近百部抗战宣传片,使电影的宣传教育和文化普及功能得到出色的发挥。

租界区的电影业主要发生在上海和香港。上海"孤岛"计有20余家影片公司摄制近250部故事片。由于特殊的政治地理环境和复杂的投资心态,使得此时此地的电影生产在总体上体现为一种商业竞争行为,但大多数"孤岛"影人并没有泯灭自己的良心,在相当数量的影片中或多或少地寄寓了忧国伤时的情怀。香港是华南地区的影业中心。抗战期间,蔡楚生、司徒慧敏等一批内地进步影人南下至此,与当地爱国影人一起拍摄了多部具有鲜明现实主义的影片,从而在较大程度上改变了香港影坛的趣味主义创作作风。

沦陷区的电影业,主要发生在长春和"孤岛"消失后的上海。1937年8月,日本侵略当局在长春成立"满洲映画协会"(简称"满映")。1941年底上海被日军完全占领后,日伪势力于1943年成立"中华电影联合股份有限公司"(简称"华影")。"满映"和"华影"的出品分两大类:一类是直接为侵略战争服务的,另一类则以突出娱乐功能的面目出现。就总体性质而言,沦陷区制作的影片是日本侵略者"以华制华"政策的产物,因而是一堆留有欺骗和耻辱的文化劣品。

中国共产党领导的抗日根据地的电影事业,主要发生在延安。抗战爆发后,徐肖冰、袁牧之、吴印咸等曾经活跃在战前上海影坛的电影人,先后抵达这里。在此基础上,八路军总政治部于1938年秋成立革命电影事业的第一个组织——延安电影团。当时电影团只有6人(徐肖冰、袁牧之、吴印咸和3位做政治工作与行政工作的同志),只拥有两台摄影机(一台35毫米,一台16毫米)。1940年,钱筱璋、吴本立、周从初、马似友等同志加入电影团,人员扩大到十几人;后来又开办摄影训练班,电影团

1947年电影《松花江上》的剧照

增加到三四十人,都住在延安半山腰窑洞里。在延安电影团存在的7年时间里所摄制的《延安和八路军》、《南泥湾》、《陕甘宁边区第二届参议会》、《十月革命节》、《边区生产展览会》等一批反映根据地政治、军事及日常生活的纪录片,为历史保存了足资记忆的珍贵瞬间。它所培养的一批专业人员以及影片创作中所体现的清新朴素的镜头风格,为日后解放区电影和新中国的电影提供了传统之源。

抗日战争结束后,大部分电影从业人员重聚上海。上海再度成为中国电影生产的中心基地。战后最为重要的电影企业(如官方所属的中央电影企业公司一、二厂,民间投资的昆仑影业公司、文华影业公司、国泰影业公司、大同电影企业公司等)都在上海。1945年至1949年约4年时间里问世的150余部故事片(不含香港),80%以上均为上海的20余家大小制片公司出品。一大批包括《八千里路云和月》、《一江春水向东流》、《松花江上》、《天堂春梦》、《万家灯火》、《小城之春》、《三毛流浪记》等在内的银幕佳作,一方面以深刻的社会批判和同样深刻的心理探

349

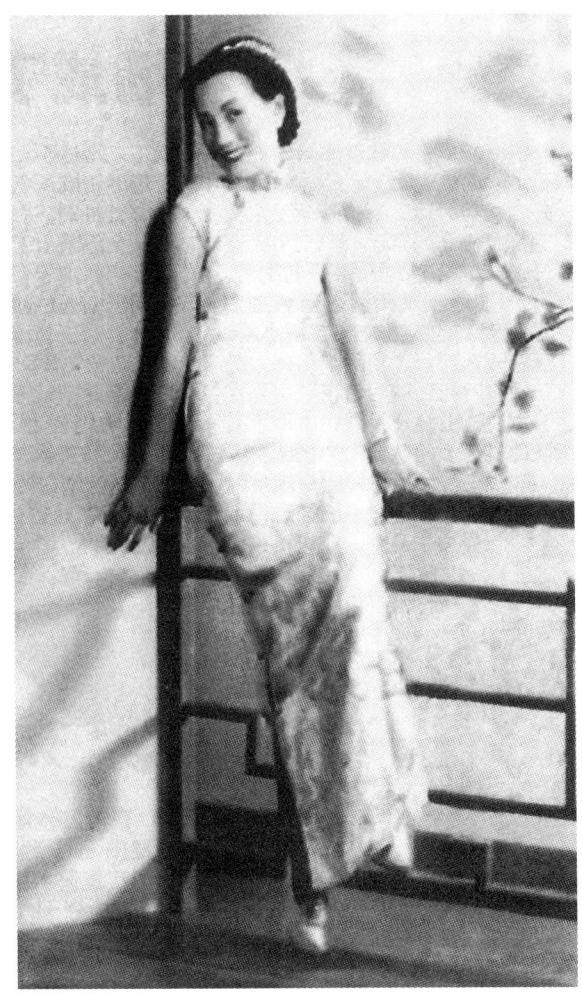

影星周璇

影星胡蝶

析,完成了对时代的忠实记录;另一方面又以对银幕语言的完善性创造,人物由英雄到普通人的转换,呈现出民族电影的成熟风采。这一时期的进步电影有着鲜明的思想内容和较高的艺术水平。它们无论在编剧、导演、表演上,还是在摄影、音乐、美工处理等等方面,都达到了当时的最高水平,较之30年代最好的影片制作,都有发展和提高。其优秀影片,在中国电影史上形成了一个"经典群落"。女演员王人美、周璇、胡蝶、黎莉莉、白杨、秦怡、上官云珠、舒绣文、阮玲玉、王丹凤、黄宗英、吴茵等,男演员陶金、金山、袁牧之、赵丹、蓝马、石挥、魏鹤龄、张伐、项堃、谢添等,都以各自的风采给观众留下了深刻的印象。

1948年底,"三大战役"已经或行将结束,全国解放已为期不远。中共中央及时于12月发出指示，统筹新中国的人民电影事业。1949年4月，中央电影管理局在北平成立，袁牧之任局长，统一领导全国电影业。1949年1月，北平军管会接管"中央电影企业公司"三厂等国民党在北平的电影机构，4月成立北平电影制片厂，田方任厂长，汪洋任副厂长。1949年5月，上海军管会接管"中央电影企业公司"一、二厂，11月成立上海电影制片厂，于伶任厂长，钟敬之任副厂长。1949年7月25日，中华全国电影艺术工作者协会在北平成立，阳翰笙当选主席，袁牧之当选副主席，来自解放区的电影工作者与来自原国统区的进步电影艺术家胜利会师。

电影这一由中国人1905年引进的西方艺术门类，至1949年的44年间，从放映外国影片到摄制自己的国

影星阮玲玉

影星赵丹

电影《夜半歌声》剧照。金山在片中饰演男主角宋丹萍（中）

产片，从借外资拍片到独立自主地制片，内容从迎合小市民落后的封建意识和低俗的消遣趣味，发展到重视反映现实生活，体现进步的时代潮流，尤其许多影片契合当时国人关注的焦点，真实地表现出他们感同身受的时代沧桑，符合其普遍的伦理取向和审美心理，其中的人物命运引起观众共鸣，有一种打动人心的力量。经过几代中国电影人的辛勤培育，终于使电影这一"舶来品"，逐步确立起自己的文化与艺术品格，融进中国文化，在反对帝国主义侵略、促进民族解放的斗争中发挥了重大作用。电影是中外文化交流的产物，它的引入丰富了中国近代文化。

第十六章
马克思主义在中国的传播及其中国化

近代以来,先进的中国知识分子就开始了向西方寻求救国救民真理的艰苦探索,然而都没有成功;直到1917年苏联十月革命一声炮响,中国人才从俄国人那里找到西方近代文化的最高结晶——马克思主义。没有哪一种哲学或理论,能像马克思主义对近代中国产生如此深重的影响。其传入中国并在中国受到欢迎,产生影响,是近代中外文化交流史上的一件盛事。中国马克思主义者经过30年的奋斗牺牲,把马克思主义一般原理与中国革命实践相结合,领导中国人民完成了争取民族独立、恢复国家主权这一近代重大历史任务,从而为中国的现代化开辟了宽广的道路。

一、马克思主义在中国的早期传播

自鸦片战争至五四运动的近80年间,中华民族在向西方学习、探求中华民族自救和强国富民之路、建立和发展中国的资本主义文化方面,作出了巨大努力。中国人民先后学来了西方的坚船利炮、声光化电、民主观念以及人权说、进化论、民约论,促进了中国资本主义经济文化的发展,发挥了近代启蒙作用。但是,由于帝国主义和封建主义相互勾结,形成了强大阻力,中国试图走资本主义道路来挽救危亡、富国强兵的努力没有取得成功，中国资本主义文化没有得到充分发展，这就为后来的文化建设留下了两个严重的隐患：一是对封建文化批判得不彻底，传统文化中的惰性长期潜藏在社会中，并不时迸发出来，危害极大；二是对先进的西方文化学习不够，西方文化的精华长期被拒之门外，损失巨大。[1]

辛亥革命以后，中国虽然建立了中华民国，却并未真正改变国家的命运，依然是列强环伺，军阀横行，民生凋敝，危机四伏。从西方和日本学来的种种，都不能从根本上解决中国的问题。当时由外面引进来的，而在国内影响最大的所谓"三论"，即哲学上的"进化论"、政治上的"民约论"和经济上的"国富论"都被实践证明：它们无法拯救中国。

"科学"与"民主"是初期新文化运动的重要内容。"科学"是意味着追求一个像西方16世纪以来的自然科学的革命，以反对封建的旧思想，破除对于传统观念的迷信；"民主"是意味着要求进行像西方17世纪以来的资产阶级革命，反对封建专制制度，建立名副其实的资产阶级共和国。"科学"（俗称"赛先生"）与"民主"（俗称"德先生"）的口号有同中国封建思想作斗争的革命作用，它后来成为五四运动的两面旗帜，并在一定程度上为马克思主义在中国的传播扫除了思想障碍。

1917年俄国十月革命的胜利犹如空谷足音，使当时为选择救国救民的道路、尚在苦闷中彷徨的中国知识分子迅速地将目光由西欧转向俄国。俄国由处于社会底层的无产阶级领导的革命运动的胜利，极大地鼓舞了中国的知识分子。中国知识分子热切地关注着苏联，聆听着从苏联传来的春之声。

"中国人找到马克思主义，是经过俄国人介绍的。在十月革命以前，中国人不但不知道列宁、斯大林，也不知道马克思、恩格斯。十月革命一声炮响，给我们送来了马克思列宁主义。十月革命帮助了全世界的也帮助了中国的先进分子，用无产阶级的宇宙观作为观察国家命运的工具，重新考虑自己的问题。走俄国人的路——这就是结论。"[2]

由十月革命的炮声送给中国人的马克思列宁主义，是无产阶

[1] 赵有田：《论中国近代以来的三次文化选择》，《新华文摘》2000年第7期。

[2] 毛泽东：《论人民民主专政》，《毛泽东选集》（合订一卷本），人民出版社，1967年版，第1359~1360页。

级的世界观和方法论，是社会主义革命的思想武器。它虽然诞生于19世纪中叶的德国，但经列宁领导的俄国布尔什维克的成功实验，证明也同样适用于东方落后民族的革命。因此，中国人民立即接受这种革命的理论，并掀起学习这种革命理论的热潮，使之在中国迅速传播。

中国人民是奋发向上、勇于进取的人民，有着反对帝国主义的革命传统。进行革命，需要正确锐利的思想武器。这是马克思主义在中国能够传播的一个最重要的条件。

中国在第一次世界大战期间形成一支壮大了的工人阶级队伍，并在五四爱国运动中显示了自己的力量。战斗的工人阶级，迫切需要马克思主义的指导。这是马克思主义在中国传播的又一重要条件。

在接受马克思主义之前，中国思想界就展开了一场激烈的反对封建文化的斗争。封建文化的大"破"，在客观上却有利于马克思主义的大"立"。

以上就是马克思主义能够在中国迅速传播的三个客观条件。

马克思主义在中国，主要是通过李大钊等一批思想界的前驱而传播开来的。

李大钊在1918年所写的几篇关于十月革命的著名论文（《法俄革命比较观》、《庶民的胜利》、《布尔什维克主义的胜利》），虽然对马克思主义学说的内容还没有系统介绍，但却在相当程度上表达和传播了马克思主义的若干观点，应视作马克思主义在中国传播的开始。

1919年5月，李大钊在《新青年》"马克思研究号"上，发表《我的马克思主义观》，对马克思主义的三个组成部分——唯物史观、政治经济学和科学社会主义都有所阐明，并指出这三个部分有不可分割的关系。

如果说李大钊1918年的几篇论十月革命的文章，还只是传播了马克思主义若干观点的话，那么他的《我的马克思主义观》即是一个开始系统地宣传马克思主义的标志。

五四运动后，除《新青年》、《每周评论》、《国民》外，许多报纸的副刊也从不同的角度大量登载介绍和研究马克思主义的文章，包括革命领袖（马克思、列宁、李卜克内西等）的传记和介绍国际共产主义运动的文章。

在传播马克思主义方面起重大作用的，除李大钊外，还有陈独秀、杨匏安、李达、李汉俊等人。

留日学生陈独秀，1915年主编宣传马克思主义的重要载体《新青年》（第一卷名《青年杂志》），吹响了新文化运动的进军号角。1918年和李大钊创办《每周评论》，积极宣传马克思主义。

留日学生杨匏安是五四时期在华南地区最早的马克思主义传播者。他在《广东中华新报》上发表许多宣传马克思主义的文章。1919年10月发表的《社会主义》一文，介绍欧文、圣西门、傅立叶、蒲鲁东和马克思等各家的社会主义学说，赞扬《资本论》"为社会主义圣典"。他还在《世界学说》专栏发表40多篇译述文章，其中《马克思主义》一篇曾连载19天次（1919年11月11日至12月4日），其中对马克思主义产生的历史及马克思学说的各个组成部分都有详尽的介绍。

由此可见，马克思主义不但在新文化运动发源地北京传播，而且在南部中国也有传播。

李达也是较早接受和宣传马克思主义的留日学生。留日期间，他曾翻译《唯物史观解说》、《社会问题总览》、《马克思经济学说》等书在国内出版。1919年五四运动爆发后，李达虽在日本，却密切注意国内局势，并积极向国内投稿宣传马克思主义。从1919年6月18日到7月3日仅半个月时间，他在国内报刊发表《什么叫社会主义？》、《社会主义的目的》等12篇文章。他1920年夏回国后，继续传播马克思主义，在和研究系分子关于社会主义的论战中起了重大作用，并主编《共产党》月刊，成为中国共产党的发起人之一。

李汉俊也是较早接受和宣传马克思主义的留日学生之一。他通晓日、德、英、法四国文字。1918年回国时，带回大量英、德、日等国文字的马克思主义书刊，并以极大的精力从事翻译和写作，在《新青年》、上海《星期评论》、上海《民国日报》副刊

《觉悟》、《妇女评论》、《建设》、《劳动界》、《共产党》等刊物上发表文章宣传马克思主义。

此外，在当时资产阶级革命党人及研究系所办的一些报刊上，也发表了大量介绍或研究马克思学说的文章。

1920年，陈望道翻译的《共产党宣言》的第一个中文全译本在上海出版。同年出版的马、恩著作，还有《资本论自序》（马克思）、《科学的社会主义》（恩格斯著《社会主义从空想到科学的发展》的后半部分）等。

俄国十月革命、五四运动和中国共产党的成立，促进了马克思主义在中国的传播。

俄国十月革命后马克思主义在中国的广泛传播，表明中国人民接受了从域外传来的新的思想文化武器——马克思主义。"这时，也只是在这时，中国人从思想到生活，才出现了一个崭新的时期。中国人找到了马克思列宁主义这个放之四海而皆准的普遍真理，中国的面目就起了变化了。"[1]

在十月革命的鼓舞下，在反帝反封建的五四运动中，一批投身新文化运动的先进知识分子开始接受、宣传马克思主义，扩大了马克思主义阵地。随着1921年中国共产党的建立和1924~1927年大革命的深入，马克思主义在中国得到了广泛的传播和初步的研究。李大钊、陈独秀、李达、瞿秋白、毛泽东、蔡和森、邓中夏、周恩来、恽代英等对马克思主义在中国的早期传播起了重要推动作用。

二、马克思主义哲学的传播及其中国化

马克思主义哲学是在近代中国民族危亡、内忧外患交织、人民苦难深重、志士仁人强国梦想和变革努力屡遭失败的危急关头传入中国的。马克思主义哲学开始在中国传播到其完成与中国革命的实际相结合的中国化方面，大体可划分为三个阶段：一、五四运动到1927年大革命失败；二、1927年大革命失败到30年

---

[1] 毛泽东：《论人民民主专政》，《毛泽东选集》（合订一卷本），人民出版社，1987年版，第1359页。

代前半期建立农村根据地的艰难探索；三、30年代后半期到40年代中期初步实现其中国化。

第一阶段，五四运动到1927年大革命失败。这是马克思主义哲学开始在中国广泛传播，开始尝试运用这一哲学去探索中国新民主主义革命道路的时期。这一时期传播马克思主义哲学的主要代表人物是李大钊、陈独秀、李达、蔡和森、瞿秋白、毛泽东、恽代英等人。

李大钊（1889—1927），河北乐亭人，早年留学日本，回国后积极参加新文化运动，后任北京大学教授兼图书馆主任。1917年十月革命后，开始研究俄国革命经验，接受马克思主义。他五四运动后的短短数年

为马克思主义在中国的传播作出巨大贡献的中国共产党早期领导人李大钊

中在进行艰苦的政治斗争的同时，进行了大量的理论活动，主要是对唯物史观进行了广泛的宣传。其主要哲学著作有：《我的马克思主义观》、《物质变动与道德变动》、《由经济上解释中国近代思想变动的原因》、《马克思的历史哲学与理恺尔的历史哲学》、《唯物史观在现代史学上的价值》、《史学与哲学》、《史学要论》等。

李大钊对唯物史观的宣传，是从总体上阐述唯物史观的基本思想及其意义，批判各种唯心历史观，从而用新的历史观说明中国社会的实际和中国革命的道路。李大钊对唯物史观的宣传，召唤着更多的先进知识分子去接受、研究、运用唯物史观，起了传播马克思主义哲学的启蒙和拓荒作用。

陈独秀（1880—1942），安徽怀宁人，早年留学日本，回国

后参加辛亥革命和反袁斗争。1915年,他创办并主编《青年杂志》(次年更名《新青年》),成为新文化运动的主将。1918年,他与李大钊等人创办《每周评论》,提倡新文化,宣传马克思主义。五四运动后,他开始接受马克思主义。1920年,他与李达

为马克思主义在中国的传播作出杰出贡献的陈独秀

等在上海发起筹建中国共产党,是党的创始人之一。中国共产党成立后,被选为党的总书记。在1923～1924年"科学与玄学"论战中,他从马克思主义立场出发,对胡适、张君劢进行了批判,维护了唯物史观。他的主要哲学论著有《敬告青年》、《吾人最后之觉悟》、《孔子之道与现代生活》、《关于社会主义的讨论》、《马克思学说》、《〈科学与人生观〉序》、《答张君劢及梁任公》、《资产阶级的革命与革命的资产阶级》、《中国国民革命与社会各阶级》等。这些论著,既坚持了历史的唯物论,又坚持了历史的辩证法,对唯物史观做了比较深刻的说明,有力地驳斥了对唯物史观的种种曲解。

李达(1890—1966),湖南零陵人,早年留学日本,参加爱国学生运动。1918年,中国留日学生反对段祺瑞政府与日本秘密签订卖国的《共同防敌协定》,李达带头罢课回国,发动北京

学生向段祺瑞政府请愿。由于发动群众不够，缺乏斗争经验而失败。这使李达认识到，只有学习十月革命的榜样，才能救中国。于是他再赴日本，专门钻研马克思主义，成为中国最早的马克思主义者之一。1920年，他回国与陈独秀等在上海发起筹建中国共产党，是党的创始人之一。为了奠定党的马克思主义理论基础，他进行了大量的理论工作。在整个民主革命时期，李达始终用笔和舌战斗，写出《现代社会学》、《社会学大纲》、《经济学大纲》、《社会进化史》、《货币学概论》、《法理学大纲》等专著，在哲学、经济学、史学、法学领域进行了马克思主义的创造性研究。他在马克思主义哲学传播的早期和30年代唯物辩证法运动中，作出了杰出的贡献。《现代社会学》与《社会学大纲》，分别代表他在这两个时期的哲学成就。

为马克思主义在中国的传播作出杰出贡献的中国共产党早期主要领导人、中国革命文学事业的重要奠基人瞿秋白

瞿秋白（1899—1935），江苏常州人。1920年，他以晨报记者身份访问苏俄，接受马克思主义。1922年，他加入中国共产党，成为党的早期领导人之一，先后编辑、主编党中央机关刊物《新青年》、《向导》和《先锋》，发表大量宣传马克思主义和论述中国革命问题的论文。瞿秋白的主要哲学著作有《社会哲学概论》、《现代社会学》、《社会科学概论》、《唯物论的宇宙观概说》等。

瞿秋白对于传播马克思主义哲学的杰出贡献，在于他首先介绍了唯物辩证法的基本理论。他把辩证法译为"互辩法",认为马克思主义哲学包括了互辩法的唯物论和唯物史观。因此他不仅大力宣扬唯物史观,而且注重传播唯物辩证法,进而强调马克思主义哲学是唯物论与辩证法的统一。

瞿秋白是第一个把辩证唯物主义和历史唯物主义作为一个严整体系加以介绍的中国马克思主义哲学家。他对唯物辩证法基本理论的介绍,是辩证唯物主义在中国传播的开端,对于中国先进知识分子完整地了解和掌握马克思主义哲学、更深刻地领会和运用唯物史观起了重要的推动作用。

全世界无产阶级的战歌《国际歌》(欧仁·鲍狄埃词、狄盖特曲),以豪迈的气势、激昂的旋律,催人奋起,给人以信心和力量,鼓舞着全世界无产者团结起来去斗争,直至取得最后胜利。1923年,瞿秋白把《国际歌》首次译成中文。从此,《国际歌》歌声响彻中华大地。每当这首歌响起的时候,革命者便会感到热血沸腾,同时感到肩负的历史责任——要为实现共产主义的伟大理想而奋斗。瞿秋白不但翻译、介绍和传播《国际歌》,更可贵的是,他以自己的一生实践了《国际歌》的深刻内涵和革命精神。1935年2月,瞿秋白在江西被捕,在生命的最后时刻,他用鲜血和生命唱出了《国际歌》的最强音和最高昂的旋律,英勇就义。毛泽东在读二十四史的一段批注中高度评价瞿秋白,赞扬他"以身殉志,不亦伟乎"。

李大钊、陈独秀、李达、瞿秋白等人对马克思主义哲学的早期传播,开启了中国哲学发展的革命变革。马克思主义哲学在中国的传播和发展,从这些先驱者起就同中国共产党领导的民主革命相联系,因而它具有比同时的其他各种哲学更强大的生命力和影响力。当然,马克思主义哲学的早期传播也有许多不成熟之处,特别是在与中国革命具体实际相结合的问题上。这种理论上的不成熟,是1924~1927年大革命失败的原因之一。

第二阶段,1927年大革命失败到30年代前半期建立农村革命根据地的艰难探索。

1927年大革命失败后,哲学战线出现了极为严峻的形势。

一方面，中国共产党清算了陈独秀的右倾机会主义错误，独立进行了反对国民党统治的武装斗争，创造性地开辟了"农村包围城市"的革命道路。在这种新的革命形势下，如何准确地认识中国社会的性质，科学地分析中国革命运动中的诸矛盾及其变化发展，从而正确地制定党的路线和战略、策略，就成为中国马克思主义者的一项极为紧迫重要的任务。另一方面，以蒋介石为代表的国民党右派在破坏国共合作、建立反革命独裁统治后，对马克思主义进行了疯狂的"围剿"，竭力宣扬一套要广大民众听命其独裁统治的愚民哲学。怎样打破蒋介石集团对马克思主义的"围剿"，从思想上为中国人民指明前进的方向，成为中国马克思主义者的又一项紧迫的重要的任务。在中国共产党的领导下，一大批战斗在国民党统治区的马克思主义哲学社会科学工作者英勇地承担了这一任务。首先，他们翻译出版了马克思主义经典作家的主要哲学著作，如《哲学的贫困》、《反杜林论》、《资本论》、《自然辩证法》、《路德维希·费尔巴哈和德国古典哲学的终结》、《唯物主义和经验批判主义》等。此外，苏联哲学界撰著的一些阐述马克思主义哲学的论著，如西洛可夫等著的《辩证法唯物论教程》、米丁等著的《新哲学大纲》、《辩证唯物论与历史唯物论》，也译介到中国来。这些哲学著作的翻译出版，对推进马克思主义哲学，特别是辩证唯物主义在中国的传播和发展起了重要作用。

在传播唯物辩证法的过程中，马克思主义者同各种攻击唯物辩证法的思潮进行了激烈的思想斗争。其中最重要的是1930年至1936年展开的"唯物辩证法论战"（后人又称"唯物辩证法运动"）。

在进行论战的同时，一些马克思主义哲学家进行了艰苦的理论研究，写出了一批有影响的马克思主义哲学著作，进一步推进了唯物辩证法在中国的传播。在这方面，李达与艾思奇贡献最大。

李达通过认真研究马克思主义经典作家的哲学著作，广泛吸取国际马克思主义哲学研究的成果，深入总结中国革命的经验教训，以教科书的形式，写出《社会学大纲》（1935年首次刊行，

1937年修订出版），对马克思主义哲学体系——唯物辩证法和历史唯物论做了完整深刻的阐述。这部著作的问世，为中国共产党人和革命青年学习、掌握马克思主义哲学提供了高质量的教材，给了30年代各种反对唯物辩证法的思潮以总结性的清算，对唯物辩证法运动起了重大的推动作用。

艾思奇（1910—1966），云南腾冲人，早年两度赴日留学，接受马克思主义，1931年回国后开始宣传、研究马克思主义哲学。在30年代唯物辩证法运动中，他不仅对反对唯物辩证法的思潮进行有力批驳，而且写出了《大众哲学》一书，吸取当时国内外马克思主义哲学的一些新成果，以通俗生动、明快朴素的语言，从本体论、认识论和方法论三个方面，对唯物辩证法的基本原理做了较系统的阐述。《大众哲学》原在1934年上海出版的《读书生活》上连载，1936年读书·生活书店出版单行本。它迅速在读者中流行，初版5个月内就出了4版；不到两年时间就发行两万册；到1948年12月印行32版。《大众哲学》对于普及唯物辩证法、帮助广大群众特别是青年知识分子学习马克思主义哲学起了重要作用。

30年代的唯物辩证法运动，是中国共产党领导的马克思主义哲学启蒙运动。它推动了马克思主义哲学的传播，促进了广大人民的觉醒，为毛泽东哲学思想的系统形成做了理论上的准备。

第三阶段，30年代后半期至40年代中期。

这一阶段是马克思主义哲学同中国实践相结合，最终实现中国化的时期，是毛泽东哲学思想的成熟期。

毛泽东哲学思想的系统形成，以1937年7、8月毛泽东所著的《实践论》、《矛盾论》问世为标志。

毛泽东哲学思想之所以能够成为马克思主义哲学中国化的主要标志，有以下三个原因：第一，从理论渊源上说，它吸收了当时国际上马克思主义哲学的最新成果。从《实践论》、《矛盾论》著述的准备过程来看，毛泽东不仅阅读了大量马克思主义哲学原著以及有关的西方哲学和科学著作，更主要的是直接吸收了苏联30年代哲学家的研究成果。他充分利用这些成果，对认识论的实践本质和辩证法的核心规律进行集中阐发，就使其哲学思想具有鲜明的时代特征，达到了当时马克思主义哲学的时代水平。第二，从文化背景来说，毛泽东哲学思想是批判吸收中国传统哲学的精华，对其进行革命性改造的结果。毛泽东之所以能够做到这一点，自然与其自身具有较深厚的旧学功底分不开。这就使毛泽东哲学思想具有鲜明的中国气派和中国风格。第三，从实践基础来说，毛泽东哲学思想是中国革命具体实践的观念升华。经过大革命时期和土地革命战争时期，中国革命积累了正反两个方面的极其丰富的历史经验，而抗日战争时期更为错综复杂的社会矛盾和斗争形势又亟须正确的理论指导。毛泽东哲学思想正是在总结革命实践经验，吸取理论界研究成果，分析中国特殊国情，指导现实斗争，反对"左"右倾的过程中成熟起来的。[1]

马克思主义哲学的中国化体现在多方面。除了上述代表性著作和毛泽东的其他一系列论著外，还体现在刘少奇、朱德、周恩来等人的论著中，也体现在许多中国马克思主义理论家的哲学论著，以及各门具体社会科学的研究成果中。

域外的马克思主义哲学传入中国后，给中国人民提供了观察国家命运、谋求自身解放的新世界观和方法论。这种崭新的世界观和方法论一旦被中国人民所掌握，一经与中国革命实践相结合，就转化为强大的物质力量，给中国社会带来翻天覆地的大变化。它传入中国之初，只是如潮水般涌入国门的众多思潮和流派之一。20年代初中国共产党成立以后，随着大革命时期工农运动的高涨和大革命失败后土地革命的深入，马克思主义哲学不仅成为工农运动中占统治地位的指导思想，而且进一步在文化教育界扩大了影响，成为中国哲学发展的主流。随着抗日战争时期马克思主义哲学中国化的完成和解放战争的胜利，以中华人民共和国成立为标志，马克思主义哲学的统治地位由中国共产党内扩展到整个大陆的思想文化领域，成为国家意识形态的哲学基础。

在毛泽东哲学思想的指引下，中国马克思主义者努力把马克思主义一般原理与中国革命具体实践相结合，在军事斗争、统一战线、党的建设、思想理论各方面进行了创造性的工作，领导中

[1] 楼宇烈、张西平主编：《中外哲学交流史》，湖南教育出版社，1998年版，第464~465页。

国人民完成了民族独立、恢复国家主权这一重大历史任务，从而为中国的现代化开辟了宽广的道路。

马克思哲学中国化，还要求马克思主义哲学与中国传统的哲学、文化、历史等相结合，使自己具有中国的内容、中国的作风和中国的气派。换言之，中国化马克思主义哲学应是中国哲学的总结、概括和发展。

1941年，毛泽东在延安批评教条主义不懂中国历史时说过："许多马克思列宁主义的学者也是言必称希腊，对于自己的祖宗，则对不住，忘记了。"[1]一个时期以来，人们很少想起中国自己的"老祖宗"，诸如老子、孔子、荀子、张载、朱熹、王阳明、王夫之、孙中山等先哲。若丢失了中国自己的"老祖宗"，那就等于丢掉了中华民族的本根、民族的智慧和民族的灵魂；忘记了中国自己的"老祖宗"，就不是真正的马克思主义者。

马克思主义哲学与中国哲学相结合是一项艰巨而伟大的工程，是一个长期的历史过程。毛泽东为我们开了头，做了榜样。我们可以从毛泽东那里得到启发和借鉴。中国的马克思主义者已经和正在从以下诸方面着手，为马克思主义哲学的中国化而努力着：一是对中国哲学基本精神的继承和发扬；二是对中国传统哲学中与马克思哲学相通、相似的内容的吸取和发挥；三是对中国哲学特有而马克思主义哲学鲜有论及，甚至没有论及的合理思想、命题和概念的吸取和改造；四是从中国的唯心主义、形而上学哲学中吸取合理的有价值的内容；五是总结和吸取中国哲学发展的经验教训等。

---

[1] 毛泽东：《改造我们的学习》，《毛泽东选集》（合订一卷本），人民出版社，1964年版，第755页。

第十七章
科研体系的探索和国家科研体制的初步确立

与世界发达国家相比,中国科研体制的建设晚了约两个半世纪。1911年辛亥革命之前,中国还没有建立起自己的自然科学体系。作为民族的科技意识尚未形成;作为国家的科研体系尚待建立。中国的科研体制从一开始就是引进西方先进国家的科研体制模式——分散型(pluralistic)模式(以1660年成立的英国皇家学会为代表)和集中型(centralized)模式(以1666年成立的法兰西科学院为代表)。1915年中国科学社的成立,表明中国进入了科研体制化建设的起步阶段。1928年中央研究院的成立,标志着中国仿照西方集中型模式初步确立了自己的科研体制。于是,近代中国科学技术事业进入了体制化的发展期。

一、民国初年的"科学救国"思潮和"科学共同体"观念的形成

1840年鸦片战争爆发以及此后一系列由西方列强发动的侵华战争的背景下,近代中国逐渐形成绵延半个多世纪的"科学救国"热潮。

近代中国"科学救国"思潮可以追溯到林则徐、魏源。林则徐曾明确提出"师敌之长技以制敌";魏源则在林则徐的基础上,更明确地提出"师夷长技以制夷"的口号,主张通过学习西方之

"长技"来"制夷"。魏源所要学的西方"长技",除军事技术之外,还包括民用技术。

洋务运动时期,魏源"师夷长技以制夷"的思想受到广泛的重视,兴起了"科学救国"的思潮。当时的思想家、科学家以及洋务派官僚纷纷表达自己的"科学救国"思想,并付诸实践。

早期改良派的"科学救国"思想以冯桂芬最为突出。他的《校邠庐抗议》明确提出"以中国之伦常名教为原本,辅以诸国富强之术"来表达他的"科学救国"思想,而其重点就在于"采西学"、"制洋器"。

除了冯桂芬之外,早期改良派薛福成、王韬、郑观应等都提出了"科学救国"思想以及措施。

洋务运动时期的科学家也具有明确的"科学救国"思想。当时著名科学家李善兰希望通过人人学习数学来提高制器的水平,以强大国家。除了李善兰之外,华蘅芳、徐寿等一些科学家都是"科学救国"的实践者。

洋务派奕䜣、曾国藩、左宗棠、李鸿章的"科学救国"思想具有明显的官方色彩。作为洋务派首领,奕䜣非常强调"识时务者,莫不以采西学、制洋器为自强之道"。曾国藩强调"购买外洋船炮,则为今日救时之第一要务……若能陆续购买,据为己物,在中华则见惯而不惊,在英、法亦渐失其所恃"。他要通过购买、仿制,最终建立自己的军事工业。左宗棠也提出要购买西方先进的技术设备,"相衍于无穷",从整体上提高中国的科技水平。李鸿章更是推崇西方的先进科技,"欲取彼所长,辅我所短"。

洋务运动时期兴起的"科学救国"思想,既是中国仁人志士对西方列强侵略中国的一种反应,同时也是儒家经世致用之学、格物致知之学的一种延伸。

戊戌维新时期,"科学救国"思潮继续推进。康有为明确提出"科学实为救国之第一事"。严复认为,西方国家的强大正是借助于自然科学;要救亡,就必须了解外国、了解西方科学。

兴起于洋务运动时期的"科学救国"思潮,至民国初年达到高潮。

民国初年宣扬"科学救国"思想的,大都是从海外归来的理科留学生。他们对中外科学情况有鲜明的对比,痛感祖国科学的落后。他们"一身三任"——既是科学家,又是"科学救国"思潮的推动者,还是"科学救国"思潮的实践者。经过第一代具有科学求真精神的科学家群体的努力,"科学救国"思潮达到高潮,他们向社会提醒:"今之时代,非科学竞争,不足以图存;非合群探讨,无以致学术之进步。"他们认为,科学是促使国家富强的关键,"交通以科学启之,实业以科学兴之,战争攻守工具以科学成之";认为科学研究的组织机构形式之一——学会是国家文明的标志,"文明之国,学必有会"。在"科学救国"思潮中,"科学共同体"观念逐渐形成并不断加强。

科学是一种社会事业,其发展需要形成一种独特的社会建制。从人类文明发展史来看,"科学共同体"正是这种独特体制的重要表现。整个科学事业就是由这样一些共同体所分别承担,并代代相传、推向前进的。科学发现不能只归结为一人一时的创举,而应该是"科学共同体"在一个连续更替过程中努力研究的结果。一言以蔽之,科学造就了"科学共同体",而"科学共同体"也造就了科学。从一定意义上说,民国初年"科学救国"思潮的兴起和"科学共同体"观念的形成和加强,正是中国近代科学兴起的一个重要标志。

二、中国科学社——科研体系的探索

辛亥革命后,国人的观念开始发生重大变化,逐步认识到自然科学对于建设新国家的重要。一些人感到民国已经建立,国家建设伊始,便纷纷退出政界,出国学习自然科学,以备日后国家建设所需。也有一些革命青年,鉴于袁世凯篡夺了辛亥革命的成果,感到政治上已经无望,便出国学习自然科学,另觅救国之道。于是中国涌现了一批新型的自然科学家,对自然科学的各个

1915年，中国科学社董事们的合影。前排：赵元任（左）、周仁（右）；后排：秉志（左）、任鸿隽（中）、胡明复（右）

领域展开研究和开展教学。

　　1914年夏，在美国康乃尔大学留学的数名中国青年学生，满怀爱国热忱，思虑着祖国如何能在第一次世界大战的烽火弥漫下，摆脱被侵略瓜分的困境，由贫穷转上富裕之路。他们认为中国的近代化和中国的富强只有靠科学的研究及应用；祖国的困境，主要缺乏科学；为了振兴中华，必须大力宣传科学，研究先进科学，引进先进的科学技术，方能开发祖国丰富之资源，繁荣经济，提高国力。基于这样的认识，胡明复、赵元任、周仁、秉志、章元善、过探先、金邦正、杨铨（杨杏佛）等人，在美国的绮色佳城（ztheca）着手筹建中国科学社。

　　作为筹建工作的第一步，1915年1月，中国科学社社刊《科学》（月刊）创刊号先行问世。同年春，他们推定胡明复、邹秉文、任鸿隽三人草拟中国科学社章程。同年10月9日，提交全体社员讨论，于10月25日通过。于是中国第一个民间科学社团——中国科学社在美国绮色佳城正式成立。选举任鸿隽为社长，赵元任为书记，胡明复为会计，杨铨为编辑部部长。秉志、周仁等5人组成第一届董事会；确认该社宗旨是"联络同志，研究学术，以共图中国学术之发达"；确定每年10月25日为中国科学社成立纪念日。

中国科学社制订详细的工作计划，在较为严密的组织约束下，开展专业化的学术活动。他们除创办社刊《科学》（月刊）外，还创办科普杂志《科学画册》（半月刊）；定期举行学术活动。如到1919年，该社就召开了4次学术年会，同时还举办学术报告会，开办图书馆和科学图书仪器公司，发表和出版学术研究成果。据此，可以认为中国科学社是中国最早的较完备的科学共同体，其形式和内容与英国皇家学会相类似。中国科学社社长任鸿隽曾说："中国科学社作为一个私人组织的学术团体，开始组织时，是以英国皇家学会为楷模的。"[1]

[1] 任鸿隽：《中国科学社社史简述》，《文史资料选辑》第15辑（中华书局，1961年3月版），第4~5页。

1916年9月，中国科学社第一次年会代表合影。前排左四起：赵元任、任鸿隽、陈衡哲；第二排右三为杨杏佛

中国科学社第十二次年会（1927年9月3日在上海举行）与会人员合影

中国科学社在美国成立3年后，由于创办人胡明复、过探先、杨铨、秉志、邹秉文、任鸿隽等知名科学家先后回国任教于南京东南大学，于是1918年中国科学社随之迁回祖国，暂借上海大同学院为社址，后迁址南京，先在东南大学借得一室作为办事处，继而于1919年由南京社员王伯秋等向当时财政部请求，拨给南京成贤街文德里房屋一所，作为科学社的社所。中国科学社在南京经历12个寒暑，1931年复迁上海。

设在南京成贤街文德里的中国科学社为南北两幢西式两层楼房。北面一幢作图书馆、编辑部、办事处之用。南面一幢为研究所、博物馆之用。此处环境清幽，不独科学研究者朝夕乐处，还吸引不少社会上爱好科学的人士前来参观学习。中国科学社生物研究所的标本陈列室，分为动物、植物两部。动物部由社员秉志教授主持；植物部由社员胡先骕、钱崇澍二教授先后主持其事。动物部制作的标本1931年计有1.8万个，1300种；植物部制作的标本定名的有1万余种，计200科、1300余属、8000种。所有标本都经过详细鉴定，有文字叙述，并加以系统分类，然后写成论文发表。他们采标本的行踪,远至川、粤、闽、浙、鲁、藏等地。此外还撰有学术专著,如《中国森林植物志》、《中国药用植物志》等。

中国科学社社员总数,1918年有435名,至1934年发展到1500名,绝大多数是国内从事科学研究成绩卓著的科学家,如蔡元培、竺可桢、马君武、张轶欧、周美权、张謇等。中国科学社在美国设有分社,在南京、上海、广州、沈阳、苏州、杭州、青岛7处各设社友会。中国科学社是中国近代最早的一个全国性乃至国际性的科学机构。

创刊于1915年的《科学》杂志,以传播世界最新科学知识为职责,前后发行36卷。《科学》在体裁上首次采用汉字横排版、西文句读。《科学》作为中国科学社进行宣传教育的主要载体,输入大量的科学知识和科学原理,涉及物理学、化学、生物学等各门科学。19世纪末20世纪初,世界科学又经历了一次革命,主要是在物理学领域的X射线、放射性元素和电子三大发现以及相对论、量子论的创立。《科学》对此做了颇为详尽的阐述。如对相对论的介绍,以曹惠群《宇宙新说》开其端,任鸿隽《爱因斯坦之重力学说》、杨铨《爱因斯坦相对说》等做了具体的论述。《科学》在传播进化论的同时,引入国外生物学的先进理论,如遗传学说、生物突变论等。钱崇澍《天演新义》、钱天鹤《天演新说》等,对国外先进的遗传理论予以系统的介绍。据统计,《科学》前32卷刊载论文2795篇,其中技术类的文章多达632篇,占论文总数的22.61%。[1]

中国科学社还通过发行《科学画报》,编辑科学书籍,通过科学演讲等多种途径、多种渠道传播科学。中国科学社的科学宣传,开阔了国人的知识视野,传统的迷信、愚昧观念在潜移默化中得以荡涤,科学观念渐入人心,从而为中国科学技术的近代化奠定了坚实的知识基础。

中国科学社还引进西方的科学方法,主要是实验方法和逻辑方法。

实验方法是西方科学发展的基石,是推进科学研究、建立与

[1] 范铁权:《中国科学社与中国科学的近代化》,《新华文摘》2003年第7期,第70页。

验证科学理论的基本方法。中国科学社社员热情倡导并身体力行实验的科学方法,将其应用到具体的科学研究中。在实验方法的具体应用上,中国科学社注重实验仪器的完备、实验目的的选择、实验过程的构思与设计及实验结果的理论分析。在中国科学社的推动下,实验方法被引进中国,逐渐成为中国科学研究的基本方法。

逻辑方法包括归纳法和演绎法。归纳法和演绎法在中国的思想传统和科技传统中都较为缺乏。因此,强调归纳法,有利于人们改变传统的空疏学风,注重基本事实;强调演绎法,可促使人们注重理性思维,避免思维上的直观性、臆断性。二者互为补充,相辅相成。

中国科学社积极融入国际科技界,努力参与国际学术交流。在这方面,一是"请进来",邀请海外名人来社讲学;二是"走出去",即以团体或社员个人的名义参加国际学术会议。1929年2月23日,中国科学社联合中央研究院、中央大学邀请德国爱迅(Aaohen)航空研究所所长、物理学家及航空学家卡德曼教授(Prof.Theodor Van Karman)演讲《晚近航空学发达历史及其与各种学科的关系》。海外名家的科学演讲,一方面传播了国际先进的科学知识;另一方面增强了中外科学界的交流与合作。1926年第三届泛太平洋学术会议在日本东京召开,中国科学社正式派翁文灏、竺可桢、胡先骕、陈焕镛、沈宗瀚、胡敦复、任鸿隽、秦汾等12人出席,成为当时该会的中华民国代表。

中国科学社在体制上仿效英国皇家学会,成立之初设立董事会,下设分股委员会、期刊编辑部、经理部、书籍译著部、图书部,各部职员均由民主选举产生。《科学》(月刊)为机关刊物,为社员发表研究成果进行学术交流的园地。1922年,中国科学社再次进行改组,设立名誉顾问机构董事会,原董事会改为理事会。经过不断摸索,到20年代末,中国科学社的组织机构已趋于完善。作为一个松散的民间科学学会,中国科学社借鉴西方科学学会的发展经验,在推进中国科学研究体制方面做了积极的探索,如举行年会,创建图书馆,审定科学名词,设立科学奖金等。

　　在中国科学社的影响下，各类科学团体相继成立。如中华医学会（1915年）、中华农学会（1917年）、中国地质学会（1922年）、中国天文学会（1922年）、中国工程师学会（1922年）、中国气象学会（1925年）、中国生理学会（1926年）、中国矿冶工程学会（1926年）、中国物理学会（1932年）、中国化学会（1932年）、中国地理学会（1933年）、中国植物学会（1933年）、中国电机工程师学会（1934年）、中国动物学会（1934年）、中国数学学会（1935年）、中国机械工程学会（1936年）、中国心理学会（1937年）等。据统计，1919年至1937年成立的各类科学团体达到394个。[1] 这些学会遵循与中国科学社大致相同的的组织形式，即制定指导性文件——"社章"，规定各类成员的专业标准，在组织上设置董事会、理事会或评议会等机构，规定领导成员的职权范围及其任期，重大决策由理事会等议决后在社员大会上通过；创办自己的专门会刊，刊发专业论文或进行该专业的普及工作；举行年会进行学术交流等。

　　由于中国科学社与上述相关学会关系密切，并起到一定的引领作用，因而被誉为"中国第一个科学共同体"。[2]

　　中国科学社1960年在上海解散。其46年的历史，是思想日趋成熟、组织日趋完善的历史，也是其在民国现实冲突中顺时顺势以求生存的历史，是辉煌与挫折交织的艰苦创业史。作为中国近代史上影响较大的一个综合性、群众性学术团体，其40多年的发展史表明："近代以来，中国人对西方科学的学习多停留在科学技术层面，直到戊戌维新时期，康有为、严复等维新派才开始介绍一些近代西方科学知识与科学理论，但其对西方科学的引进缺乏系统性。真正将西方科学的完整形态传输进来的是中国科学社。中国科学社于传播科学新知的同时，注重引进科学方法与科学精神，积极探索中国科学研究的体制化，成功地将中国的科学融入国际科学界，直接推动了中国科学的近代化。"[3]

　　作为一个民间的松散型学术团体，中国科学社成功的经验有三：一、争取到了社会的同情和支持。当时文化教育界的名流，

[1] 转引自乐爱国：《中国传统文化与科技》，广西师范大学出版社，2006年版，第262页。

[2] 段治文：《中国现代科学文化的兴起》（1919～1936），上海人民出版社，2001年版，第80页。

[3] 范铁权：《中国科学社与中国科学的近代化》，《新华文摘》2003年第7期，第69页。

如蔡元培、梁启超、马相伯等不仅在精神上，而且在物质上给予它极大的支持和帮助。二、社员的努力。中国科学社成立后，一直就以各个社员的努力奋斗为唯一的自存之道。社员们为中国科学事业所作的筚路蓝缕的开拓、坚持不懈的探索，在中国近代文化发展史上写下了可歌可泣的一页。三、中国第一代科学家群体所共有的科学精神和民主精神。中国科学社在近代引进域外科学文化、推动中国科学事业发展方面功不可没。

三、国立中央研究院——国家科研体制的初步确立

中国近代真正意义上的科学研究始于20世纪20年代。此时，科学发展所需要的基础环境已基本形成：一、中国近代民族工业经过一段时间的发展，已经具备了一定的基础，特别是1914~1918年第一次世界大战期间，趁西方诸国无暇东顾之时机，中国民族工业获得了一个很好的发展时期。据统计，1919年全国新建近代工矿企业多达470个，发展速度远远超过了以往。再加上美、日两国加速在华投资、兴办企业，刺激民国社会对科技人员的需求，也刺激了实业家对科研成果转化为商品的需求，由此构成了新阶段近代科技发展的有利条件。二、通过此前不断的社会文化变革，束缚近代科技发展的文化和体制障碍逐渐被解除，特别是经过五四新文化运动，科学观念已开始逐步深入人心，科学进一步发展的文化氛围业已形成。三、随着西学东渐的不断推进，西方科学知识和科学方法被大规模地引进，并由此导致了中国社会的一系列整体改革。尤其是随着第一个科学共同体——中国科学社的出现，第一批近代科学家群体开始形成。正是在这些历史合力的共同作用下，经过第一代具有科学求真精神的科学家群体的努力，中国在许多学科领域取得相当辉煌的成就，涌现出一批品德高尚、知识渊博的大学者，并为世界各国所公认、赞叹。

在20世纪二三十年代，无论是蔡元培、胡适、陈独秀等从

事哲学社会科学研究的学者,还是叶企孙、吴有训、严济慈、竺可桢、李四光等从事自然科学的学者,凡是到欧美去深入考察、留学归来的爱国人士,都反对帝国主义对中国的侵略(包括文化侵略),竭力主张民族独立与学术独立,尽快在中国的土地上建立起学术研究中心,发展自己的科学研究事业,以图"科学救国",尽快改变落后挨打的局面。

1924年,孙中山离开广州北上时,想借鉴西方国家的做法,建议设立中央学术研究院,作为全国最高学术机构。但因孙中山的逝世和时局的变化,这一建议没能实现。1927年4月,国民政府定都南京,遂派教育部

国立中央研究院院长蔡元培先生,1928年6月至1940年3月任职

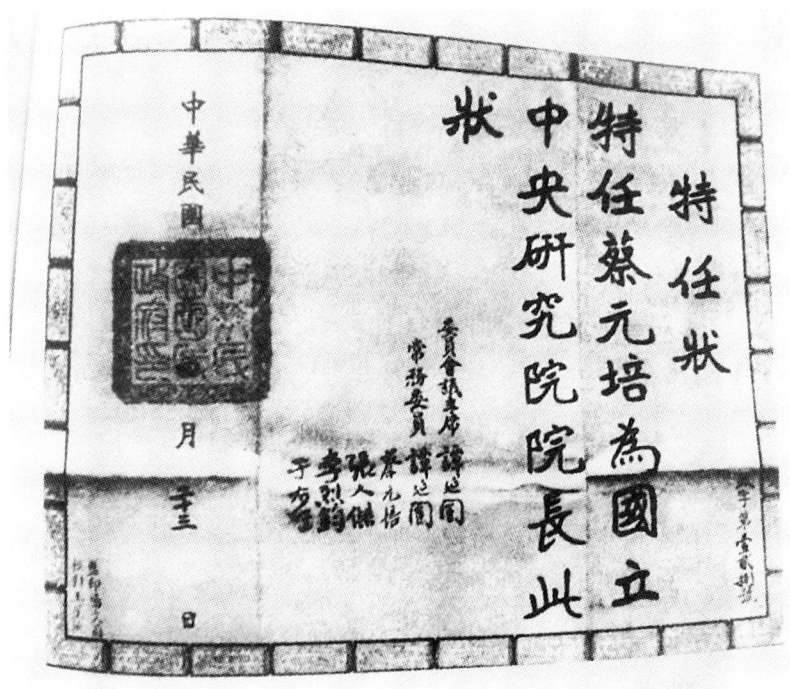

国民政府特任蔡元培为国立中央研究院院长的特任状

国立中央研究院南京总办事处旧址今貌

长蔡元培等筹办中央研究院。蔡元培等用一年多时间,广泛征集资料,详尽论证建院方略,做了充分的组织准备和物资筹措。1928年6月9日,蔡元培在上海东亚酒楼召开第一次院务会议,宣告国立中央研究院成立,并就任院长,出席者有丁燮林、陶孟如、竺可桢、杨杏佛、周仁等10余人;决定杨杏佛任总干事;确定中央研究院的宗旨是:"实行科学研究,并指导、联络、奖励全国研究事业,以谋科学之进步,人类之光明。"

中央研究院院长蔡元培是近代中国学术文化史上一位学贯中西的"通人"。他创建和主持的中央研究院是借鉴西方国家集中型(centralized)模式科研体制,"综合先进国之中央研究院、国家学会,及全国研究会议各种意义而成"[1]。它显然是中外文化交流的产物。

中央研究院1928年设总办事处于南京成贤街57号法制局旧址,又添购58号民房作为院址。至1930年2月,中央研究院院址在南京清凉山占地千亩。另有一部分院址设在上海新西区市政府路及小木桥路,占地约190多亩。

---

[1] 蔡元培语。转引自张晓唯:《蔡元培评传》,百花洲文艺出版社,1993年版,第136页。

蔡元培担任中央研究院院长后,辞去所有在国民党及其政府中的职务,举家离开国民党政治中心南京,定居上海。他想以中央研究院院长的名义和资格,把自己晚年事业的重点全部转到发展祖国的近代科学事业上去,以抵制帝国主义的文化侵略,以达学术独立目的,实现孙中山先生关于迎头赶上西方国家的遗愿。

初期,中央研究院以规划研究机构布局并创建研究所实体为主要任务。迄1930年2月,中央研究院组建研究所有物理、化学、工程、气象、天文、地质、社会科学、历史语言等8所。另外还成立了自然历史博物馆筹备处、汉籍图书馆筹备处。全院研究人员(包括专任研究员、兼任研究员、特约研究员、外国通讯员、助理员,以及专任、兼任编辑员)共193人。1937年抗战爆发前又增加了动植物研究所(自然历史博物馆改)和心理研究所。

在草创研究所实体的同时,蔡院长偕研究员同仁着手制定研究院的各项工作法规。自1928年6月建院至1929年1月仅半年余,即出台各种规划、章程达24个。

中央研究院的研究学科分为基础学科、应用学科及理论学科三大部分。

1933年6月,总干事杨杏佛在上海遭戴笠系特务暗杀身亡,由著名地质学家丁文江继任总干事。1935年中央研究院南京北极阁下的新院址大楼落成,总干事处及动植物研究所迁入新址,设在北平的社会科学与历史语言研究所迁入南京新址。1935年6

1935年9月,国立中央研究院第一届评议会全体评议员合影

月19日，中央研究院第一届评议会成立。中央研究院院长为当然评议长，院属各研究所所长为当然评议员，院长另聘国内各学科专门学者30人为评议员。

1936年1月，总干事丁文江在衡阳煤气中毒逝世，朱家骅继任总干事。

1937年抗战爆发后，中央研究院所属各单位分别由南京、上海经南昌、长沙、汉口等地，向西南大后方撤退，总干事处及动植物研究所迁至重庆北碚；物理、心理、地质3个研究所迁至广西桂林；天文、化学、历史语言、社会科学、工程、气象6个研究所迁至云南昆明。各研究所觅定地址后，在设备极为简陋的条件下，仍继续研究工作。

1938年12月，总干事朱家骅辞职，任鸿隽继任总干事。1940年3月5日，蔡元培院长在香港逝世。同年4月，中央研究院第二届评议会成立，姜立夫等30人受聘为评议员。同年9月，国民政府特任朱家骅为中央研究院代理院长；任鸿隽辞去总干事，傅斯年继任。

1940年秋，历史语言研究所与社会科学研究所自昆明迁至四川南溪李庄。1942年9月，傅斯年辞去总干事，由叶企孙继任。1943年9月，叶企孙辞去总干事，由李书华继任。1945年，李书华辞去总干事，由萨本栋继任。同年8月15日，日本投降，抗日战争胜利。行政院函中央研究院前往接收日本设在上海的自然科学研究所和设在北平的人文科学研究所及近代科学图书馆。

1946年4月，中央研究院复员东下，总办事处、评议会秘书处及天文、地质、气象、历史语言、社会科学5所迁返南京；数学、物理、化学、动物、植物、工学、医学、心理学8所迁返上海，并设上海办事处。同年10月，中央研究院第二届评议会第三次年会在南京开会，通过《国立中央研究院组织法（修正案）》及《国立中央研究院评议会条例》。1947年10月，第二届评议会第四次年会通过《国立中央研究院院士选举规程》，规定中央研究院构成之主体为院士，学术评议之责属评议会，各研究所之任务为从事学术研究。

国立中央研究院于1948年选举产生81位院士。图为第一次院士会于上海举行后合影

1948年4月1日,中央研究院第二届评议会第五次年会选举产生第一届院士81人,院士为终生荣誉职。计有数理组院士姜立夫等28人,生物组院士王家楫等25人,人文组院士吴敬恒等28人。

1948年10月,中央研究院聘定陈省身、吴有训、苏步青等32人为第三届评议会评议员。同年11月,总干事萨本栋因病逝世,钱临照任代理总干事。12月,中央研究院开始向台湾搬迁,除总办事处及数学和历史语言两所较之完整地迁台外,其余各所大部分留在南京和上海。

1928年中华民国中央研究院的成立标志着中国科研体制的初步确立。其主要特征是,法定中央研究院作为国家学术研究的最高机关,下属研究所成为国家综合科研中心,经费来自国家拨款;聘请最有成就的科学家组成评议会(始于1935年,并于

1948年建立院士制度），负责对全国科学研究进行指导、联络和奖励；在政府系统之外，虽然还有其他渠道建立的科研机构，但国立科研组织在国家的科技体制中始终占据主导地位。[1]

四、地方研究院的兴起及其他科研机构的创办

在中央研究院萌芽的时候，李煜瀛（字石曾，1881—1973）就提出了建立局部或地方研究院的建议。1928年11月开始筹备。1929年5月正式成立地方研究院国立北平研究院。院长为李煜瀛，副院长为李书华（1890—1979）。院址设在北平农事试验场，即今北京动物园。

北平研究院为独立的学术机构，最初设有4个部：天算、理化、生物、人地。接着在4部之下设9所：物理学、原子学、化学、药物、生物学、动物学、植物学、地质学、史学。后又增设2所：测候、水利。各所均有自己的研究方向，办有学术刊物，用以发表自己的研究成果。

在研究中，培养和汇集了一批高层次科技人才。从1948年该院院务会推荐的院士情况看，天算组有6人，包括熊庆来、江泽涵、陈省身等；理化组有14人，包括李书华、严济慈、吴有训、叶企孙、饶毓泰、庄长恭、曾昭抡、杨石先、吴学周等；生物组有12人，包括朱洗、陈桢、秉志、胡先骕、戴芳澜、童第周等；地学组有11人，包括翁文灏、李四光、杨钟健、竺可桢等；农学组有5人，包括汤佩松、俞大绂等；工学组有7人，包括刘仙洲、李书田、朱物华、侯德榜等；医学组有8人，包括赵承嘏、林可胜、汤飞凡等。

北平研究院还延揽和网罗了一些成绩卓著、蜚声国内外的科学家，如特聘英国人李约瑟、瑞典人斯文赫丁为国外通讯研究员。

北平研究院是当时除中央研究院之外中国又一学术研究重镇。

---

[1] 朱效民：《中国科技体制：昨天、今天和明天》，《新华文摘》（半月刊）2007年第1期。

继之，民族实业家卢作孚（1893—1952）于1930年秋在重庆北碚成立民间科学研究机构——中国西部科学院。在"立足四川，着眼社会"的办院宗旨之下，调查西南地方资源，服务地方生产。建院之初，设有4所：地质、生物、理化、农林，2馆：图书馆、博物馆，兼办一所中学——兼善中学。出版的学术刊物有：《中国西部科学院年度报告》（年刊）、《中国西部科学院月度报告》（月刊）、《气象月刊》、《地质丛刊》等。中国西部科学院从成立到1949年解体，存在了19个春秋，在科学技术面向社会、面向经济方面，作出了自己的贡献。

除国立北平研究院、中国西部科学院外，局部和地方性科研机构，还有浙江西湖博物馆、福建省立科学院、河南省立科学院、江苏昆虫局、中央卫生实验院、航空研究院等。

20世纪30年代初，各地方政府、学术团体、高等院校纷纷成立科学研究机构。至1935年1月，全国已有各部门主要学术研究团体、机关共124个，属于自然科学方面的有34个，占总数的30.9%。[1] 设立科学研究机构的大学，有北京、清华、中央、中山、武汉、北洋、南开、协和、燕京、金陵等10所。各科研机构的分布也大大改观，不再局限于少数几个大城市。

20世纪30年代前叶，由于大批留学生学成归国，及本国大学培养出一批科学技术人才，至1937年，中国已有科学人才二三万人。[2]

随着科研机构和科研人员的增多，科研经费也有所增加。1934年至1936年，每年经费约300万元，1937年增至400万元。[3] 尽管这与欧美先进国家相比，少得可怜，但比起1927年以前，还是有所进步的。

民国时期的科学研究机构，大致有4种形式：一是政府创办的，如国立中央研究院、国立北平研究院等，这是民国时期国家的主要研究机构；二是各个大学里设立的科研机构，这也是一种重要的研究力量；三是公私企业单位所设立的研究所；四是由私人资助的科学团体所创办的研究所，如1922年中国科学社创建中国最早的生物学研究机构——中国科学社生物研究所等。这些

[1] 史全生主编：《中华民国文化史》（中），吉林文史出版社，1990年版，第750页。

[2] 史全生主编：《中华民国文化史》（中），吉林文史出版社，1990年版，第750页。

[3] 史全生主编：《中华民国文化史》（中），吉林文史出版社，1990年版，第750~751页。

研究机构，一般都取得了一定的成绩，为中国现代科学技术的发展，作出了积极的贡献。可以说，自从有了研究机构之后，中国科学逐渐摆脱了单纯介绍西方科学成就的局面，开始有了自己的科学研究成果，其中有的还达到世界水平。

且举北平地质研究所一例说明之。1927年以后，中国地质研究机构除了由工商部地质调查所即改名的北平地质调查所外，又新建了中央研究院地质研究所、两广地质调查所。抗战以前，北平地质调查所乃是中国地质学研究的重要基地之一。该所得到中央研究院地质研究所、两广及各省地质调查所的通力合作，在测制全国地质图，调查矿产岩石，研究古生物、土壤、燃料、地震等方面，无论在理论或应用上，均创获颇丰。尤其是该所的新生代研究室，其研究工作引起国内外人士的广泛关注和高度评价。这个研究室以北平西南周口店的发掘工作为中心，发掘出了北京猿人第一个完整的头盖骨及牙齿化石，还发现了骨针和木炭、灰烬、烧石、烧骨等痕迹，轰动世界。北京人的发现，为研究人类进化史提供了重要资料，使中国的地质学研究在国际上享有盛誉。

30年代中国地质研究院的工作较有生气，硕果累累，在当时中国自然科学研究中最负盛名，在抗战爆发以前已超过日本，甚至赶上世界水平。

抗日战争爆发后，北京和沿海一带的研究机构和高等院校纷纷迁往内地，图书和仪器受到很大的损失，实验场所缺乏。同时，与国内外的学术交流也由于交通联络不便而受到阻碍。这样，除了少数几项因战争需要而进行的实验研究外，整个科学实验和科学研究几乎陷于停顿。但是，在这个时期里，科技人才的培养却坚持下来了。这个时期里所培养的科学人才，许多人成了新中国成立后我国科学事业各个学科的骨干力量。

五四运动后的30年，中国科学事业还是得到一定程度的发展，它走过了一段艰难曲折的路程。值得一提的是，五四以来提倡或赞成"科学救国"论的，大都是一批爱国的、诚实的科学家。他们怀抱着"科学救国"的理想，真诚地希望发展我国的科学技术事业，为争取科学技术事业的地位而奔走呼号；为了振兴科学，他们身体力行，努力从事科学技术研究工作，并尽量把科学灌输到民众中去。他们所做的大量工作，在客观上是符合国家和人民的长远利益的，我们不能因为他们曾经提倡或拥护"科学救国"论而简单地否定他们。我们应当对我国科学家和科学团体在民国时期为发展我国科学事业所做的努力予以正确的评价。他们的辛勤劳动，他们对我国科学发展所作的贡献是值得我们尊重和纪念的。

中华人民共和国成立伊始，1949年11月，以前中央研究院和北平研究院作为基础的中国科学院宣布成立，标志着中国国家科技体制的真正确立。

第十八章
西洋发明的传入及其影响

近代中国人学习"西学",大体是从物质文明、制度文明、精神文明,即从洋货、洋政、洋艺三个层次进行的。如果说学习"洋艺"、"洋政"还是少数精英人士的行为的话,那么"洋货"的使用却是广大民众的行为了。正是这种大众的行为,才使中国人对西方国家的文化有了逐步深刻的认识,加速了中外文化的交流和融合。

自19世纪60年代始,洋货作为西方文明的一种载体,伴随着西方列强经济侵略的日益加深和中外交往的日趋频繁而大量地涌入中国。到了民国时期,洋货几乎充斥中国市场,渗入到国民经济的各个部门和中国人日常生活的所有方面。洋货所体现的近代物质文明虽来自西方,但它在本质上是全人类文明的结晶,具有全人类性。当时洋货与土货在中国人生活中地位的变化,其本质是中古物质文明向近代物质文明的过渡和演变。

近代中国人在经历"疑虑、排斥——观察、思考——引进、仿造"的心路历程"三部曲"后,在大量接触、使用和仿制、改进洋货的同时,其民族心理、价值观念乃至生活方式也随之朝近现代文明的方向渐渐地发生变化,慢慢地融入世界。

一、洋纱、洋布、洋袜、洋装

洋纱、洋布

1785年英国建立了第一座蒸汽纺织机工场。随着英国纺织工业的迅猛发展，英国的许多商人纷纷来到中国拓展棉布市场。清末民初，西方各国的洋纱、洋布倾销中国市场，不但在沿海省市，就是在内陆省份的偏远农村，都有洋布甚至还有哔叽、羽纱、法兰绒等出售。当时穿洋布的人已占中国人口的绝大多数。洋纱、洋布的倾销，不仅使一部分农民家庭手工业与农业分离，也使中国人在服饰方面的消费习惯发生了变化。人们在劳动时，虽仍穿自制的土布，但外出、应酬却喜欢穿洋布衣裳，因洋布细密有光泽，用洋布缝制的衣衫外观漂亮。

洋袜

编织袜子的机器是一位英国牧师威廉·李发明的。后来英国就有了世界上第一座机械化的针织工厂。编织机的发明，使英国的穷人也能穿上袜子。但机器织的廉价的"洋袜"最初却打不进穿布袜的中国人的市场。19世纪80年代，德国的针织袜子和内衣最先进入中国市场。德国商人先少量发货在中国市场试销，结果发现适合中国人的消费需要，然后再按低价供应这些商品。其他国家的商人纷纷仿效德商，采取同样的促销策略，向中国人推销更加便宜的针织衫袜。

20世纪初叶，中国人自己开办针织厂。针织业最先发达的是广州，其次有上海、汉口等其他商埠城市。针织所用机器均从国外进口。清末民初，不仅沿海大城市有了针织袜厂，甚至连一些小城镇和昆明、贵阳边远的地方都有了针织作坊。当时办厂较为成功的松江履和袜厂，已能织成丝、线、纱三种袜子。后起的松江晋和袜厂专门生产各色丝光女袜，年产3万双。洋袜虽不及土布袜结实，但由于花色繁多，薄而易穿，受到中国人的欢迎而争相购买。中国人穿洋布洋袜，表明中国人的审美观、消费观已有一定程度的变化。

洋装

20世纪初，随着外国人的大量来华和出洋留学生的大量归国，洋装传入中国，引起中国传统服饰的改革变化。

中华民国成立后，以孙中山为总统的临时政府发布公告，改变留长辫、穿长袍马褂的清代装束，提倡穿着中西结合的中山装。然而由于社会秩序缺乏稳定，人们审美观念不尽相同，导致各阶层选择的服装样式多种多样，有的仍穿长袍马褂，有的穿西装，还有的穿中西结合的服装，如中山装和制服式学生装。

民国十八年（1929年）制定的国民党宪法规定，一定等级的文官宣誓就职时一律穿中山装，以表示尊奉孙中山先生之法。其式样原为九粒纽扣，胖裥袋，后根据《易经》周代礼俗等内容寓以意义，如依据国之四维（礼、义、廉、耻）而确定前身段四个口袋；依据国民党区别于西方国家三权分立的五权分立（行政、立法、司法、考试、监察）而确定前襟为五粒纽扣；又依据三民主义（民族、民权、民生）而确立袖口还必须缀有三粒纽扣等。很显然，中山装保留了西装平整、挺括、有衣兜的优点，又有中装高领、庄重的特点，可谓中西合璧的时装。

民国中后期时兴中西结合的男装样式：长袍、西长裤、礼帽、皮鞋。这一男装样式，既不失民族风韵，又为中国男性增添一股潇洒英俊之气，文雅之中显露精干。与之相类似的女服为：新式旗袍、紧身马甲、西式女外套、大衣。普通男子在家时，大都穿长衫便服。上层社会的男子出席重要的社交场合，则喜穿典型的西式制服。城市中还有更时髦的打扮，如男子着西装、大衣、西帽、革履、手杖、眼镜；女子着高跟皮鞋、紫貂手筒、弯形牙梳、丝巾等。

经过辛亥革命与五四运动的洗礼，中国妇女摆脱了南唐以降的缠足陋习，大胆运用服装造型来充分显示自身的天然形体美。无论是高领窄袖衣，还是圆摆短袖袄，与过去的服装有了根本的区别。特别是二三十年代出现的紧身旗袍，把现代女装变革推向高潮。这种改良女装，使身体曲线在穿着中自然显露，衬托出东方女性含蓄、典雅、端庄、秀美的风姿。

二、洋火、洋油、洋灯、电灯、电厂

洋火

19世纪中叶，外国的火柴大量流行于中国，被称之为"洋火"。据传火柴最早于公元577年由北齐宫女发明。但中国古代火柴仅是一种引火材料。大约在马可·波罗时代传至欧洲，后来欧洲人在此基础上发明了现代火柴。1834年，由法国人和德国人共同发明的一种价格低廉、携带方便、装在盒中的现代火柴正式问世，并很快传至欧洲各国。19世纪60～80年代，西方的火柴大量输入中国，逐渐取代了中国古老的用打火石取火的方法。从日本归国的广东籍华侨卫省轩为抵制外货，振兴民族工业，在广东佛山建立广东巧明火柴厂。这是由中国人自己办的第一家火柴制造厂。该厂初建时规模很小，全靠手工操作。产品的商标是"舞龙牌"，因此，1879年巧明火柴厂出品的"舞龙牌"火花，是中国的第一枚火花。这枚火花取材于我国民间传统的舞龙习俗，具有强烈的民族特色，一直沿用到新中国成立初期。

洋油、洋灯

19世纪后期，美国和俄国在中国的煤油市场上展开了激烈的竞争。美国的美孚石油公司和俄国的圣彼得堡石油公司向中国大量输入煤油。中国人把从外国进口的煤油称之为"洋油"。由于洋油比花生油、豆油、茶籽油等便宜，发光更为明亮，因此，20世纪20年代，煤油灯开始在我国流行。煤油灯亦即"洋油灯"，简称"洋灯"。

当时，中国人使用的煤油灯有进口的、自制的和土制的三种。进口的煤油灯，是由美孚石油公司为推销煤油在我国制造的。它的灯座可盛煤油，灯头有能调节灯芯升降的齿轮，并有薄壁玻璃灯罩。因此这种煤油灯又称美孚灯。美孚灯价格昂贵，中国人多数使用由广州制造的本国煤油灯。在民间则广泛使用土制煤油灯。如马灯，马灯最初使用豆油，随着煤油的传入，豆油被淘汰，原有的铁皮灯罩全部换成了玻璃灯罩。因为马灯能防风，所以也叫风灯，船家将马灯稍加改造，挂在桅杆上，则成为桅灯，用来做夜间行船的标志。这期间，从外国输入一种用提炼石油的副产品——石蜡为主要原料制成的蜡烛，人们称之为"洋蜡烛"。

电灯

白炽电灯由美国科学家爱迪生于1879年发明。但在爱迪生发明电灯之前，英国大化学家戴维于1807年用碳棒为电极发明了弧光灯。1878年，西人毕雪伯把一盏用电池的弧光灯带到上海。中国人这才第一次见到电灯的亮光。1882年，英国商人C.狄斯和另外两个合伙人在上海创办上海电光公司。电光公司从美国订购电机办起中国境内第一家电厂，9月在黄浦江外滩试装电弧灯10盏。电光公司创办后不到一年，电弧灯已照亮上海的酒楼茶馆。1890年，电灯传到北京。最先亮起电灯的是慈禧太后居住的西苑，即今日的中南海。西苑电公所是中国最早的自办电厂。1890年，广州建电厂。1891年，香港建电厂，主要供应100多盏街灯。1904年，天津也办起了电厂。其后，中国其他城市相继建起了电厂。首先在我国制造白炽灯的是美国通用电气公司在上海的子公司。1913年，这家公司创办中国奇异安迪生灯泡厂（即上海灯泡厂的前身），出产的白炽灯泡占领了中国和东南亚市场。截至1949年，全国总计只有8家生产灯泡的工厂以及一些生产电珠的小作坊。[1]

1903年，天津成立中外合资的电灯公司。1904年，北京成立京师华商电灯公司，电灯由清宫向外发展。至此，电灯逐渐传及我国的大城市。

电厂

1949年以前，中国不能制造整套火力发电设备。火力发电设备主要依靠国外输入。以汽轮机为动力的火力发电设备最早是19世纪90年代初问世的。20世纪初才开始从欧美日本输入中国。中国东北和台湾地区的火电设备主要是日本产品，其他地区

[1] 刘善龄：《西洋风——西洋发明在中国》上海古籍出版社，1999年版，第88~89页。

的火电设备主要是欧美产品。从1907年上海电光公司投运0.8MW低压机组开始，到1947年上海杨树浦电厂投运38.5MW高压锅炉、配一台15MW高压前置式汽轮发电机组，装机容量不断增长。1949年底之前，中国发电设备装机总容量为1849MW（居世界第21位），其中火电设备装机容量占91%，为1686MW，其余为水电设备。旧中国的发电设备装机容量中仅400MW机组是由中国民族资本家和官僚资本家经营的，其余是由英、美、法、日等外资经营的。[1]

煤油、电灯进入中国广大民众家庭，代替蜡烛、油灯照明，在当时可谓家庭生活的一大改革。因为它提高了对时间的利用效率，人们可以充分利用晚上的时间来工作、学习和娱乐。

三、洋灰、洋楼

洋灰

洋灰，即水泥、混凝土，亦称水门汀，为粉状矿物质胶凝材料的一种，与水拌和后能在空气中或水中逐渐硬化。19世纪后半叶，洋灰由西方传入中国。1891年，上海出现第一家外资经营的水泥制品厂——上海水泥公司。同年，该公司在上海福州路铺了一段水泥人行道。此乃我国有水泥路的开始。洋灰的传入，引发了中国近代建材业和建筑业的发展，并成为中国土木工程和各民族民居建筑常用的建筑材料。

洋楼

晚清，洋楼这一西方建筑形式，通过教会传教渠道、早期通商渠道与民间传播渠道进一步传入中国，在中国商埠城市和一般城市大量克隆、广泛传播。经由教会传教渠道，西方基督教教会建筑在中国各地出现；经由通商渠道，西方殖民式建筑在中国商埠出现；经由民间传播渠道，西方建筑在中国许多城市中的租界区涌现；西方联排式住宅与中国传统四合院相结合的石库门里弄民居在上海、汉口、天津等城市涌现。

[1] 中国电器工业发展史编辑委员会：《中国电器工业发展史》，机械工业出版社，1990年版，第9～10页。

民国建立后，由于城市人口的增加，房产地产的商品化，建筑材料的发展，建筑队伍的壮大，建筑施工技术的提高，以及国内土木工程系科的开设和赴国外学习建筑设计留学生的回国，人们不再满足"居陋室"的现状，转而对科学性与舒适性相结合的西式洋楼发生兴趣，导致建洋楼、住洋房成为一种时尚。虽然由于种种条件的限制，能住进洋楼者比例极少，但毕竟是当时人们的一种向往与追求，而电灯电话的使用，不仅改变了人们的观念，而且提高了住宅的舒适度，为新型住宅洋楼或中西合璧的楼房的普及，起到了推动作用。

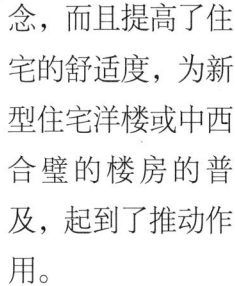

1923年建造的洋楼——南京东南大学体育馆

民国初年，政府机关一般不再设于高墙深院的旧式衙门，而设于面向公众的西式洋房之中，体现了西式建筑内容与形式的统一。

1922年前后，作为西方列强在华标志的银行、海关、洋行、饭店、公寓纷纷扩建、改建、新建，导致上海、南京等大城市建筑风貌于二三十年代发生巨大变化。

1929年建造的西式建筑——南京总统府门楼

民国时期建筑的洋楼——南京中央饭店

四、电报、电话

电报

1832年,美国人莫尔斯发明了电报,1837年,他第一次演示电码。1844年成功安装商用电报机,并在华盛顿与巴尔的摩之间架设了有线电报线路。电报作为一种先进的通讯工具,很快为西方资本主义国家所广泛应用。1855年左右英国架设4000英里的电报线,从此西方的有线电报便进入了全盛期。电报促进了资本主义世界市场的形成和发展,也成为西方列强向海外扩张侵略的工具。

西方列强最先想在中国铺设电报线路的是沙皇俄国。1862年沙俄公使巴留捷克要求将电线从恰克图延伸到北京、天津;1870年,俄国人又一次提出从黑龙江到中国东海岸铺设海底电缆的要求。继俄国之后,英、美等国也曾提出类似要求。清政府以不便为理由加以拒绝。但列强们不肯罢休,不断采用各种手段迫使清政府同意他们兴办电报。西方列强持强入侵,逐渐蚕食,先后侵略了我海上通信权、海线登陆权和部分陆上通信权,中国的电信主权陆续丧失。

19世纪70年代,一些洋务派官员对电报的作用逐渐了解,极力主张兴办电报。中国人掌管的第一条电报线路建在台湾,该线路于1877年8月动工,同年10月完工,自台湾府到旗后全长47.5公里。1879年,李鸿章在天津鱼雷学堂教习贝德斯的协助下,在大沽口炮台与天津之间架设一条长约40英里的电线。1880年全长1500公里的津沪电线开始筹建,并于次年投入使用。1884年,贯穿苏、浙、闽、粤4省的第二条电报干线竣工。清朝的电报总局从天津迁到上海。进入19世纪90年代,电报线路已遍及内地。中国的电报事业到民国时期又有了进一步的发展。

电话

电话,中国人最初称德律风,是英语Telephone的音译。

1876年2月，英国人贝尔试验成功世界上第一部可供使用的电话。贝尔发明电话之后15年，清廷出使英、法、意、比四国的钦差大臣薛福成便写了德律风史话，中国人始知电话为何物。关于中国最早的电话，国内有不同的说法：一说，上海是世界上最早拥有电话的城市之一。1881年，丹麦大北电报公司在上海公共租界埋电杆装电话25家。一说，中国最早的电话在天津，1879年李鸿章从河北大胡同总督衙门官署到南郊葛沽架设一条有线电话，通过紫竹林租界地，利顺德作为中继站，从而使利顺德饭店成为中国最早使用电话的单位。[1]

1921年，电话安进紫禁城。20世纪20年代，中国都市里有了人工接线公用电话。30年代，拨打号码的自动电话取代人工接线电话。约在1929年，国民党政府所在地南京从美国购进5000门自动电话机，1930年，上海、香港也用上了自动电话。

电报电话的传入，对中国社会各个方面产生了巨大的影响。它加强了军队的机动性，对巩固国防起了巨大作用；它加强了中国与世界的联系，使中国能够较为迅速地了解世界形势的变化，逐步改变了与世隔绝的状况；它对中国工商业也起了促进作用，在国内外贸易上，通过电报电话可以迅速了解行情的变化，及时捕捉商机；同时在改进文风方面也起到了积极作用，使文辞趋于简洁。

五、无线电广播

1895年，俄国科学家波波夫和意大利科学家马可尼，在继承前人研究成果的基础上，分别经过独立研究，初步制成最初的无线电接受机。之后不久，无线电技术成了帝国主义侵略扩张的通信联络工具。在这样的历史背景下，无线电通信技术于20世纪初传入我国。1905年，袁世凯在天津开办无线电训练班，聘请意大利海军军官葛拉斯任教，培养无线电报务人员。同时购置无线电收发报机，分别安装在北京、天津、保定和北洋海军的舰

[1] 刘善龄：《西洋风——西洋发明在中国》，上海古籍出版社，1999年版，第110页。

艇上，用于沟通军事情报。

第一次世界大战后，帝国主义加强对中国进行政治、经济和文化侵略之际，中国境内出现了外国人办的第一批广播电台。外国人在中国办无线电广播，把20世纪初的西方无线电广播技术引进中国，开阔了中国人的视野，传播了无线电知识，揭开了中国广播事业发展史上的第一页，从历史的观点分析，它的进步意义是值得肯定的。

1923年5月，奉系军阀当局收回哈尔滨的由俄国控制的一座无线电台，并筹办中国第一座广播电台。1926年10月1日，哈尔滨无线电台开始正式播音，呼号XOH，发射功率100瓦，每天播音2小时，内容有新闻、音乐、演讲及物价报告等。这是我国自办的第一座广播电台。1927年3月，上海新新公司为了推销自己制造的矿石收音机，开办了一座私人电台。这是我国自办的第一座私营广播电台。

1928年8月1日，国民党的"中央广播电台"在南京开始播音。台址为南京市湖南路国民党中央党部的后院，发射功率500瓦。该台由于功率小，且用中波广播，因此收听效果欠佳。1928年冬天，国民党为扩充发射功率，向德国订购全套广播设备，新台址选于南京江东门外，1932年5月完工，同年11月12日正式使用，发射功率为75千瓦，呼号为XGOA。这是当时亚洲发射功率最强的广播电台。

抗日战争爆发以前，国民党除在南京建立"中央广播电台"外，还在全国一些主要城市建立一批地方性广播电台。据1937年6月统计，国民党统治地区共有官办民营广播电台78座，总发射功率近123千瓦；收音机总数20余万架左右。[1]

抗日战争进入相持阶段后，由于得到英美在广播设备方面的多次援助，国民党的广播事业逐步恢复并有新的发展。1939年2月6日，国民党在重庆建立的中央短波广播电台开始向国内外播音。1940年1月，该台定名为中国国际广播电台，分别用英语、德语、法语、荷兰语、西班牙语、俄语、日语、马来语、泰语、缅甸语、汉语等语种及厦门话、广州话播音，每天播音10多个

---

[1] 赵玉明：《中国现代广播简史》，中国广播电视出版社，1987年版，第34~35页。

小时。

抗战时期,在日军占领下的上海有一座独具特色的反法西斯广播电台,1941年8月1日开始播音,使用汉语(包括上海话和广州话)以及俄语、英语、德语。主要报道苏联人民反法西斯斗争的消息和评论、苏联人民的生活情况等,故称"苏联呼声"广播电台。

1940年12月30日,中国共产党领导的第一座广播电台——延安新华广播电台开始播音。

抗战胜利后,无线电广播事业有所增强。据1947年12月底统计,国民党所属广播电台增加到42座,总发射功率达到423千瓦,全国估计有收音机100万台。

在解放战争三大战役中,国民党所属的东北、华北地区的10多座广播电台先后被人民解放军接管。中华人民共和国成立前夕,全国各地有人民广播电台近40座,一个遍布全国的人民广播网开始形成。

无线电广播于20世纪初传入中国,经历了由小到大的发展过程。从1926年中国第一座广播电台开始播音,到中华人民共和国成立之前,无线电广播的电波传遍了中国的大地、领海和领空,深入到千家万户,直接影响着中国人民的学习、生活和工作。

第十九章
风俗变迁

鸦片战争后,在欧风美雨的冲击下,中国开始了社会的现代化历程。就在这时,西俗东渐,国人西游,人们改革风俗的心理被激活了,借西俗改良中国社会风俗的问题提上了日程。近代中国社会风俗的变迁是在中国社会本身的生产方式尚未发生重大变革的情况下,在中西文明时而冲突时而交融的时代旋涡中开始的。革命是社会风俗变迁的强有力的杠杆。辛亥革命后,西方式民主共和政体取代了统治中国两千多年的封建制度,使得与这种君主专制制度密切相连的"三纲五常"封建伦理道德及其派生出来的许多封建习俗受到巨大冲击,而与民主共和制度相适应的新风尚应运而生。与此同时,资本主义经济得到进一步发展,中外交往更为频繁,西方形形色色的文化现象滚滚而来,为社会风俗的变革提供了条件。传统与现代兼具、本土与外来并存、存留与变迁同在,是近代社会风俗变迁的明显特点。

一、服饰

清朝统治者从 17 世纪开始强迫所有的中国男子按满族的样式梳理头发,穿衣戴帽。这种情形一直延续到 20 世纪初。

辛亥革命带来了社会剧变,也带来服饰的剧变。中华民国临时政府的一纸告示割去了中国男人们拖在脑后的长辫,革去了女人们长长的裹脚布。男人改为西式发型,女人不再缠足——中国人的外表形象焕然一新。

辛亥革命的成功,使封建王朝所立的官服制度遭到遗弃。孙中山领导的南京临时政府官员一律着制服。从此,中国社会通行千年的冠冕服饰连同它的等级制度被一扫而光。

中国近代服饰改革,大致经过这样的三部曲:第一部,用细密光泽的机制布取代粗糙的土布,用进口呢绒

推翻清朝统治以后,军人为百姓剪辫子

取代传统皮毛衣料,款式尚无大的变化;第二部,模仿外国人穿洋服;第三部以新奇为美观,追求时髦。这种变迁与服装的国际化趋势是一致的。

国人冷静地比较中西服装的优劣后,男子选择大襟长衫、对襟唐装、折腰长裤,女子选择斧口衫、大襟短衫作为常用服饰;在满装的基础上加以改造后的长袍马褂和旗袍得以流行;虽然作为外套的西装没有得到普及,但洋式衬衣、绒衣、西裤、纱袜、胶鞋、皮鞋等渐渐得到推广。西服就这样采取阵热和渐变的方式慢慢改变着中国的服饰文化,天长日久,人们的服饰西化程度不断提高,出现与祖、父辈所着服饰完全不同的风貌。

在服饰改变中值得称道的是中国男式礼服中山装的创制。这种基于西装服饰而加以改进的国产服式,因孙中山的创意而得名。其式样原为九粒纽扣,胖裥袋(贴袋的一种),后根据《易经》周代礼仪等内容寓以意义,如根据国之四维(礼、义、廉、耻)而确定前身设四个口袋;依据国民党区别于西方国家三权分立的五权分立(行政、立法、司法、考试、监察)而确定前襟为

五粒纽扣；又依据三民主义（民族、民权、民生）而确定袖口须缀三粒纽扣。很显然，中山装在西装基本式样上又糅合了中国传统文化。由于中山装既庄重又实用，且富中国气派，很快得到流行，成为中国现代男子的主要服饰。

民国中后期较为时兴的一种中西结合的男装样式是：长袍、西长裤、礼帽、皮鞋、围巾。它既不失民族风韵，又为中国男性增添一股潇洒英俊之气，文雅之中显露精干。与之相类似的女装则为新式旗袍、紧身马甲、西式女外套、大衣等。

20世纪二三十年代，由于中外文化交流的活跃，中国服装业的落后状况得到迅速改变，并加入到国际大潮之中。具体表现为以下四个方面：

一、直接引进国外裁剪技术、服装生产设备及经营管理方法。由于电力的广泛使用，使服装面料生产的功效得以提高。电影业的产生和发展以及电话的使用促进了服装信息的迅速传播。缝纫机的引进，电熨斗的运用，提高了服装生产的质量和数量。国外资本家来华投资办服装厂，直接把生产经营管理技术带进来，促进了中国民族服装业的发展。

二、直接引进国外服饰文化。近代西方的服饰文化连同流行款式、流行色彩等信息及生活方式，通过官方的宣传媒介得以广泛传播，通过来华的外国人和出洋的中国人得以直接引进。如燕尾服、晚礼服、时装表演等。

三、官民西装革履与长衫马褂并行不悖。相对而言，城市中着西装革履者居多，乡村中穿长衫马褂者居多。

国内民族纺织服装业在与洋货的激烈竞争中求得生存和发展，把古老的中国服装业推向了世界大潮之中。

经过辛亥革命和五四运动的洗礼，中国妇女在新思想、新观念的影响下，呈现出新时代的着装风貌。她们抛弃过去裹得严严实实的装束，大胆运用服装的造型来充分显示自身的天然形体美。无论是高领窄袖衣，还是圆摆短袖袄，都与过去的服装有了根本的区别。特别是20世纪二三十年代出现的紧身旗袍，把近代女装改革推向了高潮。这种改良女装，衣领紧扣，腰身瘦窄，两侧开衩，使身体曲线在穿着中自然表现出来，衬托出东方女性含蓄、典雅、端庄、秀美的风姿，并对后世产生了深远的影响。

二、饮食

随着近代中外文化交流活动的增多，来中国的西方人也日渐增多。他们很自然地把西餐传进了中国。起初，西餐只是为在华的外国侨民服务。20世纪初，外国餐饮业开始向中国市民营业。如1910年开张的上海德大西餐社，就是既为西人服务又为华人服务的德国餐馆。20世纪初，北京开有六国饭店、德昌饭店、长安饭店，上海开有礼查饭店（现浦江饭店）、汇中饭店（现和平饭店南楼）、大华饭店等西式饭店。这些饭店的内部设有客房、餐厅、酒吧等部门。30年代初期，上海国际饭店、华懋饭店、都成饭店、华懋公寓、上海大饭店又相继开业，各项设备较前更为完善；菜品质量、花色品种也有显著提高。饭店的经理和厨师长大都由法国人担任，多供应欧美菜，菜品以英、美、法、意、俄等国的菜为基础；其中法国菜较为突出。

1912年8月9日出版的《晨报》副刊曾报道北平一次有关中西餐的民意调查：爱吃西餐和兼食中西餐的人数占总调查人数的23%，接近1/4。调查对象为普通市民、知识分子等。这说明西餐不但在上流社会流行，而且普通市民也会去尝新。国人对西餐的接受，反映出国人思想观念逐渐开放，社会文化氛围已走出中世纪的封闭束缚，走向宽容。

西餐中，外国饮料（啤酒、香槟酒、咖啡、奶茶以及汽水、冰棒等各种冷饮）、西式糕点（面包、蛋糕）、西餐菜肴（大菜、罐头），被越来越多的人所接受。一些外国蔬菜进入了城郊农民的菜园和市民的餐桌，如洋葱、洋芋（马铃薯）、花菜、洋百合、卷心菜、芦笋等等。近代西洋食品和饮食风尚的舶来，引起了中国饮食习俗的变化。

近代中国西餐渐趋普及，尤其是20世纪三、四十年代，西餐馆在沿海大城市广州、上海、天津等多达百家。吃西餐者，不只是上层社会的富豪，就连许多公司的职员、报馆记者，都成了西餐馆的常客。开西餐馆、吃西餐、做"派对"、使刀叉成了中国饮食习俗中不可缺少的部分。

分餐是西餐的特色之一。它有利于保持个人卫生习惯，防止疾病互相传染。对于中国人来说，西餐的分餐制有助于改变人们的饮食卫生习惯。

部分西式食品大行其道。啤酒、饼干、面包、糖果、咖啡、冰棒、冰淇淋、汽水等西式食品逐渐成为中国人须臾不可分离的常用食品，使中国人大饱口福。而生产上述西式食品的工厂便应运而生，客观上促进了民族食品工业的发展。

引进的西餐与中国传统饮食文化相融合成为必然。以中秋月饼为例，"以西式饼之材料制造中秋月饼，不独适口，而且花样新奇，至于一切人物、花草，均用外国糖浆推凸，玲珑异常，食之既见爽心，观之更觉悦目"[1]。

随着西方饮食文化在中国的普及，国人交际酬酢日趋欧化，有时甚至到"烟必雪茄，酒必白兰"的地步。仔细研究近代饮食习俗的演变，人们会发现，西方饮食习俗中讲究节俭的良好风气没有成功引进，而资产阶级的享乐主义却与国人讲排场、要面子的虚荣心结合起来，使人们在吃的方面所花费的金钱、时间和精力很为可观。

就消极方面的影响而言，西方饮食文化强化了部分国人的崇洋心理。近代以来，一些中国人对西洋饮食怀有一种新奇感，总想开"洋荤"，并由此产生崇洋心理，错认为"外国的月亮圆"。

三、住房

鸦片战争之后，西方建筑在中国广泛传播，其影响从商埠城市的租界区波及华界区，从商埠城市波及传统城市，从沿海城市波及内地城市，从中国近代主流城市波及边缘城市，甚至波及边

---

[1] 《新式中秋月饼》，见1906年9月9日《大公报》。

远的城镇乡村，最终促成了中国建筑向近代建筑的转型。

近代中国一方面由于受到西俗的影响，一方面由于都市化程度的提高，在一些通商口岸，"阛阓多仿西式"，建洋楼、使用西式家具渐成风气。洋楼的广增，使城市面貌改观。在天津，小洋楼渐渐取代北方的四合院，成为当地居室建筑的新潮流；在沈阳，"建筑宏丽，悉法欧西，于是广厦连云，高甍丽日，绵亘达数十里"[1]；在青岛，"市内住屋多属欧式建筑"；在杭州，西湖周围别墅大都为西式建筑；在汉口，"尺地寸天，阛阓日密，中西厂肆，角胜争奇"[2]。上海、广州的洋楼之多，自不待言。上海、天津、北京等大城市的报纸上，每日登载洋房招租的广告。一般的洋楼，多配有花园、亭池、电灯、自来水，室中铺陈更是富丽堂皇。在少数城市里，连烧给死人的冥屋也改用纸扎的洋房，表现了人们在住房上的趋新崇洋心理。

受西方建筑文化的影响，近代中国城市民居在维持传统四合院住宅单体建筑基本格局的基础上，采用西方联排式住宅的整体组合方式，形成了中西合璧的住宅建筑——石库门里弄民居。石库门里弄民居在近代上海、汉口、天津等城市中大量出现，1927年以前已经发展成为上述城市的主要民居建筑类型。它完全不同于自建自住的、小农经济的中国传统四合院，而是中西结合的民俗建筑。其基本特征，封闭内向，严谨对称，由正房与两侧的厢房围合成天井，高高的围墙使之与外界隔绝，房间对外不开窗，所有门窗都开向自家的天井院落；主屋一般为二层楼房，山墙沿用江南民居的马头山墙；主屋后部的次屋一般为单层，其顶作晒台。晒台上盖房则成"亭子间"。石库门里弄民居的门头装饰和内屋细部装饰，一般由工匠自由发挥，以达业主的崇洋心态和符合社会风尚的变化要求。

近代广东、福建侨乡民居——碉楼深受西方建筑文化的影响。

以侨乡广东开平为例。鸦片战争后，清廷日益腐败，社会动荡不安，开平人被迫漂洋过海去异国他乡谋求出路。那个年代，正值美国西部发现了金矿，华人作为劳工涌向那里。19世纪中

[1] 《奉天通志》卷九十七，礼俗三，居室。

[2] 民国《夏口县志·序》。转引自严昌洪：《西俗东渐记——中国近代风俗的演变》，湖南出版社，1991年版，第168页。

叶,美国开始大规模开发西部地区。以"契约华工"身份前往美国的打工者,以开平、台山籍居多。他们在海外做牛做马,尝尽人间艰辛,就为了攒下几个"血汗钱",寄回故乡,买田置业,让父母和老婆、孩子过上好日子。他们用自己的血汗和生命使得19世纪末20世纪初的开平,成为"温饱可安"的侨乡。为防范匪劫,开平华侨、华眷采用原始办法——建造坚固的防匪碉楼。20世纪二三十年代建成的1800余座开平碉楼,是中国式的碉堡和欧洲古典建筑的结合。碉楼的墙体装有精美的浮雕,碉楼罗马柱的拱券上装饰着巴洛克风格的卷草、莴卷、花卉,碉楼的顶部,则呈古罗马式、欧洲中世纪城堡式和土耳其伊斯兰式风格。

四、行旅

交通的落后,既是中国社会落后的一种表现,又是中国社会落后的一个原因。

中国人最先看到的西方近代交通工具是轮船。鸦片战争后,

20世纪30年代,上海福州路上的主要交通工具是黄包车

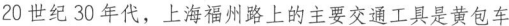

外国人便在中国设立轮船公司。19世纪60年代，外国轮船竟然深入到中国的内河。受其刺激，1872年李鸿章在上海创办官督商办的轮船招商局，首航为上海—天津。从此中国才有了自己的轮船企业。轮船的速度比帆船不知快了多少。

人力车是1868年美国传教士果伯（Jonathan Goble）在日本横滨的一个日本木匠的帮助下设计出来的。法国人米拉见上海市内交通仍以轿子和独轮车为主，便于1874年从日本引进人力车300辆，开办沪上最早的一家洋车行。数年后，上海便流行起人力车，并传向全国。19世纪末20世纪初，北京坐人力车的人日渐增多，为发展人力车运输业提供了条件。至20世纪二三十年代，不到200万人口的北京，竟拥有人力车达10万辆之多。在中国人力车的全盛时代，估计有人力车40万辆以上。洋人发明的人力车，在中国风行大半个世纪，不但承担了城市客运中相当繁重的任务，而且在近代文学作品如老舍的《骆驼祥子》、鲁迅的《一件小事》中留下了相关的人力车夫的艺术形象。在抗日战争的艰苦环境里，人们发明了脚踏三轮车。此后它逐渐取代了人力车的地位。

19世纪末，西式马车被引进中国，成为城市居民出行、郊游的代步工具之一。

马车的车身较宽，座位共有两排，乘客相对而坐，约可坐8人，驾驶座上往往还可加坐1人。当马车车夫轻拽缰绳，扬起马鞭，大喝一声"驾"时，马便乖巧地奔跑起来。马屁股后面总拴着一个布兜，那是为了接它的排泄物，以免污染环境。马车承担着一定的客运和货运任务，也是近代城市一道独特的风景线。民国时期首都南京就辟有一条三山街到新街口的马车营运线。马车在中国也风行了大半个世纪，直到20世纪50年代才退出历史舞台。

1881年，中国第一条自筑铁路唐（山）胥（各庄）铁路正式建成通车。从此，从西方引进的火车又成为中国人出行的交通工具之一。

汽车在中国出现当在1900年前后，由上海租界的外国人引进、使用并推广。1913年，中国第一条新式公路长（沙）潭（湘潭）公路动工修建。此后，汽车又成为中国人出行的重要交通工具之一。

电车是中国引进的又一交通工具。1905年首先在香港通电车。1906年天津通电车。1908年上海通电车。从此，电车又成为近代国人出行的交通工具之一。

在中国民族资本主义三次发展（甲午战争后；辛亥革命前十年；第一次世界大战期间）的推动之下，近代交通便逐渐脱离了传统的舢板摇桨、"官马大路"，由沿海而长江，中下游而上游，并逐步深入内陆腹地，取得了初步发展。

20世纪20年代末，在各国兴办航空运输业的促动下，国民政府交通部于1929年成立沪蓉航空线管理处，着手兴办民用航空事业。交通部购买了美国制史汀生型单翼小型客机4架，聘请外籍飞机师2名和机械员1名、中国籍飞行员3名和机械人员4名，计划经营上海—南京—汉口—宜昌—重庆—成都航线。同年7月8日，首辟沪蓉航线的上海—南京段。从此，飞机又成为人们出行的又一现代交通工具。

中国近代交通是以近代西方交通技术的引进起步的。它的兴起和发展，为国人的出行和旅行创造了非常有利的物质条件。就近出行坐人力车、马车、三轮车、公共汽车、电车；短途出行坐汽车、轮船、火车；长途出行坐海轮、火车、飞机，逐渐成为中国人出行和旅行的习俗。

五、婚俗

几千年来，中国传统婚姻一直实行"纳彩、问名、纳吉、纳征、请期、亲迎"六礼之仪，具有迷信、烦琐、奢靡等弊病。到了19世纪末，随着西方婚仪的东渐和中国社会经济的发展变化，传统婚姻制度和婚姻礼俗受到挑战并开始出现变动，新的婚姻价值观念和新式婚俗逐步流行起来。

19世纪末，维新派知识分子对传统的扼杀个性自由的畸形婚姻制度进行了批判。梁启超以《新民丛报》为阵地，发表《禁早婚议》等文章，猛烈抨击封建婚姻制度，主张婚恋自由，实行一夫一妻制，反对纳妾。谭嗣同则以自己的婚姻生活，实践了一夫一妻制原则。1900年，蔡元培在续弦时公开提出了男子不娶妾、男子死后女子可改嫁、夫妻不合可离婚等择偶条件，直接向传统婚姻制度发起挑战。20世纪初，一批先进的知识分子发表文章，提出改良婚姻、家庭革命、废除包办婚姻等思想主张，极大地促进了婚姻自由观念的传播。

1912年中华民国成立以后，伴随着政治法律制度的变革、公派和自费留学生归国的增多、中国与西方各国交往的日益密切，变革传统的婚姻制度和婚姻礼俗再度成为人们关注的焦点，并且以实际行动投入到变革旧婚俗、提倡新婚俗的婚姻变革运动之中。

随着社会风气的开化、新型婚恋观的扩散，城市中父母主婚权逐渐下移，男女交往趋向开放，许多青年不同程度上获得了婚姻自主权。在这样的社会背景下，一些中国知识分子开始参酌中西礼法，既吸取西式婚礼的隆重、热烈、简便的优点，又抛弃其在教堂举行等宗教习俗，创造了一套新式文明婚俗。

新式文明婚俗最早出现在晚清东南沿海的商埠城市。到民国初年，新式文明婚俗更得到人们的欢迎。当时有人介绍其特点和优点说："梳一东洋头，披件西式衣，穿双西式履，凡凤冠霞帔、锦衣绣裙、红鞋绿袜一概不用，便利一；昂然登舆，杏花簇拥，四无障碍，无须伪啼假哭、扶持背负，便利二；宣读婚约，互换约指，才一鞠躬，即携手同归，无傧相催、跪拜起立之烦，便利三。"[1] 具有上述优点的新式婚礼在民国初年逐渐向中小城市流传，以致一些县镇也有用新式婚礼者。

民国初年新式婚礼得以迅速流传开来，与当时出现的社会新风尚不无关系。这新风尚是"谁接受西方的社会生活习俗，谁就是文明、开化，属于新派人物，否则就是保守、顽固的风气"[2]。

事实上，民国初年，新式婚俗仅具雏形。它的时兴，主要在

[1] 《自由女子新婚谈》，《申报》1912年9月19日。

[2] 胡绳武、程为坤：《民初社会风尚的变迁》，《近代史研究》1986年第4期。

上海、北京、广州、南京等接受西方文化较多的城市中，而广大农村及偏僻城镇旧俗尚无明显变化。

在五四新文化运动中，面对封建礼教的束缚，少数知识分子开始觉醒并起而反抗，明确提出建立新婚姻制度的主张。当时提出的新婚姻制度，主要涉及爱情自由、结婚自由、离婚自由、再婚自由等方面。应该指出的是，五四时期，纯粹恋爱的结合，总还是少数先进青年才敢去尝试。多数情况是，男女双方即使互相了解，到了可以结婚的程度，也还得求取家庭的同意，另外托人做媒，行那旧式婚姻的种种手续。

随着新文化运动对封建礼教和旧的婚姻制度的冲击，从20世纪20年代开始，人们的婚姻观念发生了较大变化，男女青年的婚姻状况较前已有所改观，婚姻裁决权从原来的完全由父母做主逐渐向青年自主转变。

20世纪20年代末，白色婚纱开始风靡大城市。1927年12月蒋介石、宋美龄在上海举行新式婚礼，促使新娘、新郎身着白色婚纱和西式大礼服风靡全国各大都市。

20世纪30年代，社会风气进一步开化，更多的城市青年拥有了婚姻决定权，文明结婚的仪式逐步形成了正规的新式婚礼，并为南京国民政府所提倡。但是，对一般民众来说，新式婚礼仍有费时费钱费力之缺憾。为了弥补这方面的不足，一些进步人士响应国民政府提倡的"新生活运动"，致力于婚仪的改革。于是，一种更新、更简便、更经济的婚礼

民国时期的南京婚纱照

1935年上海市第一次举办集体婚礼，新郎新娘步出市政府礼堂

形式——集体婚礼，便在20世纪30年代的上海、北平、南京等地应运而生。

　　1935年2月7日，上海市政府公布《上海市新生活集团结婚办法》。4月3日，上海市政府隆重举办全国第一次集体婚礼。集体婚礼在上海市江湾的市政府礼堂举行。出席集体婚礼的除57对新人外，还有证婚人上海市市长吴铁城和社会局长吴醒亚，以及社会各界名流、记者近万人。57对新人统一着装，新郎均着蓝袍黑褂，新娘均穿粉红色软缎旗袍，头披白纱，手持鲜花，在军乐进行曲中互相挽着手步入礼堂；入礼堂后，男女分列两行，司仪宣读新人名单，按照顺序新婚夫妇轮次登台，先向孙中山总理挂像三鞠躬，然后新郎新娘相互两鞠躬，再向证婚人一鞠躬，最后由证婚人吴铁城致贺词并向新人颁发结婚证书，由吴醒亚向新人赠送结婚纪念章。接着，新郎新娘在音乐声中步出礼堂，到广场合影留念。

上海举办集体婚礼的消息传开，迅速在首都南京产生影响。南京市社会局局长陈祖平随之筹备"第一届新生活集团结婚"活动。1935年10月10日，首都南京举办第一届集体结婚典礼。婚礼举办地为励志社（今中山东路307号钟山宾馆）礼堂。当日，许正华、冯瑶琴等33对新人参加集体婚礼。新娘化妆室设在励志社西餐部内。新娘都着粉红色旗袍，头戴洁白的头饰；新郎都着一身绸缎长袍，外罩一件黑色马褂。在市府乐队奏起的欢快的乐曲声中，新人们两两相挽，从红色地毯步入礼堂。然后依次是来宾入席，证婚人入席，主婚人入席，介绍人入席。接着，由证婚人——市长马超俊宣读结婚证词，新人们全体肃立向孙中山总理挂像三鞠躬，新郎新娘相互鞠躬，市长马超俊授予每对新人结婚证书及纪念品，最后全体合影留念。

首都南京举行集体婚礼的消息迅速传遍全国，起到了示范作用。此后，杭州、北平、天津等地也相继举办集体婚礼。1942年，国民政府指令内政部发布《集团结婚办法》。由此，集体结婚更加广泛举办，甚至在偏远的广西、云南等省都曾有举行。

1947年南京举行的集体婚礼

第二十章
华侨与中外文化交流

移民是一种文化的迁移和传播,也是文化交流的重要途径之一。近代中华民族向海外的移民,开辟了近代中外文化交流的又一重要途径。

中国人移居海外,远的可上溯到殷商和秦汉。盛唐时,随着对外交通和贸易的发展,华人的足迹又拓及西域和南疆。明清以降,海路渐通,对外交流的活动范围益广,移居海外者益多。1840年鸦片战争后,中国出现了近代海外移民的高潮。其原因有:国内人口压力太大,沿海地区人多田少,生计日渐困难,许多人便冒险向海外迁移;近代航海事业日趋发达,地理距离缩短,出海移民既有可能也很方便;加之东南亚锡矿、橡胶园的开发,美洲、澳洲、非洲金矿的发现,美加铁路的修筑等,海外需要大批劳动力。在这一新的历史条件下,大批华工如潮水般涌向亚洲、欧洲、美洲、非洲和澳洲,从而奠定了华人遍布世界各地的格局。"海水流到处,莫不有华侨"。据不完全统计,自1840年到1940年这100年间,就有1000余万中国人移居海外。[1] 其中以东南亚(当时俗称南洋)华侨为最多。

和平移居海外的华侨是中华民族不可分割的一部分,是中华民族走向世界的先驱。华侨从踏上异国他乡的第一天起,就把光辉灿烂的中华文化带到侨居国,为侨居国的经济文化发展作出有口皆碑的贡献。与此同时,身居海外心系祖国的华侨,把接触到的域外文化精华输入祖国,为祖国的强盛繁荣贡献智慧和力量。

---

[1] 朱煜善、王志明:《海外华侨》,上海古籍出版社,1998年版,第31页。

华侨在中外文化交流中起到了桥梁作用。因之，孙中山先生赞誉华侨为"革命之母"，祖国人民称颂华侨为"海外赤子"。

近代中国人移居海外，不是国家行为，而是个人行为。从主观上说，他们不过是外出谋生，并无别的目的；但从客观上说，他们却传播中华文化到世界各地，为日后中华民族走向世界起了架桥铺路的作用。

一、华工下南洋及对双边文化交流的贡献

中国人通常都具有儒家传统安土重迁的思想，因而，想要冲破这种传统观念的人，必须具有极大的勇气和强大的推动力。人口过剩是产生这一强大推动力的主要因素之一。研究表明，中国人口在公元1700年至1850年期间急剧地增长，即从大约1.5亿增长到4.3亿；在一个半世纪中，人口增长几近3倍。[1] 人口过剩给经济带来的影响是人均耕地减少和通货膨胀。人均耕地面积的减少，使许多人沦为佃农或农村的失业者。人口过剩使日用品的供求失调，导致严重的通货膨胀。

人口过剩的问题又由于自然灾害和战争而趋于恶化。中国是一个灾祸频仍的国家，在清朝统治的267年间，平均每年有5.5次自然灾害。[2] 由于清政府的腐败无能，使千百万饱受自然灾害的人民处于水深火热之中。加之社会动乱和战争造成农村萧条，成千上万的农民被迫离开故乡。

就外部原因而言，东南亚的开发吸引大量中国移民。至19世纪下半期，由于西方资本主义的发展，欧美各主要国家逐渐向帝国主义过渡，它们对东南亚的宰割基本定局。垦辟种植园、兴建公路、铺设铁轨、开采矿藏、创办工厂等等需要大量劳动力。它们把注意力转移到中国，通过招徕移民或"契约华工"等方式吸引大量的中国东南沿海的破产农民前往东南亚。汹涌的华人移民浪潮从19世纪20年代揭开序幕，到20世纪40年代初太平洋战争爆发才接近尾声。它的高峰期出现在鸦片战争之后。据统

---

[1] 罗尔纲：《太平天国革命前的人口压迫问题》，载《中国社会经济史集刊》第8卷第1期，第20~80页。

[2] 何炳棣：《中国人口问题研究，1386年—1953年》，附录4，马省坎布里奇，哈佛大学出版社，1959年版，第292~300页。

19世纪五六十年代被卖往南洋、美洲的华人

计，1801年至1850年的50年间，赴东南亚的契约华工计20万，平均每年4000人；1851年至1875年的25年间，赴东南亚的契约华工计64.5万，平均每年2.58万；1876年至1900年的25年间，赴东南亚的契约华工达70万，每年平均2.8万。19世纪的100年中，赴东南亚的契约华工累计达154.5万。[1]

上述赴东南亚的契约华工，大多来自闽、粤两省。之所以这样，原因之一是鸦片战争后，闽、粤两省所开通的口岸最早、最多。广州、厦门于1843年，福州于1844年，汕头、海口于1858年辟为通商口岸。自1859年、1860年起，中国人从这些口岸出国不犯法。帝国主义者利用这些口岸输出华工。

近代中国人大量移居东南亚，除上述国内、国外原因外，具体到个人，还有多种原因。新加坡华人学者杨松年对华南人民南徙的原因做了以下的归纳：一、家乡兵匪骚乱，民不聊生，因此南来；二、在家乡犯罪，不能立足，只好南来；三、纯粹羡慕南洋"遍地黄金"，为求取财富而来；四、参与军事反抗，斗争失

[1] 陈翰笙主编：《华工出国史料汇编》（第四辑），中华书局，1981年版，第240~241页。

败,唯恐被捕而南来;五、天灾人祸促使他们南来;六、家庭惨变,心灵破碎,于是远投南洋;七、因为南洋有亲友的关系而来。[1]

近代华工大量南徙南洋,为传播中华民族文化,促进中国与东南亚人民的相互了解和文化交流,作出了不可磨灭的贡献。

东南亚华侨华人乐于与东南亚人民和睦相处,风雨同舟,视东南亚为海外华人的故乡。

东南亚许多地区,原为荒芜的不毛之地,经过华侨与当地人民共同努力,开拓成富庶之地。华侨在开发东南亚的伟大事业中作出了巨大贡献,展现了中华民族勤劳、智慧、勇敢的优良品质,因而受到东南亚各国人民的欢迎和钦佩。

马来亚

18至20世纪开发英属马来亚的主力,乃是华侨。1786年7月,英国的一位年轻舰长莱特受命任槟榔屿首位监督时,槟榔屿尚是一座荒岛,只有居民58人。荒岛亟待开发,急需引进外来民工。英国殖民者认定只有中国劳工才是开发马来亚最可靠、最理想的廉价劳动力,便广为招徕。1796年,麦克唐纳就任东印度公司督理,特在槟城发放垦荒贷款,鼓舞华工开垦。在这种情况下,闽、粤沿海的破产农民和手工业者便一批一批地被招引到槟榔屿。转眼间,整个槟城东坡的茂密森林被迅速开发出来,种上了庄稼。到1818年,槟榔屿人口增至3.5万人,其中华工约8000人。1830年前后,每年到达槟城的"新客"约3000人。到1860年,槟城的中国人将近3万,超过了当地任何民族。所以当时有人说,"槟城事实上已成为中国人的城市"。

槟城从1790年起开始种植胡椒。莱特首先在他的住宅附近辟园种植。殖民政府还办了一个胡椒实验农场。没有多久,全岛都种上了胡椒,几乎全是中国人种的。清代谢清高在《海录》"新埠"(指槟城)条说"闽、粤人到此种胡椒者万余人",指的是槟城种胡椒的盛况。

英国殖民当局一心想在槟榔屿种植香料。从1798年至1802年,殖民当局曾派一位名叫史密斯的植物学家从印度尼西亚香料

---

[1] 杨松年:《战前新马文学作品所反映的华工生活》,《新加坡全国职总奋斗报》(1986年),第61～71页。

群岛（即马鲁古群岛）搜罗7万多株豆蔻和5.5万多株丁香树苗，试种在槟榔屿岛上。到1860年，香料种植面积增至5300余公顷，整个槟榔屿成为一座大香料园。这些香料园，大多由华侨"头家"立约包种。这种农业企业的发展，吸引了中国大批移民。全岛6万人中，华侨有2.8万，占46.7%，成为当地居民的主体。随着人口的迅速增加，除赌场、烟馆、理发店外，出售布匹、五金、药材和日用杂货的店铺多起来，书局、信局、洋货店、茶楼、饭店等纷纷出现。市区逐渐形成，初名为乔治市（George Town），而华侨则称为"槟城"，并用以代替"槟榔屿"。

槟城利用华侨进行开发的政策取得了速效，成为英国殖民者向马来半岛进行殖民扩张的一个成功的试点和样板。

中国人到马来亚营生，历史久远。明初就有不少福建人在马六甲等地定居，以贩运贸易为主，也有开作坊、种菜、务农和从事其他服务行业的工匠以及小商小贩。这些人是开发马来半岛的先驱者。随着半岛开发的规模越来越大，而且主要集中于采锡和种植，这就需要为数众多的劳力。当地居民人数很少又多被束缚于土地上，不愿也不习惯于采锡和种植园的繁重劳动，因此马来亚的开发以华工为主。

18世纪在马来亚兴起的胡椒、甘蔗、肉豆蔻、丁香、木薯、咖啡和烟草等种植园，大多为华工所开垦和种植。作为马来亚经济支柱之一的锡矿业，几乎全由华工开采和冶炼。19世纪40年代在马来半岛发现丰富的锡矿后，华工被大批输入以开采锡矿。到1891年，在马来亚采锡的华工约在10万人以上。到1893年，马来亚的锡产量约占当时世界总产量的51.9%。

作为马来亚另一经济支柱的橡胶种植业，也是由华工承担的。马来亚橡胶业的开拓者是华侨。福建海澄（现龙海）籍华侨林文庆（1869—1957）被誉为"橡胶种植之父"；福建海澄籍华侨陈齐贤（1870—1916）被誉为"橡胶艺祖"。林文庆、陈齐贤经营橡胶种植业的活动，使华侨商人开了眼界。陈连亩、林义顺、张永福和郑成快等也在新加坡、柔佛、马六甲投资经营大胶园。1906年，陈嘉庚以1800元从陈齐贤处购得18万粒种子种

被毛泽东主席誉为"华侨旗帜"、为中国东南亚文化交流作出重大贡献的爱国华侨领袖陈嘉庚（1874-1961）

于福山园（原种植菠萝）。此后几年间，华侨经营橡胶逐渐形成热潮。原来种植甘蜜（一种蔓生灌木，主要作为皮革和丝绸的染料）、胡椒、甘蔗、咖啡等作物的华侨小园主，也纷纷转种橡胶。马来亚橡胶种植面积1897年只有345公顷，1910年增至547 250公顷。马来亚橡胶产量1905年还不到200吨，1914年猛增至48 000吨，超过巴西而跃居世界第一位。经过华侨几十年的努力，橡胶成为马来亚出口贸易中最大宗的商品、马来亚经济的第一命脉。橡胶业的发展，促进了马来亚社会经济的繁荣。

在华工辛勤劳动的基础上，一批大大小小的城市发展起来，例如霹雳的怡保、太平、安顺，雪兰莪的巴生，森美兰的芙蓉，柔佛的新山，沙捞越的诗巫，沙巴的山打根等。今日马来西亚的吉隆坡，则是1873年以后由华人甲必丹叶德来领导华工在一片废墟上建立起来的。近代马来亚的铁路、公路、桥梁、港口及城市建设，无不凝聚着华工的血汗。英国历史学家米尔斯在其著作中承认："英属马来亚的繁荣是建立在中国劳工上面，这种说法毫不过分。"另一位英国的马来亚华侨问题专家巴素也指出："假如没有华人，就不会有现代的马来亚。"

新加坡

1819年当英国殖民者莱佛士来到新加坡时，全岛仅有150

人，其中30人是华侨。当时的新加坡是一个森林茂密、野兽出没的荒凉岛屿。莱佛士急需大量劳动力开发它，于是他从邻近的亚洲各国招募劳工。外来劳工当中，华侨占很大比例。

华侨对开发新加坡所作出的贡献是有口皆碑的，这一点连英国人也不得不承认。新加坡莱佛士博物院正门前树立着一座无名半身华人铜像，这是英国艺术家史德龄于1939年送给新加坡的，铜像底座上铭刻着几行碑文：

"华人以坚忍耐劳著称，叻（新加坡）、屿（槟榔屿）、岬（马六甲）三府暨马来所属今日之繁荣，得诸华人助力者良非浅鲜，史君敬仰此优异之点，乃以此像相赠。"[1]

泰国

自19世纪中期以后的近百年里，在泰国朝着近代生活迈进的历程中，华侨所从事的多为开创性工作。

1892年，泰国开始兴建铁路网的几条干线。这项巨大的工程所雇佣的工人绝大多数是契约华工，其中1892年大约有2000名，至1910年止，逐年增多。在这20年中，有几万名华工受雇于铁路工地。到1909年，已有铁路从曼谷通达泰国的北部、东北部、东南部和西南部。如果没有中国劳工的参与，泰国铁路是不可能建成的。

泰国的橡胶是华侨从马来亚移入的。泰国种植胶园的第一人是华侨许心美（1857—1913）。他从槟城带回一粒橡胶树种子，种在董里府，几年后这株胶树枝繁叶茂，表明董里府的水土气候适宜橡胶树生长。许心美广辟胶园，大量种植。不久，泰国南部荒地变成满地胶园。泰国政府为纪念许心美的功劳，1950年在董里府建立一座巍峨的许心美铜像。此乃华侨之光。

菲律宾

旅居菲律宾的华侨，主要从事中国与菲律宾之间的海上贸易，当沟通城乡的中间商和零售商。华侨从祖国运来的商品有两大类。一类是奢侈品，如生丝、象牙、宝石、马饰、天鹅绒、锦缎、缎子、塔夫绸、精美帷幔、麝香、安息香及精制陶瓷器等。这类商品一部分供上层社会使用，一部分通过马尼拉—墨西哥大

[1] 黎敏裴：《东南亚最新大地图集》，香港海光出版社，1956年版，第49页。

帆船贸易，转运到美洲和欧洲。另一类商品是基本生活用品，如各种衣料，各种家用陶器、铁锅、水锅、金属盆子、线、针、家具、建筑材料和手工业品，还有粮食、各种食品以及牛、马、驴、骡以及墨和纸等，几乎无所不包。这类商品，不仅在一定程度上满足了菲律宾人民某些生活上的需要，而且丰富了他们的物质生活和精神生活。

华侨商人还深入到各岛内地，作为城乡之间的中介商。统治者与大商贾对那些山区内地、边远地区是不屑一顾的，而华侨商人常常深入到这些待开发的地区，带着中国商品去，回程则收购当地的土特产品。在当时的条件下，推动了菲律宾的城乡交流，丰富了内地和边缘地区人民的生活，促进了这些地区的经济发展。华侨商人进入菲律宾，将中国手工艺传授给菲律宾人民，诸如纺织工艺、染色工艺、缝纫技艺、制鞋技术、打铁工艺、木工技术、金银首饰技艺、泥瓦技术、油漆技术、锁艺、蜡烛制造技术、烹调技艺等等。菲律宾历史学家亚立普（Eufronio M.Alip）先生写道："中国与菲律宾之间的商业、社会和政治上的联系在许多方面都使菲律宾人得到好处。菲律宾人通过这种联系，学会了制造瓷器、冶金工艺、开矿、某些工业技术。以及学会了制造武器，包括枪炮和火药。甚至学到了穿宽敞的衣服，特别是裤子，以至拖鞋和围巾。并采纳了一些商业和经济的术语，有521项这类词语的确是从中国传过来的。"[1] 旅菲华侨一方面从事商业、农业、手工业劳动，成为当地社会经济生活中不可缺少的组成部分，另一方面传播了中国文化。菲律宾华人学者吴文焕、洪玉华写道："通过数百年来的接触，许多华人的文化因素已成为菲人生活方式中的组成部分。铁犁的引进大大地增加了粮食的产量。一些水果、蔬菜以及烹饪技术也被引进了。早在现代炼糖厂被引进之前，华人就以本地出产的甘蔗制糖。华人工匠教导菲人木工、石工、铁工、纺织、染色、肥皂及蜡烛制造工艺。面奇、面线、米粉和豆腐等食品加工法也为菲人掌握了。菲律宾出版的第一本书是由华人使用刻上罗马字母和古大家乐（他加禄）字母的木刻印刷的。华人和华菲混血儿是第一代的印刷匠，他们

---

[1] [菲]亚立普：《菲律宾的政治文化历史》，第49~50页。转引自尤波辉：《菲律宾》，世界知识出版社，1957年版，第19页。

出版了许多书本,丰富了我们的文化知识。许多华语,包括亲属的称呼,被借用过来,并成为今日菲人的一部分词汇。"[1] 应该承认,华侨华人在同菲律宾人民的友好相处中,为菲律宾的独立和发展作出了积极的、历史性的贡献。

印度尼西亚

华侨到印度尼西亚,带去了高度发展的生产技术、封建时代的文化和各种制品,提高了印度尼西亚人民的物质和精神文化生活。荷印殖民统治时期,华侨在巴达维亚修港口,建道路,造房屋,到邦加勿里洞开锡矿,到苏门答腊种植园种植胡椒、烟草和橡胶、甘蔗。后来,华侨逐渐发展到做零售商和中介商,或走村串乡,赊销国外进口的布匹、小五金和日用百货,待农民作物收获时以烟叶、椰干、胡椒等土特产偿还;或替荷兰东印度公司代为收购经济作物,推销工业品。还有的种甘蔗,进而经营制糖业,把中国的制糖技术传到印尼。到18世纪中叶,爪哇岛上的制糖业几乎全部由华侨经营。19世纪末20世纪初,出现了一批华侨企业和华侨企业家,经营行业几乎遍及印尼的各个产业领域。华侨和印度尼西亚人民共同努力,披荆斩棘,开发资源,对印尼群岛的开发和建设作出了贡献。

文莱

18世纪,文莱苏丹为发展胡椒和橡胶业,曾招募大批华工前往定居,从而掀起了华人移居文莱的高潮。据统计,当时旅文华侨有2万多人,占当时文莱总人口的1/4。旅文华侨主要从事种植业、商业,并为文莱的城市建设作出重要贡献。当地人称赞说:"华人是文莱城的建设者。"

18世纪20年代,在文莱从事胡椒种植的华侨多达3万余人,几乎垄断了文莱的胡椒贸易。

19世纪后期,由于英国殖民者的入侵,文莱国土被分割,再加上海盗的猖獗,文莱华侨人口锐减。到1911年,留居文莱的华侨仅存700多人。其时,他们以经营小买卖勉强为生。这些在艰难岁月里留居文莱的华侨,像永不熄灭的火种,继续在文莱人民中间传播中华文化,维系中文两国人民的传统友谊。

[1] 吴文焕、洪玉华编:《文化传统——菲华历史图片》,菲律宾华裔青年联合会和纪念施振民教授奖学金基金会1987年版,第70页。

越南

越南南部平原位于暹罗湾和南中国海之间，扼海上交通要冲，这里有湄公河三角洲肥沃的冲积土，适宜种植稻米，有便利的内河航运和较发达的国内外贸易。17世纪以后，华人移居越南南部的数量逐渐增加。明末清初，杨彦迪、陈上川、陈安平、莫玖开发美狄、边和、嘉定，是华侨开发越南土地最突出的例子。当地华侨的主要经济活动在大米的收购、碾磨、销售方面。经营米谷收购业的华商，仅堤岸就超过百数。清代外交家薛福成在光绪十六年（1890年）访问越南时的见闻录中写道："售米经华人之手十之八九，故南圻米市之利，华商独擅之。法人论南圻事者，有'舍粟米无生产，舍华人无生意'。"[1]

随着米谷收购业的发展，华侨从事内河航运业的人口也日益增多，主要是为经营米谷业的商家进行运输。

此外，华侨还经营胡椒园、槟榔园，贩卖铁器、木材、砂糖、海产，也有华侨经营造船、炼制火药、铸造货币等行业。另外，在建造港口、修建港口、修建公路铁路等重大工程项目中，也凝聚了华侨的血汗。仅滇越铁路越南段的建设，就有18 000多华人劳动者付出了艰辛的劳动。

老挝

近代，旅居老挝的华侨人数逐渐增多。他们大多来自云南、广东等地，居住在湄公河沿岸较大的城镇，如万象、琅勃拉邦、巴色等地，90%的人从事商业。由于他们的经商活动，打破了老挝与外界隔绝的封闭状态。在山区，华侨用纺织品、食盐、烟草物品与老挝山地居民如佧族等交换柚木、藤竹、安息香等林产品。在下寮阿连坡，闽商主要从事金沙贸易。在富散山区，华侨采集当地的野生茶叶，烘焙制成"镇宁茶"，深受老挝人民的喜爱。此外，华侨还经营采矿业，中寮地区的南巴顿露天锡矿就是由华侨首先开采的。华侨还把中国的先进生产技术传授给老挝人民，如帮助老挝人民发展酿造业和丝织业，对老挝社会经济的发展产生了积极影响。

柬埔寨

在土地开发和市镇建设方面，以莫玖父子为首的柬埔寨华

---

[1] 薛福成：《出使四国日记》，第49页。

侨17世纪来到河仙地区（今柬埔寨的柴末、白马、贡布、云壤等地）拓荒开垦，使之变成良田。19世纪末，柬埔寨西北部马德望市华侨领袖萧取被委任为木头官（市长）。他在任上，领导华侨和当地人民平整土地，伐木运石，筑墙建屋，为马德望市的发展奠定了重要基础。暹粒市的闽籍华侨郭汉也曾被任命为木头官，为该市的发展作出了重要贡献。在茶胶省的茶胶市，华侨筑堤蓄水，解决了全市的饮水困难，在当地人民中传为佳话。市政当局为表彰其功绩，特在一湖心小岛上建六角亭，以示纪念。

在农业方面，柬埔寨种植胡椒有得天独厚的条件。近代，法国殖民者在贡布省开辟了许多胡椒种植园。胡椒种植成为柬埔寨国民经济的支柱产业之一。而胡椒种植技术是19世纪中叶由中国海南岛人传入的。[1] 据1942年统计，贡布省胡椒种植园中的熟练工人都是海南籍华工。他们运用从中国带来的先进方法——田畦上插秧、压枝、除草、灌水、施肥、培土，收获的胡椒质量享誉东南亚，柬埔寨胡椒牌价居世界之首。

在手工业方面，华侨向柬埔寨人传授制造矮床、草席、矮桌、瓦盘、铜盘的技术，使柬埔寨人改变了睡地板、吃饭席地而坐的传统生活方式。

在工业方面，法属时期，许多华侨技术工人在柬埔寨的木器制造、屠宰、酿酒、制造等工业领域发挥了重要作用。

在商业方面，以经商为生的柬埔寨华侨走村串巷，集收购、推销、信贷于一身，在沟通城乡经济、方便人民生活和促进柬埔寨商品经济的发展方面发挥了重要作用。有些身居市镇的华侨，专门从事对外贸易。华侨的商业活动，加速了柬埔寨国内市场与国际市场的联系，促进了柬埔寨对外贸易的形成和发展。

缅甸

缅甸华侨为开发缅甸作出了贡献。

农业方面，华侨将中国的芹菜、韭菜、油菜、藠头、蚕豆、荔枝传入缅甸，丰富了缅甸的作物种类和食品营养。为此，缅甸人将上述来自中国的蔬菜，不少都加缅语"德由"（意为中国），

---

[1] [法]让·德耳维：《柬埔寨概况》（马炳华译），载中国科学院中南分院东南亚研究所编《东南亚研究资料》，1964年第3期。

成为新添的缅甸词汇。

饮食文化方面，华侨把油条、豆腐、包子、白糖的制作技术传给缅甸人，丰富了缅甸的饮食文化。

手工业方面，华侨中的木匠将众多的木工工具及木工技术传入缅甸。华侨木匠制作的中国式船舶，缅甸人称为"唐舡"、"舢板"，沿用至今。华侨木匠制作的"百叶窗"，缅甸人称之为"德由格"（意为中国百叶窗），因遮阳、避风、透气，缅甸人使用至今。华侨中的泥瓦匠所造的中国式园林建筑（缅甸人习称为"德由乌因"，意为中国花园）和中式寺庙，装点着缅甸城市风光。故都曼德勒的皇城，即为华侨所设计和建造，丰富了缅甸的建筑文化。

矿业方面，缅甸的银矿、铅矿、锌矿，大多为华侨开采。缅北的宝石，如抹谷的红蓝宝石、孟拱的翡翠、户拱河谷的琥珀等也多为华侨开采。宝石的加工运销，大多为华侨经营。世界闻名的缅甸珠宝业的形成和发展，华侨功不可没。

东南亚华侨是中国与东南亚文化交流的桥梁。他们长期与东南亚各国人民和睦相处，亲密无间，把中国文化带给东南亚人民，把东南亚文化带给中国人民，从而在促进两种文化的交流和融合方面，作出了贡献。

华侨对双边文化交流的贡献，主要表现在：

语言方面

由于闽、粤华人大批侨居在泰国，带去闽、粤各种方言。这些方言被大量借用到泰语中。泰语称（广告）牌（bai）属海南音；字号（yi hao）、税（sui）来自潮州音；鸡（kai）、银（ngun）、金（kham）、仔（chay）的方言与广东话相同，行（hang）、茶（cha）、瓜（gua）、仓（chang）则属汉语普通话音。三、四、六、七、八、九、十7个数字纯是汉语语音；数字二，泰语读"爽"，当源于广东话"双"的发音；数字五，泰语读成广东音"虾"。此外，泰语中还掺有大量中国音词汇，如，把太阳说成"日"，把墨水说成"兰黑"，而猫、男、马、帝、匠、层、路、声、万、脚、妇人、官、母、伯、银、铁、碳、象牙、药、桌等物质名词也与汉语发音类似。人称代词我、你、他的发音与汉语一样，动词中拭、斩、憎、拾、剥、指、拓、住、请、送、分等读音同于汉语。泰国人民往往干脆用潮州话"叔"的原音来尊称旅泰华侨。

19世纪中期，以李金福（1853—1912）为主要奠基人的印尼华侨在巴达维亚（今雅加达）创立"中华－马来语"。使用者主要是印尼土生华人，印尼其他种族集团也懂得和使用它。它实际成为巴达维亚当地居民的交际混合通用语。其基本语法属马来语，吸收大量汉语（闽南方言）借词。"中华－马来语"对统一的印尼语的形成起了重要作用。国际学术界把印尼语、马来亚语以及文莱、新加坡的现代马来语统称为马来语。据北京大学印尼语教授孔远志统计，马来语中的汉词借词多达1046个。[1] 如，饮食类：teh（茶）、kue cang（粽子）、tahu（豆腐）、takua（豆腐干）、taoge（豆芽）、pangsit（扁食、馄饨）、lumpia（嫩饼、春饼）、ciu（酒）；蔬菜水果类：pecai（白菜）、laici（荔枝）、lengkeng（龙眼）、kucai（韭菜）等；医药类：kolesom（高丽参）、ginseng（人参）、jintan（仁丹）、singse（先生、医生）等；日用品类：cawan（茶碗、茶杯）、jailankung（菜篮筐、一种簸箕）、tanglung（灯笼）等等。

据菲律宾学者研究，他加禄语中有1500个词是汉语借词（其中绝大部分是闽南方言）。[2] 如：Ate（阿姐）、bakya（木屐）、bihun（米粉）、hibe（虾米）、hopya（薄饼）、kintsay（芹菜）、kutsag（韭菜）、lithaw（犁头）、petsay（白菜）、taho（豆腐）、yansoy（芫荽）等等。

缅语中也吸收了一些汉语借词，如"豆腐"、"包子"、"油炸桧"（油条）、"酱油"、"舢板"、"箸"（筷子）、"拍马屁"等。

值得一提的是，"油条"一词在缅甸、新加坡、马来西亚、印尼、菲律宾等地方言中都用闽南方言"油炸桧"的音译。

饮食烹饪

华侨带去的中国烹饪法和制作的中国食物，深得东南亚人民

[1] 孔远志：《中国印度尼西亚文化交流》，北京大学出版社，1999年版，第118页。

[2] [菲]F.赛义德：《菲律宾共和国——历史·政府与文明》（上册），中译本，商务印书馆，1979年版，第34页。

的喜爱。华侨制作的豆腐、豆芽、酱油、面条、包子、油条、馄饨等，成为当地人民价廉物美的食品。如，菲律宾人民喜爱吃扁食（馄饨）、杂碎、烧包、嫩饼（春饼）、焖牛肚、烤乳猪、米线及其他美味可口的中国食品。莴苣、芹菜、白菜、韭菜、豆腐、豆豉、豆干等已成为菲律宾人民的家常菜肴。又如，中国人首创的"甜酱油"（在酱油中加糖煎熬）已成为印尼人民喜爱的一种作料。泰国菜受中国烹饪影响很大，与中国潮州菜相近。马来菜受中国菜的影响也十分显著，被称为"塔夫"的豆腐等许多饮食原料被吸收到咖喱菜中，从而丰富了马来菜的内容。除此之外，东南亚人民烹饪用的圆底锅、小煎平锅及其他炊具也是华侨引进的。

筷子的使用

筷子（箸）是中华民族的发明创造。筷子可视作人类手指的延长。进食使用筷子是中华民族对人类生存的一大贡献，也是人类饮食文化进入文明期的标志之一。筷子及其筷子文化随着清代华侨大量移居东南亚进一步传播到东南亚各族人民之中，从而促进了东南亚饮食文化的发展。

服饰

菲律宾人喜欢用中国丝绸和棉布制成的"中国衫"（camisa de chino），贵族喜穿黄色服装，平民爱穿蓝布服装，逢丧事则身着素服。这些都受到华侨的影响。菲律宾民族服装"巴龙"源于中国的襟衫。

缅甸的成衣匠大多是华侨。缅族男子上衣式样取自中国汉族男子的对襟上衣，只是为适宜当地热带气候而去掉了领子。缝纫用的剪刀和针是从中国传入的。

泰国农民常穿中国式开襟衣和宽裤，显然是受到闽、粤籍华侨穿着的影响。

印尼亚齐人曾穿过一种"中国式衣服"（baju guntingan cina）。亚齐人还喜穿从中国进口的黑色农民服和用澳门黑丝绸制成的衣服。加里曼丹新当国（sintang，在坤甸河南部），妇女"衣服、饮食稍学中国"，"所穿沙朗水幔（即沙龙），贫者以布，富者则用中国丝绸,织为文彩,以精细单薄为贵。"[1] 雅加达息览人举行婚礼,新娘穿的结婚礼服是中国式的。

建筑和家庭摆设

东南亚许多地方诸如河内、顺化、西贡、爪哇、巴厘、马六甲、马尼拉、新加坡、吉隆坡、曼德勒等地的许多房屋和园林建筑是中国式的,均由华侨设计和制造,许多华人寺庙,亦均由华侨设计建造。各地引人注目的门前石狮、巨石楼梯、瓦片装饰、伞形圆屋顶、塔形钟楼、铁花格围墙、牌楼等,都是凝聚华侨心血的中国建筑艺术。至于家庭内、寺庙内的家具,如桌椅、橱柜、衣柜、箱子、百叶窗等等都是由华工制造和根据华工传授的技术而制造的。华侨传入的许多日用品,如碗、簸箕、水壶、木屐、鸡毛掸子等,给东南亚人民的日常生活带来很大方便。

农作物及其生产技术

东南亚各国的中国蔬菜、中国果品、中国花卉,诸如白菜、韭菜、荔枝、龙眼、月季花、菊花、茶树等作物及其栽培和制作(茶)技术,都是由华侨传入的。

20世纪上半叶,经济作物橡胶树经由东南亚华侨之手从东南亚成功引种于中国。东南亚华侨为发展祖国的橡胶种植业作出了可贵的贡献。

节日风俗

中华民族的传统节日如春节、元宵节、端午节、中秋节等,由华侨传入东南亚;中华民族的传统风俗如贴春联、放鞭炮、拜年、划龙船、舞龙、舞狮等,亦由华侨传入东南亚。

娱乐

中国人特有的娱乐文化,诸如下象棋、搓麻将、斗蟋蟀、斗鸡、放风筝、放焰火等也由华侨传入东南亚。

华侨把中国文化传播到东南亚的同时,也把东南亚文化传播到祖国,从而丰富了中华文化。

冷饮

一般中国人不喜欢吃冷的食物和喝冷的饮料,以为冷的食品容易伤身,热的食品宜于摄生。然而东南亚华侨因南洋气候炎

[1] 转引自周南京:《历史上中国和印度尼西亚的文化交流》,见周一良编:《中外文化交流史》,河南人民出版社,1987年版,第223页。

热，且因食品比较洁净，一改传统的饮食习惯，喜吃冷的食物和喝冷的饮料，如冰咖啡、冰茶、冰鲜果汁、汽水、冰激凌等。他们把冷饮略加变化，介绍到国内，如刨冰、汽水、冰激凌、冰咖啡等，受到中国人民的欢迎。

咖啡

东南亚人民有喝咖啡的习惯。华侨入乡随俗，也渐渐习惯于饮用咖啡，并以咖啡代茶待客。华侨将这一习惯介绍到国内，先在闽、粤侨乡，后及全国，流行早餐喝咖啡并加吃饼干一类的食品。一些人亦以咖啡款客。

水果上餐桌

按中国传统食俗，一般不用水果做菜上餐桌。经华侨介绍和推广，国人也学会用水果做菜或正餐后上水果甜品。

辣酱油

中国传统的调料佳品酱油，味咸而鲜，后又首创甜酱油，并传入印尼。而国内用辣酱油作调料，则始由华侨从南洋传入。

住宅

南洋归侨所建住宅，外观与屋内的装饰均受南洋影响。外观上大都略仿欧美的洋楼，屋内装饰以采光好、功能多、小巧玲珑、洗涮方便为原则。如广东开平县的乡村平原上矗立着的1833座碉楼，[1] 即有哥特式的尖顶、古罗马的拱券、拜占庭式的穹隆顶。闽、粤侨乡南洋化的房屋建筑，给中国民居和中国建筑业带来深刻影响。

家庭

按照中国传统习惯，家庭中妻的地位高于妾的地位。然而在南洋华侨家里，妾所生的子女与妻所生的子女地位相等，在择业、婚配、财产继承等方面一视同仁。这方面显然受南洋影响。

乡村向市镇发展

中国"近世文化所到的社区，有逐渐向市镇发展的趋势。生活的内容渐渐复杂，生活的方式随时改变，这些都市文化问题亦颇受南洋华侨的影响"[2]。都市化问题之一便是交通，交通便利之后，乡村与市镇的隔膜便可逐渐消失。中国侨乡社区交通的

---

[1] 张健文撰文摄影：《千碉王国·开平》吴平超序，香港银河出版社，2002年版。

[2] 陈达：《南洋华侨与闽粤社会》，商务印书馆，1938年版，第163页。

拓展、治安组织的建立，亦是直接或间接地得之于南洋的经验。

重视教育，倡导卫生体育

南洋华侨，特别是受教育程度较高者，对于东南亚殖民地国家的教育、卫生、娱乐，均有较好的印象。他们在写家信或回国的时候，不断向国人介绍，因此侨乡的教育、卫生及娱乐有局部改变。许多华侨乐于出资在家乡办小学、中学。娱乐方面，南洋华侨将网球、足球、曲棍球、毽球、羽毛球、藤球等介绍到国内，在侨乡尤为时兴。

经商办厂

南洋归侨及其侨属很自然地将自己在南洋经商办厂的经验带回国内，在侨乡经商办厂。如同治十一年（1872年）有一个广东南海的举人陈启源（1825—1905，曾到南洋经商）在他的家乡创设继昌隆缫丝厂，以后继续有人仿效，到光绪七年（1881年），在南海、顺德一带有了11家这样的厂，到光绪十八年（1892年）发展到五六十家，每家雇佣的工人自数十人、二三百人至七八百人不等。[1] 继昌隆缫丝厂的创建，开创了华侨回国投资建厂的先例，对近代工业企业的发展起了先导作用。侨乡多在我国东南沿海。东南沿海处在中外联系的前沿位置，贸易旺，信息灵，人气盛，率先迈开了从农业文明向工业文明转型的历史步伐，先行发展商业，最早成为中国政治、经济、文化发达的地区，推动了中国现代化进程。

二、各国唐人街与中外文化交流

中国移民辞妻别子，背井离乡，漂洋过海，到一个完全陌生的国度去谋生，实在是一件异常艰辛而又无可奈何的事。他们到达异邦后，由于人地两生，找不到栖身之所，又不谙当地语言，难免处处受人歧视。出于防御的需要和保护自己的本能，以及联络乡亲的感情和沟通家乡信息的需要，他们自然地集结一处，相聚而居。在华人移民不断增加的情况下，日久便成了最初的移民

---

[1] 胡绳：《从鸦片战争到五四运动》（上册），人民出版社，1981年版，第343页。

聚居点——唐人街。

　　海外华侨华人的居留地或居住区唐人街（China Town），又称中国城、中华街、华人区、华埠。它大致分为两种形态：一种规模较小，集中于都市的一个角落，或为一条主要大街及其相邻的几条小街，或成为数条街道的合称。北美、西欧、澳大利亚的唐人街多属此种。另一种是整个都市中心商业区都称为唐人街。如马尼拉、曼谷、西贡（堤岸）、雅加达、槟榔屿等。

　　世界各地的唐人街都充满了中国的风土人情。节令、饮食、建筑、语言、信仰……都带有浓厚的中国的文化特色。那高大气派的牌楼、丰富多彩的中国杂货、色香俱佳的中国饭菜、琳琅满目的中药铺子、儒释道三教合一的中式寺庙、随处可见的方块汉字和中文对联、充耳可闻的中国话语，使华侨如同置身异域的故乡家园。

　　1840年至第二次世界大战前，唐人街有多方面的文化功能：经济和商业、贸易中心；展示和传播中华文化的中心；华侨的安全防护区；华侨保持民族特性的重要阵地；华侨民族主义的温床。

　　一批接一批的中国人移居海外后，置身于一个语言、风俗习惯、文化背景完全陌生的社会环境中。为了生存和尽快站稳脚跟，总是选择唐人街作为第一站，因为在共同的文化价值观支配下，对自己的同胞和中华文化都有一种天然的认同感，从而在心理上获得完全感和亲切感，精神上获得慰藉和共鸣。

　　唐人街这一自然形成的华人群落，是靠"五缘"文化来维系的。所谓"五缘"，即亲缘、地缘、神缘、业缘和物缘。所谓亲缘，就是宗族亲戚关系。亲缘有血亲和姻亲之别，包括父族、母族和妻族。由于中国社会长期为父系社会，所以从这个核心扩而展之，便形成了以姓氏为标志结合起来的同父共祖的人群，其组织形式便是家庭、宗祠、宗亲会等等。所谓地缘，就是邻里乡党关系，常以籍贯认同形成小同乡和大同乡，其常见的组织形式便是各种同乡会馆。所谓神缘，就是共同的宗教信仰和共奉之神祇为标志而结合的人群，其组织形式便是神灶、教会等。其外在表现形式是中国寺庙。中式寺庙是华人移民的精神支柱,是华人移民举行宗教活动的公众场所,是华人移民进行社交活动的联系纽带,是华人移民济贫救灾的慈善机构。华人移民在海外建造寺庙,不仅表示华人移民要把过去中国故乡家园的那一套宗教信仰和生活方式原封不动地搬到新的移民地,同时也表示华人移民要在这里扎下根来,成家立业,安身立命。所谓业缘,就是以同业和同学而组合的人群,如各种商会、同业公会、协会、学会、研究会等。所谓物缘,则是以物(土、特、名、优)为媒介而发生关系并集合起来的人群,如以物为对象而成立的行会、研究会之类的组织。海外华侨华人基于共同的利害关系,一般都用"五

美国费城唐人街

缘"网络来维系相互间的关系,平时保持联络,有事守望相助。换言之,"五缘"文化网络是海外唐人街华人社会的坚强基石。

唐人街编织着无数海外华侨悲欢离合、艰苦创业的故事,凝结着无数动人心弦的中华乡愁梦。华人女作家卢淞曾这样描述唐人街:"癞痢头儿子也是自己的好。我爱中国城,只因为它属于我,跟我亲,在那里能找到温暖,满街大大小小的中国餐馆,一家挨一家的中国人开的商店,里面堆得满满的中国食物、用具、药品。不必去说洋文,中文人就懂。付账,讲问题,办事,国语全可通。真是中国得很,不由得你不爱她。"[1]这朴素的语言道出了海外华侨对唐人街所承载的中华文化的热爱。

华侨通过唐人街这一巨型文化载体,将中华文化的珍品——鲜美可口的中餐、功效奇特的中医中药、豆腐制品的制作技术、陶瓷器皿的烧制技术、茶树的栽培和茶叶制作技术、栽桑养蚕技术和丝绸纺织技术、风格别致的中国园林艺术等等,传输给侨居国人民,使他们从与中国文化的交流中受惠。

世界各地究竟有多少唐人街尚无确数,较大且有声名者约有50多处。如越南胡志明市堤岸,泰国曼谷耀华力路、石龙军路、嵩越路及三聘街,缅甸仰光广东大街(缅甸人称默哈班都拉街)、菲律宾马尼拉王彬街,新加坡牛车水街区,马来亚吉隆坡茨厂街、马六甲中国街,印度加尔各答中国镇,日本横滨中华街、神户南京町、长崎新地中华街,英国伦敦华埠、利物浦中国城及曼彻斯特中国城,法国巴黎唐人街,荷兰阿姆斯特丹唐人街,澳大利亚悉尼唐人街、墨尔本唐人街,巴西圣保罗唐人街,秘鲁利马加邦街,巴拿马唐人街,古巴哈瓦纳唐人街,墨西哥唐人街,美国旧金山唐人街、洛杉矶华埠、西雅图唐人街、波特兰唐人街、纽约中国城、费城华埠、芝加哥唐人街、夏威夷唐人街,加拿大温哥华唐人街、维多利亚唐人街、多伦多唐人街等。

处在域外文化包围中的各国唐人街华侨,与时俱进,一方面坚持继承中华民族传统文化的精华,另一方面不断吸纳域外文化中的有用部分,加以改造和创新,发展衍化为唐人街文化。唐人街文化是以中华民族文化为本原的一种新的移民文化。它是中华

---

[1] 朱煜善、王志明:《海外华侨》,上海古籍出版社,1998年版,第31~32页。

文化在海外的衍生与延伸。它处在中西两种文化的冲突、融合和嬗变的过程之中，具有明显的传承和超越的特点，且始终保持着源流活水，富有生命活力。分布于世界各地的一座座具有中华文化特色的唐人街，是中华文化在海外的展示，它起着弘扬中华文化、促进中外文化交流、密切华人社会同当地人民的友好关系并与之共同繁荣的作用；同时它也成为西方主流社会多元文化的重要组成部分，丰富了世界文化。

日本横滨唐人街

第二十一章
中国文化精华的外传及其影响

近代西方文化尽管先进，然也不是十全十美；近代中国文化尽管落后，但也不是一无是处。就总体而言，东西方文化各有所长，也各有其短。由于"互通有无"文化交流规律的存在，一方文化总是向另一方吸纳自己所不曾拥有的东西。同中国文化相比，西方文化在谋略学、文学、伦理学等诸多领域，明显不具优势，略逊一筹。中国文化之精华仍然受到近代域外有识之士的青睐，不断向外输传，即所谓东学西渐，且对近代域外文化产生重大影响。

一、《孙子兵法》

《孙子兵法》是中华璀璨文化中一块光芒四射的瑰宝。它诞生于中国的春秋战国时代，距今已有2500多年的历史。由于其内容博大精深，所阐述的原则具有极大的时空跨度，闪烁着非凡的智慧之光，被世界公认为"兵学圣典"、"世界古代第一兵书"。作者孙武被推崇为"百世兵家之师"和"东方兵家鼻祖"。

《孙子兵法》的作者孙武，是中国古代著名的军事理论家和有组织才能的军事活动家。其生卒年月，历史无记载，大致与孔子同时代，即公元前500年前后。据《史记·伍子胥列传》记载：公元前512年，经吴国大将伍子胥推荐，孙武以《兵法十三篇》

觐见吴王阖闾。《兵法十三篇》即《孙子兵法》。《孙子兵法》的问世，是我国古代军事思想成熟的标志，反映了奴隶制度向封建制度过渡时期新兴地主阶级蓬勃向上的革新精神。

《孙子兵法》不仅在国内享有盛名，代代相传，而且在国外也被译成多种文字，广泛传播，特别是一些西方发达国家，十分重视《孙子兵法》的研究和运用。

《孙子兵法》的外传以日本人为最早。将《孙子兵法》携归日本的第一人是唐朝中叶日本奈良王朝的遣唐副使吉备真备（695—775）。公元717年，他以留学生身份随第九次遣唐使入唐都长安，拜名士赵玄默为师，专修经史，兼涉众艺。19年后（735年，天平七年），他携带大量中国书籍（包括《孙子兵法》）上献日本朝廷，又将在中国所学传授他人。公元760年冬，时任太宰府大贰之职的吉备真备在太宰府亲自传授《孙子兵法》。从8世纪末叶起，《孙子兵法》逐渐在日本流传开来。1660年，日本首部日文《孙子兵法》问世，随之掀起了研习《孙子兵法》的高潮。《孙子兵法》影响了日本军事思想，并成为日本军事思想的主体。

发生于近代1868年的日本明治维新，使日本迅速迈向资本主义。尽管当政者推行"和魂洋才"，但日本军界依然信奉《孙子兵法》，认为中国古代这位兵法大师的学说对现时代战争仍有指导意义。这一时期叱咤风云的军事统帅多数人兼修东西两种军事学说，并努力将孙子兵法付诸战争实

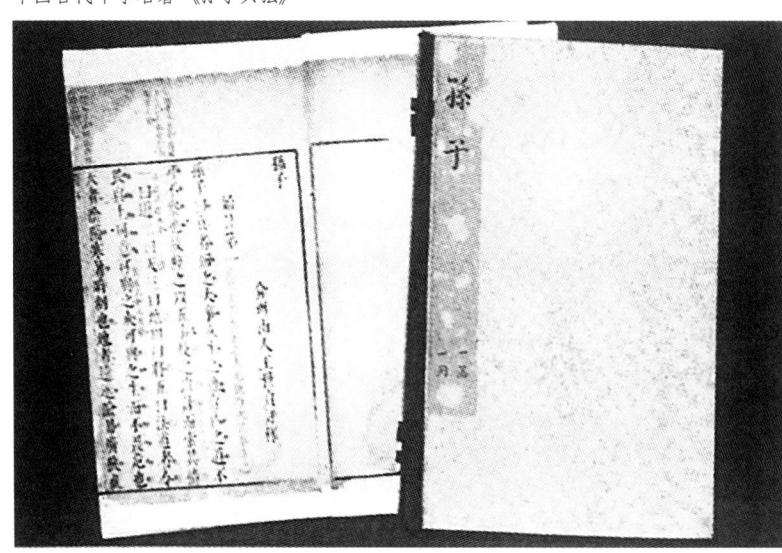

中国古代军事名著《孙子兵法》

践。日俄战争中,日本海军联合舰队司令东乡平八郎随身携带一册《孙子兵法》奔赴海战战场。他在海战的布阵与实践中,借鉴《孙子兵法》中"以逸待劳,以饱待饥"的作战指导思想,率领日本联合舰队主力于开战前集结到镇海湾作战海域,及时组织训练、演习。与此相反,俄国海军舰队于1904年10月中旬才从欧洲起航,远涉重洋3万余公里,辗转颠簸半年余,才驶临战区。此时舰损人乏,战斗力降低1/3。因此,当这支疲惫不堪的俄国舰队驶入对马海峡,遭到潜伏已久的日本舰队突然袭击时,很快便失去战斗力,在猛烈炮火袭击下全军覆没。这是日本运用《孙子兵法》中"以逸待劳"原则作为指导思想而取得胜利的显例。

在第二次世界大战中,日本军政首脑将《孙子兵法》的"慎战"思想置诸脑后,结果必然导致战争的失败。对于此次大战日本的惨败,当代日本军事评论家小山内宏不无遗憾地指出:当年发动战争,"原以为有办法的","只要实行神化战术就能取得胜利","结果失败了";如果当时"认真学习一下这部《孙子兵法》就不会贸然发动那一场战争"。他以《孙子兵法》为准绳,从反面总结了日本在第二次世界大战前决策的失误和战败的教训。

截至20世纪第二次世界大战前,日本出版有关《孙子兵法》的专著达百种以上。其中有50种以上专著,已于1936年前返传中国。

第二次世界大战后,日本对《孙子兵法》的学习研究方兴未艾。专业研究人员之多,专著专版之丰,涉及领域之广,均为其他东西方各国所不及,尤其是日本把《孙子兵法》思想运用到商业管理和企业管理中,取得巨大成功。这就是日本经济在第二次世界大战后迅速发展的秘诀之一。

《孙子兵法》传入西方近200多年,而以传入法国为最早。1772年,一位曾经在北京居留多年的法国神父约瑟夫·阿米奥特(Joseph Amiot)根据《武经七书》满文手抄本,对照汉文版本,将《孙子兵法》翻译为法文,作为《中国军事艺术》丛书中的第二部在巴黎出版。这是迄今可考的第一部《孙子兵法》的西方译本。译者阿米奥特在该书扉页上写道："中国兵法。公元前中国将领们撰写的古代战争论文集。凡想成为军官者都必须接受以本书为主要内容的考试。"该书一经问世，便引起轰动，多家杂志摘要转载。据传，法国大革命后叱咤风云、威震欧陆的资产阶级政治家和军事家拿破仑（1769—1821）曾研读过此书。拿破仑失败后被流放于圣赫勒拿岛。此时，他有更多的时间读书。一天，当他读到《孙子兵法》时，先是拍案叫绝，进而仰天叹息："倘若我早日读到这部兵书，我是不会失败的。"

《孙子兵法》的第一部俄文译本，是俄国汉学家斯列兹涅夫斯基于1860年完成的。他将译作题名为"中国将军孙子对部将的训示"，刊行于当时的《军事汇编》第13卷。1888年，俄军总参谋部即开始撰文介绍《孙子兵法》。第二次世界大战期间，根据伏罗希洛夫学院的建议，苏军重译《孙子兵法》，并将其列为军事学术教学研究的重要内容。第二次世界大战后由中尉E.N.西道连柯将中文版本译成新俄文本《孙子兵法》于1955年发表，从此扩大了《孙子兵法》在前苏联及东欧各国的影响。译者西道连柯在该书前言中写道："古代中国高度发达的文化促进了它军事学术的高水平发展。当欧洲人还不知道进行战争的知识体系为何物时，中国的将帅已在尝试总结战争的经验。""公元前5世纪末中国的统帅孙子所写兵法一书，正是当时军事理论思想的发展已达到很高水平的一个证明。"E.A.拉津教授也在《导论》中指出，"军事科学的萌芽在远古时代即已产生……实际上排在最前列的应当是古代中国"，"中国古代军事理论家中最杰出的是孙子"，"孙子在古代中国军事理论思想发展中所起的作用之大，相当于古代世界的亚里士多德在许多领域发展的知识"。

1905年，一位在日本学习语言的英国皇家炮兵上尉卡尔思罗普（E.F.calthrop），由日文版《孙子兵法》转译成英文版在东京出版，书名为《孙子》。这是《孙子兵法》的第一部英译本。该本讹误甚多，未能完整准确地表达孙子的原意。当时任大英博物馆东方书刊和书稿馆助理馆长的L.贾尔斯（Lionel Giles，1875—1958）认为卡尔思罗普的译文"糟糕透顶"，使"孙子蒙尘受辱,需要为其正名",遂凭借自己深厚的汉学功底,根据中文原版重译《孙子兵法》,定名为《孙子兵法·世界最古老的兵书》,于1910年在伦敦出版。该书注释详尽,语言流畅,在英、美等国深受好评,重版数十年而不衰。

　　第二次世界大战后,英国著名战略理论家利德尔·哈德在《孙子兵法》新译本序言中说:"这本书堪称兵法之精华,在过去所有的军事思想家中,惟有克劳塞维茨可以与孙子相提并论。然而,克劳塞维茨著书立说的时间虽然比孙子晚2000多年,但他在观点上却比孙子落后,而且有些观点已经过时,相比之下,孙子看问题更加敏锐、更加深刻,他的学说具有不朽的生命力。""在导致人类自相残杀、灭绝人性的核武器研制成功以后,就更需要重新而且更加完整地翻译《孙子》这本书了。"

　　英国蒙哥马利元帅1961年接受毛泽东主席会见时,曾提出要把中国的《孙子兵法》作为世界军事学院的教材。

《孙子兵法》的各种文本

1910年，德国人布鲁诺·纳瓦拉（Bruno Navarra）将《孙子兵法》译成德文出版，书名为《兵法——中国古典军事家论文集》。发动第一次世界大战的德皇威廉二世（1859—1941）被废黜后逃亡荷兰侨居时曾读过它。当他读到"火攻篇"最后一段："主不可以怒而兴师，将不可以愠而致战，合于利而动，不合于利而止"，不禁喟叹："早二十年读《孙子兵法》，就决不至于遭受亡国之痛苦了！"著名德国军事家克劳塞维茨也深受《孙子兵法》的影响，其名著《战争论》就吸纳了孙子的许多思想。

在《孙子兵法》的研究运用方面，西方国家大多集中于军事领域。以美国为例，1921年，美国陆军军事学院就将《孙子兵法》列入1921年至1922年度的授课内容。美国军事出版社1944年出版英文版《孙子兵法》，1953年再版。朝鲜战争结束后，美国朝野普遍开始重视对《孙子兵法》的研究。美国新版《作战纲要》开宗明义地引用《孙子兵法》"攻其无备，出其不意"的名言，作为其作战的指导思想。美国前任陆军参谋长、驻越南侵略军司令威斯特摩兰，在20世纪70年代中期出版的《一个军人的报告》一书中，引用《孙子兵法》名言，"夫兵久而国利者，未之有也"作为他说服美国领导阶层从越南撤军的理论根据。"兵贵胜，不贵久。"美国在越南战争中的失败正应了孙子的话。在美国著名大学中，凡教授战略、军事学课程的，无不把《孙子兵法》作为必修课。20世纪70年代后期，美国对《孙子兵法》的研究和运用，从军事领域延伸到政治、经济、外交、文化、体育诸领域。除军界及专门机构外，民间就有近百个研究《孙子兵法》的学会、协会或俱乐部。《孙子兵法》在美国广泛传播，对美国的军事战略、政治战略和国家战略的制定都起着指导作用。

2500年前的中国先哲孙子，是超越中华文明圈对世界产生巨大影响的少数中国伟人之一。其所著《孙子兵法》在近代能在西方国家得到如此广泛深入的传播，并对这些国家的政治、军事、经济产生如此重要影响，这说明《孙子兵法》思想是不朽的，它是世界人民的共同财富。

二、《三国演义》

产生于明初的章回小说《三国演义》是中国长篇历史小说的开山之作。它是山西清徐人罗贯中（约1330—约1400）在史书《三国志》和民间传说的基础上进行再创造的作品。《三国演义》问世不久，便不胫而走，越出国界，流传到国外，并对一些国家的社会生活和文学艺术产生了不可忽视的影响。600年来，《三国演义》已经被亚、欧、美洲诸国译成日、朝、越、柬、拉丁、西班牙、英、法、俄等各种文字，全译本、节译本共达60多种。

《三国演义》首先传到日本。早在公元1692年，日本京都天龙寺僧人义辙、月堂以"湖南文山"的笔名译写《通俗三国志》，刊行于世，开日本版"三国"之先河。其后，日本对《三国演义》进行训点、翻印、改编、改写、节译，应有尽有。其中翻译家吉川英治在1939年至1943年编译的《三国演义》影响最大。吉川英治编译的日文版《三国演义》，以日本人津津乐道的大众小说体裁和风格分为桃园、群星、草莽、臣道、孔明、赤壁、望蜀、图南、出师、五丈原，共10卷，终使"三国"的故事在日本家喻户晓。

值得一提的文化现象是，几乎所有的日本版《三国演义》写到"星落秋风五丈原"便戛然而止，似乎诸葛亮是"三国"中最主要的人物，他的死就意味着"三国"的结束。这是日本版《三国演义》与中国正统《三国演义》最明显的不同之处，反映出中、日两种文化的差异。研究中国古典文学的日本学者中野美代子认为：读了《三国演义》，中国人偏爱张飞，日本人推崇孔明。也许是孔明"借东风"的神秘力量和奇计迭出的精妙，更接近日本人喜欢朦胧、避免明确的心理气质。总之，各个层次、各种职业、各个年龄段的日本人都能在诸葛亮的身上找到自己的楷模。学者们赞赏孔明的博学儒雅；领导者希望部下能"鞠躬尽瘁，死而后已"；青少年钦佩孔明的雄才大略，有人学习孔明的涵养气度，有人称道孔明的治国有方；各大公司的经理更需要大胆进言、勇于献策、"虽九死其犹未悔"的孔明式的谋士……可以这样认为，孔明以忠孝为核心的道德观念，与日本民族的价值标准是极为接近的。[1]

第二次世界大战后，日本企业界人士掀起了一股研究《三国演义》的热潮。日本企业界人士指出，人们之所以对《三国演义》推崇备至，视为珍品，就是认为书中有宝。在激烈的商业角逐中，读读《三国演义》大有裨益，精心研究《三国演义》可寻得秘诀，为事业的成功铺平道路。

日本人读《三国演义》，也研究《三国演义》，使《三国演义》在日本成为处世良方、成功之路，并进入组织学、管理法、领导术、战略论等领域，成为一门专门的"三国学"。于是，《孔明的人生哲学》、《刘备的战略》、《三国志与人学》、《三国志与统帅学》之类的书便纷沓而出，使"三国"进入了更广阔的社会人文领域。

明清时期，由于韩国李朝使节来华大量采购中国书籍，《三国演义》等中国古典小说得以传入韩国。《三国演义》尤其受到韩国人民的喜爱，并被译成韩文出版。为了便于人们阅读和传播，韩国文人曾把《三国演义》中的一些故事单独抽出，编辑成单行本出版，如《赤壁大战》、《山阳大战》、《华容道》、《关云长实记》、《诸马武传》、《姜维实记》等，便于人们阅读和传诵。《三国演义》以人物言行来表现其思想性格的人物塑造方法，对韩国古典小说的人物塑造极有影响。韩国的军事小说如《李舜臣传》、《金德龄传》、《权栗将军传》、《郭再佑传》、《刘忠王烈传》、《权益重传》、《林虎隐传》、《大成龙门传》、《李大凤传》、《西山大师传》等作品，都在不同程度上借鉴了《三国演义》的人物塑造和战争描写的手法。

越南是与中国山水相连的兄弟邻邦。由于长期的历史关系和文化影响，越南人民对《三国演义》早已家喻户晓。原先，他们主要通过汉文本阅读。1907年，阮莲锋用现代越南文译出《三国志演义》，在西贡出版。其后，阮安居的译本于1909年在河内

[1] 林晓光：《日本的"三国文化"热》，《世界知识》1991年第7期。

出版。继之有潘继秉、阮文咏、丁嘉欣、武甲、严春林、贤良、武熙苏、湖海浪人的译本分别在西贡、河内、海防等地出版。在这些译本中，阮安居、潘继秉、阮文咏的本子曾多次重印。其中潘继秉翻译的全译本《三国演义》（120回）初版于1923年。

越南人民喜读《三国演义》。越南学者邓台梅先生曾有一段有趣的自述：

"……我发现大人们仍喜欢看小说，所以我也看起小说来。开始，我顺手抓到《三国演义》。真太好了，我完全被它迷住了……对那些所谓'天下大事'……都略过去了。可是看到有关曹操、孔明的段落就不同了，连饭拿到嘴边都不愿把书放下。我读着读着，快乐与悲怆轮番叩击我的心扉。记得有一次，夜已深了我还在读，祖母醒过来把书抽走，逼到我上床才算罢休……我还记得，第一次我读到关云长死去的时候，我痛哭起来，只得把书搁置几天。可是再拿起来读时，读到那段就又哭起来，只好再停下。这样反复了一个月的时间，我的痛苦逐渐缓和了，才又继续读下去。可是读到张飞死去的段落，我又哭了，又只好停下来。接着是第三次，读到孔明死的时候，和上两次一样，又哭得读不下去了。结果花了好几个月的时间，才把这部书读完。"[1]邓先生虽只是千万越南读者中的一个，但他读《三国演义》时的情感起伏却是带有普遍性的。

《三国演义》在泰国流传甚广，影响颇深。公元1802年，泰国曼谷王朝国王拉玛一世（1782—1809）钦定翻译家昭披耶帕康组织人员，先由精读汉文《三国演义》的人员译出大意，再由精通泰文的人员据此用通俗泰语译出，取名《三国》，译本全套95册。它是第一部被译成泰文的中国小说。泰文译本《三国》出版后，成了泰国当时最畅销的书，读者争购一空。为了满足广大读者的要求，只好重版。重版后仍然供不应求，只好再版。至曼谷王朝五世时期（1868—1910），《三国》泰文译本共再版了六版之多。泰国人民对《三国演义》的热爱，由此可见一斑。

1914年，泰国文学会把这部《三国》泰文译本评选为泰国优秀小说。

---

[1] 颜保：《越南文学与中国文化》，载卢蔚秋编：《东方比较文学论文集》，湖南文艺出版社，1987年2月版，第276页。

泰国出版的泰文版《三国演义》上、下册书影

曼谷王朝七世时期（1925—1934），泰国著名作家兼文学评论家、皇家图书馆馆长丹隆·拉查努帕亲王为了弥补首版本的不足，于1927年组织人力进行修改和补充，然后印刷出版。丹隆亲王和一些文学评论家还撰写了数篇诠释性评介文章，放在新版本正文之前，大大方便了读者阅读。这些文章是：《话说〈三国〉》、《谈〈三国〉的翻译语言》、《谈〈三国〉的印刷出版》、《〈三国〉梗概》、《论对〈三国〉的评介》《谈〈三国〉的插图》和《谈〈三国〉的版图》等。新版本按泰国人的习惯，采用佛历纪年；加有插图和注释，比旧版本更臻完美，因而沿用至今。可以说，《三国》泰文译本新版本身，堪称一部熔中泰文学精萃于一炉的鸿篇巨制。

泰国王室贵族视《三国演义》为一部不可多得的研究治国和用兵之道的珍贵典籍，将之列为王室成员和军事将领学习兵法和安邦之道的必读典籍。于是，泰文版《三国》又成为书籍收藏家搜寻的奇珍异宝和达官贵人馈赠亲友的高档礼品。曼谷王朝四世王蒙固（1851—1868年在位）一次就买了50套《三国》分赠王子们。著名的曼谷王朝五世王朱拉隆功（1868—1910年在位）

的书房里，现今还保存着他生前爱读的《三国》。曼谷王朝的代表性建筑物大皇宫（建于1782年）内，就树有4扇牙雕《桃园三结义》的大型屏风。在泰国各级学校使用的教科书中，《三国演义》的精彩选段，如《草船借箭》、《火烧战船》被选入中学泰文课本。

《三国》泰文译本形成的新文体——"三国文体"，对泰国现代文学艺术的发展产生了莫大的影响。随着《三国》的广泛传播和对之研究的深入，泰国产生了不少以三国故事为题材的戏剧和说唱文学作品。如剧本《献帝出游》、《吕布除董卓》、《周瑜吐血》、《孙夫人》、《董卓迷貂蝉》、《周瑜智取荆州》等相继问世。显然，中国《三国演义》的某些章节内容已被深深地移植到泰国文学作品之中了。

丹隆亲王在《三国》新版本前言中曾高度评价《三国演义》在泰国的流传和影响。他说："泰国人人喜爱《三国》。达官贵人爱读《三国》书，黎民百姓爱看《三国》戏……它使我国的文化教育事业得益匪浅，并使之发展到一个新的境地。"[1]

《三国》翻译的成功，促成了泰国人的"三国热"。"三国热"又引发了翻译中国历史演义故事的热潮。20世纪20年代，报纸若不刊登中国历史演义故事就会影响销路，由此可见《三国演义》在泰国影响之大。

20世纪初，旅居马来亚的中国华侨曾锦文（1851—1920）曾把《三国演义》译成马来文出版。于是，《三国演义》便在马来亚流传开来。

第二次世界大战之前，《三国演义》马来文本传到"千岛之国"印度尼西亚，于是，它又在印度尼西亚广为传播。

欧洲最早译介《三国演义》始于19世纪初期，译者多为19世纪来华任外交官的汉学家。英人汤姆斯（P.Thoms）译《著名丞相董卓之死》，载《亚洲杂志》（*Asiatic Journal*）1820年版第1辑卷10及1821年版第1辑卷11，内容是《三国演义》的第一回至第九回的英文节译。英国汉学家司登得（George Cartes Stent）节译的《孔明的一生》，连载于英文版《中国评论》

---

[1] 潘远洋：《〈三国演义〉在泰国》，载《东南亚》杂志1985年第2期。

（China Review）第 5 卷（1876—1877）、第 6 卷（1877—1878）、第 7 卷（1878—1879）、第 8 卷（1879—1880），内容即《三国演义》中描述的诸葛亮一生的故事。英国汉学家翟理斯（H.A. Giles）所译《三国演义》的片段译本，最早发表于《历史上的中国及其他概述》一书。此书 1882 年由伦敦 T.德拉律出版公司出版。

欧洲出版的《三国演义》英文全译本，仅有英国汉学家邓罗（C.H.Brewitt-Taylor）所译的英文译本，1925 年上海英商别发洋行出版，共 2 卷。学界认为邓罗的译文不确切，错误不少，且原文中的诗词多半被删。

1869 年英国伦敦兰金公司出版由亚历山大（G.G.Alexander）译编的有关《三国演义》人物貂蝉的一部剧本——《貂蝉：一出中国五幕剧本》。

法文片段译文，最早由法国汉学家朱利安（Stanislas Julien）节译《三国演义》第三回至第九回故事，题名"董卓之死"，附入 1834 年巴黎穆塔迪埃出版社出版的朱利安译《赵氏孤儿》一书。

德文片段译文，最早由德国汉学家顾维廉（Wilhem Grube）译出，题为"祭祀亡灵的仪礼"，内容为选译《三国演义》第九十一回《祭泸水汉相班师》的段落，载《北京东方学会杂志》（JPOS）1894 年第 4 期。顾维廉的专著《中国文学史》还收有《三国演义》前九回的摘译文。

荷兰文片段译文由哥罗纳（C.C.S.Crone）译出，题名"桃园：编草鞋匠"，1943 年乌德勒支 A.W.波罗纳出版社出版，附插图。

以上事实说明，《三国演义》这部优秀的中国古典小说，由于它具有崇高的思想性、震撼人心的艺术性，600 多年来在世界许多国家广为流传，给这些国家的政治、文化、道德、习尚等等方面以深刻的影响。

三、《红楼梦》

《红楼梦》从18世纪中叶（清代乾隆年间）开始，先在封建士大夫和市民阶层中辗转传抄。作者曹雪芹去世（1763年前后）不过30年左右就已风靡全国，不久即传入日本。

1793年11月，南京王开泰的"寅贰号"商船，由浙江乍浦驶抵长崎港，船上载有《红楼梦》9部18套。此时距程伟元、高鹗刊行《红楼梦》（程甲本）刚刚两年。这是《红楼梦》一书最早向国外流传。从那时起，到20世纪20年代，《红楼梦》不仅传入了日本、朝鲜、越南、泰国、马来亚、印尼等亚洲国家，而且于19世纪30年代起开始流传到欧洲各国，被翻译成10多种语言文字，在世界范围内拥有千万读者，成为世界各国人民的共同财富。

《红楼梦》一书传入日本后，引起了日本文人学者的极大关注和喜爱。当时日本外国语言学校一反以中国南京官话为中心的教育方针，转而对北京官话加以注重，并以《红楼梦》为教材。[1]

《红楼梦》的日译本，最初是摘译，即摘录《红楼梦》中的某段故事情节加以翻译。这样的摘译本有多种问世。如，岸春风楼译本《新译的红楼梦》（1916年文教社版），幸田露伴、平冈龙城合译本《国译红楼梦》（1920—1922年，国民文库刊行）等。这种摘译本在传播《红楼梦》方面所起的作用是值得肯定的。但是，这样的片段摘译并不能满足日本读者的要求。于是20世纪40年代开始出现了多种全译本。

其中著名的全译本有：松枝茂夫译本《红楼梦》，1940—1951年，岩波书店"岩波文库"本14册，120回；石原严彻译本《新编红楼梦》，1960年，后春堂版，等等。

《红楼梦》全译本的大量出现，使日本人民有机会看到《红楼梦》的原貌，促进了日本人民对曹雪芹生活的18世纪的中国封建社会的全面认识，从而对数千年的中华优秀文化更有所了解

---

[1] 胡文彬：《〈红楼梦〉在国外》，中华书局，1993年版，第9页。

和认识，同时也推动了日本汉学家对《红楼梦》的研究。

20世纪30年代，日本的《红楼梦》研究进入了一个新阶段——从一般的介绍评论到深层次的研究阶段。这一时期的代表人物是大高岩。他的一生与《红楼梦》紧紧地联系在一起。1927年，他22岁，经大连到北京。从此时开始，大高岩对《红楼梦》产生浓厚兴趣。1930年（25岁时）开始发表研究文章。1932年归国后，他用40年时间继续写研究《红楼梦》的专著和论文。

中国清代文学家曹雪芹

专著有《〈红楼梦〉研究》等，论文有《小说〈红楼梦〉与清朝文化》等。20世纪三四十年代，在日本的红学家中，大高岩对《红楼梦》的研究和评论是最全面、最系统的，他对曹雪芹和《红楼梦》的评论也是最具体、最深刻的。

自1793年《红楼梦》传入日本，经日本学人整整100年的翻译、注解、评论和研究，到1892年日本著名文学家、汉学家森槐南（1863—1911）发表《〈红楼梦〉评论》一文，可以说创建了一门汉学新学科——日本红学。自1892年至1938年这一时期，既是日本汉学得到长足发展的时期，也是日本红学得到长足发展的时期。由于日本汉学家加盟《红楼梦》研究，尤其是大高岩（1905—1971）的突出表现，为日本红学增添了光彩。

日本红学在国际红学领域，除中国之外一直处于领先地位。不仅日译本的《红楼梦》在数量上首屈一指，《红楼梦》研究的学术文章也名列前茅。[1]

《红楼梦》约在清嘉庆末年至道光初年传入朝鲜半岛。当时朝鲜知识阶层是可以直接阅读汉文版《红楼梦》的，但民间不懂汉文的人数居多，于是出现了多种《红楼梦》的翻译本，如乐善斋本《红楼梦》、《红楼梦补》、《续红楼梦》、《红楼复梦》、《后红楼梦》等。其中乐善斋本《红楼梦》，中朝文对照，120回，每回一册，计120册，约于1884年问世。它是中朝两国具有密切文化交流的历史见证。

《红楼梦》传入朝鲜之后所产生的影响，除了作为官话教科书、翻译、收藏之外，还引起了朝鲜作家、艺术家们的浓厚兴趣。例如，朝鲜语的著名古典小说《玉楼梦》（作者南永鲁，成书于19世纪中叶）和《九云记》（作者无名子，成书于李朝后期）就是在《红楼梦》影响下写成的。

[1] 孙玉明：《日本红学史稿》绪论，北京图书馆出版社，2006年版，第2页。

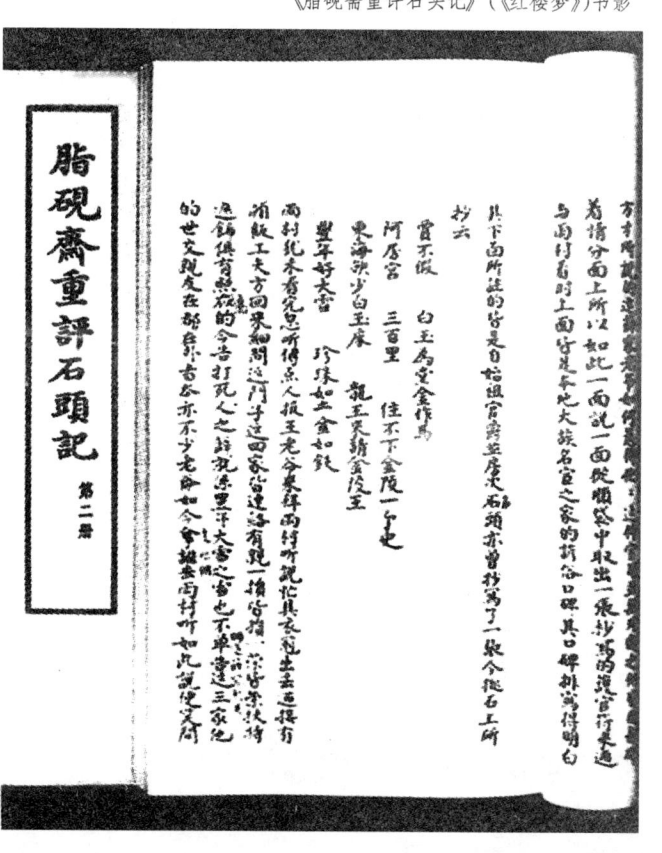

《脂砚斋重评石头记》（《红楼梦》）书影

《红楼梦》传入越南的时间虽不算太早，但它一经翻译成越南文之后，就受到了越南读者的欢迎。越译本《红楼梦》前80回由武培煌、陈允泽译，后40回由阮育文、阮文煊译，1959年开译，1962年至1963年由河内文化出版社出版，120回，共6册。译本以北京人民文学出版社1957年版作底本，卷首有越中友好协会会长裴杞写的前言。越译本《红楼梦》的问世，为中越文化交流又架起了一座桥梁。

《红楼梦》约于拉玛二世王朝（1809—1825）传入泰国。目前所见到的泰文版《红楼梦》是泰国曼谷建设出版社1980年出版的哇拉它·台吉高译本。该译本属于节译本，共40回。译文底本是王际真的英文节译本。前有译者的序言和洛·哇拉维旺撰写的长文《〈红楼梦〉的分析》。

泰国学者对《红楼梦》的研究始于1949年。1983年泰国国光图书杂志社出版华侨学者张硕人的研究专著《中国古典文学〈红楼梦〉研究点滴》，所收论文近30篇。

俄国早在1843年就译介《红楼梦》。当年的一家主要杂志《祖国记事》第26期刊载了东正教驻华使团归国的一名译员柯万科所译《红楼梦》第一回的半篇。此事曾引起著名文艺评论家别林斯基的赞赏。此后的100多年里，曾几次有人计划翻译全书，终因太难而未果。

1880年瓦西里耶夫院士在《中国文学史纲要》中评介章回小说时曾把《红楼梦》放在首位，编出故事梗概作简要介绍，并突出其巨大的价值。

20世纪50年代，120回《红楼梦》俄文译本（两卷本）首次由国家文学出版社于1958年出版。译者帕纳秀克，其中诗词系孟列夫译，费德林写了俄译本序。

苏联评论《红楼梦》的人不少，其中最有影响的有两人：一人是莫斯科大学教授波兹涅耶娃（1908—1974）。1954年她为中国语言学家王力《汉语文法》俄译本写了序。由于这本文法书里许多例句出自《红楼梦》，序文便题为"论《红楼梦》"，通过这本书苏联读者既能够理解文法，又可以了解《红楼梦》的内容。这篇长达15页的序文涉及《红楼梦》的成书、作品内容、人物形象和思想倾向等方面，是一篇向苏联读者全面详细介绍《红楼梦》的文章。另一人是莫斯科大学副教授林林（林伯渠的女儿）。她1959年毕业于苏联作家协会的高尔基文学院，后到莫斯科任教。1972年以论文《〈红楼梦〉中新人研究》获副博士学位。

俄国一向重视收藏中国文学作品的原文本。东正教使团驻北京的历届团员携回不少包括《红楼梦》在内的古本书。1964年，苏联著名汉学家李福清博士在列宁格勒图书馆调查中国小说俗文学的各种藏本时，发现了一种前所不知的80回《石头记》。经过考证，这是连中国也没有的孤本。这样，就在我国已知的《红楼梦》12种抄本以外，增添了第13种抄本。此抄本系1839年来华的东正教使团第11届教士团学员巴维尔·库尔梁德采夫于清道光十二年（1832年）回国时带去的80回抄本，现藏俄罗斯科学院东方研究所圣彼得堡分所。1986年中华书局将之影印分6册出版。这是我国最早流传到俄国的古典文学作品之一。

《红楼梦》何时流传到德国，史无明文。1828年，德国法兰克福出版的《中国学》杂志第4卷才发表W.Y.J翻译的《红楼梦》片段。1932年，德国著名汉学家弗榔茨·库恩的德文节译本《红楼梦》在莱比锡岛社出版。大多数德国人是通过库恩的这本节译本了解和欣赏中国古典文学名著《红楼梦》的。

库恩的德文节译本《红楼梦》出版后，在欧洲产生广泛的影响，先后有英、法、意、匈、荷等文种的《红楼梦》，根据该节译本转译出版。

20世纪30年代，德国汉学家对《红楼梦》的翻译、研究和评论出现了一个黄金时期。《红楼梦》在德国的流传、翻译和研究不仅标志着德国汉学的高度发展，而且也是德国汉学研究者们东方意识增强的一种体现。

在西方国家中，《红楼梦》最早传入英国，而且英文译本也最多。1830年，英国皇家学会会员戴维斯的《红楼梦》三回片段，发表在英国皇家亚洲学会杂志第2卷上，题为"中国诗歌"。1842年，英国人罗伯特·汤姆在《中国话》（浙江宁波版）上发表了英译《红楼梦》，这是一篇浓缩的译文。英国人波拉译过《红楼梦》的前8回，1868年连载于上海出版的《中国杂志》上。1892年，英国驻澳门副领事裘里翻译《中国小说〈红楼梦〉》（第1回），在香港出版。翌年，在澳门出版该书第2册。裘里译本译至第56回，占原书的7/10，是19世纪英国人出版的最早的一部《红楼梦》单行本。它代表了19世纪英译《红楼梦》的水平。第一个《红楼梦》全书的英文节译本是王良志1927年在纽约出版的《红楼梦》。该译本基本上接近原来篇幅，是一个较为成功的英译本。1929年，王际真英译本《红楼梦》在美国纽约两家出版公司出版。该译本虽然仍是一个仅有原书一半回数的英译本，但在西方读者中颇受推崇，因而在推动《红楼梦》在西方英语读者中流传方面作出了积极的贡献。

《红楼梦》传入法国约在19世纪末至20世纪初。1885年至1902年出版的《法国大百科全书》第11卷"中国条"中介绍了《红楼梦》一书。

20世纪30年代开始，《红楼梦》被节译成法文。1933年，德拉格拉夫图书公司出版的巴黎版《现代中国文学选集》（巴拉丛书）连载徐颂年节译的《梦在红楼》。1949以前，法国一直没有全译本《红楼梦》问世。法国对《红楼梦》的研究和评价，始于20世纪30年代，研究者多为旅法的中国留学生或华侨学者。1934年，李辰冬所写的博士论文《〈红楼梦〉研究》在巴黎出版。1935年，吴益泰著《爱情小说——〈红楼梦〉——曹雪芹生平》由维加书刊社出版。1936年，里昂大学留学生著博士论文《〈红楼梦〉——18世纪中国著名小说》，由里昂波士兄弟公司出版。同年，巴黎大学卢月化的博士论文《红楼梦派的中国少女》，由罗维敦公司出版。这些论著不仅推动了法国的红学研究，而且在传播《红楼梦》方面也起到了良好的作用。

鲁迅先生说过，"只有民族的，才是世界的"。《孙子兵法》、《三国演义》和《红楼梦》的外传史表明，一部具有民族风格的优秀著作，不仅能感动本民族人民，而且也必能赢得不同民族、不同国家人民的重视和喜爱。它不会因为时间、地点的改变而失去魅力，更不会因为思潮的动荡和学说、舆论的风云变幻而失去光彩。上述三部优秀著作所深含的意蕴睿智、独有的东方神韵，在广阔的文化层次上，将永远具有现代意义，永远不会竭尽它们对人类思想文化宝库所作出的最重要的贡献。

四、儒学

儒学是春秋末期孔子（前551—前479）创立的学说。它是包括哲学、政治、经济、教育等多方面内容的思想理论体系。儒学是中国传统文化的主体，在两千多年的封建社会里，一直处于正统的地位，对传统文化的各个层面起主导和支配的作用。儒学以其强大的生命力，影响到中华民族社会生活的各个领域，渗透到人们的思想行为、思维方式、情感状态、风俗习惯之中，在整个中华民族的文化心理结构上留下了深厚的积淀。从某种意义上说，儒学代表了中华民族精神，是中华民族文化认同的主要标志。

汉唐以来，儒家学说逐渐传到朝鲜、日本、越南，成为东亚地区文化发展的主要思想。明代后期，西方耶稣传教士到中国来传教，同时也将儒学的一些经典译成外文介绍到欧洲，受到西方学者的注意。18世纪，德国思想家莱布尼茨、法国思想家伏尔泰与魁奈都曾赞扬儒家学说，于是儒学不但在东亚，而且在西方都产生了一定影响。儒学向周边国家和地区的传播，大致经由南北两路。北路由东北经朝鲜半岛而至日本，南路由五岭经两广、海南而至越南、新加坡。

就北路而言，早在公元前3世纪箕氏朝鲜时代，孔子思想便和汉字一起东传朝鲜。

高句丽、百济、新罗鼎立的"三国"时期（公元前1世纪—公元7世纪）是朝鲜早期封建社会。经过几百年的吸收、消化，儒家思想逐步成为"三国"的主导意识形态。

公元675年新罗统一朝鲜。为培养管理人才，新罗在首都设立国学——儒学的最高学府，供奉孔子及其弟子的画像，大量派遣留学生赴唐学习。并模仿唐朝，开科举考试，以儒家经典和汉文作为主要考试科目选拔官吏。于是儒学在新罗越来越受到重视。

公元935年统一朝鲜的高丽王朝，一面尊崇佛教，一面继续推行儒家教化：立文宣王庙，祭祀孔子，并令各州立学，实行科举取士。许多大儒还开办私学，培养儒学人才。私学的创立使儒学教育具有广泛的群众性，儒风益盛。

公元1392年取代高丽王朝的李氏，一改高丽朝儒、佛并重的文化政策，全力推行儒教，使之成为唯一正统思想。于是，儒学在李朝达到全盛时期。当时儒学主要是朱子学。

17至19世纪，朝鲜封建制度走向没落，其精神支柱朱子学越来越表现出保守性。少数知识分子倡导的实学尚未批到朱子学，所以尽管它已经僵化、腐朽，但仍然占据思想主导地位。

19世纪，儒学展开了自我反省，力图改变自己的面貌，于是脱胎于儒学的实学应运而生，并逐渐形成体系。换言之，近代朝鲜儒学在西学的冲击及对其反应中迎来了实学。

19世纪末，日本军国主义势力侵入朝鲜，一面在政治上、经济上奴役朝鲜人民，同时在文化上打击儒学，废止科举制度，以新式学校代替旧式书院等等，以便摧毁朝鲜人民的传统观念。在民族斗争中，朝鲜民间产生了一个东学院。东学院提倡以儒学为中心的东学，反对西学。1894年，东学院领导农民起义，纲领是："弗杀人，弗伤物；忠孝双全，济世安民；逐灭倭夷，澄清圣道；驱兵入京，尽灭权贵。"可见在这种特殊情况下，儒家思想还起了积极作用。于是，日本侵略者改变了对儒学的态度，大搞祭孔、讲经，利用儒学的忠孝观为其服务。

公元285年，百济五经博士王仁渡海将儒家学说传入日本。儒学的传入，促进了日本古代教育事业的发展。王仁及其他渡日学者，在宫中讲授《论语》、《千字文》等儒书，日本不久后出现了最早的学校——学问所，专门负责向王子、大臣传授儒家经典。公元513年，日本始设五经之学。7世纪，由于圣德太子的倡导，儒学教育进一步发展。从奈良到平安时期（710—1192），官吏的选拔考试题目都是有关儒学和汉学的。

随着儒学教育的发展，儒家思想逐渐被统治阶级的一些代表人物所接受。公元603年，推古女王的摄政圣德太子出于政治斗争的需要，兼取中国的儒家思想，制定《十七条宪法》，成为日本历史上第一个较完整而具体的中央集权的政治纲领。

儒家思想对日本古代政治生活也有相当的影响。大化改新（645年）和大宝令（701年）的制定，是日本古代史上的重大事件。它们使日本从原始的氏族色彩的国家转变为中央集权的律令国家。大化改新和大宝令都是日本学习隋唐文化的结果，其中不少内容是以儒家经典为依据的。

儒学在日本广泛传播的一个例证是儒学与日本传统的神道结合，即所谓神儒调和。由于日本固有的神道并不是纯日本的，其中也包含着许多中国思想，所以儒教和神道有着天然的联系。神道中的敬天、祭鬼神、崇祖先的思想与儒学的伦理道德观念大致相同，因而日本儒教与神道结合得很密切。

在封建时代形成的武士道也与儒学有着极深的关系。它的主要道德规范如忠、义、勇、礼，都来自儒家经典。

明代末年，中国爱国主义政治家、思想家朱舜水（1600—1682）1659年流寓日本，讲学授徒，传播儒家的经世之学，受到日本朝野礼遇。日本水户藩主德川光国倾慕他"身生仁义之国，学究圣人之奥"，尊他为"国师"，对他行弟子之礼。当地一些须发皆白的宿儒学者，也拄杖前去听课。朱舜水聚徒传儒20多年。他传播的儒学对日本封建社会的政治、思想、教育、史学等产生了巨大影响。

就南路而言，儒学很早就传入越南。

越南于公元10世纪立国。10世纪之后，中越经济、文化交流仍然频繁，儒学进一步传入越南。李朝（1010—1225）时，佛儒并重，各得其所。陈朝（1225—1400）时，佛儒势力此消彼长，儒学占上风。黎朝（1428—1789）时，尊孔崇儒的统治思想确立。

越南封建王朝的尊孔崇儒，在阮朝（1802—1945）前期发展到极盛。1802年，阮福映称帝建立阮朝，建元嘉隆，定都顺化，这是越南历史上最后一个封建王朝。嘉隆帝在位18年，奠定了儒学发展的基础。1819年嘉隆帝驾崩，由四子福晈继位，建元明命。明命帝在位21年（1820—1840），1840年卒。长子福璇继位，是为绍治帝。绍治帝执国仅7年。1847年，因法军压境，忧愤而死，由次子洪任即位，是为嗣德帝，在位36年（1848—1883）。明命帝和嗣德帝均崇尚儒学，爱好诗文，笃学不倦。阮朝儒风以明命、嗣德两代最盛，对当时社会、政治、学术思想影响至深。1802年至1885年，中国清朝与越南阮朝继续保持宗藩关系，所以从开国君主嘉隆到嗣德帝，阮朝各代的典章制度都效法中国清朝，崇尚儒学也一脉相承。

阮朝尊孔崇儒，主要表现在：

一、广建文庙，提高儒学地位

阮朝除在京都顺化大兴土木，建立规模宏大的文庙外，在南北各大市镇都建造文庙，每年春秋定期祭祀，阮朝历代皇帝亲自参加，仪式隆重。

嘉隆帝阮福映1802年统一越南后，第二年（1803年）便命各地兴建文庙。此为历朝所未有。嘉隆七年（1808年）起，在京城顺化文庙里设立神牌，上书"圣师先师孔子"。嗣后，又供奉四配、十哲、先儒牌位；地方文庙同样设先师神位奉祀，规定每年2月和8月举行春祭和秋祭。明命年间，又在嘉定、宁平、清化等城镇建造文庙，明命帝亲诣行礼。嗣德年间，又规定祭祀服色，参加祭祀的人员穿大朝冠服，还规定祀器的大小和多少，确定祭祀之音乐，祭祀时都用三牲、糯米、酒和果品。嗣德十七年（1864年），由督学官阮通提议建造的永隆省文庙，除奉祀孔子及各贤哲外，还建藏书楼，以供士子习研之用。

阮朝皇帝带头建文庙、祭孔子，扩大了儒家思想在越南的传播和影响。

二、兴办学校，培养儒学人才

嘉隆帝重视教育，建国学堂、崇文馆，申明教化，使四方学者集中京师。明命帝于1821年初建国子监，并置国子监祭酒、司业；1824年设集善堂，作为向诸皇子传授儒学的场所。学习的教材是中国儒学经典《大学》、《中庸》、《论语》、《孟子》、《诗经》、《礼记》、《易经》和《春秋》。

越南儒教文化的代表性历史遗迹——河内文庙国子监门楼。内立孔子塑像、进士碑、奎文阁、天光井、祭拜堂、圣殿等,是越南历朝崇尚儒教文化的历史见证。

除皇室教育外,阮朝大力兴办各级儒学教育。1803年,嘉隆帝建国学堂于京城顺化之西,又于全国各城镇置督学,督课士子。并定课士法,审定教条,颁布实施。其教学内容皆为中国儒家经典。规定百姓子弟8岁以上入小学,读完孝经、忠经;12岁以上,先读《论语》、《孟子》,次及《中庸》、《礼记·学记》;15岁以上,先读《诗经》、《书经》,次及《易经》、《礼记》、《春秋》,旁及子史。

为了满足皇子、学士及全国百姓学习儒学的要求,阮朝政府大量印刷儒家经典,颁发各地。同时允许官吏百姓印刷销售,使儒学书籍流布全国。

三、科举考试,唯儒一家

阮朝科举考试一改以往"科举试三教"的做法,"唯儒一家,别无他教"。这表明阮朝统治者对佛、道二教的压抑和儒学独尊地位的确立，也表明其倚重儒学和儒生来实现"治国平天下"的大业。

据史载，当时越南设有5个考区。以河内考区为例，1876至1879年度科举考试的考生达6000人。越南科举史上没有一个朝代的秀才、举人、进士的人数有阮朝那样多。阮朝尊孔崇儒，

越南人民现在供奉于首都河内文庙国子监的中国儒家文化的代表人物孔子的塑像

导致全国上下习经治学蔚然成风。可以说，儒学在越南阮朝的前期，特别是从嘉隆到嗣德年间，发展到了它的鼎盛期。1885年越南沦为法国殖民地后，越南儒学走向衰落。

儒学传入新加坡的时间为19世纪。19世纪初，中国人从中国福建、广东等省移民而入新加坡。新加坡是以移居新加坡的华人为主体的多元种族国家。自19世纪中叶以来，华人一直占人口的大部分。他们不仅是新加坡的拓荒者、开发者和最早的建设者，而且也从中国带来了安身立命的儒家文化。

1840年以后，随着到新加坡的华侨人数的迅速增多，以儒学为主要内容的华文教育也迅速发展起来。1849年新加坡出现了由华商陈巨川主办的第一所华文学校——崇文阁。1854年，陈巨川等20人又合办了华文学校——萃英书院。这些华文学校的主要课程便是儒学的基本典籍"四书"、"五经"。19世纪最后20年中，新加坡华文教育以儒家经典和中国封建社会的启蒙读物作为基本教材，宣传儒学思想。

19世纪80年代后，儒学在新加坡的发展进入了一个兴盛时期。1891年，左秉龙（1852—1924）出任中国驻新加坡领事（1891—1894）。他极为重视儒家思想教育，和当地一些知名人士一起开始自觉地弘扬以儒家文化为主的中国传统文化，办起了毓兰书室、乐英书室、培兰书室、养正书室、进修义学等书院私塾。左秉龙还创立会贤社，吸引当地文化读书人参加，以此作为宣传儒家思想的中心场所。此后，1894年至1897年任中国驻新加坡领事的黄遵宪（1848—1905）创办图南社，新加坡富商之子、士人邱菽园（1874—1914）创办丽泽社、会吟社，林文庆等人建立中华孔教会等。这些会社通过演讲、征文、征联等多种形式宣传儒家思想。

1881年新加坡华侨领袖薛有礼创办第一家华文日报《叻报》。《叻报》聘请儒学功底深厚的安徽士子叶季允（1859—1921）为主笔。叶季允当仁不让，以儒学为思想武器，以"社会导师"的姿态，在《叻报》上发表文章，宣扬儒家思想。之后，又有《天南报》、《日新报》等创刊。这些报刊以社论和评论的形式阐述儒家思想。

1895年中日甲午战争后,维新变法运动兴起。许多维新派人士先后来到新加坡,推动了新加坡儒家文化的发展。1896年,广东名士吴桐林到新加坡,鼓吹在新加坡建孔庙,兴儒学。邱菽园以"能将文化开南岛"自许,以在新加坡传播儒家文化为己任,与林文庆等人一起,成立一个创建孔庙学堂组织,并慷慨捐资1200元。邱菽园还根据新加坡华人教育的实际,编出《浅易千字文》、《儒家伦理基础》、《儒家孝道的成法》等教材。

19、20世纪之交,新加坡出现的这场"儒学复兴运动",其目的就是为了加强华人移民对祖国传统文化的认同。林文庆著文指出,华族迫切需要一种宗教或道德文化,犹如回教徒需要《古兰经》、基督教需要《圣经》。他还将各种宗教进行比较,认为儒教最为优秀也最适合新加坡华人。这场"儒学复兴运动",促进了儒家文化在新加坡的传播。

欧洲17、18世纪曾流行"中国热"。儒学就在这时期传入欧洲。

明末开始,西方传教士陆续来华传教。在传教的同时,他们将孔子和儒家学说向西方介绍。介绍一般按两种方法进行:一种是直接将孔子及其儒家的著作译成西文,或用西文写出研究性著作在西方出版发行。另一种是在礼仪之争中,争论双方各为自己申辩立场,对中国礼仪风俗进行分析介绍,这中间自然会涉及祭孔问题,孔子及儒家学说的内容间接地被介绍到西方。西方传教士就这样有意无意地成了沟通中西文化的桥梁。

1687年,法国巴黎出版《大学》、《中庸》、《论语》的拉丁文译本,标志着儒学正式传入欧洲。

德国自然科学家、数学家和哲学家莱布尼兹(Gottfried Wilhelm Leibnitz, 1646—1716)是较早接触中国儒家学说的学者。1687年,他仔细读过当年巴黎出版的上述儒学典籍。1689年他游罗马时,结识在华耶稣会士闵明我(Pere Grimaldi),并与其建立经常性联系,使他更多地了解了中国的情况。莱布尼兹认为,在政治、伦理道德、实用哲学方面,中国远胜于欧洲;在理论科学方面，中国不如欧洲。若中国与欧洲的文化互相交换，一定有利于双方的进步繁荣。

德国哲学家沃尔弗（Christian Von Wolff，1679—1754）是继莱布尼兹之后的一位儒家思想崇拜者。1721年他在哈尔大学讲授《中国的实践哲学》，极力赞美儒教，因而被认为有轻视基督教的倾向，结果被国王赶出普鲁士。这种粗暴的镇压不仅没有搞垮他，反而使他在德国和欧洲名声大振。沃尔弗认为，儒学是中国传统精神，是由古代国王兼哲学家尧、舜等创立并经孔子发扬光大的思想；儒学以自然和理性为基础，与基督教的神启和信仰并不矛盾，两者可以相辅相成。这就表明，基督教要用儒家道德原则作补充。他赞美中国儒学的理性主义，认为只有理性才是真正的道德原则。沃尔弗以理性取代信仰的倾向，其后产生了深刻的影响。他的再传弟子康德（1724—1804）著《纯粹理性批判》，为理性争阵地，使德国古典哲学有了生气。

德国著名社会学家马克斯·韦伯（Max Weber，1864—1920）对儒学有精深的研究。《儒教和道教》是他一生最后一篇论著。韦伯认为，儒教代表着中国社会统治层的价值体系，是一种纯粹入世的道德伦理；为了能理性地适应这个世界，儒教主张传统的经典教育造就人们"中正平和的人格"。在韦伯看来，儒家的中庸之道乃是宇宙和社会之道的缩影，必须以谨慎的自我修养来减低人与人、人与社会的紧张度。

18世纪上半叶是法国大革命的前导启蒙运动走向高潮的时期。启蒙思想家崇拜理性，反对教会。中国文化，特别是孔子思想，在他们面前展现了一个非基督的世界，使他们有了一个与之对比的参照物。启蒙学者的最重要代表伏尔泰（Voltaire，1694—1778）说，欧洲的王族与商人发现东方，只晓得求财富，而哲学家则在那里发现了一个新的精神的与物质的世界。伏尔泰主张开明专制，反对君王专制，因为它是君主不守法律、任意剥夺人民生命财产的政治。他认为中国即是开明专制的模范。他赞扬孔子"只诉诸道德，不宣传神怪"，在孔子思想影响下，中国人具有完备的道德。他认为孔子的"己所不欲，勿施于人"的主张，超过基督教义最纯粹的道德。为了宣传孔子的伦理思想，他把中国的戏剧《赵氏孤儿》搬上法国舞台。他认为孔子是天下唯一的师表，在自己的礼拜堂里悬挂孔子像，写诗赞美，朝夕礼拜。

法国重农学派对孔子也很崇拜。重农学派领袖魁奈（Francois Quesnay，1694—1774）认为，自己推崇的自然法，即依自然规律行事，实际上是儒学提倡的天理。魁奈著名的《经济表》，被认为是继承了孔子的思想。由于他十分敬重孔子，因而得了"欧洲的孔子"的雅号。

18世纪英国汉学家琼斯（Willam Jones，1746—1794），20多岁时便学会了中文，最初读到的书是拉丁文版《大学》、《中庸》、《论语》，使他对孔子的教育思想留下了深刻的印象。他十分景仰孔子，曾把孔子比作苏格拉底和柏拉图。

19世纪来华英国传教士理雅各（James Legge，1815—1897）为儒学传播到西方作出了卓越贡献。在华传教过程中，他将多部儒学经典译成英文（并注释）出版。1861年，理雅各英译的《中国经典》第1卷出版，内容为《论语》、《大学》、《中庸》。之后，理雅各又与中国近代启蒙思想家王韬合译《书经》、《诗经》、《春秋左氏传》、《礼记》，分别于1865年、1871年、1872年和1885年完成，并在香港出版。在译书过程中，理雅各患病回国治疗，译书中断一段时间。1867年，王韬应理雅各之聘，前往英国助译中国经书。由理雅各单译和与王韬合译的儒家经典——《中国经典》共有28卷之巨。《中国经典》采用英汉对照和译加注释的形式出版。此套大型读物在1861年至1886年（历时25年）陆续出版，在西方引起轰动。它使西方人士得以了解中国民族伦理道德之根本。此译本被认为是中国经典的标准译本，是对西方汉学研究的一大贡献。这部巨著体现了中西文化交流的友爱精神，其主译参译者均为中西名儒，学问精深，合作甚洽；同时也体现了一位西方传教士对中国优秀文化的尊崇。

18世纪，儒学传入俄罗斯。

1708年，康熙帝准设俄罗斯文馆。该馆接受俄国学员时，他们之中的某些人就开始接触《论语》等中国儒学典籍。有的东正教使团的学员在 18 世纪末至 20 世纪初还翻译出版儒学典籍：列昂季耶夫的俄译本《大学》1780 年出版；列昂季耶夫的俄译本《中庸》1784 年出版；波波夫译注《孟子》，以"中国哲学家孟子"为书名，1904 年出版。

早期的俄罗斯汉学家是从研读《论语》开始，进而熟悉儒家学说，借以了解中国国情并对儒学发表见解的。

比丘林院士曾翻译过"四书"，未及出版，仅为手稿。接着写出一本论述儒学的著作《书生的宗教简述》（1906 年）。在该书中，比丘林概括孔子的思想为：世上没有一件东西处于自然之外，而自然也是无所不在的。他强调指出，儒家的伦理观具有世界的、宇宙的性质，已使道德伦理法则与大自然的法则融为一体。

瓦·瓦西里耶夫院士译注过《论语》，他在喀山大学担任教研室主任期间，将讲授儒家经典"四书"列入 1863 年至 1865 年度的授课计划中。这位汉学教授在其论著《东方的宗教：儒、释、道》中，把儒学看作是一种宗教。他把儒学的礼节同宗教做了类比，认为儒家穿孝服——披麻戴孝，实质上就是"暂时的僧侣"。

儒家思想传入美国大约在 19 世纪 30 年代，比欧洲晚一两个世纪。

最早接触和介绍中国儒学的美国人，当数近代早期第一个来华的新教传教士裨治文（Elijan Colenan Bridgman，1801—1861）。他一生的主要业绩是在中国创办和主编《中国丛报》（英文版）。《中国丛报》1830 年 5 月在广州创刊，每月一期，直至 1851 年 8 月终刊，历时 20 多年。在中国生活 30 多年的裨治文对中国社会状况有较多的了解。他潜心研究中国传统文化，译介《三字经》、《千字文》、《孝经》等在《中国丛报》上发表，并写了大量文章向西方世界传播中国文化。

被誉称为"美国孔子"的美国思想家爱默生（Ralph Waldo Emerson，1803—1882）1836 年对中国哲学发生兴趣。这一年，他得到一本由玛什曼（Joshua Marshman）翻译的《孔子的著作》（1809 年版，附有中文原文和评述性文章）。书中的思想深深打动了爱默生。他接连在日记里摘录了好几段文字，后来在《日晷》杂志1843年4月号上选登21段语录，冠以"孔子语录"题目。

1838年，爱默生在日记中称孔子是世界13位伟人之一，孔子世世代代向人们传授"至理名言"。第二年，他又谈到心目中的4位伟人，孔子被列为第二位。

爱默生对孟子的思想也很感兴趣。他在1843年10月号的《日晷》杂志上，刊登儒家经典"四书"语录42条，大多引自《孟子》。这些语录被爱默生分别列在《士篇》、《道篇》、《改革篇》、《政治篇》、《美德篇》等小标题下。在爱默生的眼里，孔子早已成为"世界的骄傲"、"东方的圣人"。他把孔子同苏格拉底和基督耶稣相提并论。

爱默生思想的追随者和实践者亨利·大卫·梭罗（Henry David Thoreau，1817—1862）认为，儒学的根本，就是"己所不欲，勿施于人"。他在论述个性发展的个人专著《瓦尔登湖》中，援引了儒家语录10条。

进入20世纪后，美国对儒家思想的研究随着美国对华政策和国际形势的发展而有所发展。美国增设研究机构，如哈佛燕京学社、太平洋学会美国委员会；设立各种基金会，以提供研究基金；扩大研究队伍；大量搜集中文资料。

多数美国的汉学家认为，"孔子与苏格拉底、亚里士多德等言论极其相似，把道德和智慧看作一件事"，"孔子学说的道德观孕育了中国文明的精神基础"。

第二次世界大战期间，由于战争的需要，美国曾派遣上千人到中国担任翻译和从事情报工作。第二次世界大战后，这些人多数进入大学或研究机构从事中国问题的研究，其中最著名的有费正清（原名John Kin Fairbank 约翰·金·费尔班克，中国学者梁思成给他起的中国名为费正清，1907—1991）。他后来被称为"中国通"。费正清对儒家"以善为治"的政治理论大加赞赏，认为"儒家在多数帝国的统治者们主要依靠宗教权威的时候，却为当朝的政权提供一种合乎理性的道德权威，以行使他们的权力，这是一个伟大的政治发明"。[1]

至 20 世纪中期，中国儒学已广传世界，且对各国的政治、哲学、教育、伦理、道德等诸多方面产生深刻影响，它的巨大价值已为越来越多的人所认识。诚如日本学者儿岛献吉郎说："孔子之道，远传于四域之外，东经朝鲜，波及日本。南则风靡于安南。故予称孔子为东洋之大圣人。孔子之道，又流行于欧美，英、法、德、美、意、奥之学者，热心研究孔子者，岁炽月烈，或翻译《论语》，或叙述孔子之传记及孔子之教义。就全世界观之，《论语》之价值，已与《新约全书》竞胜，孔子之声望，已与释迦、基督颉颃。故予又目孔子为世界之大圣人也。……孔子者，伟人中之伟人，圣人中之圣人。"[2]

以孔子思想为代表的儒家学说，是中华优秀文化的主流，也是东方文化的标志；在海外，儒家学说的影响无远不至，历久不衰。

---

[1] 转引自匡亚明：《孔子评传》，南京大学出版社，1990 年版，第 413 页。

[2] 高尚榘、赵强：《中外名人学者赞孔子》，陕西人民教育出版社，1993 年版，第 129～130 页。

主要参考书目

1. 毛泽东. 毛泽东选集（四卷合订本）. 人民出版社，1964.
2. 马克思恩格斯选集（1～4卷）. 人民出版社，1975.
3. 邓小平. 邓小平文选（1～3卷）. 人民出版社，1993.
4. 江泽民. 江泽民文选（1～3卷）. 人民出版社，2006.
5. 蒋廷黻. 中国近代史. 上海古籍出版社，2004.
6. 白寿彝总主编. 中国通史（第12卷）（上）. 上海人民出版社，1999.
7. （清）魏源. 海国图志（李巨谰评注）. 中州古籍出版社，1999.
8. 刘圣宜. 近代广州社会与文化. 广东高等教育出版社，2004.
9. 上海百年文化史编纂委员会. 上海百年文化史（1～3卷）. 上海科学技术文献出版社，2002.
10. ［新加坡］卓南生. 中国近代报业发展史（1815—1874）. 中国社会科学出版社，2002.
11. 戈公振. 中国报学史. 中国新闻出版社，1985.
12. 陈锡祺. 孙中山与辛亥革命论集. 中山大学出版社，1984.
13. 沈渭滨. 孙中山与辛亥革命. 上海人民出版社，1993.
14. 任贵祥. 孙中山与华侨. 黑龙江人民出版社，1998.
15. 吴雁南，路文彩主编. 孙中山与近代中国. 新疆人民出版社，1986.

16. 高旺. 晚清中国的政治转型·以清末宪政改革为中心. 中国社会科学出版社，2003.

17. 费成康. 中国租界史. 上海社会科学院出版社，1991.

18. 范文澜. 中国近代史（上）. 人民出版社，1947.

19. （清）徐继畬. 瀛寰志略. 上海书店出版社，2001.

20. 任复兴主编. 徐继畬与东西方文化交流. 社会科学出版社，1993.

21. 王晓秋. 近代中日启示录. 北京出版社，1987.

22. ［美］德雷克著. 徐继畬及其瀛寰志略. 任复兴译. 文津出版社，1990.

23. 刘圣宜，宋德华. 岭南近代对外文化交流史. 广东人民出版社，1996.

24. 张星烺. 欧化东渐史. 商务印书馆，2000.

25. 方汉奇. 中国近代报刊史（上下册）. 山西人民出版社，1981.

26. 周燮藩等. 中国宗教纵览. 江苏文艺出版社，1992.

27. 张文建. 天国之道——基督教. 世界知识出版社，1999.

28. 王渝生. 中国近代科学的先驱——李善兰. 北京：科学出版社，2000.

29. 马伯英等. 中外医学文化交流史——外医学跨文化传通. 文汇出版社，1993.

30. 杨医亚主编. 中国医学史. 河北科学技术出版社，1994.

31. 甄志亚主编. 中国医学史. 上海科学技术出版社，1984.

32. 李龙牧. 中国新闻事业史稿. 上海人民出版社，1985.

33. 熊月之. 西学东渐与晚清社会. 上海人民出版社，1994.

34. 何寅，许光华. 国外汉学史. 上海外语教育出版社，2002.

35. 张海林. 王韬评传. 南京大学出版社，1993.

36. 林治平编. 近代中国与基督教论文集. 台湾宇宙光出版社，1981.

37. ［美］庞百腾著. 沈葆桢评传. 陈俱译. 上海古籍出版社，2000.

38. 王晓秋，杨纪国. 晚清中国人走向世界的一次盛举. 辽宁师范大学出版社，2004.

39. 凌耀伦等. 中国近代经济史. 重庆出版社，1982.

40. 丁长清等编著. 中外经济关系史纲要. 北京：科学出版社，2003.

41. 谢放. 中体西用之梦——张之洞传. 四川人民出版社，1995.

42. 丁伟志，陈崧. 中西体用之间. 中国社会科学出版社，1995.

43. 董蔡时. 左宗棠评传. 中国社会科学出版社，1984.

44. 夏东元. 晚清洋务运动研究. 四川人民出版社，1985.

45. 夏东元. 洋务运动史. 华东师范大学出版社，1992.

46. 张国辉. 洋务运动与中国近代企业. 中国社会科学出版社，1979.

47. 赵长天. 孤独的外来者——大清海关总税务司赫德. 文汇出版社，2003.

48. 张海林. 近代中外文化交流史. 南京大学出版社，2003.

49. 姜铎. 姜铎文存. 吉林人民出版社，1996.

50. 陈书麟，陈贞寿. 中华民国海军通史. 海潮出版社，1993.

51. 唐德刚. 晚清七十年. 岳麓书社，1999.

52. 张玉田等编著. 中国近代军事史. 辽宁人民出版社，1983.

53. 王兆春. 中国火器史. 军事科学出版社，1991.

54. 中国电器工业发展史编辑委员会. 中国电器工业发展史（专业卷一）. 机械工业出版社，1990.

55. 韩琦. 中国科学技术的西传及其影响. 河北人民出版社，1999.

56. 冯天瑜主编. 东方的黎明——中国文化走向近代的历程. 巴蜀书社，1988.

57. 王世刚主编. 中国社团史. 安徽人民出版社，1994.

58. 胡绳. 从鸦片战争到五四运动（上下册）. 人民出版社，1981.

59. 杨德才等. 二十世纪中国科学技术史稿. 武汉大学出版社，1988.

60. 王立新. 美国传教士与晚清中国现代化. 天津人民出版社，1997.

61. 付克. 中国外语教育史. 上海外语教育出版社，1986.

62. 周军，杨雨润主编. 李鸿章与中国近代化. 安徽人民出版社，1989.

63. 张秀民. 中国印刷史. 上海人民出版社，1989.

64. 王子舟. 陈寅恪读书生涯. 长江文艺出版社，1998.

65. 容闳著. 西学东渐记. 沈潜，杨增麒评注. 中州古籍出版社，1998.

66. 丁晓禾主编. 中国百年留学全纪录（1～4册）. 珠海出版社，1998.

67. 姚公骞等. 中国百年留学精英传（1～4册）. 百花洲文艺出版社，1997.

68. 黄万华. 中国和海外20世纪汉语文学史论. 百花文艺出版社，2006.

69. 顾长声. 传教士与近代中国. 上海人民出版社，1981.

70. 雷雨田主编. 近代来粤传教士评传. 百家出版社，2004.

71. 顾卫民. 基督教与近代中国社会. 上海人民出版社，1996.

72. 周一良主编. 中外文化交流史. 河南人民出版社，1987.

73. 茅家琦. 太平天国对外关系史. 人民出版社，1984.

74. 广东太平天国研究会编. 太平天国与近代中国. 广东人民出版社，1993.

75. 方之光. 洪秀全. 江苏古籍出版社，1983.

76. 夏春涛. 洪仁玕. 湖北教育出版社，1999.

77. 冯承柏. 中国与北美文化交流志. 上海人民出版社，1998.

78. 张启承，郭志坤. 孙中山社会科学思想研究. 安徽人民出版社，1985.

79. 田德生等. 中外代议制度比较. 商务印书馆，2001.

80. 赴法勤工俭学运动史料（第一册）. 北京出版社，1979.

81. 陈辛仁主编. 现代中外文化交流史略. 中国书籍出版社, 1997.

82. 卫道治主编. 中外教育交流史. 湖南教育出版社, 1998.

83. 熊明安. 中华民国教育史. 重庆出版社, 1997.

84. 石源华. 中华民国外交史. 上海人民出版社, 1994.

85. 李华兴. 民国教育史. 上海教育出版社, 1997.

86. 史全生主编. 中华民国经济史. 江苏人民出版社, 1989.

87. [美] 杰西·格·卢茨著. 中国教会大学史（1850—1950）. 曾巨生译. 浙江教育出版社, 1987.

88. 霍益萍. 近代中国的高等教育. 华东师范大学出版社, 1999.

89. [美] 费正清主编. 剑桥中华民国史（上下册）. 中国社会科学出版社, 1994.

90. 辛元欧. 中国近代船舶工业史. 上海古籍出版社, 1997.

91. 朱成甲. 李大钊早期思想与近代中国. 人民出版社, 1999.

92. 姚峻主编. 中国航空史. 大象出版社, 1998.

93. 李占才主编. 中国铁路史（1876—1949）. 汕头大学出版社, 1994.

94. 徐启恒, 李希泌. 詹天佑和中国铁路. 上海人民出版社, 1957.

95. 高韬. 中国铁路史画（1876—1995）. 中国铁道出版社, 1996.

96. 黄余平. 百年汽车图集. 人民交通出版社, 1986.

97. 杨德才等. 二十世纪中国科学技术史稿. 武汉大学出版社, 1988.

98. 杜石然等. 中国科学技术史稿（上下册）. 科学出版社, 1985.

99. 李岫, 秦林芳主编. 二十世纪中外文学交流史（上下册）. 河北教育出版社, 2001.

100. 陈建华. 二十世纪中俄文学关系. 高等教育出版社, 2002.

101. 郭延礼. 中国近代文学发展史（1～3卷）. 高等教育出版社，2001.

102. 李明滨. 中国与俄苏文化交流志. 上海人民出版社，1998.

103. 朱学勤，王丽娜. 中国与欧洲文化交流史. 上海人民出版社，1998.

104. 王锦厚. 五四新文学与外国文化. 四川大学出版社，1996.

105. 沈福伟. 西方文化与中国（1793—2000）. 上海教育出版社，2003.

106. 冯文慈. 中外音乐交流史. 湖南教育出版社，1998.

107. 汪毓和. 中国近现代音乐史（修订版）. 人民音乐出版社，1994.

108. 夏滟洲. 中国近现代音乐史简编. 上海音乐出版社，2004.

109. 严中平. 中国棉纺织史稿. 科学出版社，1955.

110. 孙宅巍等. 江苏近代民族工业史. 南京师范大学出版社，1999.

111. 马克锋. 荣氏家族. 广州出版社，1997.

112. 张劲夫主编. 海外学者论中国. 华夏出版社，1994.

113. 任南衡，张友余. 中国数学会史料. 江苏教育出版社，1975.

114. 虞昊，黄延复. 中国科技的基石——叶企孙和科学大师们. 复旦大学出版社，2000.

115. 陈遵妫. 中国天文学史（第3册）. 上海人民出版社，1984.

116. 江晓原，钮卫星. 天文西学东渐集. 上海书店出版社，2001.

117. 王卫国等. 中国话剧史. 文化艺术出版社，1998.

118. 葛一虹主编. 中国话剧通史. 文化艺术出版社，1997.

119. 梁容若. 中日文化交流史论. 商务印书馆，1985.

120. 周一平，沈茶英. 中西文化交汇与王国维学术成就. 学林出版社，1999.

121. 段治文. 中国现代科学文化的兴起（1919—1936）. 上海人民出版社，2001.

122. 史全生主编. 中华民国文化史（上、中、下）. 吉林文化出版社，1990.

123. 刘善龄. 西洋风——西洋发明在中国. 上海古籍出版社，1999.

124. 朱煜善，王志明. 海外华侨. 上海古籍出版社，1998.

125. 华侨革命史编纂委员会编. 华侨革命史（上下册）. 台北正中书局印行，1981.

126. 陈台民著. 中菲关系与菲律宾华侨. 香港：朝阳出版社，1985.

127. 吴凤斌. 契约华工史. 江西人民出版社，1988.

128. 陈碧笙. 南洋华侨史. 江西人民出版社，1989.

129. 谭天星，沈立新. 海外华侨华人文化志. 上海人民出版社，1998.

130. 尤波辉. 菲律宾. 世界知识出版社，1957.

131. 吴文焕，洪玉华编. 文化传统——菲华历史图片. 菲律宾华裔青年联合会和纪念施振民教授奖学金基金会，1987.

132. 陈达. 南洋华侨与闽粤社会. 商务印书馆，1938.

133. 郑民等编著. 海外赤子——华侨. 人民出版社，1985.

134. 沈立新. 世界各国唐人街纪实. 四川人民出版社，1992.

135. 卢蔚秋编. 东方比较文学论文集. 湖南文艺出版社，1987.

136. 胡文彬. 《红楼梦》在国外. 中华书局，1993.

137. 孙玉明. 日本红学史稿. 北京图书馆出版社，2006.

138. 高尚榘，赵强. 中外名人学者赞孔子. 陕西人民教育出版社，1993.

139. 楼宇烈，张西平. 中外哲学交流史. 湖南教育出版社，1998.

140. 冯崇义. 罗素与中国：西方思想在中国的一次经历. 三联书店，1994.

141. 匡亚明. 孔子评传. 南京大学出版社，1990.

142. 何成轩. 儒学南传史. 北京大学出版社，2000.

143. 姜林祥编著. 儒学在国外的传播与影响. 齐鲁书社，2004.

144. 刘正. 图说汉学史. 广西师范大学出版社，2005.

145. 何寅，许光华主编. 国外汉学史. 上海外语教育出版社，2002.

146. 钟叔河. 从东方到西方——走向世界丛书叙论集. 岳麓书社，2002.

147. 徐善伟. 东学西渐与西方文化的复兴. 上海人民出版社，2002.

148. 刘登阁，周云芳. 西学东渐与东学西渐. 中国社会科学出版社，2000.

149. 王介南. 中国与东南亚文化交流志. 上海人民出版社，1998.

150. 王介南. 中外文化交流史. 书海出版社，2004.

后记

拙著《中外文化交流史》（书海出版社，2004年3月版）出版后不久，荣获多个奖项：第十九届北方十五省、市、自治区哲学社会科学优秀图书奖（2004年8月）；山西省第六届精神文明建设"五个一工程"优秀作品奖（2005年1月）；第十七届山西省优秀图书和音像电子出版物政府奖一等奖（2006年8月）。接着，国内多所高校将之列入相关硕士研究生专业必读书目，并被某些高校定为相关专业研究生入学统一考试的考试用书。继之，书海出版社于2006年5月第2次印刷，以满足市场需要。这样的社会反响，对作者来说，完全是意外之喜。

然而，我记起昔时曹植（字子建，192—232）的一句话："世人之著述不能无病。"对而照之，拙著《中外文化交流史》受全书体例的限制，对那内容极为丰富、于今影响甚巨的近代（1840—1949）中外文化交流史内容，勾勒过于简略，不能不以之为憾。为了弥补这一缺憾，作者萌生了撰写本书的想法。这一想法，有幸得到书海出版社领导和孔庆萍主任的理解和支持。于是本书的撰著得以正式启动。经过近两年的笔耕，拙著终于完稿。谨以本书献给曾经为近代中外文化交流事业付出巨大智慧与艰辛劳动的人们。

我由衷地赞佩书海出版社对国内学术研究动态的洞悉和对出版学术著作的胆识、热情。在当前学术著作出版不景气的情况下，他们毅然将本选题列入出版计划。值得一提的是，本书责任编辑孔庆萍主任时刻关心本书的撰著进程,及时提供资料信息,使我的著述得以顺利进行。另外,张胜强同志为本书的校对工作付出了辛勤的劳动,感谢他们为本书的出版所做的一切。

我深深地感谢中国史学会会长、中国人民大学原校长李文海教授在百忙中题签书名,为拙著增光添彩。

我还要感谢与我在同一个教研室工作的老伴王全珍教授。她主动挑起教学工作和家务的重担,使我能腾出更多的时间和精力用于写作。她又承担了本书40余万字的电脑录入工作。同时,她还是本书的第一读者,在立意的确定、全书的结构、资料的选用乃至语句的通顺方面都曾提出许多宝贵意见。借此机会,我对她表示深深的谢意。

中外文化交流史在我国尚是一门年轻的学科。正如我国著名东方学家、恩师季羡林先生1997年所云:"我总觉得,中外文化交流史还没有成为一门有理论、有纲领的独立的学科。"(季羡林:《文化交流的轨迹——中华蔗糖史》引言,经济日报出版社,1997年版)有鉴于此,本书的出版若能稍微有助于中外文化交流史这一学科的建设,则吾愿足矣。

季羡林先生对中外文化交流史的研究造诣深厚,对中外文化交流的见解精辟独到。2000年他卓有见识地提出:"我们目前当务之急就是对青年进行文化交流的教育。世界上文化极多,而大别之无非东西两大文化体系,讲文化交流首先就是要讲东方文化和西方文化的交流。""怎样才能让中国青年认识到这一点呢?办法多种多样。其中之一就是让他们认识到,一个人、一个民族、一个国家,都不能离开别的人、别的国家、别的民族而完全独立生存。人类都是要互相帮助、互相依存。"(季羡林:"西学东传人物丛书"总序,载王渝生:《中国近代科学的先驱——李善兰》,科学出版社,北京,2000年版,第3页)季老的这一识见,体现了一位学术大师对中国青年深深的人文关怀。有鉴于此,本书的出版,若能稍微有助于今天的中国青年进行文化交流方面的人文思想教育,则为作者的望外愿景了。

应该说,本书在资料的搜集与运用、问题的提出与分析、观点的论证与推论等方面，定有不少主观甚或谬误之处，恳请方家和同行不吝赐正。

最后，谨向所有为拙著提供借鉴和帮助（包括文字资料和图片资料）的列名和未列名的古今中外学人和友人致敬致谢。

王介南

2008 年 3 月 12 日于南京莫愁湖畔寓所